文景
———
Horizon

黄专全集（全三卷）

〔美〕巫鸿　主编

方立华、郭伟其　执行主编

白榆、王俊艺、陈柏麒　校订

上海人民出版社

黄专全集 (卷一)

超越与对话：论当代美术 (上册 论文)

目 录

前言 黄专的"思想档案"

巫 鸿

这篇前言不是对这部文集的整体介绍或总结。实际上，在我看来，由于这部文集——一位卓越当代艺术学家、思想者和实践者历 30 年积累下来的写作——涉及的史实和问题的广度、深度和复杂性，我们需要很多时间来消化它，也需要很多时间来逐渐领悟它作为一部思想档案的价值。我称其为"思想档案"，一方面是因为其中的 140 余篇文章和 50 余篇讲话及访谈包含了大量有关中国当代美术在这 30 年中萌生、发展和演变的原始材料，也综括了作者对中国美术史——特别是美术史文献学——的书写；另一方面则是因为所有这些材料都渗透了作者的思考，它们呈现的不是年鉴式的记录，而是一个不断探索和追求的过程，一场充满理想和希望，也包含迷惘和挫折的心路之旅。这篇前言综合了我初读这份珍贵历史资料时写下的一些手记和感想，以作者生平为线索略加钩沉，为文集读者提供一个大致的背景。需要说明的一点是：黄专的写作大多是参与性的，是各种艺术和学术计划的组成部分，在与艺术家、批评家、学者和其他人士的交流和互动中产生。有关这些交流和互动的情况请参阅《当代已然成史：我（们）与黄专》[1] 一书，其中的 75 篇访谈提供了与本文集平行的另一批研究中国当代艺术的重要材料。

§

黄专于 1958 年出生于武汉，1978 年进入华中师范大学历史系学习。他首次接触当代艺术是大学二年级时去北京度假，偶然在中国美术馆看到"星星画会"展览。多年之后，他仍记得当时所感到的难以言状的震撼，认为或许是第一次"体会到独立思想所能产生的能量"（《自序：只有思想是重要的》，2008 年）。他正式加入当代艺术活动是在 1984 年。认识了在武汉筹备《美术思潮》的彭德后，黄专很快就参与了这份重要的"八五新潮美术"理论杂志的编辑工作。在这份刊物上，他发表了他的第一篇重要作品，即 1985 年面世的《八十年代以来美术理论发展综述》，对八十年代中国文化界和美术界出现的一些重要思潮进行了接近第一时间的综介，在今天仍有重要史料意义。这篇文章的另一个意义在于它预示了黄专处事和治学的一个基本性格：当各种潮流风起云涌、群雄汇聚之际，他为自己设定了一个冷静观察的距离以辨明潮流的走向及隐含的意义。这是文中的一段话：

> 美术理论逐渐改变了传统的学科内封闭型研究趋向，出现了与其他学科渗透、交叉的研究趋势……最后，与美学创作实践在审美观、风格流派、技法材料上的多元发展趋势同步，美术批评在批评方法、批评标准上也出现了多元的发展倾向，这在一定程度上动摇了传统理论一统天下的权威地位。没有领袖的美术，必然产生没有领袖的批评，这一特点将延续到八十年代的下一个五年。

须知这是在"文革"结束后不久、一个初出茅庐的年轻中国学者写下的文字，与当时世界上倡导多元性的前沿美术理论已处于同一思想层次。如果说《八十年代以来美术理论发展综述》写于"八五新潮"初起的时刻，1986 年年底发表的《面对历史：超越与对话——当代青年美术思潮述评》则是对这个尚在持续的艺术运动的一个相当敏锐和准确的中途总结。他将这场运动表现出的中国美术对自身价值的超越放在改革开放的大背景中去考虑，进而把"八五新潮"——他称之为"当代青年美术思潮"——所体现的文化特征总结为三种"自觉性"的萌生，即主体意识的自觉、文化意识的自觉、群体意识的自觉。放眼艺术圈之外，他预期这些新的自觉不但将改变美术界的面貌，而且会给青年一代的文化、心理、精神甚至生活方式带来广泛的影响。

这两篇文章奠定了黄专思考美术问题的一个模式，即对进行中的艺术现象进行批判性的观察和分析。但他并不把自己定位为置身事外的冥思者——从《美术思潮》时期开始，他就采取了一个持续在场的身份，与"新潮"中的许多弄潮儿结识切磋，缔结了此后一生的合作关系。除了以批评家和实践家的双重身份参与中国当代美术运动，年轻的黄专在八十年代中后期又发展出另外两个进入艺术和艺术史的角度，一是通过研读中国古代画学，一是通过了解西方美术文论和哲学著作。前者的引路人是他的硕士导师、资深学者阮璞，后者的导航者是浙江美术学院（现中国美术学院）的年轻教员范景中。

这两个看似南辕北辙的方向实际上暗藏了不少内在的联系。黄专于1985年进入湖北美术学院中国美术史系攻读硕士学位，导师阮璞教授虽以画史考证著名，但实际上是一个现代型学者：他早年通过修习西洋油画进入艺术领域，而兴趣转到美术史论上之后，他又从学于"第一个现代意义上的中国美术史家"滕固。黄专在两篇讨论阮璞学术的文字中强调了老师对空谈式美术写作的厌弃，矛头所指是明清文人论画中的那种"束书不观、游谈无根、玄言相煽、实学尽捐之恶习"，因此力倡详尽搜求和查证历史实据，在这个基础上建立起"实学"性质的书画研究（《默默耕耘在中国画学领域里——美术史家阮璞与他的中国画学研究》和《阮璞画学研究中的实学传统》，分别写于1989年和2003年）。我们无疑能够在黄专自己对"高谈阔论"的厌恶和对艺术批评的怀疑中听到这种态度的反响：他在1991年写道，"说老实话，艺术史的大部分自尊早已被一门叫作'美学'的'学问'剥夺殆尽，再不确

立艺术史与艺术批评的学科界限，我恐怕我们的艺术史不仅会淹没在美学和哲学的高谈阔论中，也会淹没在它的同行——艺术批评的高谈阔论中"（《关于艺术史与艺术批评分界问题的通信》）。硕士第二年，他去浙江美术学院与范景中交谈而大为心折，后者当时正致力于编辑《新美术》和《美术译丛》，在引进西方艺术史学的同时对黑格尔主义进行批判。因此从1986年到1989年，黄专在学术上一方面继续清算玄虚空洞的画史画论，另一方面与严善錞一起跟随范景中研读贡布里希和波普尔的写作。（其间他于1988年完成硕士学业，在湖北美术学院留校任教；一年前他与白榆共结连理，此后相濡以沫、漫步人生直至他生命的结束。）据他后来讲，贡布里希和波普尔两人以"情境"代"精神"、以"趣味"代"时代"的史学观念深深地影响了他和严善錞。二人后来把这一时期的研究论文结集，题为《文人画的图式、趣味与价值》——一个明显反映出贡布里希影响的书名。但从长远看，波普尔的"从实验中证伪"的批判原则和"三个世界"的宏观理念，以及"开放社会"的观念和对权威主义的抵制，为黄专提供了一个从认识论到历史观的更为宏大深刻的思维框

架。他在 1989 年的《中国现代美术的两难》一文中指出"艺术新潮"的高调姿态，显示的是"各种形而上学的孤傲情绪和脱离艺术自身命题的务虚态度"而非对艺术发展的真正责任心，随即引用波普尔的话："艺术是变化的，但是伟大的艺术永远在它自身课题的影响下变化。"十年后，当他投入建立当代艺术机制的时候（见后文），他写道："和波普尔一样，我将当代艺术作为一种解决问题的过程，即对现有社会形式大胆提出测试和解决问题的行为方式，它的积极作用在于以理性的方式逐步改善我们的社会组织方式、感受能力，扩展我们的生活自由度，除此之外，我想象不出当代艺术还有什么其他的功用。"（《建立中国当代艺术公共化制度的基本前提》，2000 年）

因此，虽然黄专在范景中的影响下倾心于西方现代思潮——特别是贡布里希、波普尔和瓦尔堡的学术思想——但是他本能的求实精神使他没有向艺术学和艺术思想史的方向发展。对他来说，任何真实的思想都包含批判，而任何批判都需要一个确实的对象。从 1985 年到 1989 年，这个对象是中国美术史中的观念和话语，包括古代画论和当代美术思潮两个方面。内心永远是实践家的

他也开始在幻想中创建中国式的瓦尔堡图书馆和研究所，将其作为一生的志愿。

§

1989 年的巨大冲击把他从书斋掷回现实；实学中隐含的经世致用观念被赋予一种新的意义。在此之前的四五年里，武汉曾是初生中国当代美术的一个重要据点，集中了一大批思想活跃的艺术家和思想家，王广义等"北方艺术群体"的成员于 1987 年和 1988 年的到来，更为这里的思想圈子注入了新的力量。黄专在这个环境中逐渐成长为当代艺术思考者的中坚成员。但在 1989 年后，武汉的气氛对他来说变得"完全可以用窒息形容"，因此当 1991 年出现了一个去广州美术学院任教的机会，他便马上做了这次"逃亡"（《自序：只有思想是重要的》，2008 年）。在此前后，不少武汉新潮艺术圈的成员也陆续移居广州，与当地艺术家和批评家一起形成了一个当代艺术的思想环境。

远离政治中心而近邻深圳、珠海等"经济特区"，九十年代初的广州成了中国当代艺术的风向标。在这里，为这门新生艺术打

造现实经济基础的尝试取代了"新潮运动"半哲学半浪漫的宏大叙事——"前卫"的任务不再是完成历史上夭折了的启蒙运动,而是把人文诉求转化为与社会经济机制的结合,包括市场、投资、赞助、拍卖、收藏。1991年创办的《艺术·市场》杂志和1992年举行的"广州双年展"——二者均由吕澎发起——标志着这个艺术社会实验的正式起点,黄专对二者均深度参与。在《艺术·市场》第6期中,他以"答客问"的方式发表了题为《谁来赞助历史?》的长文,为这个社会实验进行了纲领性的策划。他指出"历史的赞助"——此处指中国当代艺术的历史——是一个包括三方面支持的大型综合工程。第一是法律支持:中国需要一部参照国际标准的国家性艺术立法,对艺术品性质、艺术投资、艺术市场以及艺术经纪人、收藏人、画商做具体详尽的权益定性和法律保护。第二是市场运作:中国需要建立国际标准的艺术市场,包括由艺术家、画廊和收藏者构成的第一级市场,和由经纪人、中介人、拍卖商等构成的第二级市场。第三个方面由艺术批评和批评家构成,他对批评家提出了一个极高的标准,应该也反映了对自己的要求:

一种建立在市场机制制约下的艺术批评,要求批评家具备多项专业技能,如对作品风格的历史定位能力,对作品制作技巧、材料质地和真伪的判断能力,对国内外艺术市场行情的预估能力,对社会环境及其对艺术时尚影响的可能性因素的论证能力……为此他必须掌握诸如艺术史、社会心理学、市场管理学、法学等多学科的知识,当然,主要的,他还需要具备对作品质量、档次进行辨别的好眼力(不幸的是,时下中国的艺术批评界缺乏的正是这种好眼力)。我想,只有在这样的情境中,批评才有机会真正成为一门专门的学科,批评家也才有机会真正成为贡布里希所说的"专业找错者"。

这种成熟批评家在九十年代初的缺乏,构成了"广州双年展"以纷乱和互相指责告终的一部分原因:组成"艺术评审委员会"和"资格鉴定委员会"的评论家们既希望拥抱资本又对市场心怀戒意;与出资方既少有相互理解又缺乏交流语言。但这个展览的机制以及黄专在《谁来赞助历史?》中提出的结构性框架,确实为九十年代中国当代艺术与社会的融合提供了一个基本模式。在这一时期中，批评家和由之演化出的独立策展人力求为当代艺术建立结构性支持并避免政治的干预，因此诉诸民间经济力量以达到学术自治的目的，但在这个过程中又不免陷入与资本的矛盾和冲突。在这种两难局面中，他们仍锲而不舍，发展出的项目也在规模和层次上不断升级。黄专此时的许多活动也沿循着这个模式进行，但他与众不同的一点是拥有对这些活动同步反思的能力和自我批判的自信，以此体现出波普尔"从实验中证伪"的观念。在"广州双年展"之后，他为筹划中的"第二届广州双年展"制定了"文化理想主义"的学术主题，作为给庸俗经济主义的一剂解药 (见《谈文化理想主义——关于第二届广州双年展的学术主题》，1994年)；而当这个展览因为赞助者单方撤资而流产时，他的反应是："这是几个月来我和那些对中国当代艺术怀有理想主义态度的人一直预料但又不希望出现的结果，不过这个结果倒是给了我们一个清理头脑和反思现实的机会。"(《再谈文化理想主义——建立中国当代艺术品市场的检讨和关于第二届广州双年展的说明》，1994年)

从个人发展的层次上看，虽然黄专曾自嘲式地说过，"广州双年展"使他"开始真正进入被称为'当代艺术'的名利场，从此与学问之途渐行渐远"(《自序：只有思想是重要的》，2008年)，但实际上他的真实思考要远为缜密并开始形成一种新的理想，如他在同一篇文章中所说：

> 文艺复兴时期，人文主义者喜欢讨论的一个主题是：沉思默想的学者生活和活跃进取的功名生活孰优孰劣。我不知道这类讨论在我们这个时代还有无意义，我总觉得这两者也许存在某种程度的兼容，事实上，这两者间某种程度的张力也许才是智慧和思想生存的最适度的温床，所以我常用"行动的沉思"来解释自己的选择。在我看来，行动并不是思想的确证或反映，相反，思想只有在进入行动时才具有逻辑上的可能。当然，在这里，行动可以是社会行为，可以是艺术创作，也可以是一种自主性的写作。

这种扩大意义上的行动——或说是对行动的重新界定——贯穿在他九十年代的多项活动中：编辑杂志、策划展览、协助建立私人收藏、写作、教学……虽然这些活动表面上不显示一个统一的目标，但骨子里它们都是黄专个人化的"社会测试"。九十年代结束时他回头纵览，看到的不是成功或失败而是一系列测试：如果说1992年的"广州双年展"是测试艺术对商业体制的反应能力，那么"1997年的'何香凝美术馆学术论坛'是测试艺术与人文科学之间的学科关系，1999年的'深圳当代艺术雕塑年度展'是测试中国当代艺术公共化的可能性"。在他看来，这些测试的功用在于"为当代艺术在本土环境的自由交流和发展提供了一些可资借鉴的教训，或者说，为真正的批评提供了一些材料"。他写道："坦白地说，我对艺术发生和生产条件的兴趣远远大于对某个艺术家、艺术作品、艺术流派的兴趣，这也注定我成不了批评家。"（《什么人算是批评家？》，2000年）

我们在后文中还要谈到这些计划中的一些，就九十年代整体来说，黄专最接近于个人学术兴趣的"测试"针对的是中国传统和当代美术的内在联系，聚焦于中国画在历史发展中的内部张力和进入当代的可能性。由于"传统艺术"与"当代艺术"在中国艺术界和批评界的长期分立，黄专沿着这一途径的探索一般被忽略不谈，但本文集中的多篇文章清楚显示出它跨越"传统"与"当代"分野的持续发展。

这一探索从他的研究生时代已经开始。1987年发表的《从文化价值体系看中国画的现实发展》提出由于中国画的强烈自律性，这个艺术传统的当代转化必然包含内在的矛盾，既需要把这种转化设定为中国画自身价值体系的逻辑发展，又必须对中国画的传统思想体系进行本质性的超越。我们可以把这种思考联系到他当时正在撰写的硕士论文，其主题——明末画家和文人李日华——对他的吸引力主要在于其经世济民的抱负如何内化于人格理想和艺术观念。这个内化的过程虽然使李日华在批评视野上有意无意地超越了文人画的藩篱，却无法改变他作为文人画家的本质身份。（《李日华绘画思想研究》，1988年）

传统和当代的交叉在他九十年代的写作中继续进行。他与严善錞合编的《潘天寿》卷于1992年问世，在为该卷所写的序中，黄专指明他为潘天寿的两个特点所吸引：一是潘天寿一生都在努力证明一种价值观，即影响中华文明千年之久的中国画传统，在现当代仍然具有别种艺术形式无法替代的历史合理性和现实发展的可能性；二是在复杂变幻的潮流中，潘天寿总是能够看到面前的实质性问题并对其保持自觉。(《潘天寿的艺术遗产及其意义》，1991年）类似的对实质性问题的自觉，也反映在黄专1993年的论文《进入九十年代的中国实验水墨画》中。此处他提出"实验水墨"概念，实验的对象是对水墨"当代两难境地"的超越——"要使水墨画成为能够直接影响当下文化的世界语言，就必然要以牺牲它的传统特质为前提和代价，而如果它丧失了这类特征，我们又很难用国画或水墨画这类概念去定义它"。在他看来，走出这一悖论的前提是超越传统语言的逻辑构架，重新确立问题的基点。

他以后数次提到"实验水墨"一词被误解为绘画风格或视觉效果；对他来说，这个概念从提出之始关系的就是水墨画如何进入当代的问题。它涉及的不是"形式技术层面的问题，而是文化价值态度问题。它的答案不可能在各类抽象的艺术命题和目标中产生，只能在画家个体性、具体的艺术实验和劳动中产生，它需要画家的创造机制、技术革命能力、超越传统的自信、运气与整体的文化、艺术批评提供的一点机会"。(《进入九十年代的中国实验水墨画》，1993年）这个观点在1996年的《重返家园：当代水墨画的文化支点》、1997年的《中国画的"他者"身份及问题》和同年的《作为文化问题的"观念水墨"》等文中不断回响并引出新的议题，包括水墨画家的文化身份以及实验水墨与观念艺术的关系。在所有这些写作中，他都把中国画作为一个"问题"或"问题情境"看待——与其说它是一个自我封闭的画种，不如说它成为艺术和艺术话语的共同实验场地。

§

黄专在2000年写道："我一直将我九十年代以来从事的工作称为'社会测试'，它的含义是我将建立一种真正民主自由的艺术公共制度作为我投入中国当代艺术的基本理由。在我看来，建立这样一种制度比制造一两个流派和明星艺术家有更为实质的意义。"(《建立中国当代艺术公共化制度的基本前提》，2000年）这个论点的基础是他认为中国的艺术制度自古以来建立在行政权力之上，当代艺术运动并未动摇这种由权力支配的艺术结构，反而由于这一运动的精英化倾向而使艺术的社会基础更加萎缩，西方当代艺术权力制度的介入进一步激化了这个问题。因此他认为在中国创造开放的艺术系统是当前中国当代艺术的最重要任务，其建立必须以中国社会的现实体制为前提，通过解决具体社会问题逐渐达成。这也意味着有志于建设这一制度和系统的人不能简单以西方的抽象社会理念为基础，而需要把工作落实到诸多实证问题上，通过与具体的人和机构的协商与合作改善并调整现存制度，在这个基础上不断发掘开放性艺术制度的可能性和具体实现环节，同时建立起一套新的规则。

黄专对这一理念的打造无疑与他以何香凝美术馆为基地进行的一系列艺术社会实验密切相关。他于1997年被该馆主持者很有眼光地聘请为研究员和策划人。地处深圳的何香凝美术馆虽然在行政定位上是国家级美术馆，但在当时的操作上仍属于名人纪念馆类型。黄专敏锐地感到，深圳的特殊社会经济条件和美术馆领导阶层显示出的开放性隐含着转化的可能。他在参与该馆工作后主持的两项工作——1998年的"首届何香凝美术馆学术论坛"和1999年的"平衡的生存：第二届深圳当代雕塑艺术展"——分别在学术和公共两个平台上促进了这种转化。二者以及其他一系列计划的潜台词，是对中国当代艺术中的两个主要潮流的扬弃

和超越，他在2001年写道：

中国当代艺术的理论基础是在八十年代集体主义的启蒙思潮和九十年代解构主义两种极端异质的语境中形成的，它既没有获得成熟的人文主义的训练，也缺乏对当代自由主义精神内涵的理解，传统集体体制和西方艺术体制的双重压迫使其形成了一种畸形的政治观。一方面，它将政治视为一种狭义的制度或政体概念，以一些简单表面的对抗姿态代替对中国广泛、深刻、复杂的社会形态和社会问题的关注，从而使当代艺术与中国公众日常生活之间出现巨大的真空地带，使当代艺术无法从现实角度承载传达自由、民主、公正这些自由主义理念的功能，无法扮演社会批判者的角色；另一方面，在个人与集体的关系上，出于对传统僵化的集体主义社会的不满，它以极端个人主义原则代替对社会公正、公共平等交往等当代社会政治理念的追求，从而使艺术中的个人主义走向自由主义理性目标的反面，成为一种反公众、反对话甚至反理性、反人类的异质活动。这种狭隘的政治见解反映

在国际艺术交往中则往往表现为对西方艺术强权的顺从主义、犬儒主义的态度。1999年，我曾提出中国当代艺术应当关注对"公共性"的研究（见《中国当代雕塑艺术的公共性——"第二届当代雕塑艺术年度展"学术策划报告》），就是希望我们在处理艺术中个人自主性和公共自主性的关系时，抱有更多理性和伦理的态度，说到底，如果将中国当代艺术真正视为当代自由主义的视觉实践，那么它的社会功能和政治目的应该是、也只能是在中国建立一个真正公正、民主、开放和理性的公共领域和制度。而这既不能依靠简单的权力替换来实现，也不可能依靠现成的、普遍性的模式，它只能在中国当代社会这种特殊的、异质性的历史实践中获得，而这一点完全可以从提倡有人性、有尊严的当代艺术这一底线目标开始。（《自由主义的困境》，2001年）

2002年突患重病迫使黄专暂时停下这项工作，但从死亡边缘返回的奇迹使他更加珍视时间的赐予。他在其生命旅途尽头留下的《诀别的话》一开头就说："十四年前，我已面临过每个人都必须面对的时刻，但医学、爱和各种不可知的力量使这个时刻推迟到现在。"他在这最后十四年中的写作和工作与OCAT不可分割——他恢复工作不久完成的一件重要事情是在2005年创立"OCT当代艺术中心"，由其英文名OCT-Contemporary Art Terminal简称为OCAT。"Terminal"意为"航空站"，而黄专也确实把初生的OCAT想象成一个正在建造的机场或"在停机坪上整装待发的巨型飞机"——一个透露出"某种创造新的历史的信念"的形象比喻：

> 这个信念就是建立中国自己民族的和独立的当代艺术专业机制，而这种机制只有在某种开放和交流的生态中才能形成。我们将这一信念意象化为一个建造机场或飞机的过程，理解为在一个非理想的时代完成一个理想的过程。我们如何起飞首先取决于我们用什么样的态度、资源和方法去建造这样一个机场和一架飞机。（《起飞与移墙》，2005年）

需要说明的是，在设计和实现OCAT的过程中，黄专得到了许多志同道合者的支持和协作，这是他大半生奋斗积蓄下的另一个重要资源。《当代已然成史：我（们）与黄专》一书的75篇访谈清晰地显示出这个资源的形成过程：艺术家尚扬以"温、笃、勇、毅"四字形容黄专对人对事的态度，其他许多访谈者——都是和他有过合作关系的人——强调他的自律和无私，处事的严谨和思想的独立。这些素质使他在以往二十年中得以和大批艺术家、批评家、社会活动家合作并得到他们的信赖，OCAT因此从建立伊始就有着这样一个坚强的"人"的基础，通过其学术委员会的构成反映出来。

但是对于黄专来说，建立机构本身并不是目的——正如机场或飞机的作用不在于自身而在于提供飞行的条件和工具。但即使起飞了也不意味着终点的确立——作为波普尔的坚定学生，他继续把OCAT视为一个社会工程实践的实验室，作为在"所处的社会生态和视觉环境中寻找问题和解决问题的工具，构造某种随时准备移动和拆除的结构"（同上文）。虽然"测试"仍是这个计划的中心概念，但与九十年代不同的是，此时的测试有了一个明确的机构框架并显示出更宏观的目的，把艺术探索、学术思考和公共诉求置入不同维度但结合了这三者的

各种计划。从这个角度看，黄专一直身体力行的"行动的沉思"在OCAT的创造过程中得到了更充分的实现。

这些计划中的一类是对艺术家的个案研究，通过创作、展览和出版结合艺术实践和公共项目，也具备了史学研究和档案整理的功能。在黄专的主持下，OCAT陆续以张培力、汪建伟、隋建国、王广义、谷文达、徐坦等艺术家为焦点实施这类计划，编辑发行的出版物带有极强的研究档案价值，远远超出一般意义上甚至专业意义上的展览图录。这里我们希望再次强调黄专工作中被忽视的一个关键方面，即传统美术和当代艺术在他的思想和实践中的深层互动。虽然自九十年代以来，他越来越以当代艺术推动者的形象出现在公众面前，但他仍是广美的美术史教授和硕士生导师，也一直坚持着对中国古代书画的研究。本文集附录的《中国艺术史学史讲义提纲》是他的重要遗稿；范景中在其引言中说它"虽为提纲，然成一家之言，凝注了他三十年来在美术史教学方面的心血"。该文的四部分——分别为"绪论""历史问题""史料问题"和"方法问题"——在史学概念上具有百科全书的维度，征引的文献也贯通古今、汪洋浩瀚。以"历史问题"

为例，从第一节"古代中国艺术史学的状况与特征"开始，黄专次第回顾了上古及中古时代以礼制和宗教文化为中心的艺术观念，宋代金石学的兴起与郑樵的图像观，以品评、史传、札记、著录、汇纂形式为主体的传统书画史，以及清代朴学所引入的中国艺术史学的变化。其后的第二和第三节分别讨论"近现代中国艺术史学的变革与发展"与"西方的中国艺术史学研究"。这三节贯通古今中外，显示的观念结构超出有关中国艺术史学史的所有现存著作。第二部分"史料问题"开宗明义地指明史料是一切历史学科的基础，随即将中国艺术史史料分为文献史料和文物史料两大类，进而分析每类的性质、内涵和用途，以及两种史料之间交相印证的关系。第四讲"方法问题"从研究中国艺术史的自身方法开始，但迅速打破了地域界限，把讨论的焦点延伸到瓦尔堡、潘诺夫斯基、贡布里希、哈斯克尔的图像学，以及二十世纪六十年代以后新美术史潮流所带来的美术史研究中的社会学和文化学转向。

在 OCAT 的框架中，黄专得以把这种对史学和史料问题的兴趣延伸到对当代艺术的研究之中。这种联系在他的思考中早已出现：他发表于 2000 年的一篇题为《中国美术文献研究的学科定性及命名》的文章，虽始于对传统艺术文献的讨论，但最终转化为对"美术文献"——包括所有与记载、描述、解释、评论美术活动、美术作品有关的资料和理论文献——的宏观思考：

> 对中国美术文献的研究首先是一门思想史、观念史学科，但它不是对美术品、美术活动包含的思想和观念的研究（这种研究属于美术史研究范畴），而是对以文献材料形式存在的思想和观念的研究，是对这些形式的起源、形成和发展过程的描述和解释活动。当然，它包括这些思想和观念对美术活动和美术品影响的研究。对美术文献的研究是一个多层次、复合性的学科活动，它既包括对一些基本范畴、法则、概念的研究，也包括对批评活动、批评现象和批评史的研究；既包括对美术文献的分类、整理、校勘，也包括对美术文献中存在的历史观念、史学方法的研究。

从这个角度看，黄专在 OCAT 主持的各种活动所生产的大量文献材料，包括上述展览和研究计划的出版物，都可以被认为是这一学术领域中的资料，也是他有意识地为未来这种学术研究准备的材料。他对此非常自觉，在 2013 年做的一个题为《中国当代艺术史研究中的文献学问题》的讲话中有明确叙述。这篇十分有价值的讲话详细总结了 OCAT 建馆八年以来在这方面的工作，并对当代艺术文献的类别与收集方式进行了建设性的讨论。

在同一讲话的结尾处，黄专提到他正在北京筹备的 OCAT Institute，当时使用的中文名字是"OCAT 文献与研究馆"。当这个最后定名为"OCAT 研究中心"的机构在 2015 年正式成立时，其功能已经超出了他的初期想象，包括了年度讲座及工作坊、研究性展览、出版项目，以及文献和图书馆等诸多方面。黄专为这个机构设想的任务是"建立一种关于中国现当代艺术的'历史研究'的价值模式、学术机制和独特方法，它的学术主旨是知识、思想与研究，它提倡当代艺术史与人类精神史、观念史、思想史和视觉文化史整体结合的学术研究传统和开放的学术研究精神，关注经典艺术史著作的翻译出版，以及现当代艺术史与古典艺术史研究的学术贯通"（引自 OCAT 研究中心网站）。在这个意义上，OCAT 研究中心以及由他主编、2014 年出版的《世界 3：作为观念的艺术史》代表了当代艺术、艺术史和一般性知识生产在更高层面上的结合，可说是他的最后一项重要作品，也是他给人们的最后馈赠。

黄专为《世界 3：作为观念的艺术史》所写的总序是本文集收入的最后一篇文章。在他的计划中，《世界 3》是 OCAT 研究中心以学刊形式出版的丛书，题目取自波普尔的哲学概念，指人类在其成长过程中不断创造和再创造的知识世界。这个知识世界以文字、图像和物质形态编制和保存人类的所有观念、语言、艺术、哲学、宗教、制度和法律，由人类创造但独立存在，因此沟通了客观自然世界（世界 1）和主观精神世界（世界 2）。对黄专来说，这个知识世界"不仅把我们从上帝和'自在之物'这类神性世界的范畴中解放出来，也解释了人自己创造自己并且不断进步的历史机制"。也就是在这个哲学框架中，艺术史被赋予了一种广义的人文价值：

> 和其他门类的历史学一样，艺术史是人类理性记忆的需要，也是这种记忆机制的主要形式，"学而不思则罔，思而不学则殆"，如果我们用这句

古训来比喻我们的艺术史学，那我们可以说它既是一门关于记忆知识的科学，也是一门关于观念、思想和方法的科学。更重要的，它是一门交叉性的人文科学，自诞生之日起，艺术史的命运就与人类其他学科的发展息息相关：宗教、哲学、政治学、语言学、心理学、人类学、考古学几乎都或多或少地与艺术史这门学科的起源和发展保持着某种亲缘关系，艺术史的研究具有瓦尔堡睿智地发现的那种"文明的整体性"。所以，跨界不是这门学科的需要而是它的一个显著特征。我们相信，和所有科学形式一样，批判性的反思和开放性的讨论是艺术史继续生存和发展的最直接的动力，《世界3》力图展示和推动的就是这种理性力量。我们希望它作为一套理论丛书，在一种开放的理论气氛中讨论与艺术史的当代危机和发展相关的所有问题：艺术史研究中的古典遗产，艺术史的文献学范围及采集方法，古典艺术史与当代艺术史研究的不同特质和关系，艺术史研究的各种历史观念、理论方案和具体方法，与艺术史研究相关的制度、出版和展览，艺术史的学科边界以及它与其他人文学科复杂而有机的关系，它也将包容经典艺术史和新艺术史所能涉及的所有课题。简言之，这套丛书是关于艺术史自己历史的反思性丛书，或者说是一本艺术史学史丛书。

这段话反映出黄专的思想境界，透露出他对人类历史和人文传统的深切关怀。

鸣谢：白榆、岑龙、邓箭今、范勃、范白丁、方少华、冯峰、关伟、谷文达、何嘉秋、蒋涛、乐正维、李邦耀、刘礼宾、栾倩、林一林、林天苗、刘建华、罗明君、孟尧、秦晋、石冲、舒群、苏新平、隋建国、沈小彤、孙原、彭禹、唐骁、汤宇、汪建伟、王波（皮三）、王鲁炎、王广义、王友身、王川、王序、魏光庆、向京、徐坦、徐震、许攀、杨国辛、余国庆、张培力、张晓刚、张小涛、张春旸、展望、朱加、祝虹等。

注释：

[1]巫鸿主编，《当代已然成史：我（们）与黄专》，广州：岭南美术出版社，2018年。

八十年代以来美术理论发展综述[1]

八十年代以来中国美术理论界讨论的主要问题包括：形式与内容和抽象美问题、美术中的"现实主义"问题、人体美术问题、美术的"自我表现"问题、美术理论研究的方法论问题、美术的功能和本质问题。讨论涉及艺术哲学、审美心理学、艺术社会学等多重领域，使这些在逻辑上相互关联的理论问题得以不断深化。

本文的目的不在于对四年多来美术理论的发展做出史学意义上的评价，而在于就其主要问题提供一条简单明了的线索。

关于形式内容和抽象美问题

据粗略统计，有关这类问题的争鸣文章几乎占理论讨论文章总数的三分之一，仅此即可说明它在理论讨论中的地位。这类讨论涉及美术内容、形式的质的规定性，抽象美与内容形式的关系及其在美术史中的地位，美术创作中形式内容的相互关系等一系列层次不同的问题。

1979 年至 1980 年，画家吴冠中在《美术》以及《文艺研究》等刊物上首先提出了这个问题。他的基本论点是：形式是美术本身，抽象美是形式美的核心（抽象是指虽有形、光、色、线等形式组合但不表现具体客观实物的形象），抽象美应是造型艺术中科学研究的对象。关于美术的内容，他指出我们习惯理解的内容只是故事情节，多半属政治范畴和文学领域，其实作品的思想内容应是随形式诞生而诞生、随形式破坏而消失的，内容不宜决定形式，它利用形式、要求形式。尔后关于这类问题的讨论大率围绕着这几个论点展开。

关于形式与内容的关系和美术内容的问题，冯湘一认为形式是美术本身的提法与美术创作欣赏的实践不符，在理论上是站不住脚的，对指导美术创作欣赏的实践也无好处。江丰认为反对内容决定形式是西方现代派的艺术理论，是反唯物主义反映论的。杜键、贾方洲没有一般地肯定或否定这一提法，他们认为问题的实质在于用什么观点看待美术的内容和形式，他们反对将美术内容归结为某一抽象的政治概念或思想内容

（"左"的内容观，附贴内容），指出艺术作品的内容必然是与艺术形式血肉相连的本质内容（审美内容），要求作品仅仅表现政治思想和追求"纯形式"都是错误的。沈鹏认为作品的形式和内容是相对的，是相互制约和转化的。关于两者的关系，皮道坚认为，新的生活面貌、新的社会心理、新的审美理想总是不断地向艺术家要求适合表现自己的新形式，从而促进艺术形式的发展。而新的艺术形式又作为人类物质文明和精神文明的硕果不断丰富人类社会生活的内容，成为人类追求更高目的的手段。整个美术史就是这样一个由内容到形式、由形式到内容不断转化、推陈出新的过程。陈醉将作品的形式分为三类，指出作品抽象的形式要素的结构属于外形式范畴，并对其特征进行了分析。鲁萌认为必须在作品形式与内容的关系中加进"中介"环节，例如绘画的中介是人的"能感受形式的眼睛"，并对绘画的形式、内容进行了哲学—美学意义的解释，试图从这一层次解决这一问题。彭德认为美术是美术家创造形式美的过程，对形式美的掌握是一切有成就的美术家成功的首要秘诀，是一切有价值的美术作品传世的先决条件。

围绕着形式美又出现了对"抽象美"问题的讨论，程至的、浙江美术学院文艺理论学习小组、洪毅然、梁江、杨成寅等从不同角度否定了"抽象美"的提法，他们认为抽象是反艺术、反审美的，凡美的都是具体可感的，无所谓绝对独立的纯形式的美，"抽象美"其实不过是形式美。他们也反对将中国画论中"似与不似"的美学理论理解为具象与抽象的提法。杜键认为"抽象美""形式美"都不过是节律美的一种形态。刘曦林也反对"抽象美"的提法，但认为形式美具有抽象的属性（相对独立性和能动性），形式美的抽象性问题不是什么"抽象美"。与此相对，刘纲纪、毛士博、杨蔼琪、徐书城、艾中信、何新、栗宪庭、马钦忠、邓福星、舒济浩等从不同角度肯定了"抽象美""抽象的形式美"的存在。刘纲纪、艾中信、舒济浩、邓福星认为抽象是将许多具体事物具有的线、色因素和具体的感性表现材料进行艺术的凝练、升华组合创造的典型艺术形象，人类能够相对独立于具体事物来欣赏形状、线条、色彩的美，在人类形式美的感受上是一大进步。徐书城对这样理解"抽象美"提出异议，他将艺术形象分为具象、抽象、介于具象与抽象之间三类，认为"抽象美"只是艺术领域的一部分艺术形象，而"形式美"是所有艺术形象共有的一种普遍性艺术美因素，不能将"抽象美"与"形式美"混淆，也不能将"抽象"混同于"艺术概括"，否则会把"抽象美"概念的具体含义抽空。他还提出中国绘画基本上是一种"半抽象"艺术（介乎抽象与具象之间），中国绘画史有一个由具象美（元以前）向抽象美发展的历史过程，他在《美术》《中国画研究》上发表的多篇文章对这一观点进行了阐释。栗宪庭、何新、程琦琳、毛士博、杨蔼琪等则着重从"史"的角度，力求通过对我国传统美术的分析阐释这一问题。毛士博认为中国画与书法线条相联系的特点就带有抽象性质，是众多客体的提炼概括，抽象是无限的、朦胧的，在审美领域占有重要地位。杨蔼琪认为中国绘画积淀了丰富多彩的抽象形式，这与西方印象派以来的抽象趋势在本质上是一致的。栗宪庭、何新提出"绘画始于抽象"的命题，认为中国古典绘画经历了由抽象（仰韶期—汉）到具象（晋—宋）再到抽象（元、明—近代）的否定之否定的三段式。他们对这一历程中的一般演进规律、美学特征、风格变化等进行了哲学、心理学等多角度的探讨。

关于美术的"现实主义"问题

这是一个与美术创作和批评密切相关的理论问题，这类讨论的焦点集中在对现实主义含义的理解、现实主义在美术创作和美术史中的地位两个问题上。

关于这一点，胡德智提出了"现实主义"与"现实主义精神"两个概念，前者是十九世纪的艺术流派，后者则是人们对当时世界的认识、思考和表现。由于艺术史上所有的艺术都是时代的产物，所以都具有现实主义精神，现实主义精神不是现实主义流派所独有的。邵大箴认为现实主义既是创作方法也是表现方法。作为创作方法，它的基本要求是反映现实生活；作为表现方法，它与写实是同一概念，两者不应混淆。他反对所有流派都具有"现实主义精神"的说法，更反对"给现代派送上一顶'现实主义精神'的桂冠"。钱海源认为凡是反映现实生活、创作原料来源于生活、作品再现和创造了美、有利于人民、服务于生活的美术就是现实主义美术，他反对只有写实手法的作品才是现实主义美术的提法。栗宪庭认为现实主义是一种包括写实、夸张变形等多种手法在内的创作方法，它的基本特征是以现实生活的本来样式，把一定时代和现实生活现象、人物加以典型化的反映，他反对将现实主义概念与文艺的真实性、能动性概念相混淆（毛时安在这一点上有相同的意见）。吴甲丰对现实主义做了语言学意义上的考释，他提醒"不要忘记它本来是一个外来语"，他将realism的含义分为技法意义（如实描绘）、一定历史时期的文艺潮流（十八至十九世纪崇尚描写现实生活的作品）、一定历史时期的文艺流派（十九世纪绘画中的"写实派"或"现实主义"）、创作方法和文艺批评用语等五个方面。他认为现实主义首先必须是"描写的"或"再现的"艺术。杨成寅也肯定现实主义是创作方法，反对将它与艺术手法和流派相混淆，他认为"我们的创作方法"是革命的现实主义，它具有真实、典型地反映现实本质的特征，并且，"革命浪漫主义是作为一个小圆而被包括在革命现实主义这个大圆之中的"。

关于现实主义在创作中的地位问题，奇棘认为为满足"引进的"社会主义现实主义的要求，情节性绘画占了上风，情节这个从时间艺术假借到空间艺术中来的因素取代了绘画的本质特征，使绘画内容狭隘到为规定的政治内容所替代。这些是社会主义现实主义在美术领域的应用，尤其是不正确的理解应用产生的结果。胡德智、梁江、栗宪庭、毛时安都认为：现实主义不是唯一正确的艺术创作方法。因为从作品看，历史上的优秀作品在创作方法上可以是现实主义的，也可以是浪漫主义甚至是荒诞的；从作者看，创造美的活动除社会因素外，还有作者心理、生理因素的差异，笼统地把某种创作方法说成最好的方法是不科学的。另外，现代人内心世界层次复杂、丰富而多变，要表达现代人的心灵情感，绘画自然会提出冲破注重客观、精确、典型描绘对象的现实主义的约束，追求新方法和新形式。孙美兰认为现实主义作为艺术思潮和创作方法是与其他思潮、方法相互影响、渗透的。对此，钱海源、杨成寅等提出了不同看法。杨成寅认为革命现实主义是我们的创作方法，它从方法上说明了我们的美术的性质。钱海源认为一切艺术作品，不论题材、风格、手法如何，只要能满足人的精神生活要求，提供健康向上的情趣和美的感受，都应被视为属于社会主义现实主义的范畴。他断定摆脱现实主义、抛弃写实手法的抽象主义在中国是没有出路的。

与此有关的另一个问题是现实主义在美术史中的地位。孙美兰、栗宪庭、吴甲丰、皮道坚等从不同角度对将美术史简单地归结为现实主义与非现实主义斗争的"模式理论"或"流行公式"提出异议。他们提出它的理论渊源是六十年代苏联学术界的影响，他们认为这一公式忽略美术发展的自身动力，导致"现实主义"一词浮泛失实和艺术理论的混乱，不利于百花齐放。对此，李浴认为艺术是对包括物质和精神两方面的现实生活的反映，这反映有真假之分，在哲学上表现为唯物、唯心的区别，在艺术上也就有现实主义与非现实主义的不同，他坚持两者的矛盾斗争是艺术发生和发展的本质规律，在最近重版的《中国美术史纲（上）》中，他重申了这一观点。

关于人体美术问题

在一个封建意识长期居统治地位的社会中，这类问题的讨论很难局限在创作题材或美术教育的艺术领域中，它时常成为伦理范畴争论的题目。这类争论涉及人体美术在美术史中的地位及其美学价值，美术教育中的模特、人体美术与社会习俗或"国情"的关系，人体美术与黄色美术的区别等。

吴冠中、邵大箴认为造型艺术离不开对人体美的研究，人体作为艺术语言在历史上具有极高的美学价值。邓平祥认为人体美是自然界最和谐的人的美，是艺术上追求的共性美。对此，程至的、叶朗持不同意见，他们认为裸体艺术并非任何时候都是文明进步的表现，有意识地创作裸体有可能将社会的人降低为生物的人，裸体不是造型艺术的原则和艺术家追求的最高目标。对在美术教育中运用模特的问题，大多数同志持肯定态度。对人体美术的社会影响，吴冠中、邵大箴、马鸿增、《美术》和《世界美术》评论员认为要持慎重态度，一方面要从中国社会风俗、心理习惯的实际出发，创造出适合民族特点、具有健康因素、注入时代新机的人体美术；另一方面，要提高民族文化水平，适当、有步骤地让大家接触一些优美健康的人体美术作品，正确地将其与黄色作品区别开。不少被刊物上的人体美术作品激怒的读者质问："若人们在现实生活中仿效杂志上的裸体形象，那我们的社会将是一幅怎样的景象呢？""社会主义文艺同资本主义文艺有何区别？""难道欣赏屁股、乳房……就是现代化吗？"他们认为裸体作品只能败坏社会风气，毒害人民。

邓平祥认为关于人体美术的讨论，理论上是人体艺术派胜利了，但实际上是反对者胜利了，因为后者的意见往往"回避了人体艺术本身"。

关于美术中的"自我表现"问题

这类问题的讨论大略在两个层次上展开：第一，本体论意义上的讨论，即"自我表现"是否是美术的本质；第二，创作观意义上的讨论，回答创作中主客体、作品与生活的关系等问题。

争鸣源于青年画家曲磊磊的一句即兴的话："我觉得绘画艺术的本质，就是画家内心的自我表现，要把他生活中的感受、欢乐与痛苦画出来。"千禾、刘德滨、杨成寅、叶朗等先后撰文对这一论点提出异议，他们认为这一论点否定了主体对客体的依赖关系，违背了辩证唯物主义的能动反映论；脱离了人民群众的审美要求和欣赏习惯，与社会主义文艺的性质和任务格格不入。绘画本质即自我表现论的要害，在于立脚点是对人的本质的曲解。这在理论上是错误的，在实践上只能把我们的艺术引向西方现代派的道路。杨成寅、叶朗从哲学—美学渊源上分析了这一论点，认为它是一个存在主义的口号，否认外界条件和客观规律对思想行动的制约，追求绝对自由的绝对自我，它与艺术个性是不同的概念，只能把艺术引向脱离群众的道路，表现这种抽象的绝对自我的艺术不是真实的艺术。杜哲森、陶同也认为关键在于"自我"的本质是什么，"我"不是独立的，而是社会的，本质应是社会存在的反映，"自我"只有被赋予一定意义的人民性时，才能显示出它的社会意义。

另一部分人从两种不同的意义上肯定了作为艺术本质的"自我表现"。洪毅然、袁运生、郎绍君、沈鹏等认为艺术包括主、客观两个方面，不表现"自我"或排除作者主观成分的作品是不可想象的，提倡自我表现就是提倡主动和自觉，充分发挥艺术家的艺术个性（风格、气质等），是能动的反映论，是艺术本质的一部分，但同时他们指出必须正确地表现自我，使自我与深刻反映现实相一致，使表现自我与为人民代言一致，创作与欣赏一致，不应使它孤立和绝对化，也不能视其为唯一的本质。他们认为把"表现自我"视为"新的美学原则"，忽视、排除艺术的普遍性在理论上是一种偏见。这种观点实质上是将"自我表现"与艺术作品中的艺术个性、风格、气质等主观成分等同起来加以肯定的。钟鸣、朱旭初则认为"自我表现"产生于一定社会背景下，即人们更多地考虑自身存在的意义，要求抛弃那部分不自觉地被"异化"的自身和自我独立存在的权利，提升人的价值、人的尊严。这种思潮反映了一代新人的精神特征。所以"自我表现"的含义不只是强调艺术个性，更是强调主观感受，艺术家的前提是人——他自己。因此，争论涉及这样一个问题，究竟是以物为中心，还是以人为中心？世界上究竟物是本质的，还是人是本质的？

"自我表现"在创作观上的讨论，涉及创作过程中什么因素起主导作用的问题。冯国东认为他的创作根据一场莫名其妙的梦。

朱旭初认为艺术是一种偏重感情、直觉性、非理性的人类精神活动，比较原始的、非理性的、更符合人的自然本能的东西——直感和情感在起主要作用。李正天指出内在冲动或潜意识对艺术创作特别重要，艺术家通过情意阀门把内在冲动升华为艺术。邵大箴、金冶、杜哲森、海源不同意将艺术创作归结为潜意识或非理性的活动，他们指出生活积累是艺术创造的必然性因素，某种意外刺激是偶然性的，只是一种诱发剂，没有生活积累，一时的冲动感受不可能深化。美术家创作个性的形成不单靠天生素质，起决定作用的是后天的影响和培养。面向梦境的呼唤，只是纯粹的自我呼唤，自我表现纯粹到极致就是艺术生命的终结。

关于美术的功能和本质问题

关于"自我表现"问题的讨论在一定层次上与美术本质问题重叠，而关于美术功能的讨论最终也必然落脚到美术本质上，在此对两种讨论分别综述，仅仅是为了表述上的方便。

美术功能讨论的焦点在于美术功能是

"多重的"还是"唯一的"。王宏建、千禾、吴正纲、江惠萍、王仲、蔡燊安等人认为美术功能是多方面的。王宏建认为认识、教育、美感作用比较全面地说明了艺术本身具有的各种社会功能。吴正纲、江惠萍提出美术的功能就是教育，即德育（思想教育功能）、智育（通过艺术形象传播知识）和美育（审美教育）三个有机不可分的功能。蔡燊安认为可将美术作品的容量分为生活容量（以生动艺术形象反映社会生活）、思想容量（作品中渗透着艺术家对人生的深刻创见）和感情容量（艺术作品本身渗透着真挚、纯洁、强烈、动人的感情）。上述三种观点可称同质异构。贾方洲、朱旭初认为审美功能是美术主要的或本质的功能（朱旭初称为美术的非纯认识性），但他们都不主张排斥美术的其他社会功能。彭德则提出审美作用是美术的唯一功能，他认为美术是美术家创造形式美的过程，这个过程所企求的审美作用是美术的唯一功能，美术不应越过自己的疆界去充当认识和教育的工具。对此，洪再新、王仲等提出质疑，认为艺术的功能一词具有明确的社会含义，否认社会性是"唯一论"理论的基本核心，否认了社会性，也就否认了艺术功能本身，背离了马克思主义艺术功能的社会性学说。

艺术的本质是什么？千禾、王宏建认为首先应将艺术看成一种社会意识形态，是社会存在在人脑中的反映，它与哲学、宗教、科学既有联系又有区别，离开现实生活无法谈本质。王宏建认为艺术与哲学、宗教的本质不同在于各自的内容、对象和认识反映现实世界的方法。他认为艺术的本质特征在于它的真实性、形象性和典型性。陶同、洪毅然、徐书城认为这三性都不能说明艺术的本质特征，从而在本质上将艺术与哲学、宗教、科学区别开来。洪毅然认为艺术的生命线是人对现实生活的审美感受。徐书城则指出艺术与科学的本质区别在于一以感情，一以认识，两者的根本性是不能互相取代的，但他又指出强调艺术的情感内容绝不等于排斥其中的认识因素。高尔太将艺术概念分为五个层次，最高层次体现了艺术与哲学、科学的区别，即后者是认识的和功利的，前者是审美的；后者传导思想，前者传导感情。朱旭初、彭德认为美术区别于生产、科学、道德、宗教和政治等的本质，在于它的审美性和审美作用。

关于美术理论研究的方法论问题

关于这类问题的讨论主要集中在美术史研究方法和美术批评方法上。

皮道坚、徐书城、栗宪庭、吴甲丰从方法论角度对长期将美术史归结为现实主义与非现实主义斗争的传统公式提出了异议。皮道坚认为这个公式忽略了美术自身发展的动力和源泉。现实主义和非现实主义只能说明艺术和现实的关系，它们的矛盾在艺术史上只是外在的矛盾，美术发展的基本矛盾应是人对自然、社会的审美感受与这种感受的美术形式的表现——即美术的内容与形式的矛盾。他认为，长期以来，美术史研究方法上存在以经典词句代替科学分析、史论脱节的现象，存在将历史学简单化的倾向。在方法上既要重视美术自身历史逻辑的发展，又要注重社会经济、政治、宗教、哲学等对艺术的影响，还应重视对立面互相转化的中间环节，即包括审美理想在内的整个社会心理，等等。李浴则坚持这个公式是适合艺术发生、发展的本质规律，把它当作死板的"公式""教条"和"标签"固然不对，但否认它也是错误的。邓福星认为在美术史论研究中应把审美关系作为轴心线，因为在美术现象的层层关系中，最基本的是美术创作和欣赏集中体现出来的人与世界的审美关系。他认为我们的美术史论研究存在简单的原理验证、制造人为概念等弊病，我们的美术研究应该去寻找美术自身的内部联系和运动规律，而不应用作对马克思主义基本原理的验证。

在美术作品的批评方法问题上，王琦认为评论是美术活动的重要一环，创作家创作了作品，需要批评家进行评介，使观众更好地欣赏、理解这些作品。批评家担负着四项任务，即帮助创作家总结创作经验，指出作品的优缺点，帮助创作家改进创作、提高质量并对作品做出科学评介，帮助群众更好地理解、欣赏作品。关于批评的标准，他认为我们过去太偏重政治内容而忽视了艺术形式，但又指出不能完全抛弃政治标准，我们仍应坚持政治与艺术统一、内容与形式统一的批评原则。皮道坚对传统批评中少数人垄断艺术作品解释权的现状表示不满，他认为以一整套现成的批评模式去对付各种艺术作品的文艺批评不仅麻痹人们的审美感觉，阻碍社会对艺术的呼吸，也造成了大多数欣赏者守旧的依赖心理。传统模式的批评总是力图遵循艺术家的思路，去弄清作品表现什么、如何表现、表现得如何等，这是一种两点论模式，即"生活—艺术"单因果链模式的批评，这样的批评只要求艺术主题鲜明，它无法解释许多现代人的艺术作品。他认为新的开放的动力感觉型的批评应该把艺术作品作为有生命的对象，进行充分发扬主体性的精神交流，积极地、诚挚地，甚至不必踏着艺术家的思路去主动寻求、发现、理解、发展人的一切现实可能性，并用语言文字表达出来。

纵观八十年代以来美术理论的发展，可以发现这样几个特点：首先，重大理论问题的讨论多源于创作实践的需要；一批有开拓精神的画家开始觉察到理论对创作的巨大能动价值，出现了不少画家撰写的具有一定深度的理论文章。形式内容、抽象美这一突破性理论问题的讨论就源于画家吴冠中对形式美感的执着。"自我表现"、人体美术等问题的讨论也多源于创作实践的直接需要。国画家周韶华近年来在创作实践中提出了一系列理论问题，如强调更新画家审美观念和视野的全方位观照理论，关于理论与实践关系的双轨同步理论，关于继承传统与借鉴西方的隔代遗传和横向移植理论，都引起了美术理论界的一定反响。

其次，美术理论逐渐改变了传统的学科内封闭型研究趋向，出现了与其他学科渗透、交叉的研究趋势。如叶朗对美术界"自我表现"问题所做的哲学分析，皮道坚运用解释学原理对创作与欣赏、批评关系所做的研究，李正天等对审美创作、欣赏过程的心理学意义上的分析，栗宪庭、何新、徐书城、杨蔼琪、毛士博等从史学角度对抽象美的探讨，等等。可以预料，这一趋势的发展将促使一系列边缘、横断、综合交叉学科出现。

最后，与美学创作实践在审美观、风格流派、技法材料上的多元发展趋势同步，美术批评在批评方法、批评标准上也出现了多元的发展倾向，这在一定程度上动摇了传统理论一统天下的权威地位。没有领袖的美术，必然产生没有领袖的批评，这一特点将延续到八十年代的下一个五年。

1985 年

注释：

[1]原文载《美术思潮》，1985 年第 4 期；严善錞、黄专，《当代艺术问题》，成都：四川美术出版社，1992 年，第 4—20 页。——编者注

附：本文所引论文、论著索引

关于形式内容和抽象美问题

吴冠中：《绘画的形式美》（《美术》1979 年第 5 期）

　　　　《关于抽象美》（《美术》1980 年第 10 期）

刘纲纪：《略谈"抽象"》（《美术》1980 年第 11 期）

洪毅然：《形象、形式与形式美》（《文艺研究》1980 年第 6 期）

吴冠中：《内容决定形式》（《美术》1981 年第 3 期）

浙江美术学院文艺理论学习小组：《形式美及其在美术中的地位》（《美术》1981 年第 4 期）

程至的：《谈美与形式》（《美术》1981 年第 5 期）

冯湘一：《给吴冠中老师的信》（《美术》1981 年第 12 期）

沈　鹏：《互相制约》（《美术》1981 年第 12 期）

艾中信：《油画风采谈（续篇）》（《美术》1981 年第 12 期）

杜　键：《也谈形式与内容》（《美术研究》1981 年第 4 期）

梁　江、黄坤源：《背离现实和现实的背离》（《美术研究》1981 年第 4 期）

陈　醉：《外形式初探》（《美术》1982 年第 1 期）

杨成寅：《略论当前美术评论中的几个观点》（《新美术》1982 年第 1 期）

　　　　《抽象派美学的困境》（《新美术》1982 年第 4 期）

彭　德：《审美作用是美术的唯一功能》（《美术》1982 年第 5 期）

黄荔生：《对"抽象"在美术中的作用的一些认识》（《美术》1982 年第 3 期）

贾方洲：《试谈造型艺术的美学内容》（《美术》1982 年第 5 期）

皮道坚：《应当重视美术史研究的方法论问题》（《美术》1982 年第 9 期）

徐书城：《也谈抽象美》（《美术》1983 年第 1 期）

栗宪庭、何　新：《试论中国古典绘画的抽象审美意识》（《美术》1983 年第 1、第 5 期）

梁　江：《"艺术抽象"说管窥》（《美术研究》1983 年第 2 期）

刘曦林：《形式美的抽象性与"抽象美"》（《美术》1983 年第 5 期）

邓福星：《绘画的抽象性》（《中国社会科学》1983 年第 5 期）

马钦忠：《"抽象美"问题讨论简评》（《美术》1984 年第 1 期）

舒济浩：《抽象·艺术抽象·"抽象美"》（《新美术》1984 年第 1 期）

鲁　萌：《论内容和形式统一的中介》（《青年论坛》1984 年第 1 期）

徐书城：《介乎抽象与具象之间》（《中国画研究》1981 年第 1 期）

　　　　《再谈抽象美和中国画》（《美术》1984 年第 5 期）

关于美术的"现实主义"问题

胡德智：《任何一条通往真理的途径都不应该忽视》（《美术》1980 年第 7 期）

奇　棘：《谈"社会主义现实主义"在美术创作中的一些问题》（《美术》1980 年第 7 期）

邵大箴：《现实主义精神与现代派艺术》（《美术》1980 年第 11 期）

梁　江：《艺术，应当让人民来评判》（《美术》1981 年第 2 期）

钱海源：《也谈"社会主义现实主义"在美术创作中的一些问题》（《美术》1981 年第 2 期）

栗宪庭：《现实主义不是唯一正确的途径》（《美术》1981 年第 2 期）

　　　　《再谈现实主义不是唯一正确的途径》（《美术》1982 年第 1 期）

孙美兰：《现实主义势必发展》（《美术》1982 年第 6 期）

吴甲丰：《"现实主义"小议》（《美术》1982 年第 8 期）

皮道坚：《应当重视美术史研究的方法论问题》（《美术》1982 年第 9 期）

杨成寅：《关于革命现实主义的几个问题的对话》（《美苑》1982 年第 4 期）

李　浴：《三谈美术发展史上的"现实主义"问题》（《美术》1983 年第 4 期）

　　　　《中国美术史纲（上卷）》1984 年版《绪论》

徐书城：《概念和标签——略论"现实主义"及其他》（《美术史论》1981 年第 1 期）

关于人体美术问题

"正确对待人体美术问题"讨论（《美术》1980 年第 4、第 6、第 12 期）

《美术》评论员：《关于黄色美术作品问题》（《美术》1982 年第 6 期）

邓平祥：《思考八题》（《美术》1983 年第 7 期）

关于美术中的"自我表现"问题

栗宪庭：《关于"星星"美展》（《美术》1980 年第 3 期）

千　禾：《"自我表现"不应视为绘画的本质》（《美术》1980 年第 8 期）

洪毅然：《艺术三题议》（《美术》1980 年第 12 期）

钟　鸣：《从画萨特说起——谈绘画中的自我表现》（《美术》1981 年第 2 期）

冯国东：《一个扫地工的梦——〈自在者〉》（《美术》1981 年第 2 期）

千　禾：《绘画本质与自我表现》（《美术》1981 年第 6 期）

史速建：《对〈自我表现不应视为绘画本质〉的不同看法》（《美术》1981 年第 2 期）

袁运生：《美术个性与自我表现》（《美术》1981 年第 3 期）

杜哲森：《艺术不能离开人民的土壤》（《美术》1981 年第 5 期）

邵大箴：《此路不通：为艺术而艺术》（《美术》1981 年第 6 期）

朱旭初：《也谈"自我表现"》（《美术》1981 年第 6 期）

叶　朗：《"自我表现"不是我们的旗帜》（《美术》1981 年第 11 期）

杨成寅：《略论当前美术评论中的几个观点》（《新美术》1982 年第 1 期）

刘纲纪：《〈"自我表现"不是我们的旗帜〉一文读后》（《美术》1982 年第 3 期）

孙　津：《从造型艺术的规定性谈"自我表现"》（《美术》1982 年第 4 期）

刘德滨：《剖析"自我表现"说》（《美苑》1982 年第 4 期）

郎绍君：《艺术规律与自我表现》（《美术》1983 年第 7 期）

沈　鹏：《多读点唯物论的反映论》（《美术》1983 年第 10 期）

金　冶：《谈美术创作上的艺术性》（《美术》1983 年第 12 期）

海　源：《评〈艺术心理学论纲〉》（《美术》1984 年第 2 期）

杨成寅：《自我表现论及其美学基础》（《新美术》1984 年第 2 期）

关于美术的功能和本质问题

王宏建：《浅谈艺术的本质》（《美术》1981 年第 5 期）

千　禾：《绘画本质与自我表现》（《美术》1981 年第 6 期）

陶　同：《如何达到"自由"——也谈艺术的本质》（《美术》1981 年第 11 期）

吴正纲、江惠萍：《美术的功能》（《美术》1982 年第 5 期）

彭　德：《审美作用是美术的唯一功能》（《美术》1982 年第 5 期）

贾方洲：《试谈造型艺术的美学内容》（《美术》1982 年第 5 期）

徐书城：《艺术本质之谜》（《美术》1982 年第 7 期）

高尔太：《艺术概念的基本层次》（《美术》1982 年第 8 期）

朱旭初：《美术的非纯认识性和直观性》（《美术》1982 年第 8 期）

王　仲：《评"美术功能唯一论"》（《美术》1982 年第 12 期）

李正天：《艺术心理学论纲》（《美术》1983 年第 1 期）

张玉忠：《艺术的审美功能》（《新美术》1983 年第 3 期）

洪再新：《"唯一功能论"质疑》（《新美术》1983 年第 3 期）

王宏建：《略谈艺术的功能》（《美术研究》1983 年第 1 期）

蔡燊安：《美术作品的容量》（《美术》1983 年第 9 期）

关于美术理论研究的方法论问题

皮道坚：《应当重视美术史研究的方法论问题》（《美术》1982 年第 9 期）

徐书城：《有关中国美术史研究的两点看法》（《美术史论》丛刊 1983 年第 1 期）

邓平祥：《思考八题》（《美术》1983 年第 7 期）

王　琦：《发展马克思主义的美术评论》（《美术》1983 年第 8 期）

梁　江：《关于〈思考八题〉的思考》（《美术》1983 年第 10 期）

邓福星：《美术史论研究方法刍议》（《美术史论》丛刊 1983 年第 4 期）

皮道坚：《我的批评观》（《美术思潮》1985 年第 2 期）

梁　江：《美术史学的方法论问题浅议》（《美苑》1983 年第 3 期）

波普的启示 [1]

"波普"（Pop）的含义和这个词的构成一样简单，但它成为和现代派平分了这个世纪的后现代派美术运动最有价值的特征。芭芭拉·罗斯（Barbara Rose）把劳森伯格（Robert Rauschenberg）、里维斯（Larry Rivers）从五十年代中期开始的实验称为对抽象表现主义这种"高等美术"的挑战。的确，这时人们才意识到抽象表现主义以前的所有西方现代美术都不过是欧洲大陆资本主义革命所建立的价值体系的产物，这种价值体系把根植于大工业生产的社会分工延伸到人类活动的每个领域：它分离了思辨哲学和科学哲学，分离了科学和艺术，分离了感性和理性。它造就了一小批精良的艺术偶像，又生产出一大批盲目的艺术教徒，它使艺术成为一种高度完备的语言形式，又使它变为极端封闭的符号系统。现代派美术产生于这种自信，即从视觉范围内将与生俱有的混乱感觉变成有结构的秩序（塞尚），却终结于这种自信趋于极端的表达方式——抽象表现主义的实验，或者说这种"只被少数有教养的人所接受的深奥的象征风格"，

这种"高等原则"上产生的"高等美术"，这种更多地接近哲学而非生活的贵族语言。赫伯特·里德（Herbert Read）曾指出艺术不过是一个独立的、属于"尘世的"生存事物的制作过程。那么，独立于人与客体之外的"非客观艺术"的绘画，究竟在多大程度上能够传达出属于思辨范畴的形而上学的主体，抑或根本不能？汉娜·阿伦特（Hannah Arendt）在评论表现主义的艺术时刻薄地写道："（它的）错误在于把这个非客观认为主观，使得艺术家感到必须'表现他自己'，他的主观的感情，这是江湖骗子的标志而不是艺术家的标志。" [2] 西方传统的怀疑精神又一次复活了。

需要一次美术领域的"法国大革命"。

需要一种新的价值尺度。

因而需要对建立在旧的价值尺度上的各种关系重新加以判断——艺术与生活、艺术与非艺术、艺术的传达过程与艺术作品、艺术的门类关系，以及归根结底对"艺术是什么"这个本体论问题的回答。罗伊·利希滕斯坦（Roy Lichtenstein）、安迪·沃霍

尔（Andy Warhol）通过大量复制旧时代的高贵作品，"保持着同高级文化的巧妙对话"，这种以大众熟知的视觉传播媒介表达观念的嬉皮做法，起源于杜尚（Marcel Duchamp）严肃的批判态度，它想说明的是，"绘画就是事实，这就够了"，"绘画充满着自身存在的因素"。对劳森伯格来说，绘画不过是他寻找艺术与生活之间某种关系的因素，他的作品"没有任何秘密的暗示，没有任何用密码传达的社会或政治象征"。这点与斯特拉（Frank Stella）对艺术的平易态度是一致的："他也希望观众看到他的画时做出同样的反应：'它就在那里。'而不要去寻找任何其他的意义。"[3]

芭芭拉·罗斯这样评价波普艺术在美国的影响：

> 五十年前，马斯登·哈利莱（Marsden Hartley）悲观地预言，在美国九千万人民认识美术之前，美术是不可能在美国生根的。当他看到通过波普艺术的热闹、熟悉的形象，这样的一个目标在历史上第一次真的有可能实现时，他或许会大吃一惊。在美国，原先不知道有视觉艺术这种东西的广大知识分子和半知识分子，突然对绘画和雕塑产生了兴趣，就像对美酒、佳肴和其他生活享受一样。总的说来，他们的趣味是喜欢一种可理解的、易接近的、表达意思直截了当的艺术。

这或许就是波普艺术真正富有魅力的地方。从杜尚的《泉》到风靡美国的"涂抹绘画"，从克里斯托（Christo Javacheff）的"包装海洋"到"大色域绘画"，艺术以日益淡化的方式向人类文化背景做深层渗透，它是真正大众化的，更接近人类普遍本性，因而也是更接近艺术普遍本性的美术运动产生的必不可少的中间环节——尽管这种艺术有时表现得那么不艺术。的确，"作为战略的倾向从表面上看似乎改变了艺术的性质，但从长远看，它又是艺术历史发展中的一个不可避免的阶段"[4]。

当胆大的劳森伯格把他的"垃圾"搬进中国的美术圣殿时，我们正在严肃地思考民族绘画的生存价值，这是一种具有特别意味的偶合。它第一次不是从美术的风格样式上，而是从其赖以存在的价值尺度上，把东西方两种艺术完全不同的视觉化方式的生存问题统一在一个确定的时空中，这或许是自利玛窦以来，中西文化在美术领域对话的真正开始。

其实，我们为之"困惑"的"中国画"，不过是宋、元以来形成的高度贵族化的"文人画"，它显然只是中国绘画一个极端狭义的部分。北宋以来，随着封建制内部社会分工的深化，文人士流的精神生活开始辐射到各个艺术门类，至少在北宋中叶以后，中国绘画出现了文人画、院体画和民间绘画分流的局面，文人画家、画院画师、民间画工这种社会格局随之确立，这种分野经元至明初的发展，尤其是随清初文人画与院体画的合流，终于形成了文人画定于一尊的这种影响我们民族绘画达数百年的基本社会模式，随之产生所谓僵死的抽象形式、程式化的题材内容。但比所有这些都重要的是这一模式赖以产生、发展的"文人画"的价值标准，或者说文人对绘画与生活、绘画创作与欣赏态度、绘画与社会、绘画与文学及其他艺术门类（如书法）等一系列关系的价值态度、价值观。首先，这种价值观改变了绘画面向民众，以封建教化作为直接目的的世俗功能，使之成为以儒教为精神主髓的士大夫们完善自身人格的某种形而下器，成为"士大夫

词翰之余，适一时之兴趣"的玩赏性艺术。董其昌说："寄乐于画，自黄公望始开此门庭耳。"其实，开此门庭者宋已有之，"窃观自古奇迹，多是轩冕才贤，岩穴上士。依仁游艺，探赜钩深，高雅之情，一寄于画……不尔虽竭巧思，止同众工之事，虽曰画，而非画"[5]。宋元之后，大量的众工之画被排斥在"画"之外，成为与文人画这种"高艺术"格格不入的"亚艺术""非艺术"，这是中国绘画发展的晚期特征之一。如果说宋代画院对这两种绘画语言还能起到某种中和调剂作用，那么，在明清画院的这种功能消失之后，中国绘画艺术就相对地失去了魏晋以来"艺"和"术"这两种因素并进的正常发展（当然，这并非指"文人画"的形式语言不具有很高的美学价值）。"画之为艺，世之专门名家者，多能曲尽其形似，而至其意态情性之所聚、天机之所寓，悠然不可探索者，非雅人胜士，超然有见乎尘俗之外者，莫之能至。"[6]一方面极力渲染绘画形而上的价值功能，另一方面极力贬抑绘画作为一种技艺的"世俗性"特征，"士人以文章德义为贵，若技艺多一不如少一，不惟受役，兼自损品……王摩诘玉琢才情，若非是吟得

数首诗，则琵琶伶人，水墨画匠而已"[7]。这种价值观下产生的一个基本的美术社会学的事实是：与西方绘画大家相比，中国文人画大家的基本条件是非职业创作。诚如西方人所言："中国文化是世界上唯一从早期就有了完整的业余艺术家这一概念的文化，并把从事艺术活动看作学者和绅士的自然而恰当的消遣。在西方，业余艺术家这个概念的形成是在十八世纪因受浪漫主义的暗示而产生的'天才'的概念之后。"[8] 东晋的"传神"说、齐梁的"六法论"是中国绘画美学原则基本确立的标志。宋元以后，文人画家的画论对这些基本范畴、品评标准的一系列神秘化的加工，是文人画价值观形成的另一个特点。"气韵非师"说就是这种"六经注我"态度的典范："六法精论，万古不移。然而骨法用笔以下，五者可学。如其气韵，必在生知，固不可以巧密得，复不可以岁月到。默契神会，不知然而然也。"[9] 把六条具有内在有机联系的艺术品评标准割裂开来，从理论上加强了这一价值体系的完整性。近百年来，中国绘画在"高艺术"（文人画）和"准艺术"（民间绘画）这两种自转系统中萎缩发展，这极大地限制了绘画在整个文化背景中社会化的深度和广度。造成这种局面的根本原因，既非中国绘画本身的形式因素，也非中国绘画各种传统的美学原则，而是对这些形式、原则的贵族化的价值态度，玄学式的思辨方式。这恐怕才是中国绘画无法在更为广阔的文化背景中正常发展，乃至无法与整个人类文化真正对话的原因，这恐怕才是我们真正需要更新的"观念"。

绘画史的发展总是它的形态学特征和价值学说内外两重因素的双向发展。在对中西绘画进行比较，尤其是在这种比较中判断我们民族绘画的生存价值时，我们不仅应该注意它们在美术风格式样上的差别，还应该注意它们在价值方位和层次上的异同；不仅应回答"绘画为什么"这样一个社会学问题，更应回答"绘画是什么"这个本体论问题；要把握它的美学范畴，更要探讨它的价值学基础。仅仅停留于风格式样上的思考，只能使我们醉心的"国画创新"成为一个五花八门的热闹庙会。本文不是对中西绘画价值观念的形成、发展和特征等时空层次的全面分析和比较，它仅仅截取这两种价值观差异中的某些特征进行探论，力图提供的不是一种判断，而是一种启示、一种愿望。如果我们能从价值系统角度认识、理解当代西方美术中的波普化倾向而不为它的形态学特征所迷惑，那么，这对我们确定中国画在民族文化乃至人类文化总体中的地位、价值，对中国画讨论的深化，都将是不无启迪的。

1986 年

注释：

[1]原文载《美术思潮》，1986 年第 5 期；严善錞、黄专，《当代艺术问题》，成都：四川美术出版社，1992 年，第 40—45 页；黄专，《艺术世界中的思想与行动》，北京：北京大学出版社，2010 年，第 3—4 页。——编者注

[2]赫伯特·里德，《现代绘画简史》，刘萍君译，周子丛、秦宣夫校，上海：上海人民美术出版社，1979 年，第 153 页。

[3]同上，第 161 页。

[4]同上，第 175 页。

[5]《图画见闻志·卷一》。

[6]《金川玉屑集》。

[7]《竹懒墨君题语》。

[8]《牛津艺术指南·艺术家》。

[9]《图画见闻志·卷一》。

面对历史：超越与对话[1]

——当代青年美术思潮述评

目前弥漫于全国的青年美术思潮，虽然尚未在文艺界引起与其地位相应的重视，但敏感的人会在不久的将来发现，在评价促成我们民族在文化心态、价值观念和思维模式上向现代化方向演进的各种因素时，我们将不得不首先提到这场视觉革命，提到它的功与过。

从 1985 年起，美术界出现了一系列全国和地区规模的青年美展以及一批以区域为单位的画派（美术群体），较有影响的在北方有兰州的"探索·发现·表现"五青年美展（1984 年 12 月—1985 年 1 月）、东北三省的"北方艺术群体"及"啊，东北"系列美展（1984 年 9 月）、北京的"十一月画展"（1985 年 11 月）、山西的"七人现代艺术展"（1985 年 12 月）和徐州现代艺术展。南方有江苏青年艺术周的"大型现代艺术展"（1985 年 10 月）、重庆"无名氏画会"的"现代绘画展"（1985 年 10 月）、浙江美术学院八五届毕业生毕业展（1985 年 7 月）及浙江"85 新空间"展（1985 年 12 月）、"湖南

0 艺术集团展览"（1985 年 12 月—1986 年 1 月）、杭州的"池社"集团及集体创作《作品 1 号——杨氏太极系列》（1986 年 6 月）。还有在西安举行的谷文达作品公展和观摩展（1986 年 6 月）以及"湖北青年美术节"。

当代中国的青年美术思潮是在一个敞开了的文化背景下展开的，这是我们历史地估价这一思潮的逻辑起点，正是这一时代特征决定了这一思潮面临两个基本的文化课题，即在纵向上，历时方面对传统文化的价值超越，以及在横向上，共时方面与整个人类文化的对话。所以这一思潮的文化价值意义远远大于它的美术形态学意义，即它将从价值观念层次而不仅仅从审美心理层次为我们的视觉领域提供一个新的"心理定向"（Mental Set），或者说，像解释学所言，构筑一条新的"历史的地平线"。

人类总是在设定了的文化现实中实现自我，这种设定既不是某种"积淀"的民族—时代精神，也不是某种"超验的"永恒原则或理性精神，确切地讲，这种设定不过是一

个文化环节，作为历史主体的对象化，它一方面构成了我们的思维、生活方式的现实框架，另一方面又为现实主体的超越提供了一个参照系统，这个文化环节就是我们常称的"传统"，它的核心是价值观。在一个封闭的文化景观中，传统的沿承方式多是价值观的自我调节、自我完善和自我解释（迄今为止的中国文化就是这种方式的一个典范），这是一种较低层次的文化沿承方式，因为它是以历史主体超越机能的萎缩、消融和泯灭为代价的。在一个敞开的文化景观（多元价值观有可能进行对话的文化背景）中，历史主体的实现方式主要是对价值观的自我超越，它将历史和未来统一在现在的时空域中，将历史视为一个能动的理解和选择过程，从而使历史自我的实现具有某种"效果历史"（伽达默尔）的意义。这种超越过程的实现也就为民族文化与世界文化的对话提供了可能，即我们的文化将不再仅仅作为某种历史的风格式样而是作为某种现实的文化心态，在同一层次上为世界接受和认可。

作为新的平衡或新的价值观赖以实现的前提，这种价值超越将带来相当时期内的"文化紊乱"现象。如果说，中国的开放政策为中国文化的价值超越提供了一个可能的前提，那么，当前美术界的"文化紊乱"就是这个前提带来的合理现实。的确，不用说详述，就算简单地描述一下我们眼前的青年美术思潮，也能马上发现我们正置身于一个没有任何坐标的世界，在这里，任何分类法的排他性都将使这种分类给予我们的比它抛弃了的少得多。所以，本文将不以任何分类法来"清晰地"详述这一思潮，而仅仅把它作为一种文化现象，希图从它所体现的总体文化特征中，了解它在我们民族面临的文化课题中的地位和作用。

这一思潮所体现的文化特征，大致有这样三点：

第一，主体意识的自觉。在这里，主体已不再是具有某种政治内涵的个人，也不再是作为个体的情绪感受的"自我"，它是已超越这两个层次的，作为历史文化整体存在的意识主体。江苏的丁方以"城"为母题的多幅油画表达了他的"文化反思"，他这样表述自己在"城"面前的体验："一种说不出的历史苦味，贯穿于我所感受到的东方命运之中。似乎历史的过去、未来、现在都在这渺小的生命个体中被强烈地体验到了……不知从何处而来的光可以理解为是心理所赋予的，它不仅迷漫在天空，而且投射到坚实、粗粝的城与土地上，给予它们以命运般的神秘色彩。正是这色彩永恒昭示着未被了解的一切，同时我坚信：这暂时被笼罩在郁悒氛围中的境界，一定会凭借着自身的力度而腾燃开来。我认为，这信念的存在本身就比其他更有意义。毋庸讳言，我追求的是一种浑朴的现实风格，它力图通过单纯的画面和坚实的描绘来表现深藏的北方精神。……我坚持认为东方大陆之中尚缄默的伟力，才是它今后赖以跻身于人类未来文化之林的根基。"[2]这种主体意识的自觉首先表现为强有力的文化反思能力，这种反思自信地将现实自我作为联系过去与未来的中介，既将传统文化因素作为超越的对象，也将其作为超越的媒介，通过对历史文化因素的重新阐释、理解和选择，达到建立一种新的文化本位的目的。

第二，文化意识的自觉，即青年画家已不再把绘画作为单纯的审美手段而主要把它作为一种文化现象，通过绘画对旧的价值尺度上的各种关系重新加以判断，如艺术与生活、艺术与非艺术、艺术的传达过程与艺术作品、艺术的门类关系，等等。在长沙举行的"湖南 0 艺术集团展览"中，有一件被称为《生日》的作品（作者石强），是一幅插有几十支红蜡烛的画，展出过程中，观众"参与作品的行为"——点燃蜡烛使作品得以在作者与观众的交流中完成。这类作品越过作者和观众的界限，既是对观众常规欣赏心理的冲击，也是对传统绘画在内容上的自我、封闭性品质的突破，它使作品获得了价值学的内容。1986 年 6 月 1 日上午 9 时至次日凌晨 4 时，杭州的"池社"在西湖边的南山路，完成了集体创作《作品 1 号——杨氏太极系列》。他们以废报纸为材料，用拼贴手法，创作了这幅高 4 米、总长 60 米的作品，认为这是一次"别样而实在的对话，它表明了无功利的艺术活动的活力，以及在疲惫与陶醉的瞬间结合之后产生的庄严与快乐"，这一艺术行为显然重新解释了艺术作品与它的创作过程的关系。另外，受西方当代波普艺术的影响，"山西现代艺术展""湖南 0 艺术集团展览"中出现了大量以实物材料为媒介的作品，作者力图在艺术活动中对艺术与非艺术、艺术与生活的关系加以新的理解，从文化角度超越传统中国绘画在创作、欣赏、构思方式上的价值态度。

第三，群体意识的自觉。随着文化英雄主义时代的结束，艺术多元倾向是我们这个时代的主要特征。在青年美术界，群体意识的觉醒正表明了这个特征。现在，甘肃、东北三省、浙江、山西、上海、江苏、云南、湖南、北京、山东、江西、安徽、河南、湖北，甚至在西藏、内蒙古都存在规模不一、宗旨各异的青年美术群体，这些群体或是有较明确主体精神的综合艺术集团（如主张用绘画传达永恒理性，建立"北方文化"的"北方艺术群体"），或是艺术语言基本相同的同人集群，或是只为举办一次画展而组成的暂时联盟，它们的存在打破了传统画派这种社会结构上的封闭性及风格语言上的师承性模式。作为一种新型的社会文化单位，这些群体不仅成为我们这个文化多元时代的表征，也成为它实际内容的一部分。

我们这一代敏锐的、富有才华的青年美术家，把他们艺术视野的一端伸向他们并不熟悉的自己民族的传统文化，另一端伸向他们同样不熟悉的西方世界。他们以自身强有力的主体意识支撑着这样一种信念：我们的时代就该有我们的创造。他们以强有力的自信完成历史赋予他们的两种文化使命：对传统文化的超越和与人类文化的对话。诚然，对正在发展中的美术思潮做任何史学意义上的评价都为时过早，但用浅薄、模仿、粗糙来责难这一思潮将是对历史的不尊！对这一思潮可以肯定的是：它对我们民族文化、心理、精神甚至生活方式的影响将是超视觉的和超美术的。

1986 年

注释：

[1]原文载《中国青年报》，1986 年 12 月 19 日，第 4 版。——编者注

[2]丁方，《"城"——文化反思的象征》，载《中国美术报》，第 23 期，1985 年 12 月 28 日。——编者注

现代摄影艺术的文化——语言品质[1]

如果需要建立一门现代美术发生学，那么，摄影艺术对这门学科的意义就像史前岩画对于人类美术发生学所具有的意义。正是摄影将人类视觉感受和对象化方式中存在的最深刻的矛盾命题，以一种现代方式即工业文化的方式揭示了出来，它不仅动摇了人类靠手工技能"再现自然"的几千年的自信，而且与其他现代工艺的发明一样，在一定意义上改变了人类的视觉习惯和文化发展的价值框架。罗马俱乐部的领袖人物奥雷利奥·佩西（Aurolio Peccei）在他的《人的素质》中曾这样描述我们这个时代"变化了的人类处境"："以现代工艺造成的广泛的想象力为标志的物质革命的复合结果给予人类以新的可怕力量。因而我们可以简洁地说，直到几十年以前，人类世界还包括三个相互影响但却相当稳定的因素：自然、人和社会。今天，建立在科学基础上的工艺已经作为人类体系中的第四个并且潜在地是难以控制的因素不可阻止地出现了。……直到最近，人类还能够在它所提供的物质进步与它意欲巩固的社会——文化生活之间保持一种合理的平衡。由于工艺以其新的、基于科学的形式获得了决定性的并且实际上是独立因素的地位，因而所有先前存在的平衡就被打破了。"

如果说前工业社会美术领域中联系人与自然的是以人的现实感受为中介的单纯而丰富的感知活动，那么，摄影机的出现不仅切断了这种直接性的联系，而且像过滤器一样使得这种丰富性的感受具有某种趋同的特征。德国插画家路德维格·里希特（Ludwig Richter）曾用下面这个故事说明艺术家的"个性""气质"对绘画风格的决定性影响：三个青年画家在风景胜地蒂沃利围绕同样的风景母题，以"真实""客观"地再现自然的愿望进行创作，"但是他们到傍晚比较他们的劳动成果时，画稿的差异之大仍然令人吃惊"。可以想见，这样的故事如果发生在三个拿着同样性能的照相机、怀有同样目的的人身上，我们得到的结论或许会完全相反。摄影机的出现，使视觉领域中人与自然的对话插入了机械这一物质中介，必须承认，以机械的"眼"看世界，已构成了我们现实存在的一部分，正如没有电、宇宙飞船，没有空气污染，我们的社会就不会成为现代社会一样，没有机械的"视野"，人也就不能被称为现代的人。它重新构造了人的视觉感受方式和价值定向，这是问题的一方面；人类视觉感受方式的改变将不会以牺牲人的感觉中介为代价而只会深化这种感觉，这是问题的更为深刻的另一方面。人受制于一定的文化现实和价值框架才有现实的可能，但人的价值又只有在对设定的历史进行超越时，才有可能成为可能的现实，所以摄影艺术的出现，其实不过是现代的人—机关系上既对抗又和谐的协调方式在视觉艺术领域的折射。摄影艺术作为现代人类的文化符号，在文化特征和语言形态上必须具备两种品质：第一，它必须确立自身的语言系统，使人的感觉中介在摄影机界定的有限时空中起导向作用，使机械的"眼"变为人的眼，这实际上是摄影艺术的本体论问题；第二，它必须抵御机械锁带来的视觉领域中的文化一体化倾向，在人—机关系中，重新协调被摄影机破坏了的人的视觉—心理的平衡，在改变工业文明对文化遗产的多元化趋向的破坏局面中起作用，这实际上是摄影艺术的文化价值问题。

在本质上，是非艺术的现代摄影术如何能够成为一门艺术的问题，实际上是摄影艺术是否有自己独立的语言系统的问题，西方摄影由摄影术到摄影艺术的发展史对我们理解这个问题具有启示意义。奥斯卡·古斯塔夫·雷兰德（Oscar Gustave Rejlander）的《生活的两方面》（*The Two Ways of Life*）在使摄影成为"艺术"的同时，又使它成为非艺术，这不仅因为"高艺术"在模仿绘画特质这一点上造成了"艺术的堕落"[2]，也因为企图代替绘画和企图模仿绘画的结果都是一样：使摄影至多成为一门"准艺术"。摄影究竟是科学还是艺术，抑或两者都不是——真正开始回答1853年"伦敦摄影协会"年会上提出的这个问题的是彼得·亨利·埃默森（Peter Heary Emerson）的"自然主义摄影"，为了使摄影成为和他类艺术完全平等的"一门独立的艺术"，他认为将照相机作为制作图画的简单机械是错误的。摄影应该主要运用摄影手段，如聚焦和用光，而不是运用叠放的错误方法来取得艺术效果，他嘲笑亨利·皮奇·鲁滨逊（Henry Peach Robinson）的"集锦照"是一种"支离破碎式"

的摄影方法论，并指出摄影有其固定的"影调范围"，在寻找摄影艺术的本位语言上，埃默森的看法至少有一点是划时代的——他区分了作为绘画工具的摄影和作为艺术的摄影。摄影在失掉许多东西之后得到了一点——摄影艺术应该有自身的语言方式和审美品质，这一认识无疑是二十世纪摄影革命萌发的土壤。斯蒂格里茨（Alfred Stieglitz）在二十世纪初就宣告他的"即物主义"是"摄影的本质""产物和界限"。帕丘（Robert Petschow）说："只有根据固有的特质，才能创造出可以自立的摄影，没有任何东西是从绘画借用的。"可以说，在第二次世界大战以前确立摄影艺术语言的独立品质是西方摄影家们共有的愿望，如果说这种愿望要确立的还是作为客体的摄影艺术的语言系统，那么，战后以斯特兰德（Paul Strand）为倡导者的"主观摄影"就是将摄影艺术的地位引入文化—心理层次，嗣后所有的现代摄影流派在这个根基面前都只具有形态学的意义。

人为了文化的进步把自己交给了冷冰冰的机械，从而"丧失了在它质朴的自然栖息地不受干扰地生活的合理性"[3]，摄影机对人的视觉—心理的影响无疑具有这样的双重品质，而摄影艺术确立自己独立语言系统的过程，实际上是抵御摄影机造成的视觉异化的过程，它使人的直接性感觉品质在摄影机限定的有限时空中得到实现。[4]

摄影是工业文明的产物，和他类艺术比较，摄影艺术在语言形式上是一门无传统、无民族界限的艺术，但由于摄影艺术的中介仍是人的直接感受性，更由于作为艺术，它必须是以人为本位的，因此，它在文化品质上必然受制于一定的历史—民族的心态，这应该成为我们认识摄影艺术"现代化"的逻辑起点。

长期以来，受艺术领域庸俗功能论的支配，我们对艺术的思考往往限定于内容和形式这样一种单线性的美学之中，一谈起摄影，就仿佛面对一个无所不包的容器，只要加入新的"观念"（诸如"哲理化的内涵""具有时代特征的情感"等），摄影艺术的现代化就可以实现。这使得我们的摄影艺术在实践和理论上既缺乏对自身语言形式的探讨，也缺乏对文化价值的思考，从而长期滞留于"简单图解"和"摄影绘画"的层次。你尽可以用油画、版画去画一幅《浩气长存》而丝毫不影响它的"艺术感染力",这样的摄影充其量只能算是一个以摄影为记录手段的图解,而不是摄影艺术。如何真正确立摄影艺术的本位语言? 一个工业化过程尚未充分展开的民族和一个已被现代工业文明"折磨"得疲惫不堪的民族,在视觉感受方式上会有怎样的差异,这种差异在历时性方面又怎样受制于不同的文化遗产,而所有这些又是如何在摄影机这样一个特殊的物质媒介中表现出来的,这一层次的思考,将是我们的摄影艺术迈向现代形态的第一步。

1987 年

注释:

[1]原文载《现代摄影》,1987 年,第 46—56 页。——编者注

[2]曾恩波,《世界摄影史》,台北:艺术图书公司,1973 年。——编者注

[3]奥雷利奥·佩西,《人的素质》,邵晓光等译,沈阳:辽宁大学出版社,1988 年。——编者注

[4]参见黄专,《摄影艺术的局限与超越》,载《现代摄影》1986 年 6 月第 9 期。

事件：作为摄影的存在方式[1]

> 卡蒂埃－布列松（Henri Cartier-Bresson）的注意力在于物质世界的一点，他为我们展示的是没有他我们就无法看到的东西——对瞬间多种分割的无限可能性。
>
> ——让·克莱文

卡蒂埃－布列松对西方摄影界的影响或许已日过中天，不过，有一点是无须怀疑的，那就是无论从摄影思想还是从他建立的实践传统上看，卡蒂埃－布列松在摄影史上的意义都将成为一个长久的话题。这不仅由于卡蒂埃－布列松曾以他自己特有的方式巨人般地影响过他的时代，也由于人们对他的作品和思想的注释似乎不仅没有使他在历史中的影像变得清晰，反倒越来越多地造就了大大小小的卡蒂埃－布列松之谜。例如在中国，很长时间内我们都一厢情愿地将他当作一个社会纪实摄影家，使我们失望的是，卡蒂埃－布列松一再声称自己并不能胜任任何一项采访。

我想从摄影史上一个最持久而又最暧昧、最含混的问题谈起。我们已经习惯将摄影分为纪实性摄影和艺术摄影、新闻报道性摄影和纯摄影，这类"两分法"固然满足了我们对任何事物都进行分门别类的嗜好，也确实给我们的交流提供了诸多便利（例如一个摄影的门外汉也完全有能力轻松地分辨"新闻图片展览"是怎么回事，"摄影艺术展览"又是怎么一回事。如果他感兴趣的是"事件"，那么他会在前一类展览中得到满足，而如果他需要得到的是诸如美感之类的"精神性"享受，那么他自然会寻找后一类展览)，但我总怀疑这种分门别类究竟给摄影自身带来了多少"实惠"。我们不妨稍稍认真一点，或者说，稍稍带点学究气地问一问，难道真有"客观纪实"这回事吗？人类在过去几千年的美术实践中一直相信可以通过自己万能的手去真实地"再现自然"，现在似乎才真正意识到所谓的"再现"不过是在模仿（或准确点讲是在"矫正"）前人眼中的自然，"再现自然"这种由美术史创造出来的神话无法由美术来兑现，难道它真可以由摄影机来证明吗？换句话说，那毫无人性的机械的眼真能够代替我们的手去胜任这个多少有些神秘的使命吗？摄影史证明，事实上，没有一种公认的欣赏习惯，没有一种适度的信息背景，没有摄影机在机械性能上的改进，我们几乎什么也干不了。达盖尔（Louis Daguerre）式的"写实"人物、静物、风景只能使我们联想到古典风的绘画，那不仅因为银版法需要用笨重的暗箱和三十分钟的曝光时间才能将物像"客观"地留在底片上，还因为人们知道的、习惯的和期待的就这么多。显然，从芬顿（Roger Fenton）到卡帕（Robert Capa）的战争"纪实"摄影的差异如此之大，并不取决于战争本身的性质和战争的酷烈程度，而是取决于人们对战争场面的不同兴趣和摄影者的期待、选择，换句话说，后者之所以比前者看起来更"真实"，在很大程度上取决于人们的心理承受能力和欣赏习惯。

关于摄影传统的另一方面，所谓"艺术摄影"或"纯摄影"，我们也可以提出许多吹毛求疵的诘难。当人们开始不满足于摄影机的"纪实"功能时，摄影的"艺术史"就开始了，从画意摄影到印象派摄影，摄影走过了一段模仿绘画的自卑的历程。1920年斯特兰德为了摆脱绘画魔魅纠缠，发起了"新即物主义"运动，宣称要寻找"纯净的摄影术"，"摄影的本质、产物和界限"[2]，帕丘为了同样纯净的目的，也说"绘画应该随便由画家去画，只有根据固有的特质，才能创造出可以自立的摄影，没有任何东西是从绘画借用的"。然而，"纯净的摄影术"并没有带来一部纯净的摄影史，"达达派摄影""超现实主义摄影""抽象摄影""主观主义摄影"……在摄影史的发展历程中，"艺术摄影"一直扮演着与绘画"夫唱妇随"的角色。的确，假如真有"纯净的摄影术"那回事，我们就无法理解为什么一个谙熟摄影术的人也会自然而然地将斯特兰德的《白色栅栏》（White Fence，1916年）看成一幅抽象主义的作品（"抽象主义"这个信息正好是现代绘画史提供给我们的），而将卡什（Yousuf Karsh）双重曝光的《灾祸》看成超现实的作品。显然，摄影除了摆脱着意模仿绘画这种自卑的动机外，并没有什么其他需要摆脱的东西，它无法摆脱观者的视觉习惯（这些习惯是从观看绘画、工艺、书本和任何一种能够对我们的眼睛产生影响的信息中得来的），也无法摆脱摄影者的潜在期待（我们可以将一堵"客观自然"的墙壁看成一幅抽象的图；或期望从双重曝光的作品中看到我们曾在绘画中看到的超现实的意味），在这些使"艺术摄影"或"纯摄影"变得有"意义"的因素上，"艺术摄影"丝毫没有比"纪实摄影"更优越、更高贵的地方。

用"纪实"与"艺术"这类归档系统来注释卡蒂埃－布列松，我们会发现我们已自然而然地走进了一个我们自己设置的陷阱。

当我们见到《都会旅馆建筑工人的食堂》(Construction Workers of the Hotel Metropole，莫斯科，1954 年）或《出售黄金》(Sale of gold in the last days of the Kuomintang，1949 年）时，我们的归档方式会很快告诉我们：这是"纪实"类的摄影。如果想象力再丰富一些，我们甚至可以调动我们的其他背景知识去解释：前者表现苏维埃的喜庆生活，后者再现了国民党的腐败境况。不过如果我们碰巧知道卡蒂埃－布列松还是一位研习过超现实主义和立体派绘画的画家，并且知道他还有一个"决定性瞬间"的理论，或者有幸见到《马德里》(Madrid，1933 年）、《巴黎圣拉扎尔车站后方》(Behind the Gare Saint-Lazare，巴黎，1932 年）之类的作品，我们就会很快调整我们的归档系统，

将他描绘成一位"画面关系大师"，一位具有使画面充满"超现实"气氛的奇才。显然，我们的分类法和我们的知识背景影响着我们的评价。

或许只有超越这类"两分法"，我们才有可能接近卡蒂埃－布列松，就像卡蒂埃－布列松自己所做的那样。卡蒂埃－布列松"决定性瞬间"的哲学告诉人们："生活中发生的每一个事件里，都有一个决定性瞬间，这个时刻来临时，环境中的元素会排列成最具意义的几何形态，而这个形态也最能显示这桩事件的完整面貌。有时候，这种形态瞬间即逝。因此，当进行的事件中所有元素处于平衡状态时，摄影家必须抓住这一刻。"[3]看得出来，卡蒂埃－布列松是以一个道地摄影家的身份讲这番话的，在这里，没有"纪实"与"艺术"这类归档系统支配他与摄影机的关系，他考虑的只有一件事——如何使自己的摄影机面对物质世界，或者说，如何用摄影机去寻找自己摄取信息的独特方式。摄影机面对的是物质世界流程中最基本的单位——事件（这里的事件没有任何形而上学的含义），它的瞬间状态在与摄影机的随机性（因而也是偶然性）的联系中产生意义。

最能显示事件完整面貌的"最具意义的几何形态"是怎么回事呢？这类"玄"话，可以在卡蒂埃－布列松的一些更诚实的言语中找到答案，那就是事物的存在方式取决于摄影者的潜在期待，卡蒂埃－布列松说："事实并不见得有趣，看事实的观点才重要。"[4]瞬间即逝的事件能传达出的信息早已存在于摄影者的期待之中，一切都取决于按下快门那一瞬间的动作，人们带着预备好的看事件的眼去干预事件、捕捉事件，去强迫事件与相机（确切地讲是与自己的拍摄行为）发生关系，这种被预期的事件仿佛是物质世界与摄影机之间最恰当的媒介，一种最适于摄影机的表现功能的物理对象，或者说它本身就是摄影的一种合理存在方式。事件的自然状态在摄影者编制的一套信息语汇中呈现出一个"决定性瞬间"或一种完整的几何形态。《马德里》所标明的具体时空显然不是卡蒂埃－布列松感兴趣的，他的有预备的眼睛在前景几个层次的人物和高大而封闭（就构图而言）的背景建筑之间发现了一种摄影需要的"状态"，正是这种状态促使卡蒂埃－布列松按下了快门，这个动作使事件状态与照相机之间发生了其他任何信息媒介都无

法替代的关系，我们可以生硬地称它为"摄影关系"，它是摄影机的瞬间性特性与摄影者潜在期待的高度统一，也是物理世界时间状态与摄影这个随机性行为最恰如其分的统一。

不妨看看卡蒂埃－布列松"事件性"（或"纪实性"）更强的作品《红衣主教帕切利在蒙马特尔》（Cardinal Pacelli at Montmartre，巴黎，1938 年）。我们已经熟知这类作品要传达给我们的信息是什么，我们很容易将它归为新闻摄影类作品，不过它显然不是一幅成功的"新闻摄影"作品。不知是卡蒂埃－布列松粗心还是他运气不好，在这个新闻性场面中，他竟忽略了作为信息中心的角色——只为我们留下了红衣主教帕切利的后脑勺，信息中心被两位虔诚得略显呆滞的教徒占领，在低视平线的满幅构图中，另外能够引起我们兴趣的是三颗使画面显得"透气"的秃头。当卡蒂埃－布列松在拥挤的人群中举起相机时，他或许压根儿没有想到要抓拍一张具有新闻价值的作品，他感兴趣的是那两张诚惶诚恐的脸和那几个使画面充满幽默感的秃头之间的张力，总之，对他来说，这个场面（事件）与马德里的场

面（事件）具有同样的意义，它们服从于卡蒂埃－布列松的期待和选择，在卡蒂埃－布列松的语汇范畴内产生意义。摄影是一种主动性行为，它充满了人的进攻性选择、期待和对世界的理解，但它又是一种随机性行为，充满无数不可预知的"快门机会"，卡蒂埃－布列松显然不是出于谦逊地称自己无法完成任何一次采访任务，了解这一点可以帮助我们理解为什么卡蒂埃－布列松的作品既不同于以纪实为目的的摄影，也不同于那些由着意经营的叠放技巧和其他后期暗房加工制作出来的"艺术"摄影。

任何信息媒介都有自己无法超越的技术界限，这话听起来保守了点，不过事情也许的确是这样：希望一门艺术承担超越本分的任务时，它难免陷于一种难堪的窘境，我总怀疑（或许因为我对摄影所知太少），一幅宣称表达了某种超验意念和形而上精神内容的摄影作品未必比一幅模仿古典画风的作品更高明。卡蒂埃－布列松是在他的平实处证明了他的伟大，他将镜头对准物质世界，寻找到了一种属于摄影的实实在在的存在方式。

1989 年

注释：

[1]原文载《摄影》，1989 年第 1 期，原标题为《事件：作为摄影的存在方式 ——卡蒂埃－布列松的意义》；严善錞、黄专，《当代艺术问题》，成都：四川美术出版社，1992 年，第 97—103 页；黄专，《艺术世界中的思想与行动》，北京：北京大学出版社，2010 年，第 11—15 页。——编者注
[2]斯特兰德曾说，"客观性是摄影的本质，是它的贡献，也是它的局限性……坦诚说，不亚于视觉的强度，是生动表达的先决条件。这一点的最充分的实现是通过使用直接的摄影方法，在没有过程或操作技巧的情况下完成的"。详见赫尔穆特·格恩斯海姆（Helmut Gersheim），《摄影简史》（A Concise History of Photography），纽约：多佛出版社，1986 年，第 191 页。——编者注
[3]原引用暂不可考，卡蒂埃－布列松曾在采访中说，"在所有的表达方式中，摄影是唯一一种可以永远固定精确瞬间的方式。摄影师处理不断消失的事物，当它们消失后，地球上没有任何发明可以让它们再次出现。我们无法冲洗和打印记忆"。详见 Creative Camera，1974 年4 月刊，第 112 页。——编者注
[4]卡蒂埃－布列松多次表达过类似的观点，如"相机的可能性只有一小部分让我感兴趣——情感和几何的奇妙结合，在一瞬间就融合在一起了"。详见《光圈》（Aperture）杂志，1992 年第 129 期。——编者注

中国现代美术的两难 [1]

由于中国现代美术基本上不是现代工业文明的直接产物，又由于在从意识形态到社会制度的各方面，中国历史并没有完成一个近现代意义上的民主化过程，所以，和整个文化的现代化一样，中国美术的现代化始终无法摆脱沉重的文化改造使命和浓烈的社会伦理色彩，如果这种使命感能够转换为开放的批判精神和宽容的民主态度，它本可以使我们获得一些扎扎实实的收获，可惜的是，就目前的情形而言，在这种使命感支配的亢奋精神状态背后，更多的是各种形而上学的孤傲情绪和脱离艺术自身命题的务虚态度。这种风习至少与艺术"多元化"这个极其含混但显然进步的现代目标格格不入，它使得中国现代美术的实验在很大程度上丧失了"现代的"品质和意义，我把这种现象称为中国现代美术的两难，它是一个来自现代美术自身的挑战，回应这种挑战的现实选择是，我们需要创造一个容忍批评的良好环境，不仅从社会政治土壤里，而且在我们自身的内在素质上培植出民主的种子，从而说明这种两难并不是必然的、规律性的、无法避免和克服的现实。

我称为现代美术的形而上学倾向有这样一些基本特征：首先，它认定艺术的本体意义在于它传达的是某种属于人类的、永恒超验的文化精神——这种精神是绝对的理性力量还是某种来自我们自身的"生命力"的冲动，抑或是与我们民族"本土精神"紧密相连的"灵性"并不特别重要——重要的是，这种精神总是由每个时代中少数走在历史前列的贤哲所代表和显现的。美术的病态和衰落反映了我们民族时代精神力量的衰落。因此，美术的现实使命和崇高目标是高扬人类的理性精神，这种使命从根本上讲是哲学(形而上学)的而不是艺术的。在这个意义上，对艺术的各种自律性、技术性的讨论不仅不能帮助我们达到这个目标，相反只能妨碍它的实现，所以，我们至少应当避开对艺术的"纯语言"或"纯形式"的探究。我想借用波普尔批判历史决定论时使用过的两个名词，把上面的表述概括为"艺术的整体主义"和"艺术的本质主义"。整体主义认定历史发展总是通过某种集团精神（作为集团传统载体）体现出来的，因此我们必须"用'民族性'或'时代精神'来理解历史的发展"[2]；本质主义则进一步肯定这种支配历史发展的精神力量是可以进行某种形而上学的本质描述和把握的，由此出发必然产生另一种自信——由于支配历史发展的集团精神是可以人为把握的，那么在这个基础上进一步探求一套历史发展的、进化的有序规律也不应是困难的，剩下的是我们如何在这套规律的引导下各行其是。不难理解，历史决定论的必然归宿只能是文化宿命论。

公允地讲，对文化本质和时代精神的偏爱并不是时下美术界的独特嗜好。在历史学界，早几年前人们就在"历史表象背后"发现了中国社会的"超稳定结构"[3]；在美学界，一个关于艺术史的流行说法是，每一时代的艺术都是那个时代的时代精神"积淀"的结果；[4]而《河殇》的作者不仅告诉我们"民族的心灵在痛苦"，还希图我们会用色彩去辨别优劣不同的文化种属……在种种探求"本质"的令人亢奋的跋涉中，人们似乎无暇稍稍冷静地想一想，真有那种超越具体历史时空、超越我们经验局限的"结构""心灵""精神"或是由这类共相名词组成的东

西吗？显然，一个基本而简单的事实是：无论从历史上还是从逻辑上看，任何支配历史发展的整体存在的精神力量都只是一种神话式的幻觉，一种超越不了我们想象力范围的臆断，或者说得难听些，一种"纯属集体主义的胡思乱想"[5]。历史活动的主体首先是作为个体存在的人，人类的文化活动首先体现为人与自然的联系，继而体现为人与人的社会联系，前者决定着人们的生存方式和技术态度，后者决定着人们的各种宗教、习俗、语言、艺术，决定着一定地域内人们的生活态度或价值态度。文化首先表现为人们的技术态度和价值态度的横向取舍，其次表现为对自己传统的纵向解释。作为社会化的人，人总是以集团、国家、民族这类整体的方式生活的这一现实，容易使我们产生一种误会——仿佛决定我们生存动机和行为的不是我们个体性的选择，而是某种依靠个体经验无法把握的集体的意志。事实是，我们无可选择地降生在此时此地，在这一点上，我们是被动的、不自觉的，一旦我们通过教育成为某一文化的一分子，人就发生了与文化的第一层次的联系，成为一个具有双重价值的人。一方面，我们必须接受一定的文化传

统和规范，我们有意无意地成为这种文化的遗传载体；另一方面，我们又总是依照我们当下的现实目标去自觉地、主动地干预传统、阐释传统、调整传统、丰富或破坏传统（从更广大的意义上讲，破坏也是传统的一种沿承方式）。在这种背景下，人的个体活动和选择总是由目标相近的一群人（集团）的活动体现出来的，人与集团的联系构成了人与文化的第二个层次的关系，在集团中活动的人对他们的行为不可能有十分的把握，他们需要随时调整自己的步伐使行为符合集团的利益或去影响、修正、改变原来的目标，以便在"相互超越"的社会竞争中选择最合理的手段和方式，使自己始终处于"胜人一筹"的地位。在这里人们遵循的不是什么以整体方式存在的时代—民族的精神原则，而是波普尔所谓的"情境逻辑"，社会时尚、潮流、风习的背后不是超越个体经验局限、制约历史发展的规律，而是文化传播学意义上的"多倍效应"。历史是具有时空局限的人和由他们组成的集团现实选择的结果，因此，历史的发展具有极大的偶然性品质，也唯其如此，历史才显现出最大的丰富性和开放性。我们可以具体考察某一特定时空范围

内的文化活动和发展趋势（"规律"与"趋势"的区别参见波普尔《历史决定论的贫困》中"对泛自然主义学说的批评"），却绝不可能把握整体存在的社会文化的发展规律："关于社会运动的速度或它的轨道、路线、方向等概念，如果只是为了表达某种直觉的印象而采用，那同样是无害的；但是，如果以科学自居，那么，这些概念就成为科学的奇谈怪论。"[6] 希望把握和改造整体存在的时代—民族精神的观念，绝不是民族身心健康的标志，恰恰相反，它倒是真正反映了一种不敢正视现实的神经虚弱症，因为它为自己确定的目标，实际上不过是一个神谕式的幻觉，一个堂吉诃德面对的风车，由于这种幻觉支撑的信念往往容易滋生各种形而上学的高贵感和英雄主义时代的狂妄自大，所以它又相当可能成为培植各种极权意识的温床。

如果我们承认人类的文化行为不是某种超验的、整体的文化精神的产物，那么，我们必须承认艺术行为的主体也应是作为个体存在的人——手工工匠、艺术家、艺术事业的资助人、批评家以及所有使艺术产生新闻效应的媒介传播者，而不是我们津津乐

道的时代精神、永恒理性这类超尘脱俗的整体观念。艺术家的教育背景、社会地位、对艺术传统的掌握程度甚至他们心理、生理上的各种癖好——总而言之，他们作为个体的一切局限性都会左右他们参与艺术时的心境，决定他们在艺术活动中的动机、态度和选择，而在开始艺术领域"胜人一筹"的竞赛时，他们又都无可避免地首先需要寻找自己的合作者（艺术集团、资助人、批评家等）。应该说，艺术史中真正的好戏是从这里开始的，决定参与艺术竞争时，你必须首先具备某种世俗的协调能力，在你自己认可的艺术家族中保持和放大那些与这个家庭利益一致的主张，放弃、修正或忽略（哪怕是暂时的）那些有可能与这种利益相悖的意见。总之，你必须遵循这种基本的"情境逻辑"，或者——照贡布里希的说法——"名利场的逻辑"，在这里，任何保持中立的企图都无异于宣布自己退出竞赛。当我们煞费苦心地去考证"南北宗论"的发明权以及这种划分的历史谬误时，我们恰好忘记了艺术竞争的背景，在准备将"南宗"推崇为正统画风的艺术家族中，人们是怀着不同的个人动机、个人趣味和不同的技术标准投入这场运动

的，所以在关于南宗的风格、技术界限、南宗画派的历史人选上才会出现一些几乎完全相悖的意见（例如王诜在董其昌那里属于南宗嫡系，而在陈继儒那里则是李派传人），令人惊异的是，这些趣味的差异不仅没有削弱"南宗"家族的目标，反而使得这种目标具有更大的内聚力。这个历史故事生动地说明了一个简单的道理：不同的口味造就了一个运动，而运动又消化着不同的口味。同此道理，当我们选择了时代—民族精神、理性主义作为我们运动的口号时，不应忘记我们的选择不过是诸多选择中的一种，即便它已成为大多数人认可的时尚，我们也不应因此产生一种错觉，仿佛我们为之奋斗的真是一种实有之物。艺术史首先是社会情境、艺术运动的发展史而不是它作为精神载体的历史。

话说到此，我们也许应该回答一个必然产生的诘难：艺术到底有没有精神性意义？应当指出，承认艺术的精神性意义与承认艺术是某种整体文化精神的载体是完全不同的两码事。艺术的精神性意义总是在具体的文化情境中发生的，而后者要我们相信，存在一种无法言喻的精神实体，艺术的使命不

过在于使它形象地凸现出来。在承认艺术的精神性意义的前一种解释的前提下，我们可以把这种诘难换成这样一个问题：艺术的精神性意义是如何产生的？也许贡布里希对西方最重要的文化符号——十字符号——的描述和解释可以给这个问题一个最生动的答案。他告诉我们文化（包括艺术）符号的意义如何服从于它的制作者的解释、适度的信息背景和欣赏习惯（心理期待），以及如何随着它的功能和技术材料的变化而变化。[7] 他的解释不大适合艺术整体主义和本质主义者的口味，不过，仅仅是符号的意义可以随遇而安这一点，就足以让许多形而上学的高谈阔论丧失活力，事实上，艺术的精神性意义的问题是传统的语汇约定和我们如何运用这种约定的问题。没有"人品即画品"的预备知识，没有对笔墨和空白的欣赏习惯，我们无法从八大山人的瞪眼鱼、鸟中看出"桀骜的气节"；同样，没有"弗洛伊德热"作为信息背景，我们不大可能理解达利作品的"性意识"。在什么都能成为艺术的现代，艺术判断的价值问题就更为突出，人们越来越明显地发现艺术在很大程度上更像是一种"君子协定"，"有点像商讨体

育规则和指定联络人员。人们也可以把它理解为相信有经验者的话，或者接受起主导作用的大多数人的意见，就好像一个新的建议得到了重视，并通过大多数人逐渐接近某种审美标准而渐渐得到贯彻并成为习俗一样……一部作品之所以是艺术品，并不是因为它在博物馆得到展览，而是相反，一部作品之所以进入博物馆，是因为它被视为艺术作品"。[8] 可以说，所有的艺术史都是这种"广泛的默契"和"判断协议"的结果。当我们谈论艺术的进步或堕落时，不要忘记我们是在执行一项"判断协议"。例如当我们将文艺复兴的技术系统作为一个标准参照，我们就必然将"风格主义"视为一种艺术的堕落。那些希望艺术保持一种恒常价值尺度的人，常常抱怨现代艺术是艺术的一种堕落、退步，他们宁愿相信现代艺术不过是人类艺术史长河中一段不愉快的插曲，而不愿改变他们那种固执的一元化的价值判断。而另一方面，那些痛恨一切传统的冒险家的固执，比起那种老式的一元论者一点也不逊色，在这种"舆论两极化"的场景中起作用的也正是"情境逻辑"。艺术意义的价值判断的属性，决定了关于艺术发展的循环进化

的理论只能是一种神智游戏，今天，当人们将达·芬奇、格列柯、安格尔、凡·高、塞尚、康定斯基、毕加索、劳森伯格、安迪·沃霍尔同时安放在"艺术大师"的位置上时，艺术是进化的含义就只能是：艺术是变化的，在这个意义上，艺术永远不会消失在哲学家的预言中。

现代美术的意义也许并不在于它创造了各种日新月异、五花八门的风格样式，而在于它确立了人们在视觉感受能力和技术手段上的一种真正多元化的价值格局。令人困惑的是，当这个时代降临的时候，我们首先让美术肩负起一个个堂吉诃德式的使命——表现文化性灵、创造民族精神、建立永恒的理性秩序……中国现代美术的两难在某种程度上也暗含着中国文化现代化的两难。不过，希望是有的，舆论可以造就一种风习，也就有可能改变一种风习，只要我们有勇气克服艺术整体主义和本质主义带来的形而上学的高贵感和优越感，将我们的视野投向那些更为实际的目标，把对现代艺术的纯粹"精神性"的探讨扩展到对它的"情境性"探讨的领域（如艺术家与文化运动的关系，如何建立中国现代美术的批评、鉴藏、市场系统等），我们的收获肯定会更大一些。

我相信波普尔的这句话是有道理的：

艺术是变化的，但是伟大的艺术永远在它自身课题的影响下变化。[9]

1989 年

注释：

[1]原文载《美术》，1989 年第 5 期；严善錞、黄专，《当代艺术问题》，成都：四川美术出版社，1992 年，第 89—96 页；黄专，《艺术世界中的思想与行动》，北京：北京大学出版社，2010 年，第 5—10 页，有所修订。本文综合以上不同版本。——编者注

[2]卡尔·波普尔，《历史决定论的贫困》，杜汝楫、邱仁宗译，北京：华夏出版社，1987 年，第 16 页。——编者注

[3]金观涛，《在历史的表象背后》，成都：四川人民出版社，1983 年。——编者注

[4]李泽厚，《美的历程》，北京：文物出版社，1981 年。——编者注

[5]卡尔·波普尔，《历史决定论的贫困》，第 90 页。——编者注

[6]同上。

[7]参见 E.H.贡布里希，《秩序感》，杨思梁、徐一维译，杭州：浙江摄影出版社，1987 年，第九章《作为符号的图案》。——编者注

[8]博格斯特，《艺术判断》，刁承俊、蒋芒译，北京：生活·读书·新知三联书店，1988 年。——编者注

[9]卡尔·波普尔，《通过知识获得解放》，范景中、李本正译，杭州：中国美术学院出版社，1996 年，第 301 页。——编者注

关于艺术史与艺术批评分界问题的通信[1]

祝斌、鲁虹二兄:

　　收到你们的复信与跟你们聊天一样,都能使我获得极大的精神快感。上次去信我谈到我们有必要对艺术史和艺术批评这样两门学科进行划界,按我的理解,你们似乎不太赞同这类分界,这使我们有了一个新的问题基点,有了一个获得新的精神自娱的机会。老实说,考虑"分界"问题大概是前几年的事,那时在轰轰烈烈的"新潮美术"运动中连续出版了几部被称为"史"的美术专著,使得美术史界似乎红火了一阵,但我记得正是那时候,老范(范景中)向我们提问:为什么中国美术史学界(如果真有这么一个"学界"的话)迄今还没有一部比较专业化的史学著述?所谓专业化,我想无非是指作为一门历史学科,撰写艺术史必须具备的一些基本的专业技术指标(如材料收集、文献索引、作品真伪鉴别、艺术史问题讨论的专业范围等),而我们大多数在写史的人似乎对此不屑一顾,他们强调一切历史都是当代史,干脆点说就是主观解释的历史,这种观点与其说是一种史观,倒不如说是对自己缺乏史学

研究基本技能的一种托词。譬如说,李小山曾提出中国画的"穷途末路"说,作为一种批评,无论从文化时效还是从批评史看,它都是有意义的,但是同一个李小山,却用这种纯批评的眼光和逻辑写了一部当代艺术史,对艺术史做了一些纯主观的、概念化的划分,很显然,这样一部史书无论从专业水准还是从历史效应上都不会给我们留下多少有益的东西。事实上,我们周围身兼"史学家"和"批评家"身份的人比比皆是,我想这不能说是一件让人乐观的事。

　　我谈"分界"主要是想从两门学科的目的、功能和具体逻辑方法上谈。你们认为在关注艺术情境和主客观解释的分量上,艺术史与艺术批评没有大的区别,所以不同意对它们进行分界(批评中有一类"历史批评",的确在特征上与艺术史更为接近)。你们考虑批评中的情境因素无疑是对的,事实上这也是当代中国艺术批评中最缺乏的东西,但我以为你们考虑的只是两门学科必须遵循的一种方法论原则,如果由于这个共性而否定它们的差异,那我们就有可能犯一些"美

丽的错误"。

虽然我一直认为艺术史应该是一门更接近历史学而不是哲学的学科，但艺术史又不能不使我想到科林伍德 (Robin George Collingwood) 和波普尔，我觉得他们以两种完全不同的方式影响过艺术史的研究，在这两种方式中做出抉择是我们谈论艺术史时无法回避的一个课题。波普尔认为他与科林伍德的历史观在相当长的路程上是同伴的，即关注如何运用我们的"全部心智和哲学方面的知识"去重演历史人物思考的问题，将历史纳入现实思想的"问题情境"中。在强调问题情境的重要性上，波普尔与科林伍德是一致的。但在解释或重构历史中如何选择主观和客观的认知方式上，他们分道扬镳了。波普尔认为："科林伍德意在说明、理解历史时重要的不是分析境况本身，而是历史学家重现的精神过程，即对原来经验的共鸣重复。……我认为重要的不是重现而是境况分析。……（历史学家）必须做的事情不是重现过去的经验，而是整理客观论据来证明或反驳自己推测性的境况分析。"[2] 一方面，完全重现历史（如重现一位艺术家的创作境况、创作动机，或者说哪怕是复制一幅作品）几乎是不可能的，但另一方面，我们可以在对历史活动的理性分析、重构和解释中，通过不断地整理客观证据（作品、史料及其他相关遗产）去证明、反驳自己推测性的境况分析，达到接近历史真实的目的。在波普尔看来，"历史的理解的主要目的在于从假设上去重建一种历史的问题境况"[3]。历史理解的客观性或真实性既不能建立在材料堆砌（历史归纳主义、实证主义）的基础上，也不能建立在纯粹思辨的活动中，而只能建立在提出问题和对问题境况永无休止的试错过程中。从这个基点出发，我以为同样是对情境问题的讨论，艺术史有艺术史的逻辑，批评则有批评的逻辑。首先从功能上看，艺术史主要是对以往艺术遗产的清理和解释（建立在"受控想象"机制上的解释），作为一门人文学科，从本质上讲它不应具有现实功利性（至于它以什么方式影响现实，那是它的客观效应而不是它的本质属性），它既探讨一定历史空间里艺术史自身的问题，也探讨与这些问题相关的文化价值问题，可以说，艺术史是测量某一特定历史环境下人类综合理性判断能力、材料收集水准和逻辑思辨方法的重要尺度，也是测量人类文化记忆能力的重要尺度，它应该是具有特殊技术训练者的一种专业行当。至于批评的内容，主要是评价与当下文化问题和艺术境况有关的艺术家、艺术作品，以及对它们的历史地位的预测，通过主观性较强的（服从于特定文化方案、集团趣味的）解释去影响、支配当下文化或艺术的发展去向和进程。在这个意义上，批评具有极大的依附性和功利性，一定时代的批评为我们提供了了解那个时代艺术境况和文化问题的材料，但它本身并不具有历史学的品质。从技术方法上看，艺术史侧重通过清理、分析历史材料去"还原"或"接近"历史，在历史的空白地带则依靠理性、逻辑的想象力去填空，所有这些必须依靠具体的学科知识、学科技能和学科方法，如搞中国画论研究需要文献学（训诂、版本、目录等学科）、考古学、博物馆学、文体学等多领域专业知识和技能的准备。当然，批评也是一种专业行当，同样需要多项专业技能，但这些技能依其所需达到的文化方案和目标以及针对的对象而各有不同，例如依附于一种运动状态的批评必须对参与这场运动的艺术家族的共同嗜好和现实容忍度等因素做出综合判断，晚明董其昌辈提出"南北宗论"就考虑了当时不同趣味集团的实力对比，通过协调不同艺术口味使"南北宗"成为一种支配时尚的批评（"南北宗论"是一种批评模式而不是一种历史模式，无论从提出它的价值态度还是方法动机上看都是这样，可惜我们大多数研究"南北宗论"的人都没有看出这层，以至于到今天还在为"南北宗论"所构造的历史框架的真实性进行着无休止的舌战）。再如依附于商业和市场机制的批评（我一直认为这类批评将是九十年代中国当代艺术批评的基本和主要的方式），则必须考虑画廊老板、企业收藏者的经济实力，考虑艺术市场的时尚变化和基本走向，考虑现存法律的容忍范围，考虑当下作品在艺术史中有可能获得的学术和商业地位……为此，它要求批评者必须具备艺术史、社会心理学、市场管理学、艺术法学等与市场机制有关的学科知识。说老实话，我们大家对那种漫无边际的哲学化或美学化的精神性批评，对那种作为私下情感贸易方式的应景批评已给了过分的容忍和放纵。我在最近给《艺术·市场》丛书编辑的一篇谈话中谈到了建立在艺术市场机制上的批评的设想，我不是一个市场偶像论者，但我以为建立在市场机制上的艺术批评也许会比建立在运动状态中或建立在私人情感基础上的批评更合理些。

对于中国艺术史和艺术批评的前景，我是一个悲观论者，说老实话，艺术史的大部分自尊早已被一门叫作"美学"的"学问"剥夺殆尽，再不确立艺术史与艺术批评的学科界限，我恐怕我们的艺术史不仅会淹没在美学和哲学的高谈阔论中，也会淹没在它的同行——艺术批评的高谈阔论中。

广州似乎没有讨论这类纯理论问题的"文化情境"，这是一座文化实证的城市，它有生机、有活力，也有许多意想不到的机会，唯独缺少清谈和空谈的空间，所以我想写这封信作为对这种缺憾的弥补。即使这样我也不愿再写下去了，我怕这对你们和我自己都是一种精神苦役。

顺颂
著祺！

黄专

1991 年 11 月 12 日

再啰唆两句：鲁虹谈到艺术史的主要问题是外在东西侵入太多，我倒以为艺术史的主要困境不在于外在东西的侵入（虽然我一直反感那些哲学化、美学化的艺术史），而在于缺乏自身的学科规范和方法。艺术史只有成为一门开放的学科才可能真正成熟，即按贡布里希所言，艺术史不应成为社会科学的陪衬人，相反，从经济学到心理学的所有社会科学，都应做好准备充当艺术史的陪衬人（《艺术史与社会科学》）。这一点与我提到的建立学科规范一点也不矛盾。艺术史研究更像奥运会而不应像迪士尼乐园，它应是专家出入的竞技场而不是人人都能在里面寻找精神快感的娱乐场，但事实上，我们对这种竞赛的基本项目（学科课题）、竞赛规则和基本技能指标以及各类项目的记录都还知之甚少，在这样的背景下谈论与世界交流或对话只能被人取笑。岭南美术出版社最近已决定由杨小彦主持创办"美术史研究"丛书，它的基本目标就在于为这场即将到来的赛事编定基本的竞赛项目、技术规范和各种洲际及世界纪录，我们私下称它为"艺术史竞技指南"。我一直以为艺术史应该与历史学而不是与哲学、美学攀亲，所以我希望有意参与这类竞技的人不妨多看看历史学、考古学的文字，他会对自己学科领域里真正缺少什么有更多了解。事实上，心理学、哲学、宗教、社会学都应该成为艺术史的背景学科，而不是相反——让本身就不成熟的艺术史成为诠释一些错误理论的工具。又及。

1991 年

注释：

[1]原文载严善錞、黄专，《当代艺术问题》，成都：四川美术出版社，1992 年，第 233—238 页；《朵云》，1992 年第 4 期。——编者注
[2]卡尔·波普尔，《客观知识：一个进化论的研究》，舒炜光、卓如飞、周柏乔、曾聪明译，上海：上海译文出版社，1987 年，第 198—199 页。——编者注
[3]同上。

纪实摄影的人文主义传统及其价值[1]
——兼评玛丽·艾伦·马克的摄影

  我觉得摄影的各种传统中有一种是最值得骄傲和炫耀的,那就是纪实摄影体现的人文主义价值传统,这种传统帮助我们记录下那些在天才与魔鬼、上帝与动物之间生活着的普普通通的人,记录下他们对这个世界的各种反应以及这个世界带给他们的种种欢愉和痛苦、荣耀和屈辱,记录下人性的种种特长和缺陷。事实上,这种传统在摄影还处在非艺术和艺术的中间地带时就已展现了它的巨大魅力,十九世纪七十年代英国著名的"赤贫孩子之家"(Home for Destitute Boys)的创建者巴纳多博士(Thomas John Barnardo)敏锐地将镜头对准那些处于贫困线上的儿童,不久,J.汤姆森(John Thomson)和A.史密斯(Adolphe Smith)出版了《伦敦街头生活》(*Street Life in London*)摄影集,"用一种不带感情的,却相当公正的态度"[2]记录了生活在伦敦街头的下层市民,这些已成为我们了解那个时代人类生存状态的无法替代的视觉信息媒介。在这种传统的历史行列中,我们还

能举出J.里斯(Jacob Riis)、L.海因(Lewis Hine)、谢尔特(Shelter)、B.布兰特(Bill Brandt)、A.柯特兹(André Kertész)、R.维希尼克(Roman Vishniac)、布拉塞(Brassaï)、卡蒂埃-布列松(Henri Cartier-Bresson)、W.尤金·史密斯(W. Eugene Smith)、R.卡帕(Robert Capa)、C.斯特伦霍尔姆(Christer Strömholm)、D.阿勃丝(Diane Arbus)、R.德帕尔东(Raymond Depardon)、D.莱昂(Danny Lyon)、C.哈拉(Cristóbal Hara)这样一长串大师级的名字。而本文要讨论的是这种传统中争议比较大的一类,即对那些在心理和生理上处于超常状态(这是我能想到的最合适的词)下的人类进行报道、记录的摄影,在这类纪实摄影中,布拉塞的《夜之巴黎》(*Paris by Night*),W.尤金·史密斯的《水俣》(*Minamata*)、D.阿勃丝的《投入黑暗世界》(*Plunge Into A Dark World*),以及更年轻一代的R.德帕尔东的《精神病院》(*Manicomio: Secluded Madness*)、D.莱昂的《曼哈顿下城区的毁灭》

（*The Destruction of Lower Manhattan*）都已成为经典之作，本文把焦点对准当今赫赫有名的玛丽·艾伦·马克（Mary Ellen Mark），希望从她的摄影实践中寻找出一些与人文主义价值态度相关的理论原则。

按照潘诺夫斯基的说法，人文主义是在人性与神性、人性与兽性的比较中产生的，作为一种价值态度，它由坚持人的价值（理性与自由）和接受人有局限性（犯错误与脆弱）这两个密不可分的部分组成，由此产生两个必要条件：责任与容忍。人文主义的这种定义既强调了人不应成为上帝和其他极权代用品的奴隶的权利，也消除了个人中心主义和种种表现主义的狂妄自大的毛病，从而使人性的尊严确立在一种理性的准则之上。这套原则对于心理或生理上处于畸形状态下的人类也适合吗？总而言之，对于所有马克称为"处于生活边缘的人"适合吗？和史密斯、阿勃丝一样，马克以一种最敏锐的实践方式对这种挑战做出了回应，正是在这个人性最为脆弱的地带，纪实摄影富有魅力地实现了人文主义"责任与容忍"的价值原则，从而成为扭曲状态中人性的最好见证人和代言人。

人文主义摄影传统的理论原则中，最首要的部分是人性认同的原则，即以平等、理解的方式而不是以干预、攻击或纯客观的方式去看待拍摄对象的原则，它既包括摄影者从生活、心理上尽量接近被摄者，也包括使被摄者理解、参与摄影活动，就像 H. 克雷默（Hilton Kramer）评价阿勃丝时所说的：

> 在阿勃丝的照片里，没有什么是即兴的或仅是"捕捉"到的，主题人物有兴趣而耐心地面对相机，他们完全意识到拍照的过程，而且合作。这种参与感构成了摄影者与对象之间的交谈，使照片表达出一份尊严。而我想：尊严就是这些畸形人物的力量来源吧！[3]

哈拉更直截了当地说："我只在对象允许时才去拍他。"无论是阿勃丝的"墨西哥侏儒""巫女"或化装舞会上的低能儿，还是哈拉镜头中的流浪汉，似乎都流露出一种无法侵犯的尊严，他们直面着你，又似乎在寻求一种交流、一种理解。我想，支配马克纪实摄影的精神力量正来源于此，马克说：

> 我就是对处于生活边缘的人感兴趣，我与在社会中运气不佳的人有一

种亲密关系，我总是在他们一边，他们更富于人情味，我想做的就是承认他们的存在。

这种态度是她拿起相机面对俄勒冈 81 号病房的精神病患者或弗克兰德路上的妓女、嫖客时的人文主义的信念，正是这种信念支撑着她花十年时间去与弗克兰德路上的妓女们寻找精神、心灵和命运上的认同，她拒绝以一种猎奇的或新闻性的方式去拍摄她的对象，在她看来，摄影机和拍摄过程都不过是记录各种扭曲状态下人性因素的工具，对她来说，在逆光中神情恍惚的 81 号病房里的病人，目光呆滞却又流露出几分不可辱性格的慕尼都绝不是遇到一两次偶然拍摄机遇的结果。的确，马克的成功绝不在于她选择的题材的"新闻"效果，也不仅仅是她作为报道摄影家的职业敏感。当史密斯拍下《智子入浴》（*Tomoko Uemura in Her Bath*, 1971 年）这幅注定要进入人类摄影史的作品时，他说："那是一张绝顶浪漫的照片，我自问：什么是你个人一向最信守的哲理？是人性。我要坚持自己的这个意见，并传给没有意见的人。"[4] 我想，没有什么比这句话更能帮助我们理解马克作品的魅力的了。

人文主义摄影的另一个理论原则，我以为是真实性原则。摄影的真实性问题也许是摄影史上最为饶舌的问题，就像我在讨论卡蒂埃 - 布列松的艺术时谈到过的，与其他视觉图像的真实性（或再现性）一样，照片的"真实性"必须依靠观者公认的欣赏习惯、适度的信息背景以及摄影技术方式上的改进等多方面的因素而存在，简单地说，缺乏一定上下文的真实性是不存在的，图像的意义总是在某种特定的解释方式中产生的。我记得 M. 兰福德（Michael Langford）的《世界摄影史话》（*The Story of Photography*）里有一节的标题是"歪曲与控制"，讨论的就是这个问题。摄影器材设备方面的改进几乎已经使我们可以在任何光线、速度中去"真实地""清晰地"捕获我们需要的图像，但这一点丝毫改变不了图像的意义总是由拍摄者的选择方式，由编辑、记者和其他所有有权对图像进行解释的人控制的事实。这部书里收入的尼克松与观众的照片以及对那幅照片的各种解释，清楚地向我们表明了谈论摄影真实性的危险。而这一点可以让我们理解，为什么许多纪实摄影家对于把作品交给新闻图片社、报刊社总是保持一种有理由的警觉，毋庸置疑，新闻性是纪实摄影实现其人文价值的不可缺少的环节（如史密斯对水俣村的报道，广河隆一对苏联切尔诺贝利核事故、黎巴嫩内战的报道等），但新闻性绝不能替代纪实摄影的人文价值，人文主义摄影的真实性原则是建立在对具体环境中人性的丰富性和特殊性的理解基础上的，为此它必须既突破拍摄题材、欣赏方式上的惯例，又谨慎地保持图像与现实世界间的张力关系。被马克称为"无论拍什么总能使其与众不同"的阿勃丝是这方面的实验高手，在很长时间内，她选择的拍摄对象——那些正常社会中的畸形人或正常人的畸形状态，一直不能为公众理解，她甚至成为摄影史上第一位遭受世俗道德攻击的人，但是正是她那些"常态中的畸形"和"畸形中的常态"使我们发现了人性在非常态中某种特殊的、真实的存在方式。看看她临死前拍摄的《无题》（Untitled，1970—1971 年）中那个戴假面具的低能儿，在高调处理的光影中，他缓慢地向我们走来，拖长的身影像无法摆脱的噩运，神秘而使人畏惧。他似乎在向我们低诉：我也是人，我也是你们中的一分子。马克继承了阿勃丝的价值传统和工作态度，但放弃了某种神秘和形而上的气氛，她将对象置于更为现实的生活环境和心理环境之中。

如果说她的《81 号病房》（Ward 81）在构图和光影手法上还有某种超现实的色彩（这也许与她在宾夕法尼亚大学的绘画训练有关），那么，在《夜晚的妓院走廊，弗克兰德路》（Falkland Road: Prostitutes of Bombay）中，她开始尽量避免主观或纯个性化的诠释，避免怪诞离奇的镜头处理，也不刻意追求复杂的光影调式。略显不足的曝光方式、低调的色彩处理和人物与环境间偶发性的构图关系使人产生十分强烈的临场感，正是这种临场感有效地实现了马克的拍摄意图："我不得不真心喜欢我正在拍摄的人，我可能不喜欢正发生在他们身上的事情，但我相信，我和他们相处一段时间后，肯定会有一些积极的事情。妓女是迷人的女人，她们是幸存者；自闭的儿童又是多么神圣和美丽。"事实上，我想象不出一个对人性缺乏真实信念的人会在这样的场景中敏锐地捕捉到那往往会被我们忽略的"人性的因素"。

我想说的人文主义摄影的第三个价值原则是效应原则，即希望运用摄影图像去唤起社会对那些处于非常态中的人类的关注。在这方面，纪实摄影有过许多优良的记录，L. 海因对棉纺厂童工的报道促成了美国联邦政府禁止雇佣童工法案的通过，史密斯的

《水俣》引起了世界对水银公害的关注……当然除了这些具体的社会效应，纪实摄影在人类对各种道德价值进行判断方面、在人类对自身的潜能和局限的认知方面，尤其是在唤起对那些处于心理和生理畸形状态中的人类的同情和关注方面，具有其他视觉媒介无法替代的作用。比较那些服从于某些特定政治概念的"纪实摄影"，比较那些只对生活做浮光掠影式记录的"报道摄影"，比较那些以猎奇或商业为目的的"新闻摄影"，以人文主义作为价值基础的纪实摄影更充分地显示了它的生命魅力。在阮义忠先生的《当代摄影大师——20位人性见证者》一书中，我发现了这样一则故事，我承认它带给我的震撼一点也不小于史密斯、阿勃丝或马克的照片，我觉得它再好不过地诠释了本文所推崇的那种人文主义的精神价值：

> 卡帕一向以走运出名，同行的其他记者给了他一个诨号"走运·卡帕"，在他死亡那天，他的葬身之地（Thai Binn）正是战火初熄的时刻，几位记者一同走出战壕在外面散步，背着相机的卡帕说他要到附近走一走，看有没有什么可拍的。不久，这些记者听到卡帕走去的方向传来爆炸声，大家不由自主地这么说着："他妈的，又让走运·卡帕抢到好镜头了。"结果是地雷抢走了卡帕的生命！自此，世界又失去了一位伟人——安德烈·弗列德曼。[5]

1992 年

注释：

[1]原文载《现代摄影》，1992 年 3 月，总第 26 期，以笔名"白荆"发表；严善錞、黄专，《当代艺术问题》，成都：四川美术出版社，1992 年，第 242—248 页；黄专，《艺术世界中的思想与行动》，北京：北京大学出版社，2010 年，第 16—20 页，标题改为《纪实摄影的人文主义传统》。——编者注

[2] M. 兰福德，《世界摄影史话》，谢汉俊译，北京：中国摄影出版社，1986 年，第 102 页。——编者注

[3]原文详见 "The Latest Thing at the Biennale Is That It's Still Alive"，H. 克雷默，《纽约时报》，1972 年 6 月 18 日。——编者注

[4]阮义忠，《当代摄影大师——20 位人性见证者》，北京：中国摄影出版社，1988 年，第 192 页。——编者注

[5]同上，第 178 页。——编者注

进入九十年代的中国实验水墨画[1]

九十年代大陆批评的积极态势

进入九十年代后，中国各地区出现了一系列由不同领域的批评家主持的艺术展览。这是一个值得关注的积极进展，继1992年10月"广州·首届九十年代艺术双年展"（以下简称"广州双年展"）后，1993年2月在香港地区举办了内地批评家主持的"后八九中国新艺术展"（以下简称"后八九展"），前者处理的主题是内地当代艺术与经济变革的关系，而后者处理的是当代艺术与政治背景的关系。撇开这类展览的成败不论，它们提出的问题的尖锐性、深刻性和强烈的实验色彩给人留下了深刻的印象，但遗憾的是，它们都放弃了中国当代艺术中的一个重要层面——水墨画，这就使得当代艺术实验中本来就十分薄弱的领域丧失了与当下文化对话的机会。今年（1993年）6月，由以北京地区为主的部分批评家主持的"美术批评家年度提名展"（水墨部分，以下简称"提名展"）大约旨在弥补这一遗憾，仅此而言，它就具有不容低估的学术意义。

水墨进入当代的两难境地

与油画相比，水墨画在当代文化环境和艺术环境中的发展十分艰难和复杂，自二十世纪初以来，在"西学东渐"的文化潮流中，水墨画面临自它形成后最有力的一次外来挑战。尽管在应付这种挑战的过程中出现过高剑父、高奇峰、林风眠、徐悲鸿、潘天寿这类具有明确实验风格的画家，但由于缺乏必要的学术空气，水墨画改造的种种尝试往往被简化成国粹派与西化派、保守派与前卫派之争，这就使得许多本来属于学术领域的课题无法找到对位的答案。另外，从实验方向上看，大多数画家都是针对传统水墨画的语言媒介去提出问题，虽然这类实验都有各自技术、语言和观念意义上的特征，但由于大多数的问题基点仍然是传统水墨画，真正从当下文化和艺术问题中寻找水墨画的对位性和针对性的实验并不突出，或者说寻找水墨画直接进入当下文化和艺术问题的切入点不多。我们不知道这到底是由于水墨画这类媒体的天然缺陷，还是我们思维方式和行为方式的后天不足，这里大家也许遇到了一个无法抗拒的悖论：要使水墨画成为能够直接影响当下文化的世界语言，就必然要以牺牲它的传统特质为前提和代价，而如果它丧失了这类特征，我们又很难用国画或水墨画这类概念去定义它，不知道这是不是水墨画实验中一个无法摆脱的两难窘境。

进入九十年代后
水墨画实验的两种类型

进入九十年代后，中国美术界正在努力摆脱八十年代的那种浮躁状态，不同地区的艺术家们开始以一种更加务实和学术化的态度从事各自的工作，表现出一系列值得批评家关注的实验动向。从针对问题和解决问题的角度看，这些实验大致有两类取向：其一，继续针对传统水墨画实施改造。事实上，进入九十年代后，大多数画家都从简单的厌恶传统的情结中解脱出来，放弃了八十年代常见的传统派等于保守派、反传统派等于前卫派这类具有现代色彩的肤浅的两分法，开始在一个更为广阔的文化脉络中重新理解传统。这类实验中有侧重对传统水墨画的语言意义和表现范围进行拓展的，如李孝萱、

海日汗、王彦萍、张浩；有侧重对水墨画语言要素、造型方式、材料质地，甚至制作过程进行改造的，如罗平安、聂干因、刘子建、刘一原、杨志麟、石果、郑强、朱振庚、田黎明、陈向迅等。李孝萱是近两年才被批评界关注的青年画家，他的作品以充分的尺寸、强烈的表现主义的语言方式为特征，人物造型有一种古图索（Renato Guttuso）式的紧张感，空间结构处理也颇有独到之处。海日汗属于"土著型"画家，作品中鲜明的地域情调和人文寓意已远远超越一般民族风情画的范畴，对他的作品寓意的解释恐怕须借助民族学、民俗学的知识。对传统水墨画的某些造型因素的分析、破坏、重新组合，几乎是近几年来改造水墨画的主流。罗平安的特殊意义也许在于他努力使分解后的点皴尽量远离传统文人画的语境范围，但又小心地避免与西方的抽象方式相碰撞，这使他的作品具有十分突出的区域艺术的特征。八十年代水墨画改造的先锋人物周韶华在不改变他的大文化语义观念的前提下，深化了对水墨各种语言要素的表现效果的实验。张浩的密集型点皴造型迫使人们放弃对水墨画艺术进行传统观赏的最后一丝可能。刘子建、杨志麟力图提升、纯化传统水墨画艺术的抽象表现能力，但前者的粗放雄肆与后者

的纤弱敏感又各有其地域色彩。石果将拓印方式引入制作过程，针对的是传统作画方式。聂干因、刘一原和郑强则通过破坏水墨画的某一造型环节（结构、粉色、空间）的传统动能去寻找一些突破途径。田黎明的"没骨"人物，大胆地将一种积极个性化的光影程式引入画面，似乎预示着"新文人画"这种消极实验方式的质变。一般而言，针对传统水墨画进行实验的画家们从事的工作都具有强烈的现代主义色彩——强调个性化、独立，甚至神秘性的主体经验的表达，探讨水墨语言多样性的发展可能。但这类实验主要针对风格层面的问题，思维范围尚未进入诸如艺术与生活的传统价值观与艺术各门类的关系，艺术与非艺术、艺术的传达过程与艺术作品、艺术的独立性精神展示和大众趣味之间的关系这类属于价值范畴的当代问题。[2]因此，它们的艺术史意义远远大于文化意义。

水墨画实验的第二种类型直接从当下文化中寻找问题，探讨水墨画切入当代的可能性。从事这类实验的画家无论数量还是实验方式都远不及第一类画家，但他们的艺术表现出来的文化敏锐性和提出问题的深刻程度却不能不引起批评界的关注。事实上，他们的问题基点直接建立在我们前面提到的水墨画的两难命题上。八十年代中期，谷文达、杨诘苍等人的水墨实验已将问题推进到这个领域，但他们的出国中断了这一发问过程。王川从事的工作似乎具有语言上的逻辑性，直接将西方抽象主义语言嫁接到传统水墨载体之中，希望寻找到两者某种解构性的张力关系，但1990年的"墨·点"装置展使这种努力发生了一次质变（虽然墨点保持他与水墨画的最后一丝联系）。他自己的说法是："在'墨·点'展览中，笔墨已达到了纯粹的墨点情境。这个展览耗尽数百瓶墨汁，350米长、4米宽的新疆白布，在白布上仅留下极为简洁的墨点。现代材料上的转换跟观念上的转换已达到了同一性。'墨·点'是一种态度的展览，也是由集体工作完成的，这是作为一个笔墨历史的逻辑结束，也是笔墨符号推进的逻辑归宿，它的意义在于假定我们时代是一个没有符号的零，将水墨情结的内容消解。"[3]这种具有解构特征的艺术实验很容易让人联想到西方后极限主义的方式，但它的文化针对性显然是本土性的，它通过将墨点这个造型因素"客观化"，消解了现代水墨画共有的一个神话——水墨应该表达某种神秘的形而上主义的经验。黑鬼（吴国全）早在1986年就完成了大型水墨装置作品《黑鬼传》；在息艺从商数年后，他又重新创作他自称为"在动态背景中对疲劳的心理和视觉加以治疗"（给笔者的信）的作品《扑克牌》，这套作品几乎是戏谑性地将他的水墨人物置入规整而变幻无常的扑克牌背景之中，从而使水墨画的语境发生了一场戏剧性的质变。批评家祝斌对这类作品做了这样的解读："游戏在黑鬼那里不仅仅是一种艺术的活动方式，也是一种文化策略。狭义的理解是，他想通过游戏转换自我，以便重新确立他在艺术中前瞻后顾时曾经丢失的那个支点；广义的解释是，他想运用游戏规则，大众熟识的娱乐方式，不知不觉地消解历史情结，出人意料地提出新方案，凿通他认为几乎快要短路的美术史。"[4]他的发问具有极强的形而上色彩和观念意义，但采用的方式十分波普化，这种策略颇似博伊斯（Joseph Beuys）。在最近给笔者的一封信中，他提出了一个十分别致的看法，认为水墨画在观念突进中有很多优于油画和其他画种的地方，例如"改造纸就给人留下一个立业得功的机会"。朱新建是五年来被"误读"得最厉害的一位艺术家，从八十年代的《小脚女人》到九十年代的《流行歌曲》，他的作品被认定为"新文人画"者玩弄笔墨趣味的代表。这次"提名展"明确地称他的艺术"显现为文人式拈花弄月、玩世入禅的价值取向，而大异于沉重豪迈的英雄主义艺术"[5]。事实上，朱新建的艺术反映的首先是一种消费性、及时性的文化观念，一种直接与当代价值取向相关的玩赏态度，他几乎是用一种挪揄、讥讽的方式将传统文人对待绘画的"游艺"态度推到当代生活的舞台，从而造成一种巨大的具有历史感的喜剧效果。这种对传统绘画价值态度的嘲弄，其意义显然不是语言层面上的，而是观念层面上的，它与西方"波普艺术"对待传统的态度有异曲同工之妙，这也正是我们将他列入第二类实验画家的主要依据。很显然，他所针对和解决的问题远远超越"新文人画"的目标，将他的作品列入"新文人画"，既误解也委屈了他。广东的黄一瀚和周湧在他们的水墨画实验中，也明确地使用具有"波普"特征的语言符号，虽然在图式选择上尚稍嫌简单，但提出问题的方式具有鲜明的当代性。王天德的综合材料性作品《圆系列》关注的是创作过程与观赏过程、古典语汇与现代材料之间的张力关系，思维范围已走进前述"两难命题"的边缘。批评家陈孝信这样评价他的作品："他喜欢先设一个圆，然后在圆内作画。圆是一个极为古典又有可通约性的符号，它的象征意义已无须训诂。王天德的突出之处在于他实际要画的是对'圆'的'破坏'和'否定'。正是这一点，使他的画获得了现代意义。在材料上，他有时会直接以断草、毛发入画，以增强语言张力，但这一做法冒险性太大。主要不在于观念，而在于草、毛在画上如何与水墨韵味对应？"[6] 或许，他要呈现的正好不是两种"语汇"间的"对应"，而是在两者的对立、对抗中创造出象征性效果。

与第一类方案比较，水墨画实验的第二类方案明显地超越形式/内容这类单线性的思维模式，消解了语言表达上各种个人中心主义、个人英雄主义的现代情结，从而将问题基点推进到艺术与生活、艺术与非艺术、经典美术与流行美术等当代价值问题的前沿，使水墨画的实验真正出现了多元化发展的可能。

对"提名展"学术品位
和批评方式的基本估值

九十年代水墨画实验的两种类型有相互不可替代的艺术价值，它们构成了我们评价这次"提名展"的一个基本实践背景。

"提名展"将自己的学术目标确定为通过"集体批评"对中青年艺术家进行研究和学术定位，这无疑是一种积极和有创意的设想。从这一届以水墨画为主题的展览看，主持者表现出严肃持重的学术态度，与中国同类展览比较，这无疑是一次具有一定学术品位和批评水准的展览，与八十年代浮躁、粗放的运动性批评比较，它又呈现了一种具有学术品质的新取向。这次动作，对重新调整艺术批评与艺术实践之间的学术关系，建立新型的批评秩序和批评权威，推动中国当代艺术的健康发展是一次有价值的实验。但从更高层面审视，这次展览的学术取向和批评方式保留了很多旧模式、旧规范的色彩，这对主持者的学术目标和学术理想，显然是潜在的钳制力量。

首先，判断一个学术展览的艺术史价值，必须审视主持者对当下艺术现象的整体把握能力，以及由这种把握中体现出来的文化敏锐性。这次展览包括一些有一定学术定位的中年画家，也推出一些有一定创新能力的青年画家，从整体学术倾向上看，这些画家大多数是针对传统水墨画提出问题，其作品的风格语言意义远远大于观念意义，有些甚至仅仅是对旧式笔墨系统的趣味特性和书写方式进行些微改变，对当下文化问题和艺术问题缺乏明确的对位性。简而言之，它事实上只包容了我们提到的第一类型的画家，而排斥了第二类型的画家。从地域上看，这次展览以京津和江浙这两个近代水墨画的中心地区的作品为主，基本上没有在现代水墨画实验中有一定地域特点的四川、湖北、广东等地的作品。这些都使展览无法成为从整体上了解中国实验水墨画发展趋势的社会活动。这届展览的批评主持人郎绍君是一位受人尊重的艺术史家和艺术批评家，但这次展览似乎并没有展现他在艺术史研究和艺术批评中表现出的穿透力和文化敏锐性，看来如何将个人审美趣味和对当下艺术问题和文化问题的把握结合起来，是这类展览组织者必须用心思考的课题。与"广州双年展"和"后八九展"相比，这次展览缩小了参展画家的范围，淡化了艺术与经济、政治等深层次的矛盾，将主题集中在检验批评水准、提高批评的学术品质和独立地位上，这无疑是一项正确的策略，问题是，一个缺乏当代性的批评模式能否真正建立组织者希望树立的批评权威？

与中国美术史研究一样，中国的美术批评基本上没有形成一套具有学术意义的批评结构、方法和专业性的表达方式，整个八十年代批评界提出了不少与当时的文化问题与艺术问题相关的议题（如形式与内容的关系问题、自我表现问题、水墨画发展前途问题），但大多数批评仍然是运动型和经验性的。这次"提名展"提供了一批有专业水准的评语，无论从风格分析，还是从专业性艺术表达来看，都不失为一份具有分析价值的批评文献。但严格地看，这次展览采用的批评模式仍没有超越形式主义的整体思维观，作品分析基本上是在形式（笔墨要素）/内容（精神意义）这一线性逻辑构架中进行，对两者间存在的大量复杂、具体的逻辑环节缺乏必要的阐述，对作品的文化价值特征也缺乏应有的说明，致使批评方式仍留有浓厚的经验性批评色彩。当然，在中国，从根本意义上改变艺术批评的旧有机制，建立新的具有学术价值的批评秩序和方法，是不可能通过一两次以艺术批评为背景的展览就完成的，从这个意义上看，本文对这次批评展览的批评无疑是一种苛求。

水墨画如何进入当代

回到问题的起点。从文化角度看，传统水墨画赖以生存的价值学和知识背景已基本消逝了。潘天寿是二十世纪希图将传统图式与现代文化背景相契合的最后一位大家，但他的实践意义在很大程度上是个案性的。的确，在当下的文化情境中要求产生"三全""四绝"型的画家，无疑是一种背时的幻想。整体意义上的传统水墨画 (价值系统、造型系统、图式结构、笔墨系统、趣味取向) 将作为一种经典性艺术保存下来，它的地位大致相当于文艺复兴艺术和巴洛克艺术之于当代西方艺术，"南画""浮世绘"之于日本现代绘画。我们既没有必要像"穷途末路"论者般去诅咒它，也没有必要像"新文人画"作者那样去被动性地继承它。从历史观来看，传统水墨画将继续在两个层面上对我们的文化生活产生影响：其一，作为一种传统趣味，继续成为部分人甚至大众的欣赏对象，其作用类似京剧和太极拳，它的意义与当代文化问题和艺术问题无关；其二，作为一种文化载体，为属于当代艺术范畴的水墨画提供多层面的解释对象，其意义有可能具有当代性。显然，水墨画如何进入当代的问题将主要不是"写"或"做"这类形式技术层面的问题，而是文化价值态度问题。它的答案不可能在各类抽象的艺术命题和目标中产生，只能在画家个体性、具体的艺术实验和劳动中产生，它需要画家的创造机制、技术革命能力、超越传统的自信、运气与整体的文化、艺术批评提供的一点机会。

1993 年

注释：

[1]原文载深圳画院主编，《实验水墨回顾: 1985—2000》，长沙: 湖南美术出版社，2005 年，第 212—217 页; 黄专，《艺术世界中的思想与行动》，北京: 北京大学出版社，2010 年，第 21—26 页，内容有所修订。——编者注

[2]1986 年我以白荆的笔名在《美术思潮》当年第 5 期的《波普的启示》一文中谈及这个问题，我与严善錞近年来的多篇研究文人画的文章也提到价值学与形态学的关系，请参见我与严善錞的《当代艺术问题》 (成都: 四川美术出版社，1992 年) 一书。

[3]王川，《关于我的水墨画实验》，载《广东美术家》，1993 年总第 3 期。本期为"九十年代实验水墨画专辑"，对这个问题有兴趣的人可参考。

[4]祝斌，《在游戏中转换 ——黑鬼和他的画》，载《广东美术家》，1993 年总第 3 期。

[5]见《美术批评家年度提名展 (水墨部分)》画册。

[6]陈孝信，《探索中的九十年代水墨画》，载《广东美术家》，1993 年总第 3 期。

超越新生代[1]

从画面关注的经验内容上看，广州画家邓箭今的作品与北方流行的新生代艺术十分接近。他将作品的精神指向确定在与个性生存状态和生活现实有关的情境中，作品中一再出现的画家本人、朋友和家庭成员的肖像更给这种关注染上了浓郁的自传色彩。但很明显，他对生活的态度不是纯感官性的、自闭的、消极的或泼皮式的，甚至也不是中性化的，至少，按照作者自己的说法，这种关注是为了"重新提出人与现实社会的感应问题和新的反思对象"，为了展示一种"战胜孤独、战胜消极、战胜浮躁"的理想化的东西[2]，我想，正是在这个思维起点上，他与那些平铺直叙、图解化、矫饰化、回避式地对待生活的新生代艺术保持了应有的距离。在《天台》（图1）、《逍遥》（图2）这类作品中，我们能够看到一些矛盾因素，作者本人具有典型新生代状态的肖像被置于

图1 《天台》，邓箭今，1991年，布面油画，100cm×100cm，图片由艺术家提供

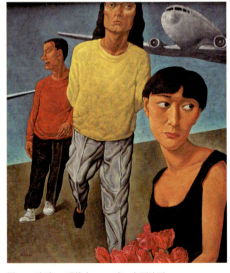

图2 《逍遥》，邓箭今，1993年，布面油画，190cm×160cm，图片由艺术家提供

图 3 《看飞机》，邓箭今，1993 年，布面油画，120cm×80cm，图片由艺术家提供

一种德尔沃（Paul Delvaux）式的超现实的空间结构中，在低调、沉郁的情绪中，令人感到轻松、愉悦的女性形象不仅抑制了无聊情绪的空洞蔓延，还使这种情绪提升为一种理想化的、具有内省特征的幽默感，正是这种现实与超现实、感官与理性、具象性与抽象性的矛盾状态给作品带来了一种视觉悬念和人文寓意效果。与新生代画家不同，他似乎不愿意认同无聊、沉湎于无聊甚至欣赏无聊，他提示出无聊，却谨慎地希望为这种无法回避的无聊找到一种可供解释的理性逻辑，回过头来读读作者的自述，也许有助于我们读解画面上这些矛盾的因素：

> 只有去战胜孤独、战胜消极、战胜浮躁，保持一种良好的状态，才能使艺术得以健康发挥。在我的绘画中，我始终在寻找一种我渴望的理想……我常常做白日梦，梦自己，梦我身边的朋友，梦我熟悉的人和陌生人，他们的影子不停地漂流，他们无奈的笑容、无泪的哭泣，他们的抑郁、欢欣都不断地潜入我的生活、思维和身体，我在作品中需要表达的就是这种生存状态，它们给我提供了与这种状态的一

种交流、认同和升华的机会，使这种转瞬即逝的状态成为一种可以令我们不断反思、审视和发现新的理想支点的对象，它也教会我们如何去珍惜生活、留恋人生。[3]

这种情绪无疑像他的画面一样具有某种超现实的品质，但既与崇尚非理性、无意识的超现实主义不同，也与自闭性、悲观性的泼皮艺术不同，他对某种个体经验和生存状态的展示总是与一种集体性的、理想化的逻辑联系在一起。事实上，在更近一点的作品中，作者开始有意识地将个人经验与某种特殊的社区文化结合起来，这当然不是指作品中日益增多的人数，在《看飞机》（图 3）、《过客》（图 4）、《做个快乐人》（图 5）、《欢乐四季》（图 6）这类作品中，人际联系更多的是自然、和谐和人文性的，而不是漠然、病态和异化性的，显

图 4 《过客》，邓箭今，1993 年，布面油画，130cm×190cm，图片由艺术家提供

图 6 《欢乐四季》，邓箭今，1993 年，布面油画，180cm×180cm，图片由艺术家提供

图 5 《做个快乐人》，邓箭今，1993 年，布面油画，135cm×115cm，图片由艺术家提供

然，他的艺术虽然不具有文化批评的品质，却是真实的、健康的和理想化的。

几乎很难为邓箭今的作品找到比较稳定的风格支点：结构清晰而略显夸张的人物造型显示出来自弗洛伊德（Lucian Freud）和珀尔斯坦（Philip Pearlstein）的影响，空间结构和色调处理似乎又流露出德尔沃、苏美尔的痕迹，这些语言环节曾有效地揭示作品的矛盾状态，但又在一定程度上削弱了其风格的个性特征。看来，在一种相对稳定的文化视野和文化品位中去深化风格语言实验，形成更为有机的个性风格，是邓箭今的艺术超越新生代的另一项任务。

新生代艺术在消解"八五新潮美术"的形而上情结和浮躁的运动状态中曾起到积极作用，但是在各种国际机会的诱惑下，在各类泛政治化批评的导向中，它日益演变成一种犬儒式的、空洞的、毫无文化品位的图解游戏和生效工具，各种虚张声势的情节描述代替了真实、丰富的个性经验和生活现实的展示，泼皮式的玩世态度也日益扩张成一种既狂妄自大又悲观萎靡的文化情结。在这样的艺术情境中，超越新生代，超越旧式政治工具论导致的批评模式, 提倡一种健康向上、具有独立人格品质和艺术品质、超越政治工具论的艺术, 对我们来说就不仅是一项风格任务, 还是一种文化战略了。

1994 年

注释:

[1]原文载《广州美术学院美术学报》, 1994 年总第 15 期;《艺术潮流》, 1994 年夏季号总第 6 期。——编者注

[2]邓箭今,《创作手札》。

[3]同上。

当代艺术品的收藏是一项开拓性的文化使命[1]
——关于深圳美术馆收藏取向的建议

与教育（陈列）和研究功能比较，收藏是艺术博物馆更为"原始"和基本的功能，只有具有明确收藏取向的博物馆才能使它的研究和教育功能得以落实。事实上，能否根据博物馆的实际条件系统地确定自己的收藏取向，是衡量一个博物馆的学术成就、学术身价及对外交流资本的先决条件。

从国际上看，艺术博物馆依其收藏内容分为综合性博物馆和专题性博物馆两类，前者如美国规模最大的大都会博物馆和法国卢浮宫，后者如以收藏法国十九世纪艺术品为主的巴黎奥塞美术馆、以收藏当代艺术为主的纽约新美术馆和洛杉矶私立当代美术馆以及罗丹美术馆、毕加索美术馆。近几十年来，收藏当代艺术品已成为现代艺术博物馆的当然职能，除各类专题性当代艺术博物馆外，大多数以收藏古代艺术品为主的综合性博物馆也增加和开拓了对当代艺术品的收藏。

在中国本来就不发达的博物馆事业中，当代艺术品的收藏又是最为落后的，除了缺乏必要和充分的经济条件外，中国当代艺术史的研究尚未达到规范化、专题性的水准，无法为这类收藏提供必要的学术判断依据，国内政策和行政干预以及博物馆自身管理素质的局限都是这种状况产生的原因。中国目前具有当代艺术品收藏机能的博物馆，除了以收藏全国美术展览获奖作品为主的中国美术馆外，就是各地建立的书画名人纪念馆。它们的收藏范围十分有限，而且缺乏系统科学的收藏、管理机制，远远无法满足展示、研究中国当代艺术史的需要。与这种收藏现状形成对比的是，近几年来，海外及中国香港、中国台湾地区不少有一定文化眼光和经济实力的收藏者，已开始通过各种渠道大量收藏中国当代艺术品，其收藏范围具备了一定的系统性。不少重要的、具有史学研究价值甚至具有代表性的经典作品开始流向海外和港台地区。可以预料，若干年后，我们的当代艺术史家也许只能在香港某个画廊的地库或几本印刷劣质的中国当代美术著作中，才能看到他们的研究对象。当这些艺术品经过历史筛选和过滤成为真正具有艺术史价值的"文物"时，我们也许需要以昂贵的价格从海外及港台收藏者手里买回它们。因此，依据一定的学术判断和现实条件开展中国当代艺术品的规模收藏，是中国艺术博物馆一项刻不容缓的文化使命和职能。

深圳美术馆作为中国新型的艺术博物馆，具有开展中国当代艺术品收藏的许多天然和现实的条件：其一，深圳美术馆处于中国新经济改革实验的中心地带，在价值观念、社会情境上都与中国当代艺术的发展具有同步性，相对优越的经济条件、宽松的政策和文化环境又为这种开风气之先的收藏提供了天然条件；其二，与内地以古代艺术品收藏为主的各类艺术博物馆相比，在收藏能力和管理能力上，深圳美术馆无法在古代艺术品收藏上与前者竞争，以当代艺术品收藏为自己的主要收藏取向，可以扬长避短，迅速在全国各类艺术博物馆中确立自己独特的学术形象和学术地位；其三，中国当代艺术已日益引起国际艺术界的关注，中国当代艺术史也日益成为一个国际性的研究课题，系统开展当代艺术品的收藏，可以积累

吸引国际范围内的学术研究和交流的强劲资本；其四，南方已聚集了一批在中国当代艺术史研究领域具有一定水准的研究者，他们可以为这种收藏提供必要的学术判断和依据，以保证这种收藏不至于流入盲目。

中国当代艺术从时代上可界定为二十世纪中华人民共和国时期的美术，大约四五十年的时间，可分为三大块：其一，新中国成立初期的十七年美术（1949年—1965年）；其二，"文化大革命"时期美术（1966年—1976年）；其三，经济改革时期美术（1977年—二十世纪末）。这一时期的艺术品除部分集中在各地各类博物馆、美术馆之外，部分散落于民间私藏。随着近几年海外对中国当代艺术品收藏兴趣的增加，其价格呈上升趋势，在收藏经费有限的条件下，深圳美术馆可以从后一阶段，即1977年以后的艺术品收藏起步，逐渐进入规范化和规模化的系统收藏。这一阶段虽然只有十几年时间，却是中国美术史发展中变化最为丰富、复杂的时期，各艺术种类、艺术风格和潮流都出现了大量具有艺术史意义和价值的艺术品。当代艺术品的收藏可依据以下步骤和方式进行：首先，拟订具体可行的收藏计划，

对属于二十世纪中华人民共和国时期的美术范围内的重要作品、画家进行量化调查、风格分类，在此基础上做出必要的经济预算，避免收藏的盲目性和随意性；其次，在可能的条件下对海外各类当代艺术博物馆的收藏机制、方式和具体操作规则进行技术考察，在此基础上拟定一套适合深圳美术馆自身条件，符合国家法律政策和国际规范的收藏、管理制度，使这种收藏从一开始就建立在规范、系统的管理机制上。至于收藏来源则可考虑如下途径：其一，借助国家专项拨款和企业个人的赞助筹集收藏资金，由个人和企业赞助的收藏可考虑依国际惯例以个人和企业命名收藏基金会，在美术馆陈列；其二，鼓励个人捐献藏品，并拟定一套可行的捐献奖励制度；其三，通过举办"深圳艺术双年展"这类常规性学术展览的方式征集、收藏具有代表性的当代艺术品。

开展中国当代艺术品的收藏是一项艰巨的学术工程和文化义务，它对阻止中国当代艺术品的大量外流，为后代提供研究当代艺术史的宝贵遗产有着无法估量的文化价值和意义。深圳美术馆如果能利用自己在地理、经济和学术背景上的优势，承担起这一开拓性的文化使命，花五到十年时间形成规范化的中国当代艺术品的收藏格局，那么，对于提高深圳美术馆在国内甚至国际的学术地位，最终在中国南方形成一个展示、研究中国当代艺术的中心都不无裨益。

1994 年

注释：

[1]原文载《'94 深圳美术馆》，1994 年，第 8—9 页。——编者注

谈文化理想主义[1]

—— 关于第二届广州双年展的学术主题

五年前，在《中国现代美术的两难》一文中，我曾向当时艺术情境中的各类艺术整体主义、本质主义和历史决定论的神话发难，在那篇文章的结尾，我引了波普尔的一句话来表达我对各种形而上学的孤傲情绪和脱离艺术自身命题的务虚态度的反感。今天，我们面临的艺术情境发生了很大变化，它要求我们对当下艺术问题重新做出判断。

经过谨慎考虑，"广州·第二届九十年代艺术双年展"提出"文化理想主义"作为其学术主题，这一主题的提出正是基于对上述问题的判断。九十年代以来，美术界为克服八十年代美术潮流中各类抽象的文化指标和浮躁的运动状态做了大量的工作，这一过程具有明显的超越现代主义和文化解构主义的品质，伴随这一过程出现的新表现主义艺术、新形象艺术、新具象主义艺术、新生代艺术和波普艺术都以自己的方式做出过这方面的努力。应该说，九十年代，中国当代艺术正在形成一种具有一定文化品位和独特状态的健康格局，但使人沮丧的是，

在这一过程中创作者流露出的种种颓废、萎靡的玩世态度，具有世纪末色彩的文化悲观主义情绪和在各种国际机会中表现出的泛政治化的批评导向已成为钳制这种积极发展的潜在力量。尤其使我们感到难堪的是，在我们理想的健康的艺术市场尚未完全形成时，大量毫无文化品位的拜金主义、利己主义和为时尚而时尚的艺术机会主义已经提前占领了市场的摊位，我们正面临放弃偶像后连最基本的价值和理想也放弃了的巨大的文化失落感。

文化理想主义并不是要树立新的时尚目标，它的理论基点是一种根深蒂固的人文主义价值传统，这种传统告诉我们，坚持人的价值（理性与自由）和接受人有局限性（易犯错误与脆弱）这两点是确立人类有尊严生活的价值基础，由此产生两个必要条件：责任与宽容。在我们的艺术生活中，这种态度既树立了我们克服各类决定论和极权主义的自信，也巩固了我们战胜各类文化悲观主义的决心，所以，文化理想主义是一种乐观

主义。现代主义改变了古典时代单一性的价值尺度和技术标准，带来了一个艺术史上毁誉参半的多元化时代，但它并没有能力改变艺术史中这样一个基本的价值理想——真正的艺术家应是那些敢于正视艺术传统和艺术问题的人；应是敢于在不断的艺术实践中修正自己的艺术方案和艺术方向，不盲目趋崇时尚的人；应是波普尔称赞的具有"创造性自我批评"精神和"把作品本身以及作品所代表的标准看得比我们自己的情感和抱负更为重要"的人；也应是具有技术革新能力，并在这个基点上超越自身和超越传统的人，他们与艺术时尚主义和机会主义无关，也与某些夸张的政治自虐症无关。事实上，我们关注当代艺术的唯一理由正是在于，我们认为人类这一最基本的价值原则即使在这个充满无序状态的领域也同样有效，只有坚持这样的价值，我们才能在当代艺术中恢复一种尊严和理性的生活。所以，文化理想主义是一种理性主义。

从这个信念出发，我们首先关注的将是这些艺术家：其一，他们具有明确的艺术实验方向和稳定独立的语言逻辑历程，具有对各种造型因素、材料性质进行技术革新的能力；其二，他们具有一定的文化品位和文化敏锐性，严肃、健康、积极地关注当下文化现实、社会现实和艺术问题；其三，具有上述潜能的新人。本届"双年展"采用邀请展和对各展馆确定学术主题的办法，正是为了有效地体现我们的这种关注。这次展览仍然是一次运用市场机制运作的展览，严肃艺术与商业艺术的矛盾仍会存在，不过就主观愿望而言，我希望这是一次展示严肃艺术发展状况的活动，一次展示区域性批评水准和学术倾向的活动，我希望用"批评""理想"这类字眼代替"操作"和"生效"这类策略性口号，虽然前者明显地不具有后者那样的语言诱惑力。这样做并不是要回避艺术与市场的社会学命题，而是希望这个命题建立在具有学术品质和理性价值的基点上，而所有这些都必须得到艺术家、批评家和主办者、投资者的理解和合作，这几乎是完成展览学术主题的无法或缺的前提。

随着改革开放的深入和发展，购买国际艺术股票的机会日益增多，但我们必须看到对于第三世界的当代艺术而言，更大意义上这只是一种挑战，我们应该充分认识在对国际艺术股市行情和竞争规则缺乏必要了解和毫无学术准备的状态下贸然下注的危险。我想，只有在强大的国内市场、收藏能力以及强大的学术背景中，我们才能真正摆脱由西方选择我们而不是由我们选择西方的窘境。就国内的状况而言，我们应该建立、完善具有专业水准的批评结构，以取代那种纯经验性的和具有泛政治化倾向的旧式批评模式。我们经常嗅到各种艺术中心主义的气息，在"首届广州双年展"后又流行一种"艺术中心南移"的说法，我们认为这些都反映了一种典型的具有早期现代主义色彩的情结，在一个充分多元化和信息化的时代，艺术将不再有首都，批评也将不再有领袖。

在完成了对当代艺术问题的粗略陈述后，我仍然想引用波普尔这位二十世纪伟大的批判理性主义哲学家的一段充满理想主义色彩的话作为结束：

不久以前，有人劝我们接受现代观念和进步观念，现在又有人向我们灌输文化悲观主义思想。我要对悲观主义者说的是：在我漫长的一生中，我不仅看到了倒退现象，也看到了明显的进步迹象。而那些不愿承认我们时代和社会存在着优点的悲观主义者对此视而不见，他们还使其他人如此。我认为，我们的一些著名知识分子的做法是有害的，他们总喜欢告诉人们，他们实际上生活在地狱里。结果，他们不仅使人们感到不满（这倒不是什么坏事），而且使人们感到不幸，从而夺走了人们生活中的欢乐。然而，个人遭遇非常不幸的贝多芬是怎样结束他的交响乐创作生涯的呢？他以席勒的《欢乐颂》作为尾声。[2]

1994 年

注释：

[1]原文载《江苏画刊》，1994 年第 1 期。——编者注

[2]卡尔·波普尔，《科学和艺术中的创造性自我批评》，载《通过知识获得解放》，范景中、李本正译，杭州：中国美术学院出版社，1998 年，第 260—261 页。

再谈文化理想主义[1]

——建立中国当代艺术品市场的检讨
和关于第二届广州双年展的说明

由于"第二届广州双年展"的投资方深圳华韵文化艺术公司延至 8 月单方面宣布放弃投资，筹划一年的展览被迫流产。实际上，这也意味着广州双年展模式的结束，这是几个月来我和那些对中国当代艺术怀有理想主义态度的人一直预料但又不希望出现的结果，不过这个结果倒是给了我们一个清理头脑和反思现实的机会。

九十年代以来，艺术市场作为一种文化策略被提上了中国当代艺术的议事日程，今天看来，它既不是当代艺术发展的一种水到渠成的现实，更不是个别人所谓"操作""生效"的结果，在很大意义上，它是历史的一种不成熟、迫不得已的选择，我们的当代艺术为这种选择付出了巨大的代价，这些在若干年后显现得更清楚。当艺术市场由一种理论鼓噪变成一种实践行为时，它需要的文化、学术背景并没有成熟。首先，中国当代艺术品市场是一些不成熟的理论推导的结果（包括我 1992 年写的那篇《谁来赞助历史》[2]），

它的组织策划者又具有诸多无法克服的天然局限；其次，中国各类艺术市场的投资者尚不具备对当代艺术的基本艺术品位和进入这种市场的特殊运作能力，更重要的是缺乏建立当代艺术品市场所必备的战略眼光、冒险胆识和心理承受能力，这就使得建立当代艺术品市场的努力实际上建筑在十分脆弱的沙盘上；其三，中国的行政政策、艺术品立法程序尚未提供当代艺术品收藏买卖的客观环境。事实上，所有这些都通过"第一届广州双年展"的经济失败和"第二届广州双年展"的流产充分体现出来。当然，与广州双年展的失败形成对比的是中国各类艺术品买卖市场的红火，这不仅体现在日益增多的各种画廊上，也体现在捷报频传的各类艺术品拍卖活动中，据说油画价格在北方已达到令人瞠目的地步，而在广州甚至出现了由官方最高文化机构组织的大型艺术品集市。这些市场活动不仅缺乏对中国当代艺术发展趋势的判断能力，更不可能对这种发

展产生引导和强化作用，它们基本与当代艺术无关。至于海外资金出于各种动机对中国大陆当代艺术品的收购，因其无法从立法机制、学术机制和经济机制上产生反馈性影响，充其量只是为大陆的当代艺术发展提供了部分偶然、短暂的经济补给，不可能真正影响中国大陆当代艺术。

中国当代艺术既不可能依靠那些只有赢利冲动的投资者，也不可能依靠只能夸夸其谈的"批评家""操作者"。我在关于"第二届广州双年展"的学术陈述中试图提供一种文化方案，它的出发点是我们所有的文化策略都不应脱离人文主义和学术本位的价值态度和理想基点，我一直认为这不是一个理论问题，因为它的理论原理十分简单，但它可以抵御所谓"后现代主义"潮流带来的各种文化负产品，尤其是抵御中国当代艺术发展中出现的各种艺术机会主义、颓废主义、玩世主义、犬儒主义和各种消极的政治情结。中国当代艺术问题不是一个政治问题，它不可能用狭隘的、传统的政治方式来解决，当然，说到底，它也不是一个市场问题。对我们来说，艺术市场永远只是一种文化策略，不会变成文化战略，当完成这种策略的各种机制和背景还十分脆弱甚至影响战略目标时，我们应该随时考虑调整、放弃这种策略，以便寻找新的方案。面对艺术专制主义和艺术的无政府主义，我们唯一能够做到或起码应该做到的是保持我们的学术目标、学术良心和学术本领。

我曾与深圳华韵文化艺术公司老板戏言，说他"耽误了历史"，他说我言重了，事后想想他说得并不错，联想我们的那些"批评家"对待艺术和艺术品的不负责任的态度，我们有什么理由去苛求一个并无文化义务的老板？当然，我没有悲观到完全放弃艺术市场这种文化策略，但就我个人而言，我想将这种努力调整到中国当代艺术批评的学科建设上来，我很高兴在这一点上与深圳美术馆馆长裴剑华先生、《画廊》杂志社主编杨小彦先生和我的朋友鲁虹先生取得了共识，我们正筹划按国际惯例组织一个由专业艺术博物馆主办的大型年度性常规学术展览，用以展示中国当代艺术中具有一定文化意义、艺术品位的探索性艺术作品，展示以南方批评家为主体的批评方式和批评态度，我想，它将是我们文化策略调整的一个具体步骤。

作为一次流产展览的主持人，我仍想向一年多来以各种方式支持和关注展览的艺术家、批评家、同人及朋友们表达我的歉意、感激和敬意，如果说，我提出的文化理想主义只是一种理论幻觉，那么，是他们的态度使这种幻觉变得有血有肉。

1994 年

注释：

[1]原文载《江苏画刊》，1994 年第 12 期；《画廊》，1994 年第 4 期。——编者注

[2]黄专，《谁来赞助历史》，载《艺术·市场》，1992 年第 6 期。

摄影图像在中国大陆当代实验艺术中的作用[1]

夸张一点说，当今美术与摄影的关系有点像古典时代诗与画的关系，不过它们之间发生的一些戏剧性变化是诗与画没有的。一个世纪以前，摄影术在"逼真性"的竞赛中迫使绘画走上了现代主义的道路，而今天大部分艺术流派都与摄影保持着某种亲缘关系，从波普艺术到各种类型的新现实主义，从集合艺术（Assemblage）到概念艺术（Conceptual Art），当代艺术中的"视觉发现"几乎达到了漫无边界的程度。今天，摄影图像已不仅仅是一种图像素材和记录手段，更作为一种新的文化视觉语汇和信息载体为当代艺术家们接受。

对于大多数中国艺术家而言，他们在各类艺术实验中真正理解和运用摄影图像这一特殊视觉语汇是一个复杂艰难的过程，这种复杂性表现在：一方面，摄影界一直没有能够提供高品位的摄影图像和理论，使得这一实验过程缺乏有力的参照背景；另一方面，就美术界自身而言，由于长期受苏俄写实主义模式的影响，使用的摄影语汇常常受到来自旧式绘画观念的诘难。本文不探讨这一实验过程中发生的各类理论问题，仅就摄影图片在大陆当代艺术中的作用进行一般陈述，这种作用主要体现在以下几类艺术实验中：1. 在具有照相写实主义特征的作品中，2. 在具有波普艺术性质的作品中，3. 在各类综合材料作品和观念性作品中。

一

西方照相写实主义通过直接将摄影图像信息转译和复制到绘画上的手法，动摇了传统写实主义从自然中直接提取素材进行典型化、理想化再创作的美学基础，这一方法明显以非个性化、非典型化和非主题性的特性和形式上某种平面性和具象意味的空间节奏处理为特征，是对当代社会中具有异化感的生活现实和人文心态的一种记录。

由于不同的文化背景和长期以来苏俄体系写实传统的影响，中国艺术家开始运用照相写实主义创作时往往带有老式现实主义的口音。罗中立的《父亲》（1979

年）可能是大陆最早采用这一方法的作品，事实上，这幅作品除了在充分的尺寸（290cm×180cm）、正面性肖像和精确的细部刻画这些形式因素上与查克·克洛斯（Chuck Close）的画法比较接近外，采用的基本上还是以典型环境塑造典型人物，图解一个明确的社会主题或政治主题的创作原则。按当时的说法，它基本上是一幅批判现实主义的作品，在当时引起的轰动也主要是社会伦理层面的，不是艺术层面的。

与这种矛盾状况比较，王浩、韦蓉的画法似乎更接近西方照相写实主义。他们是北京中央美术学院的青年教师，属于最近两年被称为"新生代"或"第五代"的画家。他们选择的风格样式基本来源于拉尔夫·戈因斯（Ralph Goings）和理查德·埃斯蒂斯（Richard Estes），其作品主要记录北京——准确点说主要是作者生活的中央美术学院及附近的街景。在创作手法上，作品虽然保留了浓厚的手绘痕迹，但图像的视觉方式却明显地源于照片原型，构图方法是典型的快照式的，随意、毫无视觉重心。大面积的墙壁、街道橱窗形成的相对封闭的空间结构、微妙的光影调性变化都具有一种埃斯蒂斯

式的抽象感。与其他风格的"新生代"艺术比较，他们对都市生活的态度似乎更为客观和中性化，几乎不附载任何道德和价值判断，形象塑造也没有新生代画家常有的矫饰气息。东北画家张仲达的照相写实主义作品的取景方式也是快照式的，但无论是街景还是人流，更多是入世的或温情的，虽然这一点似乎无法解释作者最近遁入空门的行为。

与他们相比，东北另一位画家林建群对待摄影图片的态度显得更为个性化。林建群是黑龙江艺术学校的教师，他的早期作品多受印象派影响，1991年开始采用摄影底片（负像）作为素材，他选择的母题是古代皇家建筑（如故宫、天坛等）或经典性的都市建筑（如哈尔滨中央大街的建筑群），按他自己的说法，选择这种母题主要是因为它们有一种"崇高感"[2]，而"负像信息"低明度色调神秘、沉静的气氛可以传达某种人类和自身所具有的世纪末色彩的不安和兴奋情绪，他还对自己使用的负像方法做过宗教、哲学和社会学层面的解释。在制作上，他先以红橙透稿，然后修正放大后的线稿，调整并确定基本色调、明度和构图，最后离开负片信息，按绘画方式处理画面的造型、色层

关系和肌理效果。他认为"真实的轮廓、反常的明度、主观的色彩和带书写味的笔触是这类'新神秘现实主义'或'负片绘画'的基本语汇",显然,他对待摄影信息的态度与照相写实主义艺术几乎毫无联系,尽管他既用了照片,也用了写实。

另一些画家通过其他方式保持着与摄影图像所体现的视觉经验的联系。范叔如作品的构图基本上是菲利普·珀尔斯坦式的,画面动态极强的斜性透视,粗放人为裁剪的构图处理都很容易让人联想到克莱因(Yves Klein)富于侵略性的取景方式,但他作品的空间却明显是幻觉性和表现性的,它强调的不是摄影图像给予我们的那种瞬间的视觉感受,而是持续的、神经质和抽象的情绪。曾梵志使用摄影图片的方式几乎与传统写实主义没有区别——将它们作为图像素材,事实上,他作品的某种空间气氛、构图关系,甚至人物的具体造型都可以在他自己拍摄的大量具有现场感的图片中找到原型,如精神病院里茫然无措的人,肉类加工厂里令人毛骨悚然的屠宰场、冷冻库。他的作品无论是场景处理还是人物造型,都有一种极度扩张性的、令人不安的容量和深度。一方面,他极力用一种具象的(甚至是摄影式的)方式去描绘那些具体的、感官性的和物质性的对象;另一方面,他又采用极富表现性的笔触和色调去破坏这种物质性和感官性。在他的艺术中,我们习惯使用的具象性、表现性、叙述性、象征性这类词汇的含义开始变得模糊。张亚杰是一位有摄影经历的画家,当然这一点不足以解释他作品中的摄影因素,但很明显,它们的取景也是快照式的,大面积的玻璃窗及反光效果也是照相写实主义常用的语言。使得这位画家的作品超越照相写实主义的似乎是这样一些因素:平面性的、具有版画效果的色彩反差,随意性的滴彩效果,对景深、焦距这些摄影手段所形成的空间关系的漠然,以及人物某种超现实的情绪。在他的作品中,光影、气候、人物都服从于一种与作者主观取舍有关的结构。

二

波普艺术在八十年代末九十年代初的兴起,是大陆实验艺术中最具影响力的事件之一。它的出现与西方波普艺术有着完全不同的社会背景、现实针对性和文化意义。不

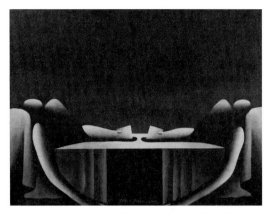

图1 《后古典——马拉之死》，王广义，1987 年，布面油画，
150cm×200cm，图片由艺术家提供

容否认，1985 年底（11 月 18 日—12 月 8 日）在中国美术馆举办的罗伯特·劳森伯格画展为这一潮流的形成带来了直接的契机。在这里，大陆艺术家第一次目睹摄影图片如何堂而皇之地成为艺术的现成语汇。1988 年，王广义创作了《毛泽东 AC》[3] 并参加了次年在北京举行的"中国现代艺术展"。这幅作品是他由理性绘画向波普艺术过渡的一个象征（正是在这次展览上，他提出了"清理人文热情"的口号）。一方面，他严肃、精致地复制了三幅黑白基调的毛泽东标准肖像；另一方面，他又采用在他的《后古典》系列（图 1）中经常使用的方格、虚线和字母符号对图像进行所谓的"理性分析"。在后来的波普性作品中，他放弃了使用照片的手法，但这幅作品采用的流行图片和复数性表现方法成为后来波普艺术惯常图式的一种端倪。在九十年代的波普艺术中，毛泽东

等政治人物的流行照片成为艺术家们经常使用的基本母题或图式符号。上海的余友涵喜欢采用平涂式的民间印花图案去处理毛泽东在各个时期的流行照片，使得这些大众熟悉的视觉图像产生了一种与一般预期心理相悖的喜剧感和寓意，作品具有明确的文化结构主义的品质。与这种本土特征的波普语言相反，湖北波普艺术的代表作者杨国辛几乎严格采用了安迪·沃霍尔的语言方式，在他的作品中，精良的丝网印刷技术、平涂色调和复数性构图间的关系几乎达到无懈可击的程度。和大多数波普画家一样，他使用的图像符号不是流行商品或影视明星，而是政治领袖或各类政治性的新闻媒体，如《参考信息》，这一点很容易被解释为具有某种政治隐喻，但由于作者采用的是标准的沃霍尔风格，按照波普艺术拒绝图像意义的语言逻辑，我们可以说，与其说这些政治图像强调了作品的政治寓意，不如说淡化、消解甚至终止了这类图像的政治含义。在波普艺术肤浅、表面化的语言策略背后，我们也许只能发现一种中性的事实陈述，那就是：政治，不管你愿不愿意，都是中国文化中最流行的语言。另一位"文化波普"画家魏光

庆则将《金瓶梅》的版画插图与当下流行的色情图片置于同一语境中，机敏地表达了他对传统与当代性伦理这类敏感社会问题的理解（图2）。

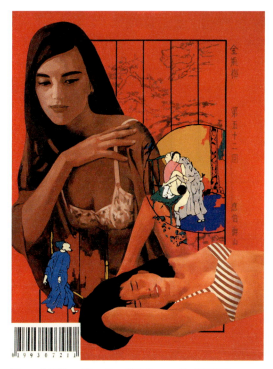

图2 《色情误——第52回》，魏光庆，1994年，布面油画，160cm×120cm，图片由艺术家提供

三

拼贴（Collage）、现成品（Ready-Mades）和集合艺术概念，事实上也是前面提到的劳森伯格画展后才为大陆艺术家所认识的，但在1985年5月中国美术馆举办的"前进中的中国青年美术作品展"上，已经出现了一幅以歌颂"四五"运动为主题的拼贴和图像蒙太奇（Montage）的版画作品，作者以"四五"运动中游行队伍的照片为素材进行复数性的有序排列，画面上方涂有象征烈士鲜血的红色颜料，下方则镶有象征"历史"的小方镜。作者在这里运用的拼贴手法很像苏联构成派艺术家，作品性质上与其他政治宣传画毫无区别，换句话说，画面出现的图像蒙太奇几乎没有任何独立的语言意义或观念意义。四年后，在展出这幅作品的同一展场出现了另一幅拼贴性装置作品《√》（图3），作者是王友身和杨君，按作者为

图3 《√》，王友身、杨君，1989年，照片、布告，尺寸可变，图片由艺术家提供

本文提供的一份追忆资料看[4]，这幅作品最初的创作动机来源于"√"这一法院布告上流行的、能够影响人的生命状态的符号。为了制作一幅"人的广告"，他们用带三脚架的相机采用自动测光及每隔一分钟拍摄一

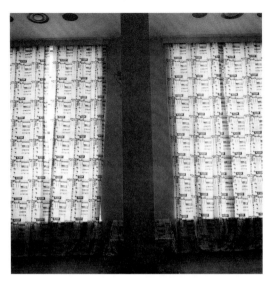

图4 《报纸·窗帘》，王友身，1991年，丝网印刷、棉布，图片由艺术家提供

张的程序，记录了中国最著名的闹市区——王府井，在单位时间里进入相机取景范围的人群图像。在放大制作完上百张图片后，他们直接到中国美术馆现场完成作品，这幅"人的广告"由裱贴在2米高、8米宽的展板上的摄影图片和一张真正的法院布告组成，作品表面最初用油漆涂写上巨大的"√"字符号，后来符号被覆盖，布告文字也用胶带纸遮住。在展览过程中，观众对作品的反应被作者用相机记录下来"成为作品的完整部分"。这幅作品的意义具有很复杂的哲学和社会学指向，但采用了最大众化的图像媒介（照片）、文字（布告）和符号（√），并采用现成品拼贴的手法完成，这种语言策略颇接近约瑟夫·博伊斯"社会雕塑"（Social Sculpture）的概念，最基本的物理事件和物理媒材在某种特殊语境下产生了有关自由

与生存的形而上学的人文内涵。事实上，作者王友身对这类语汇的兴趣一直延续至今，在1993年举行的"第45届威尼斯双年展"上，他展出的装置作品是《报纸·窗帘》（图4）。在他的作品中，照片、布告、报纸这些物质媒介的作用有点像博伊斯经常使用的毛毯和油脂的作用。

对于另外一些艺术家而言，摄影图片仅仅是他们进行物质肌理和现成材料语言实验的一种有机媒材，图像的文本已显得不再重要。管策是大陆实验艺术中较早关注材料语言的画家，至少在八十年代中期，他就开始采用溶剂转印的手法，在1988年南京"第二驿"展中，他就拿出了比较成熟的运用摄影图片的拼贴作品。他的作品基本上是绘画性的，摄影图片仅在服从画面材料肌理的处理效果时才有意义，按他自己的说法，"选择处理所需图像的方法只是一个技术问题"[5]，照片用于画面，主要是因为照片的写实性与画面的手绘和肌理效果间能够形成一种特殊的视觉张力。他将图系的意义分为"直叙意义"（图像给我们的直观信息）和"外延意义"（在作者创造的特殊材料语境中产生语言意义的可能性），他认为，"图

片本身的意义或者说完整性"不是选择图像的主要依据，他注重的是"图像隐约于画面中透露出的某种感觉"，而使图像在新的材料语境中产生意义的因素是作者的自身修养、悟性，以及在自我与图像间保持一定的距离感和控制力的能力。另一位进行同类实验的画家金峰更明确地说他只是即兴地选择图片，主要是为了"丰富作品的层次感"[6]。这类实验从美学特征上看，与约翰·凯奇（John Cage）的"非焦注"（Unfocusing）理论非常接近，它强调的不是摄影图录封闭的自在意义，而是一种开放性的、随机性的、更为贴近物质生活和自然状态的价值。事实上，从制作形态上看，他们的作品明显受到劳森伯格的影响，即将某种抽象性的绘画语言与具象的、实物性的材料"熔于一炉"。在这里，摄影图像的功能已与"图像"没有太大联系了。

人类视觉经验的丰富性和艺术实验手段的多样性，决定了摄影图像在当代艺术中的作用与功能的多重性。摄影图像的各种边缘性功能还会无限制地延伸，显然，在今天准确地界定美术与摄影的界限是一件十分困难的事情，我们不知道这对两门视觉艺术来说到底是幸运还是不幸。

1994 年

注释：

[1]原文载王禾璧、何善诗编，《摄影透视》，香港：香港艺术中心，1994 年，第 71—76 页，略做修订。——编者注

[2]林建群于 1993 年 9 月 20 日写给作者的信。

[3] 该作品原标题为《毛泽东 AO》，1989 年，艺术家王广义参加"中国现代艺术展"时，作品标题改为《毛泽东 AC》，现通常使用原标题《毛泽东 AO》。——编者注

[4]王友身为本文提供的背景资料《有关〈√〉的追记》。

[5]管策为本文提供的背景资料《关于图像与绘画间的一些思考》。

[6]金峰为本文提供的背景资料《图像与图式之间的关系》。

"新介入"的文化态度 [1]

　　"新介入"画展体现了一种乐观的文化态度，它希望通过作品找到当代艺术与社会现实间的一种健康联系。这种联系在所谓"政治波普"和"泼皮艺术"的时尚中显得十分脆弱。我们还不能准确地把握"新介入"这个口号的含义，从五位画家样式各异的作品中，我们甚至很难说它是一场风格运动，如果说他们的作品有什么共同的东西，我们大概只能说他们越来越体现出某些更具理性色彩和历史维度的特征——这是与前面急风暴雨式的"湖北波普"之潮比较而言。在我们熟悉的波普样式（杨国辛、魏光庆、袁晓舫）和表现性语言（方少华、石磊）后面，我们可以看到一个明确的文化策略：他们希望摆脱纯政治文化和纯商业化的社会情境的困状，抑制急躁、肤浅的"生效"心态，在一种更为平静和具有文化—历史厚度的语言背景中进行各自的工作。这可能提示着九十年代艺术发展的一个带倾向性的课题——艺术家如何在各种国际机会和商业前途的诱惑中保持自己独立的人格品性、文化态度和语言习惯。

　　魏光庆的波普作品喜欢选用传统伦理图像，被批评界称为"文化波普"，最近的作品延续了这种特性，不过他将图像内容放在"色情"这个更具挑战色彩的领域中，希望从传统与当代文化中获得一种更为大众化，也更为刺激的张力美术。魏光庆的作品气质比较接近大卫·萨利（David Salle）和基思·哈林（Keith Haring），他的作品更多是劳森伯格式波普语言和涂鸦艺术的奇特结合，他属于反技巧和反审美型的画家，但处理现成图像的方式仍保留着"技巧"的痕迹，这种矛盾态度使得作品效果颇为暧昧。杨国辛的作品一望而知是中国版的沃霍尔，但这种借用与其说是文化态度和审美取向上的，不如说是单纯技术上的。与前一段的作品相比，他似乎调整了图像符号的取向，放弃了具有明确政治寓意的现成图像，而将图像的隐喻范围延伸到诸如社会生态（恐龙）、历史（传统山水）、新闻媒体、平民图像等，这就在一定程度上扩大了中国波普的文化容量，不过，图像的过分多样化削弱了波普艺术简单明了的基本特性，反而使它的文化隐喻显得支离和晦涩。与之相较，袁晓舫的图像选择似乎更为接近波普艺术的语言特性，战斗机 (可能与他从军的经验有关) 和《千里江山图》构成的矛盾空间很容易让人联想到利希滕斯坦的一些工作方式，但他的平涂处理和硬性效果还是很有个性的。方少华似乎回归了他擅长的表现性绘画，不过工作态度与方式稍有变化，一方面，他选择了古建筑 (大观园) 和现代空间节奏的张力对比，改变了表现语言纯内省性的隐喻传统，提升了表现性语言的文化想象能力，这一点颇接近德国新表现主义；另一方面，厚平涂法加重了画面力度，色调更为单纯、凝重。方少华这批作品的缺点是图像符号 (回廊立柱) 选择略显概念化。石磊的《拆除与兴建》是他前一段语言实验的逻辑延续。虽然房子拆除和兴建给我们很多可解释的寓意，但他的兴趣似乎更多在语言实验和个性风格的表达上，这一点与乔治·巴塞利兹 (Georg Baselitz) 的新表现主义十分相似。在画面构图的张力控制、笔触效果和色调处理方面，他仍然堪称国内具有代表性的表现主义画家。

对于艺术家而言，当代艺术的真正挑战也许不完全来自社会现实，也来自他们自己的心态，来自他们对自己作品社会功用的看法，当我们抛弃了旧式现实主义模式，让自己退回一种犬儒式、自闭性或机会主义的阵营，这对当代艺术而言很难说是一种进步。"新介入"画展体现出的一种积极、真诚的文化态度，应该具有一些启示价值。

1994 年

注释：

[1]原文载《江苏画刊》，1994 年第 8 期。——编者注

世纪末亚洲艺术家的文化主题[1]

二十世纪末，亚洲艺术家面临一个共同的文化主题，那就是超越西方在整整一个世纪中建立起来的艺术秩序和规则，真正找到一种与西方世界平等交谈的方式和逻辑。冷战时代的结束改变了世界政治和意识形态的旧有格局，也使人类有了更多共通的文化和社会问题，如环境问题、人口问题、和平与发展问题等，而各种区域性问题则无法抗拒地迅速国际化，如波黑战争、以巴关系等。在一个不再以意识形态和物质资源作为文化划分依据的时代，中心与边缘的文化地理版图将不再具有意义，每一种文化和知识资源都有权利以自己的方式对人类共同问题发言，这正是"开放社会"（open society）[2]中最重要的"当代性"，正是它使亚洲艺术获得了新的文化主题和使命。我们应该看到，亚洲艺术家在摆脱传统意识形态束缚、克服狭隘民族主义的同时，更为重要的是必须经历一个"非西方化"和"反西方化"的文化历程，勇于在各类当代问题中以第二种声音发言，从而确立亚洲艺术的新的国际方位与身份，"反西方"或"非西方"并不是排拒西方或重新走向封闭，而是重新考虑西方基本的社会结构、艺术与意识形态关系、艺术的文化位置和艺术家在当代的角色，反省和批评西方艺术对东方艺术的消极影响。从全球文化战略看，非西方国家在艺术与文化上的"非西方化"过程是国际当代艺术健康、平衡发展的必要前提，在"日、中、韩现代艺术展"（New Asian Art Show-1995）的主题"今日是东方之梦"（Now A Dream of East）中，我们听到的正是这样一种理想之声。

八十年代中期以来，开放政策使中国当代艺术获得了此前不曾有的文化机会，经过近十年的发展，中国新艺术在文化品位和造型观念上都具备了一些独特的品质，也造就了一批具有较高文化判断力的艺术家。"威尼斯双年展""圣保罗双年展"这类纯西方化的国际大展开始接纳中国艺术家，表明这种艺术已具备与国际对话的可能性。但我们也应看到，中国当代艺术并没有真正摆脱西方现代主义的语言阴影，在表述各类当代问题时，它仍保留着浓厚的西方口音，在国际舞台也只是扮演着从属的角色。而在内部发展环境方面，受到旧式意识形态模式在思维方式和行为方式上的制约，当代艺术在国内非但不能进入主流文化的行列，反而常常被置于"地下"的处境，中国当代艺术家自身也尚缺乏超越旧式意识形态模式，真正从当代意义上思考、表述和批判各种文化和社会问题的能力，这两种被动的现实正促使一部分中国批评家和艺术家从新的角度重新思索自己的文化方位和国际价值。

正如"今日是东方之梦"这个具有理想主义色彩的主题一样，中国的参展艺术家都不同程度地表达了这样一种愿望：他们不再企求以"异域情调"和某种标本化的东方历史去获取西方的理解，而是希望以东方人独特的文化视野和态度去关注、解释、表述一些具有当代意义的文化课题。从工作方式和关注的问题范围来看，他们可分为这样两类：一类艺术家是在相对独立的理性逻辑和实验课题中阐释一些对较为抽象的文化问题和艺术问题的理解；另一类直接以某种具体的政治、社会或文化现实为关注对象，作品具有鲜明的社会批判性。王鲁炎设计的各类机械装置都呈现出一种矛盾性的循环关系，它提示的是世界的界限问题，艺术规则、社会规则与非个性化的表述方式的逻辑处境。汪建伟的作品是被他称为"灰色系统"的实验工作的有机延续，这一实验试图运用整体的和有机统一的观点去探讨人类知识综合的动态结构，这次他选择了一个具体感觉器官（耳），通过输入和输出这一信息转换过程和认知方式的主动与被动关系，表述了一种复杂的现实命题：如何重新整合当代艺术在社会有机结构中的位置。李永斌则通过自然生态环境和变异过程与人文环境之间某种侵略与被侵略的模拟关系，揭示人与自然既共存又相斥的悖论。与这类具有思辨色彩甚至科学实验性质的作品比较，另一些艺术家则更多地显示了他们对当下文化问题的敏锐性和主动性。王广义将他近期的工作称为"推向外部问题"，其含义是：其一，将艺术自律的语言问题推进为文化问题；其二，将中国问题纳入世界问题，并对世界问题主动发言。在《VISA》（图1）、《东欧风景》（图2）、《天堂》（图3）等作品中，作者对国家权力及后冷战时期的政治、地理等文化现实问题的阐释都表明了这样一种主动的文化态度。王友身的作品将神秘的东方

图1 《VISA》，王广义，1994年，装置（人造毛、图片、木箱、丝网印等），120cm×80cm×60cm，28个

图2 《东欧风景》，王广义，1992年，装置（人造毛、图片、木箱等），80cm×50cm×30cm，6个

图3 《天堂》（未实施方案），王广义，1995年，纸上草图，30cm×21cm，图片由艺术家提供

家族关系置于当代社会传媒的直接监控和侵蚀之中，批判性地揭示了历史与现实某种尴尬而微妙的心理现实。魏光庆则为自己选择了一个富有挑战性的文化话题——探讨东方性传统与当代伦理、商业和意识形态方式间的关系。宋冬的作品十分"东方化"或"中国化"，它潜藏的文化台词或许是：在泛西方化的当代文明中，东方真会甘于默默无闻、无所适从？

西方文化霸权主义将是二十世纪一份无法继承的遗产，对于非西方国家而言，建立全球文化与艺术平等交流的文化机制将是二十世纪末和未来世纪中最富挑战性的课题，在这方面亚洲国家应该有所作为，正是基于这一点，我们积极评价这次展览的设计，并把它视为实现新的文化主题的有机步骤。

1995年

注释：

[1]黄专为"日、中、韩现代艺术展"的中方批评家，本文是专为这次展览撰写的。原文载《江苏画刊》，1995年第11期，原题目为《世纪末亚洲艺术家的文化主题——写在日、中、韩现代艺术展前》。——编者注

[2]"开放社会"是法国哲学家亨利·柏格森在1932年提出的构想，后来由英国哲学家卡尔·波普尔在第二次世界大战期间进一步发展。参见波普尔，《开放社会及其敌人》，伦敦：劳特利奇，1945年。——编者注

《首届当代艺术学术邀请展》序 [1]

学术展览作为中国当代艺术的主体性活动，自八十年代以来已有了许多探索性模式和经验、教训。"当代艺术学术邀请展"是其中的一种。需要说明的是，首先，这个展览不是一个同人性质的展览，即它不以推出某种思潮和流派为目的，而是近年来中国当代艺术发展状况的一次综合性学术展示，其目的在于寻找一些艺术的当代问题，尤其是艺术与当代社会、文化的关系问题。其次，这个展览是双向性的，是一次艺术行为与艺术批评共生的学术展示活动，除了艺术品外，展览还提供了一批足以体现九十年代中国当代艺术批评水准的文献。

针对中国当代艺术与当代文化、当代社会的关系，展览拟定了两个学术主题："信息时代艺术的人文义务"和"中国方式：生存与环境"，以体现展览组织者对中国当代艺术的基本学术判断。首先，八十年代以来中国当代艺术发展的一个基本问题，即当代艺术在中国社会和文化中的方位问题一直没有得到很好的解决。八十年代中期以后的美术运动一直把自己的目标设定在某种泛

文化的乌托邦指标之上，它的文化启蒙意义无形中掩盖了当代艺术社会化这个重要的艺术史命题。九十年代转型的商业和意识形态环境，又使当代艺术错误地陷入某种与其文化目标逆动而非互动的逻辑，商业机会和世俗文化的双重腐朽不仅导致犬儒性、玩世性或伪政治性艺术态度的风行，也使当代艺术丧失了它的人文主义的前卫性和揭示本土文化问题的能力。其次，九十年代国际后殖民主义浪潮使中国当代艺术获得了空前的国际机会，但中国文化和艺术在国际主流艺术中的位置决定中国当代艺术只能以被动的姿态登场，中国当代艺术的意义不仅没有因为这种机会得以显现，反而成为后殖民主义和后冷战时期的某种补充话语，从另一个方面掩盖了当代艺术如何社会化这个问题。我认为，当前国际语境的限制应该使我们更加明确这样一个道理：中国当代艺术问题首先应是一个内部问题，一个如何首先确立自己的本土文化位置的问题。

这次展览的两个学术主题正是在这样的现实和逻辑基础上确定的，它们首先将中

国当代艺术的社会和文化背景定位为"信息时代"（非冷战、非现代）；然后体现对这个时代中国当代艺术最缺乏的人文价值的诉求，它们强调艺术在中国当代文化环境中的主要功能应是人文的而非非人文的，是积极健康的而非犬儒逃世的，是具有文化批判意义的而非形式主义的，是广义的文化问题的而非狭义的政治化的，是多媒介的而非单一方式的。我们高兴地看到，参展艺术家充分理解了这一主题，并且充分调动了他们对生态问题、人口问题、国际政治地理关系问题、女性问题等社会、文化问题的兴趣，使其艺术行为和作品具备了这类文化视野和品质，从而促进了当代艺术与当代文化和社会积极健康的互动。

和展览主办者一样，我希望这次展览成为中国当代艺术中一种常规化、制度化和结构化的学术活动，从而实现它为自己确立的初衷——展示中国当代严肃艺术，推动其学术化、本土化和人文化的历史进程。

1996 年

注释：

[1]原文载《首届当代艺术学术邀请展 1996—1997》，广州：岭南美术出版社，1996 年，第 7 页。——编者注

通过批评争取解放[1]

1994 年，香港《中国社会科学季刊》和《中国书评》两家杂志组织发起了"社会科学规范化与本土化"问题的笔会讨论。这一由社会学领域引发的讨论具有很高的学科认知起点。这不仅指它将讨论的核心集中在对"知识论"的态度和理解上，也指它将"清除伪学、创新秩序，全面建立学术规范"作为我们这一代知识分子"当下最急迫的任务"和"对中国文化之重建可能有的一种贡献"[2]，这既表明了中国社会科学独立学科意识的加强，也表明二十世纪中叶以来，人文学科内部长期的知识亏空和秩序混乱状况已经使学科自身面临生存的危机，所以，无论从理论意义还是从实践意义上看，这场讨论都表明了中国人文学科的一种"知识的进步"。

如果我们将艺术批评也算入社会科学（或者算入人文科学），那么，我们必须承认它面临的状况比其他大多数学科糟糕得多，无论从学科传统、知识储备还是从学科人员素质上看，情况都是如此。从实践批评上看，它仍处于一种"前科学"，即纯粹经验主义批评的阶段。对重大艺术现象、艺术问题和艺术个案的解释和分析大多基于个体感悟式的经验描述或一些简单的归纳法推理，缺乏专业间有序的、规范化的学科语境；而知识的老化又加剧了批评相对于艺术实践的明显滞后，许多"知名"批评家经常只能搬用一些简单的"美学"用语和一些早期现代主义时期的形式主义分析方法来描述和评价九十年代许多具有当代意义的作品。这种状况一方面与中国绘画批评的经验主义传统有关，另一方面也与中国艺术批评当代教育训练的缺乏以及对国际同行专业发展状况和知识背景了解的缺乏有关，与此相应的是学科人员素质的低劣，各种运动型、操作型、策划型批评家的数量远远超过学理型、知识型批评家的数量。批评模式、批评方法和批评社会运行机制的滞后，不仅使艺术批评无法真正进入主动"阅读"的角色，也使当代艺术现象、艺术流派和艺术个案中许多有价值的问题无法以理论的方式充分展开。如果说在艺术实践领域存在着现代向当代转型的问题，那么，在艺术批评领域里，这个问题更为急迫。与实践批评的失范状况相比，批评理论（或"批评的批评"）领域里的非专业状况主要体现为引入知识资源的盲目性以及学科间知识转换的各种"实用主义""文牍主义"和晦涩的学风。八十年代初，中国美术界曾开展一场关于"形式美"的讨论，这是新时期美术批评领域里的第一场理论争论[3]，也是美术界思想解放运动的第一个突破口，但由于当时批评界对西方现代从沃尔夫林至罗杰·弗莱、格林伯格以来形式主义的批评传统一无所知，这场有价值的讨论在理论上只能成为当时"美学热"的附庸，始终没有由意识形态问题和美学问题转换成艺术批评的学科问题。如果说在中国文化开放初期，这种知识引入局限导致的理论匮乏状况还能让人理解，那么经过近十年文化、知识的开放和启蒙，美术批评理论领域的非规范化和非专业状况就不能不让人焦虑了。

最近《江苏画刊》组织了一场有关当代艺术"意义"的讨论，其动机在于为九十年代以来出现的许多新的艺术现象和形态（如装置艺术、行为艺术）寻找一种"评价的尺度"[4]，这无疑是一个有价值的建议。事实上，二十世纪关于"意义"以及有关读者（或观者）在"意义"生成过程中的位置和作用的讨论，一直是西方哲学（从海德格尔到伽达默尔的解释学）、美学（姚斯的接受美学）、文学批评（从二十年代俄国形式主义到英美新批评、原型批评及结构主义、后结构主义批评）及艺术史（潘诺夫斯基的"视觉意义"理论，贡布里希关于"观看者本分"的学说）领域的中心问题，尤其是在现代语言学领域，由索绪尔引发的以探讨语言的"差异系统"及其对"意义建构"的影响为特征的语言学说，几乎对当代政治哲学（路易·阿尔都塞）、精神分析学（雅克·拉康）、后结构主义（雅克·德里达）和文学批评（诺思洛普·弗莱、罗兰·巴特）产生了覆盖性的影响，这一"语言学转向"运动因此被称为一次改变人类哲学课题的"哥白尼式的革命"，这一"革命"的意义在于它将传统哲学中对本体论和认识论的探讨归结为对人类"语言"及语言方式的探讨："思考表达和陈述的本质，即每种可能的'语言'（最广义）的本质，代替了研究人类的认识能力。"[5] 但这一"革命"的局限也正在于它将"语言"形而上学化和非历史化，以及在语言表述上普遍存在"艰涩的特征"，和由此产生的理解和交流上的"危机"。

在中国美术批评界关于"意义"的讨论中，令人喜忧参半的是语言学这门西方的"显学"对我们的批评理论产生的影响。大量语言学领域的"生疏的话语"[6] 变成了中国当代艺术批评界熟悉的口头禅：所指、能指、所指在场、话语、透明性中介、语言的颠覆……使用者称这主要是针对中国当代批评"失语的焦虑"，"原有的批评话语早已不敷使用"[7]。在一门学科中引入其他学科的理论成果本来是一件自然而无可厚非的事（如波普尔政治哲学中"情境逻辑"学说对贡布里希艺术史研究的影响，贡布里希艺术史学中的心理学方法对现代心理学的影响），但从学科规范建设角度看，这种引入和置换至少需要学者具备两种基本能力：其一，准确把握原学说的理论渊源、理论传统和理论系统知识，其二，准确判断原学说引入和置换的可能性。但在上述艺术批评界

有关"意义"的讨论中，我们看到更多的是讨论者对语言学的一种肤浅的"实用主义"和"文牍主义"的态度，它们的矛头针对"四大语系""笔墨语言系统"这类僵化的形式主义、经验主义批评模式，应该说问题的出发点并没有错，但讨论者除了沿承语言学"艰涩的文风"和"生疏的话语"外，并没有对语言学向艺术批评的学科转换做出建设性的说明（例如说明文字语言与视觉语言可否简单类比这类基本问题），思想和语言逻辑的混乱、晦涩的文风不仅大大削弱了这场讨论的批评价值和理论魅力，也加深了中国批评学科规范化的难度，我想引用一位以研究语言学见长的中国学者的一段话，它提醒我们在引入语言学时必须具备谨慎态度：

急功近利的态度和寻找思想武器的动机虽然能收立竿见影之效，但到头来却会使目的落空和学习热情受挫。……正如罗素在二十世纪二十年代初来华讲学时所观察到的，中国学人往往热情有余而素养不足。他们急切地想了解西方最新的东西，并将其运用于中国的社会、政治、文化诸问题上。他们忽视了一点：西方的学术思想

是经过了漫长而曲折的发展过程才达到某个新阶段的。只顾结论而不管过程和目光短浅的"为我所用"的态度，注定只能使我们对西方哲学思想只有肤浅的了解，而且永远亦步亦趋地追随别人。[8]

如果我们批评界的同人不仅具有开阔的理论视野，而且具备波普尔式的清晰、明快的表达，那么这场有关"意义"和"批评尺度"的讨论也许会带给我们更多有意义的东西，当然，我也知道，摆脱"显学"和"大词"的诱惑对谁来说都不是一件轻松的事。

也许我对我们批评的问题谈得太多，以至于影响了本文的主题——中国艺术批评学科的规范性和本土化问题，所以现在言归正传。我以为将社会科学领域里的规范化和本土化作为一对问题来讨论，关键是如何确定我们研究的知识出发点。所谓"本土化"，我理解应是从本土问题和本土经验出发去确立学科的位置、课题和归宿，也指在一定事实范围内运用本土的学科传统、方法和思维模式去解决问题，对于中国当代艺术批评而言，问题的复杂性在于，八十年代中期以来中国发生的现代美术运动，无论风格形态

还是理论背景、价值基础几乎都来自西方，即使像"后殖民主义""文化游牧主义"这类表面上看似"反西方中心主义"的口号，本质上仍是这种中心文化的策略表征。那么，我们艺术批评规范化的知识论起点到底应该在哪里呢？应该说，现代人类的知识基础和价值形态是在西方几百年理性批评的传统中形成的，由这种传统奠定基础的"西方知识"或"西方化规范"无疑具有较大的普遍性特征，尤其是在艺术批评、艺术史领域里，中国那种"游艺"的实用理性的价值传统和随机式、感悟式的经验主义批评传统无力解决许多复杂的当代艺术问题，所以当代艺术批评的知识起点、学科规范和学科标准，应该在西方当代知识体系和学科传统中去寻找。

所谓"规范化"当然不是指存在某种超越历史的、永恒的知识和标准，而是指学科发展中相对有效的和具备试错性品质的语言方式、学术纪律和学术秩序，它有助于学科知识的有序增长和学科间交流的正常进行。学科的规范化我以为应包括两个内容：其一是在引入学科的知识资源和规范、纪律时需要的专业判断力，以及在进行学科间知

识转换时需要的逻辑能力；其二是建立学科规范所需的对知识论的态度。简言之，就是掌握学术方法和确立学术道德，关于这两者的关系，梁治平先生有过一段明快的表述：

> 经过长时期的封闭，中国的社会科学研究者既缺乏传承，又没有对现今世界上学术思想及研究方法的通盘了解，其知识上的判断因此容易以偏概全，其研究上的定位往往表现了太大的随意性和偶然性。……而比这些更严重的是，学术研究甫经恢复百废待兴的局面，给予学术上的投机者可乘之机，这些人对于学术既缺乏虔敬之心，亦无意于艰苦的学术劳作，他们不过假学术以谋其利，甚至自觉地去追求知识权力。于是，从不惮其烦地卖弄新概念到以各种形式公开或半公开地剽窃在这里早已屡见不鲜，而缺乏一种公正、合理和有权威性的学术评判机能，则使得这类学术上的非道德现象无法得到有效遏制。凡此，皆是社会科学研究"规范化"运动所欲解决的问题。[9]

学科知识的有序增长的确与学术道德的递进成正比，知识匮乏时期，"伪科学""假科学"和"投机者"的数量就容易膨胀。中国当代艺术批评要摆脱知识老化带来的"经验主义"和盲目引入新知识带来的"实用主义""文牍主义"的恶性循环，也应从学术道德和学科知识引入方法两方面努力。"知识就是力量"这句话是一个不充分的命题，知识增长不是一个简单的量化积累过程，知识的作用也不是一个简单的实践运用过程，知识只有经过充分的理性论证和开放式的批评才能产生力量，而论证和批评又有赖于我们掌握充分规范化和有效的学科知识。如果说知识和批评的最本质动力来源于人文主义的学科态度和追求真理的理性信念，那么，开放式交流则是知识和批评的最具体的环节，所谓学科规范首先要形成一套学科间交流的专业逻辑方法和专业规范用语，减少专业表述上的混乱局面。当然，那些连基本的汉语语法都不遵循的"高明"理论不属于本文所谈的"规范"范畴。简言之，将话说通和让人听懂既是一个起码的学术规范和学术素养问题，也是一个起码的学术道德问题，我想，波普尔的伟大不仅在于他的思想的深度，还在于他"不辞辛劳地致力于把自己的思想表达清晰"的学风。[10]

我说过艺术史研究"更像奥运会而不应像迪士尼乐园，它应是专家出入的竞技场而不是人人都能在里面寻找精神快感的娱乐场，但事实上，我们对这种竞赛的基本项目（学科课题）、竞赛规则和基本技能指标以及各类项目的纪录都还知之甚少，在这样的背景中去谈论与世界的交流和对话只能被人取笑"[11]，我想，目前我们艺术批评领域面临的状态也大致相同，艺术批评领域的规范化过程应该从系统、准确地引入西方当代艺术批评理论、艺术批评运行的社会方式以及艺术批评史学入手。简言之，我们需要像艺术史领域的范景中那样具有专业素质和专业使命感的"盗火者"，以增强我们在知识资源引入过程中的判断力，减少这种引入的盲目性和随机性，避免使我们的艺术批评永远成为西方各种"显学"的附庸。如前所述，艺术批评学科知识的引入和置换必须建立在两个逻辑环节基础上，其一是对

原学科的学术源流、学术思想、学科发展状况，乃至基本的专业用语习惯的准确把握和判断；其二是对这些学科知识置换成艺术问题和艺术批评用语的逻辑可能性的准确判断，即使对语言学这类对社会科学具有广泛影响力的"显学"，我们也必须十分谨慎和严肃地引入和置换，不能仅凭一些经验式的联想和比附去讨论。举个简单的例子。如果我们没有充分把握去运用语言学的方式谈论艺术问题，那我们与其用"所指"和"能指"这些语言学特定的、基本的概念，倒不如使用"形式""内容""形象""概念"这类"公众语言"去表述，或者起码应用艺术史学科通约的"摹写""图式"等概念去讨论问题。

意识形态上的开放使我们的学科获得了解放和进步的可能性，但学科的真正解放必须依赖于我们自身知识结构方式的转变和批评、自我批评这类人文主义的内省态度。

1996 年

注释：

[1]原文载黄专，《艺术世界中的思想与行动》，北京：北京大学出版社，2010 年，第 27—33 页。——编者注
[2]梁治平，《规范化与本土化：当代中国社会科学发展面临的双重挑战》，载《中国书评》，1995 年 1 月第 3 期。

[3]黄专，《八十年代以来美术理论发展综述》，载严善錞、黄专，《当代艺术问题》，成都：四川美术出版社，1992年，第4页。

[4]《江苏画刊》，1994年第12期，《力求明确的意义》一文编者按。——编者注

[5]莫里茨·施利克，《哲学的转变》，载洪谦主编，《逻辑经验主义》（上卷），北京：商务印书馆，1982年，第8页。

[6]凯瑟琳·贝尔西，《批评的实践》，胡亚敏译，北京：中国社会科学出版社，1993年，第11—12页。

[7]沈语冰，《从语言的意义到话语的有效性》，载《江苏画刊》，1995年第7期。

[8]徐友渔，《"哥白尼式"的革命》，上海：上海三联书店，1994年，第2—3页。

[9]梁治平，《规范化与本土化：当代中国社会科学发展面临的双重挑战》，载《中国书评》，1995年1月第3期。

[10]布赖恩·马吉，《"开放社会之父"——波普尔》，南砚译，长沙：湖南人民出版社，1988年，第10页。

[11]严善錞、黄专，《当代艺术问题》，1992年，第238页。

通过知识获得解放，通过批评争取进步[1]
——也谈艺术批评学科的规范化和本土化问题

1994年，香港《中国社会科学季刊》和《中国书评》两家杂志组织发起了"社会科学规范化与本土化"问题的笔会讨论。这一由社会学领域引发的讨论具有很高的学科认知起点。这不仅指它将讨论的核心集中在对"知识论"的态度和理解上，也指它将"清除伪学、创新秩序，全面建立学术规范"作为我们这一代知识分子"当下最急迫的任务"和"对中国文化之重建可能有的一种贡献"[2]，这既表明了中国社会科学独立学科意识的加强，也表明二十世纪中叶以来，人文学科内部长期的知识亏空和秩序混乱状况已经使学科自身面临生存的危机。所以，无论从理论意义还是从实践意义上看，这场讨论都表明了中国人文学科的一种"知识的进步"。

如果我们将艺术批评也算入社会科学（或者算入人文科学），那么，我们必须承认它面临的状况比其他大多数学科糟得多。这个学科（如果能称它为"学科"的话）无论从学科传统、知识储备还是从学科人员素质上都远逊于其他学科。从实践批评上看，它处于一种"前科学"，即纯粹经验主义批评的阶段。对重大艺术现象、艺术问题和艺术个案的解释和分析大多基于个体感悟式的经验描述或一些简单的归纳法推理，缺乏专业间有序的、规范化的学科语境；而知识的老化又导致批评相对于艺术实践明显滞后的状态，许多"知名"批评家经常搬用一些简单的"美学"用语和一些早期现代主义时期的形式主义分析方法来描述和评价九十年代许多具有当代意义的作品即是一例。这种状况一方面与中国绘画批评的经验主义传统有关，另一方面也与中国艺术批评当代教育与训练的无序状况以及对国际同行专业发展状况和知识背景了解的缺乏有关，与此相应的是学科人员素质的低劣，各种运动型、操作型、展览型批评家的数量远远超过学理型、知识型批评家的数量，而"一手交钱、一手交货"式的批评贸易更称得上是世界艺术批评界的东方奇观。批评模式、批评方法和批评社会运行机制的滞后，不仅使艺术批评无法真正进入主动"阅读"的角色，也使当代艺术现象、艺术流派和艺术个案中许多有价值的文化、艺术问题无法以理论的方式充分展开。如果说在艺术实践领域存在着现代向当代转型的问题，那么，应该说在艺术批评领域里，这个问题更为急迫和艰巨。与实践批评的失范状况相比，批评理论（或"批评的批评"）领域里的非规范和非专业状况主要体现为引入知识资源的盲目性以及随之而来的学科间知识转换的各种"实用主义""文牍主义"和晦涩的学风。八十年代初，中国美术界曾开展一场关于"形式美"的讨论，这是新时期美术批评领域里的第一场理论争论[3]，也是美术界思想解放运动的第一个突破口。但由于当时批评界对西方现代从沃尔夫林至罗杰·弗莱、格林伯格以来形式主义的批评传统一无所知，这场有价值的讨论在理论上只能成为当时"美学热"的附庸，始终没有由意识形态问题和美学问题转换成艺术批评的学科问题。如果说在中国文化开放初期，这种知识引入的局限

导致的理论匮乏状况还能让人理解，那么经过近十年文化、知识的开放和启蒙，美术批评理论领域的非规范化和非专业状况就不能不让人焦虑了。最近《江苏画刊》组织了一场有关当代艺术"意义"的讨论，其动机在于为九十年代以来出现的许多新的艺术现象和形态（如装置艺术、行为艺术）寻找一种"评价的尺度"[4]，这无疑是一个有价值的建议。事实上，二十世纪有关"意义"以及有关读者（或观者）在"意义"生成过程中的位置和作用的讨论，一直是西方哲学（从海德格尔到伽达默尔、哈贝马斯的解释学）、美学（姚斯、伊瑟尔的接受美学）、文学批评（从二十年代俄国形式主义到英美新批评、原型批评及结构主义、后结构主义批评）及艺术史（潘诺夫斯基的"视觉意义"学说，贡布里希关于"观看者本分"的学说）领域的中心问题，尤其是在现代语言学领域，由索绪尔引发的以探讨语言的"差异系统"及其对"意义建构"的影响等理论为特征的语言学说，几乎对当代政治哲学（阿尔都塞）、精神分析学（拉康）、后结构主义（德里达）和文学批评（诺思洛普·弗莱、罗兰·巴特）

产生了覆盖性的影响，这一学术界的"语言转向"运动因此被称为一次改变人类哲学课题（由本体论、认识论到语言学）的"哥白尼式的革命"，这一"革命"的意义在于它将传统哲学中对本体论和认识论的探讨归结为对人类"语言"及语言方式的探讨，"思考表达和陈述的本质，即每种可能的'语言'（最广义）的本质，代替了研究人类的认识能力"[5]，从而使哲学问题更为具体化和精致化，但这一"革命"的局限也正在于它将"语言"形而上学化和非历史化，以及在语言表述上普遍存在"艰涩的特征"，和由此产生的理解和交流上的"危机"。在上述中国美术批评界关于"意义"的讨论中，令人喜忧参半的是语言学这门西方的"显学"居然对我们的批评理论产生了影响。大量语言学领域的"生疏的话语"[6]变成了中国当代艺术批评界熟悉的口头禅：所指、能指、所指在场、话语、透明性中介、语言的颠覆……使用者称这主要是针对中国当代批评"失语的焦虑"，"原有的批评话语早已不敷使用"[7]。诚然，在一门学科中引入其他学科的理论成果本来是一件自然而无可厚非的事（如波普尔政治哲学中"情境逻辑"学说对贡布里希艺术史研究的影响，贡布里希艺术史学中的心理学方法对现代心理学的影响），但从学科规范建设角度看，这种引入和置换至少需要学者具备两种基本能力：其一，准确把握原学说的理论渊源、理论传统和理论系统知识；其二，准确判断原学说引入和置换的可能性。但在上述艺术批评界有关"意义"的讨论中，我们看到更多的是讨论者对语言学的一种肤浅的"实用主义"和"文牍主义"的态度，它们的矛头针对"四大语系""笔墨语言系统"这类僵化的形式主义、经验主义批评模式，应该说问题的出发点并没有错，但讨论者除了沿承语言学"艰涩的文风"和"生疏的话语"外，并没有对语言学向艺术批评的学科转换做出丝毫建设性的说明（例如说明文字语言与视觉语言可否简单类比这类基本问题），思想和语言逻辑的混乱、晦涩的文风不仅大大削弱了这场讨论的批评价值和理论魅力，也加深了中国批评学科规范化的难度，我想引用一位以研究语言学见长的中国学者的一段话，它提醒我们在引入语言学时必须具备谨慎态度：

急功近利的态度和寻找思想武器的动机虽然能收立竿见影之效，但到头来却会使目的落空和学习热情受挫。……正如罗素在二十世纪二十年代初来华讲学时所观察到的，中国学人往往热情有余而素养不足。他们急切地想了解西方最新的东西，并将其运用于中国的社会、政治、文化诸问题上。他们忽视了一点：西方的学术思想是经过了漫长而曲折的发展过程才达到某个新阶段的。只顾结论而不管过程和目光短浅的"为我所用"的态度，注定只能使我们对西方哲学思想只有肤浅的了解，而且永远亦步亦趋地追随别人。[8]

我总想，如果我们批评界的同人不仅具有开阔的理论视野，而且具备波普尔式的清晰、明快的表达，那么这场有关"意义"和"批评尺度"的讨论也许会带给我们更多有意义的东西，当然，我也知道，摆脱"显学"和"大词"的诱惑对谁来说都不是一件轻松的事。

也许我对我们批评的问题谈得太多，以至于影响了本文的主题——中国艺术批评学

科的规范性和本土化问题，所以现在言归正传。我以为将社会科学领域里的规范化和本土化作为一对问题来讨论，关键是如何确定我们研究的知识出发点，所以在这里，我想先避开两者的关系问题，而从当代艺术批评实践发生论问题上讨论一下知识出发问题。所谓"本土化"，我理解应是从本土问题和本土经验出发去确立学科的位置、课题和归宿，也指在一定事实范围内运用本土的学科传统、方法和思维模式去解决问题，对于中国当代艺术批评而言，问题的复杂性在于，八十年代中期以来中国发生的现代美术运动，无论风格形态还是理论背景、价值基础几乎都来自西方，特别让人沮丧的是，即使像"后殖民主义""文化游牧主义"这类表面上看似"反西方中心主义"的口号，本质上仍是这种中心文化的策略表征。从表面上看，在非西方文化中发生的现代艺术运动，起点和归宿都是"西方问题"，但事实正与这个表面现象相反，首先，现代艺术运动的发生必须依据本土的意识形态发展状况、文化和知识的开放程度，现代美术运动在中国发生在八十年代初期就与中国结束"文化

大革命"这一具体的意识形态事实有关；其次，对西方现代主义的接纳方式和程度也与本土知识结构、文化结构和经验模式的主动变化有关，八十年代初，美国波普运动的领袖安迪·沃霍尔来华观光，八十年代中期，另一位波普运动领袖罗伯特·劳森伯格来华办展都没有引发中国的波普艺术，倒是在九十年代初，西方波普主义运动渐趋式微时，中国出现了热热闹闹的波普运动的东方变种——"政治波普"，这一切都表明，表面上西方化的风格运动并没有掩盖这些运动的本土特性，那些在西方是纯粹风格语言的艺术运动在中国却演绎成了意识形态运动或文化、政治运动，可见运动的起点仍是"本土问题"或"中国问题"。如果我们肯定西方化现代美术运动的经验和问题基点仍是本土性的，那么接下来的问题就是：艺术批评规范化的知识论起点在哪里？应该说，现代人类的知识基础和价值形态是在西方几百年理性批评的传统中形成的，由这种传统奠定的"西方知识"或"西方化规范"无疑具有较大的普遍性特征，尤其是在艺术批评、艺术史领域，中国那种"游艺"的实用

理性的价值传统和随机式、感悟式的经验主义批评传统无力解决许多复杂的当代艺术问题，所以当代艺术批评的知识起点、学科规范和学科标准应该在西方当代知识体系和学科传统中去寻找。

所谓"规范化"当然不是指存在某种超越历史的、永恒的知识和标准，而是指学科发展中相对有效的和具备可错性品质的语言方式、学术纪律和学术秩序，它有助于学科知识的有序增长和学科间交流的正常进行。学科的规范化我以为应包括两个内容：其一是在引入学科的知识资源和规范、纪律时需要的专业判断力，以及在进行学科间知识转换时需要的逻辑能力；其二是建立学科规范所需的对知识论的态度。简言之，就是掌握学术方法和确立学术道德，关于这两者的关系，梁治平先生有过一段明快的表述：

> 经过长时期的封闭，中国的社会科学研究者既缺乏传承，又没有对现今世界上学术思想及研究方法的通盘了解，其知识上的判断因此容易以偏概全，其研究上的定位往往表现了太大的随意性和偶然性。……而比这些

更严重的是，学术研究甫经恢复百废待兴的局面，给予学术上的投机者可乘之机，这些人对于学术既缺乏虔敬之心，亦无意于艰苦的学术劳作，他们不过假学术以谋其利，甚至自觉地去追求知识权力。于是，从不惮其烦地卖弄新概念到以各种形式公开或半公开地剽窃在这里早已屡见不鲜，而缺乏一种公正、合理和有权威性的学术评判机能，则使得这类学术上的非道德现象无法得到有效遏制。凡此，皆是社会科学研究"规范化"运动所欲解决的问题。[9]

学科知识的有序增长的确与学术道德的递进成正比，知识匮乏时期，"伪科学""假科学"和"投机者"的数量就容易膨胀。中国当代艺术批评要摆脱知识老化带来的"经验主义"和盲目引入新知识而带来的"实用主义""文牍主义"的恶性循环，也应从学术道德和学科知识引入方法两方面努力。"知识就是力量"这句话是一个不充分的命题，知识增长不是一个简单的量化积累过程，知识的作用也不是一个简单的实践运用过程，知识只有经过充分的理性论证和开放式的批评才能产生力量，而论证和批评又有赖于我们掌握充分规范化和有效的学科知识。如果说知识和批评的最本质动力来源于人文主义的学科态度和追求真理的理性信念，那么，开放式交流则是知识和批评的最具体的环节，所谓学科规范首先要形成一套学科间交流的专业逻辑方法和专业规范用语，减少专业表述上的混乱局面。当然，那些连基本的汉语语法都不遵循的"高明"理论不属于本文所谈的"规范"范畴。简言之，将话说通和让人听懂既是一个起码的学术规范和学术素养问题，也是一个起码的学术道德问题。我想，波普尔的伟大不仅在于他的思想的深度，还在于他"不辞辛劳地致力于把自己的思想表达清晰"[10]的学风。

我说过艺术史研究"更像奥运会而不应像迪士尼乐园，它应是专家出入的竞技场而不是人人都能在里面寻找精神快感的娱乐场，但事实上，我们对这种竞赛的基本项目（学科课题）、竞赛规则和基本技能指标以及各类项目的纪录都还知之甚少，在这样的背景中去谈论与世界的交流和对话只能被人取笑"[11]，我想，目前我们艺术批评领域面临的状态也大致相同，艺术批评领域的规范化过程应该从系统、准确地引入西方当代艺术批评理论、艺术批评运行的社会方式以及艺术批评史学入手。简言之，我们需要像艺术史领域的范景中那样具有专业素质和专业使命感的"盗火者"，以增强我们在知识资源引入过程中的判断力，减少这种引入的盲目性和随机性，避免使我们的艺术批评永远成为西方各种"显学"（今天是"后现代主义"，明天是"后索绪尔"）的附庸。

如前所述，艺术批评学科知识的引入和置换必须建立在两个逻辑环节基础上，其一是对原学科的学术源流、学术思想、学科发展状况，乃至基本的专业用语习惯的准确把握和判断；其二是对这些学科知识置换成艺术问题和艺术批评用语的逻辑可能性的准确判断，即使对语言学这类对社会科学具有广泛影响力的"显学"，我们也必须十分谨慎和严肃地引入和置换，不能仅凭一些经验式的联想和比附去讨论。举个简单的例子，如果我们没有充分把握去运用语言学的方式谈论艺术问题，那我们与其用"所指"和"能指"这些语言学特定的、基本的概念，倒不如使用"形式""内容""形象""概念"这类"公众语言"去表述，或者起码应用艺术史学科通约的"摹写""图式"等概念去讨论问题。

意识形态上的开放政策使我们的学科获得了解放和进步的可能性，但学科的真正解放和进步必须依赖于我们自身知识结构方式的转变和批评、自我批评这类人文主义的内省态度。

1996 年

注释：

[1]本文标题的前半句直接取自卡尔·波普尔关于哲学、历史与艺术的讲演和论文集《通过知识获得解放》，杭州：中国美术学院出版社，1998 年。原文载《艺苑》美术版，1996 年第 1 期。——编者注

[2]梁治平，《规范化与本土化：当代中国社会科学发展面临的双重挑战》，载《中国书评》，1995 年 1 月第 3 期。

[3]黄专，《八十年代以来美术理论发展综述》，载黄专、严善錞，《当代艺术问题》，成都：四川美术出版社，1992 年，第 4 页。

[4]《江苏画刊》，1994 年第 12 期，《力求明确的意义》一文编者按。

[5]莫里茨·施利克，《哲学的转变》，载洪谦主编，《逻辑经验主义》（上卷），北京：商务印书馆，1982 年，第 8 页。

[6]凯瑟琳·贝尔西，《批评的实践》，胡亚敏译，北京：中国社会科学出版社，1993 年，第 11—12 页。

[7] 沈语冰，《从语言的意义到话语的有效性》，载《江苏画刊》，1995 年第 7 期。

[8]徐友渔，《"哥白尼式"的革命》，上海：上海三联书店，1994 年，第 2—3 页。

[9]梁治平，《规范化与本土化：当代中国社会科学发展面临的双重挑战》，载《中国书评》，1995 年 1 月第 3 期。

[10]布赖恩·马吉，《"开放社会之父"——波普尔》，南砚译，长沙：湖南人民出版社，1988 年，第 10 页。

[11]黄专、严善錞，《当代艺术问题》，1992 年，第 238 页。

重返家园：当代水墨画的文化支点[1]

我们用"重返家园"来比喻二十世纪中国画在开放的文化场景中的精神和文化历程，尤其指八十年代与九十年代之交水墨画运动中的一些文化品质。二十世纪初在西方思潮的冲击下，当国画面临形成以来最大的一次外来挑战时，潘天寿提出中、西绘画要拉开距离，两个系统平行发展，强调国画发展独立的精神品质和文化价值，而他本人和林风眠、赵无极等人也的确用自己的个性化艺术实验证明了这种理想的合理性。

如果说世纪初的这类"重返家园"的理想表明了在中西现代文化撞击初期某种开放性继承的文化姿态，那么，八九十年代以来在中国画领域出现的"重返家园"的思潮，则是在一个更为复杂的文化背景中某种文化内省意识的觉醒。与从前的国画"改造"与"创新"运动不同，这种思潮不在一般意义上去继承、更改或中止中国画传统的语言秩序和意义秩序，也不在一般意义上借用西方现代主义的形式语汇，以期待和寻求西方的理解。它不介入东西方文化差异这类概念命题的争论，它是世界范围中心与边缘文化

结构解体过程的一种本土性的自然反应，或者说，它是后殖民主义或后冷战时期的世界文化语境中，第三世界本土文化对西方文化权力中心的一种抵御，是这种文化对自身国际身份的一种新的认同。如果说在二十世纪西方现代主义文化权力中心的结构中，非西方世界艺术家的使命是超越本土旧式文化传统，寻求开放情境中的某种"离家状态"，那么，在后殖民主义阶段，面对"离家"状态带来的普遍文化失落感，我们需要在新的问题基点上，重新确立自己的文化和精神支点，以保持在多极的世界文化、政治格局中的文化方位和国际身份，它体现为某种具有殉道色彩的"重返家园"的历程，正是在这个意义上，当代水墨画显现出了独特的文化价值。

二十世纪中国画除了面临各种复杂的文化、社会和政治、心理问题外，还面临一个基本的语言风格悖论，即要使水墨画成为能够直接影响当下文化的世界语言，就必然要以牺牲它的传统特质为前提和代价，如果丧失了这种特征，我们又很难再用"国画"

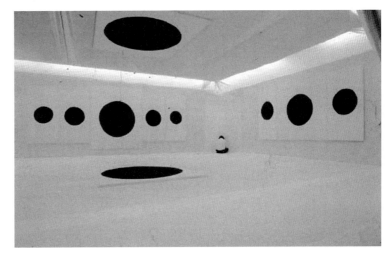

图1 "墨·点"展览现场，1990年，图片由艺术家提供

或"水墨画"这类概念去定义它，所以超越传统语言的逻辑构架，重新确立问题基点便成了走出这一悖论的前提，正是在这一点上，王川于1990年在深圳举办的"墨·点"（图1）展显示了它的价值，这个展览对中国画的传统语言元素做了最大限度的消解，并使其在一个由作者设定的文化场景（作者自己称它为"精神道场"，以表明其本土特性）中顺理成章地转换为一种观念元素，尽管这个作品具有浓厚的西方"极少主义"色彩，也没有提出解决问题的具体方案，但它将水墨画问题推进到一个非形式的端点，既破除了关于水墨画的"表现主义"的种种传统和现代迷信，又为在本土文化支点上寻求问题和解决问题提出了某种暗示。他近期创作的一系列水墨画作品更直接将提升精神品质和文化含量作为当代水墨画的文化使命，以抵御世纪末艺术日渐庸俗化、虚假化和猎奇化的倾向，他的抽象的结构方式和"计白当黑"的墨法原则使作品区别于克莱因、马瑟韦尔（Robert Motherwell）而具有典型的内省性

的"东方意义"。最近，王川正构想在一个异域空间设定一个更完整的水墨历史场景，"重新解读和整合水墨的含义，探讨其影响当下文化状态的可能性"，以体现作者的某种更为具体的"历史主义的态度"。

石果将他的实验称为"图式革命"，大致包括两层含义：其一，对传统绘画的精神取向、题材方式和意义方式的超越。石果认为他的艺术具有明确的精神指向，即运用抽象语言去传达与西北远古文明相契合又具有当代价值的人本精神，正是在当代语境中去完成这一使命使他选择了抽象这一特殊的语汇方式，传统以山水或花鸟为主体的象征化的自然题材只能传达具有古典情愫的朴素的自然观，它阻隔了远古人本精神与当下文化的对话，而要凿通两者对话的通道就必须借用能够直接、自由地呈现这种精神本体的"抽象结构"。他的图式结构源于赵无极式的东方自由抽象、石鲁的书法金石味和亨利·摩尔（Henry Moore）的生命体空洞结构，他对这些结构的改造使他的实验进入造型观念层面，即对传统造型方式的超越，这也构成了他的"图式革命"的第二层含义。他的抽象作品的最大特点是将传统水墨画的"写"与传统拓印方式的"做"融为一体，这就极大地深化和拓展了水墨画的语言力度，拓印不仅根本改变了人们对传统纸质媒介特性的欣赏惯性，改变了传统水墨画一次性、随机性的书写方式，也使画面空间结构产生了一种富有层次的光影效果和韵律感，从造型观念上看，这一实验的关键意义在于它已从根本上抛弃了笔墨中心主义的特定范式，这一实验既与他父亲石鲁所从事的工作有语言逻辑上的一致性，又是这种工作的一种突进性的质变。石果的抽象图式具有极强的理性色彩和东方气质。

刘子建的作品交织表现东方体系的宇宙观和作者当下的时空经验，在虚与实、可知与不可知、理性与非理性这类哲学命题中寻求当代水墨画的视觉支点和意义支点。王天德的作品习惯借助"圆"这个具体可通约的本土文化符号，动用经过抽离和重组的笔

墨程式去传达一种内省性的文化经验和态度。阎秉会则尝试运用"书写"手段使水墨画进入当代，他的作品显示了一种更具"原始性"的本土气质，通过书法用笔使水墨画获得了"直接性"这一当代艺术共有的语言品质。张羽试图在东方禅宗智慧、伊斯兰先知和西方图式中寻找某种富有历史感的文化经验，作品具有历史、文化描述和现实、心理描述相融合的倾向。孟昌明是一位旅美多年的水墨画家，其作品更具体地体现了本土艺术在异国文化中的撞击、冲突，富有张力的符号和强烈的色层效果是东方理性价值与西方当代思维的某种奇特组合，在"重返家园"的历程中，这位移民身份的艺术家的实验具有更强烈的象征意味。吴黎明是一位从事当代水墨实验的女画家，她的作品充分体现了东方女性的观察方式和文化情调，作品借用"超级写实主义"的表现手法，具体、近距离地刻画与我们生存有关的环境及心境，这使她的作品与抽象形态的当代水墨实验拉开了距离，提示了当代水墨画实验的一种新形态方式的可能性。

"重返家园"是中国当代艺术中出现的一种新的文化动向，它绝不是一般意义上所

谓艺术"民族化"的延续，更不是本土艺术"西化"和"现代化"的结果，它体现的是一种超越意识形态和具有独立精神人格的文化品质，与九十年代初油画界出现的"政治波普""泼皮艺术"这类具有明确后殖民主义文化特征的艺术比较，这一文化动向更显示了其在文化方案上的主动性和独立性。值得关注的是：水墨画实验的这股思潮如何呈现出更具当代性的思维特性和现实批判立场。另外，它的过分膨胀会不会引发一种新的狭隘的民族主义情绪？就重新确立中国当代艺术在新世界格局中的方位这一目标而言，"重返家园"只应是一项文化策略，水墨画的文化支点应该确立在具有本土特质的当代性这一点上。

1996 年

注释：

[1]原文载"重返家园：中国当代实验水墨画联展"展刊，1996 年。——编者注

九十年代中国美术批评中的三大问题[1]

本文介绍 1993 年至 1996 年中国当代美术批评的重要理论问题及一般发展，不涉及批评的具体现状。它旨在为批评的发展清理一些问题线索，而不在对其进行史学意义上的评价。与八十年代甚至九十年代初比较，这种发展依托的文化情境和知识背景发生了很大的变化。首先，从问题的内部情境看，中国文化界、知识界经历了九十年代初短暂的犬儒思潮和商业运动的冲击后，重新恢复了对人文主义和理性原则的反思，与八十年代中期泛文化的启蒙不同，这次思想清理放弃了对宏大目标的群体性追求而显得更加具体、务实，它甚至主要体现为学科内部有关专业领域的知识权利和义务的讨论。如社会学领域有关社会科学"规范化"和"本土化"问题的讨论；考古学、地理学界有关现代考古学、地理学的学科方法、范围、学科价值及文化义务、人文关怀的讨论；文化学界有关"后现代"与"后殖民"语境中，"中国问题"的第三世界性质、知识分子的社会身份及文化批判诸问题的讨论；以及哲学界有关"语言学转向"问题及对中国当代知识

结构的可能性影响的考察，都更多地体现为一种对具体知识和文化使命的兴趣。即使是有关"人文精神"漫谈式的论战，也不再以八十年代高高在上的理论训导的姿态呈现，而主要体现为知识分子在商业压迫的文化现实中对自我身份危机和思想危机的一种"良知焦虑"，与其说它是一场社会性论战，不如说更像是一种内省性的经验叙述和自言自语式的思想清理。[2] 它将对文化、社会和历史问题的批判具体化为对自身文化权利、学科态度和文化功能的探求，这一方面体现了"第三世界"文化当代化过程的暧昧性和策略性，另一方面改变了世纪初以来中国知识界"整体革命"的思维走向。中国当代知识状况和问题方式的这种变化，就是对中国问题的重新清理、组合、积累和对位化的过程，这一趋势将影响下一世纪中国文化的知识水准、价值取向和思想格局。

其次，从问题的外部情境看，中国文化的相对开放和世界范围内的后现代、后殖民过程并没有从根本上缩小中西知识界、文化界的心理和知识差异，反而加剧了两者发展

的不平衡。它主要体现为，在九十年代后殖民思潮中，西方知识界的非中心、非意识形态化过程并没有真正改变第三世界文化的边缘地位和"他者"身份，反而以更隐晦、更深刻和更现实的方式延续着后者的处境，就艺术现状而言，西方对中国当代艺术不再以一味排斥的方式而是以某种认同和接纳的姿态沿袭着旧式文化霸权的传统，"政治的中国"和"民俗的中国"成为西方给予中国当代艺术的基本身份定位和政治护照，文化含义上的第三世界当代艺术在表述自己的思想和问题时，始终面临这样的悖论：从处境上看，它不断反抗西方中心主义的文化压迫，摆脱自己的臣服地位，又要警惕使这种反抗坠入旧式民族主义和官僚意识形态的陷阱；从方式上看，它不得不使用第一世界的思想资源和表述方式来确立自己独立的文化身份，同时不断警惕叙述本身有可能给这种身份带来的异化。中国文化与艺术的这种"第三世界性"，天然决定了它的批判性是双重的。

文化、思想及知识界的这种发展变化无疑影响着艺术批评的方向和方式，九十年代中期美术界出现的有关人文主义及当代艺术的国际身份的讨论、有关当代艺术"意义"及相关的语言学讨论、有关艺术批评学科规范化的讨论都从具体方面表现了这种趋势，这些逻辑上相互依存的问题几乎都是由具体的艺术实践活动引发的，其发展又通常表现为艺术批评自身的学理逻辑，本文力图客观地陈述、梳理和勾勒出这种发展的线索和轮廓，但笔者的学识和学术兴趣无疑会使这种客观性打些折扣，譬如艺术与市场问题、当代艺术危机问题、女性艺术问题并没有在描述范围内，这并不表示这些问题不重要，而是笔者判断这些问题要么是在艺术批评自身的逻辑发展上失去了现实性（如市场问题），要么是在理论上尚未充分展开（如女性问题），要么是缺乏必要的学科价值和深度（如现代主义危机问题），另外一些具体的批评现状和新闻性的批评事件也被排斥在描述范围之外，如对某些展览及地域性作品的评价、有关刘海粟艺术及人品的评价等。

一、美术批评中的人文主义思潮及相关的国际身份问题的讨论

重提"人文主义"是九十年代中期中国

美术批评界重要的理论事件之一，与同期在文化界、文学界发生的有关"人文精神"的讨论一样，这个话题并不是以严谨的专业方式展开的，其定义也显得空泛、不确定甚至南辕北辙，但它们有一个共同而具体的特性——它们都是对文化艺术中一些反人文、反理想思潮引致的价值危机的一种思想反映。具体而言，美术评论界的"人文主义"思潮主要是针对所谓"后八九艺术"及相关的艺术机会主义、玩世主义进行的一种理论清理，由这种清理又延伸出另一个更为具体和开放的艺术问题，即在"后殖民"文化背景中，中国当代艺术如何确立自己的文化身份和国际身份，这两个逻辑上相互依存、实践中相互生发的课题反映了中国美术批评在九十年代中期的一些具有转折意义的特征。

"后八九艺术"这一概念是批评家栗宪庭在1993年2月香港举办的同名中国前卫艺术展中提出来的，它主要指九十年代初以所谓"政治波普"和"玩世现实主义"绘画为代表的艺术思潮。栗称它们是两股"反理想主义的艺术流向"，并对其性质和特征做了如下的归纳和评价："'政治波普'和'玩世现实主义'多以自身周围无聊的现实作为出发点，而'政治波普'多倾向把大的政治、社会和特定意识形态框架中的现实作为解构的对象，但它们的共同点在于重新寻找到切入当代文化的视角，使中国现代艺术走上既有本土文化特征又有当代性的途径。正是在这种意义上，以及它的反理性、反形而上，强调偶然、无意义、解构色彩、文化因素的多元与综合特征，使1989年后的艺术具有一定的后现代主义倾向。"[3]

类似的"波普"和"玩世"的作品在1992年举行的"广州·首届九十年代艺术双年展（油画部分）"中已经出现，但作为一种整体的艺术思潮，它首先获得海外艺术界、投资者的接纳和认同，这主要指1993年到1994年几次大型的西方国际性展览一改漠视中国的态度，以不同方式邀请了以这两种绘画样式为主的作品参展，如1993年3月德国柏林的"中国前卫艺术展"、1993年6月意大利威尼斯的"第45届国际威尼斯双年展"以及1994年10月巴西圣保罗的"第22届圣保罗国际双年展"。一时间，这两种样式画风在海外几乎成为中国前卫艺术甚至中国当代艺术的代名词，应该说，这一并无多少理论背景的艺术思潮能如此迅速地蔓延，甚至成为中国当代艺术的主流样式，有着极其复杂和深刻的文化、社会、政治、思想原因和国际背景。就内部而言，它与同期文学界产生的"王朔热"、音乐界的"何勇热"有着文化时态上的共振性，反映了知识界、艺术界对旧式意识形态架构和消费性文化现实的一种具有解构色彩和后现代精神指向的批判态度；就外部而言，它反映了冷战后国际社会，尤其是西方社会对中国当代文化和艺术现状的一种"后殖民"性质的审视和观察方式，而对这一思潮的清理和反思迅速成为这一时期中国美术批评界的中心话题，又反映了这一问题的紧迫性、重要性和挑战性。

1994年王林在《论深度绘画》一文中将1989年以后的中国美术发展分为三种趋势，即"学院建构主义""政治波普艺术"和"新生代异样写实主义绘画"，以及所谓的"深度绘画"。他认为，"新学院主义"（包括古典风油画和新文人水墨画）不是后现代艺术而是"复古主义艺术"，"它们只能精神降格随向流俗，进入商业化过程"。他侧重批判了"政治波普"和"新生代异样

写实主义"绘画，一方面，他承认它们是针对"八五新潮美术"反传统理论的一种远距离的文化批判，是注重切入社会现实和个人经验的产物，但另一方面，他又指出由于受市场解构主义（否定精神价值，强调文化生效和市场操纵）的影响，它们始终"停留在调侃、嬉戏和化解状态"，"艺术向人类精神向度提出的批判精神，在对远距离文化批判的否定中一起被取消，折中主义和功利主义的相互呼应，不过是对环境压力和商业文化无可奈何的屈从"。他明确认为，"艺术问题首先是一个精神问题，艺术史首先是关于精神生活的历史"，而"学院建构主义"和"市场解构主义在精神向度上和中国当代艺术的历史推进是对立的"。在这种背景下，他提出"深度绘画"与之对抗，他认为所谓"深度绘画"是"八九后艺术"中文化批判和社会结合的集中体现，是中国现代艺术运动的真正延续和发展："从纵向上看，它有历史的时间和深度，其有别于新潮美术的地方，不是取消文化批判，而是以现实经验去充实文化判断和社会批判，在个体化的艺术经验中使之结合。从横向上看，它超越了新潮美术狭隘的反叛性，以不妥协的独立性面对当

代文化和当下经验的现实，具有后现代批判主义的特征"，体现为"敢于面对当代人的心理矛盾、精神冲突以及生命需求，对生存异化状态的反抗，具有新人文主义和新存在主义的精英意识；对新殖民倾向和欧洲中心主义早有警觉"，他还认为"深度绘画是当代知识分子的艺术"，它所体现的批判精神"是知识分子独立意识在艺术领域中的先兆性体现……和观念政治化的波普艺术相比，它是人文主义的……和异样的玩世现实主义不同，它是历史主义的"[4]，虽然极力强调"深度绘画"与八十年代"远距离文化批判"的界限，但无可置疑，王林对"深度绘画"的精神性界定和那种充满激情的乌托邦色彩的描绘，在一定程度上仍然保持了八十年代的"精英意识"和泛文化批判的特征。

与王林强调当代艺术的精神性批判不同，笔者更加注重从具体的社会与艺术情境出发去讨论当代文化和艺术中"人文主义"的处境与性质，观点主要反映在1994年两篇谈"文化理想主义"的文章中。笔者首先肯定了以新表现主义艺术、新生代艺术和波普艺术为代表的九十年代美术为克服八十年代美术潮流中各类抽象的文化指标和浮躁的运动状态所进行的大量工作，认为这一过程具有明显的超越现代主义和文化解构的品质，同时指出，这一过程中流露出的各种艺术机会主义、拜金主义、利己主义、文化悲观主义和泛政治化的批评导向又使我们面临一种价值危机："我们正面临在放弃偶像后连最基本的价值和理想也放弃了的巨大的文化失落感。"针对这种情境，笔者援引潘诺夫斯基有关"人文主义"的定义提出了"文化理想主义"的方案，认为这种方案首先是乐观主义的，其次是理性主义的："真正的艺术家应是那些敢于正视艺术传统和艺术问题的人；应是敢于在不断的艺术实践中修正自己的艺术方案和艺术方向，不盲目趋崇时尚的人；应是波普尔称赞的具有'创造性自我批评'精神和'把作品本身以及作品所代表的标准看得比我们自己的情感和抱负更为重要'的人……他们与艺术时尚主义和机会主义无关，也与某些夸张的政治自虐症无关。"笔者还反省和检讨了有关艺术市场的方案，称它"永远都只是一种文化策略，不会变成文化战略，当完成这种策略的各种机制和背景还十分脆弱甚至影响战略目标时，我们应该随时考虑调整、放弃这种策略，以便寻找新的方案。面对艺术专制主义和艺术的无政府主义，我们唯一能够做到或起码应该做到的是保持我们的学术目标、学术良心和学术本领"[5]。笔者"文化理想主义"的理论基础是波普尔式的"客观主义"和"理性批判主义"的自由观，但作为一种理论，它缺乏具体的实践方案和艺术史自身的逻辑，因此仍显得空洞和浮泛，在某种意义上，"文化理想主义"也只是九十年代中期"人文主义"思潮中出现的一种经验式的口号，而不是一种结构严密的理论学说。

与此同时，不少批评家从更为具体的艺术实践发展和图像生成方式角度检讨和分析了"政治波普"和"玩世现实主义"这两股反理想思潮，并将对"人文主义"的理性诉求与对具体社会情境和艺术现状的判断和批评联系起来，形成这一时期人文主义讨论的第二种理论走向。吴亮明确地将"政治波普"和"玩世现实主义"的产生归结为中国当代艺术"图像的匮乏"，他认为它们没有图像上的"自足性"："一切都必须和画面之外的某种特殊事物或概念联系起来，才能获得意义。"他责问："中国现代艺术的素材资源，就是政治隐喻和政治回顾，加

上日常生活的如实写照或略加变形的肖像吗？"他认为中国当代艺术的图像贫乏是历史造成的现实，艺术作为表达工具的功能和急功近利的心态是这种现实的主要根源，它导致了中国现代艺术与公众世界的疏离或无法与公众"达成广泛的沟通"，他还对中国当代艺术只有通过"国际旅行路线"完成自己的使命或反证自己的重要性这一点提出了异议："这种反常情况正是中国现代艺术的一个奇观：中国不过是生产基地，它本身无法消化产品的需要和能力。中国现代艺术不对中国文化构成影响，只对中国以外的世界如何看待中国文化构成影响。中国自身依然生活在一个没有现代艺术的沉默环境中，它仅仅是为那些现代艺术家提供素材而已。"[6]黄笃和冷林不约而同地以推出"新艺术"的方式审视"后八九"绘画思潮，他们力图在文化上下文和社会形态的具体分析上对其进行理性判断。黄笃将中国前卫艺术的变化称为"新脚步"，认为从社会形态看，它属于所谓"后社会主义"的艺术，其特征是"经济领域实行开放的市场经济和文化形态……艺术家从对欧美当代艺术和观念的质疑中寻找传统文化的针对性和批

判态度"。在语言上，它"超越了'后八九'的'政治波普'艺术隐喻性语言的含量，增强了艺术语言的表现力度。……以睿智的目光关注当代艺术多媒体和与之相关的社会、文化问题，即中国当代社会、文化的上下文关系及东西方文化内在逻辑关系——中心与边缘、内与外的双重性等，以确定自己的艺术属性"。他还对海外、海内两股力量进行具体分析，阐述了这种新艺术倾向的形态和社会特性，认为这种"介入当代社会和文化的艺术并不是从属于某种庸俗的政治目的，而是独立于政治之外，承载着当代人文主义精神的自由直白和批判态度"[7]。冷林则从二十世纪中西文化关系中的"体""用"之争及其变化出发，分析了九十年代中国当代艺术的社会、文化特征。他认为"体""用"之争常常使我们处于求"新"的竞赛中，反而丧失了辨别判断的能力，以致"不能回到自身形成连续性的文化断裂"状态，而强调和追求"自身实在"的"新生代"艺术"扔掉了迎'新'与背负大灵魂的包袱……宣言式地表明了个人私域的存在。这一存在直接反对此前的新潮艺术在理性名义下要求的未来图景，并在这一过程中为现实感受奠定

了基础"。与对"新生代"艺术的这种赞许态度相反，冷林认为"政治波普"力图延续八十年代现代主义的艺术原则，它"求助政治意识，隐藏了中、西取向的'体''用'关系，它借助反叛的即时性把自身带到了当代的领域……是西方的东方主义与中国艺术实践结合的怪胎"。他基本上割裂了八十年代与九十年代中国当代艺术的关系，并以"新生代"与"政治波普"艺术的对立来理解两者的关系："如果说'新生代'是适时的主动反应，那么'政治波普'便是两种有明显不同的经济、政治背景的社会互相作用，从而产生的富有假想斗争的被动的奇怪产物，是社会的'多余成分'。"他认为"新生代"艺术体现的"是我"（Is me）立场抛弃了"体""用"这一具有很强地域性的理论，而将文化从地域性的限制里解放了出来。[8]

有关人文主义问题讨论的第三种理论走向是运用"后现代""后殖民"理论分析中国当代艺术的处境和问题。邹建平认为"后现代主义"并不是"现代主义"的末期，而是"现代主义"的初始状态，它的生成"不限于一个国别、一种语言或一种艺术门类，其思想传统、社会状况、语言、表达媒介都

有诸多差别，即使在同一国别或区域内，对后现代主义的界定和解释也不尽相同，因而构成它现在的复杂性"。他认为中国当代艺术的危机和困惑与大众传媒的崛起、商品化趋势的迅猛发展及其后果有关——文化创造核心的个体精神向群体意识妥协。从表面上看，这种现象似乎与"后现代"文化特征有关，"但后现代主义并非全部是一种取代理想主义的虚无主义，它在批判地承袭、理性地超越现代主义的努力中展现了如下向度：它保留了阐释各种各样社会物化现象和精神暗淡化的批判力量，它否定在现实的更为深入的精神和宗教层次方面的现代精神的简单化倾向；它没有推出非理性作为现代主义的替代物，但它的'理性'存在着前概念性，如体验、质询、预感、价值假定，对怀疑的怀疑等"。他认为在"后现代"理论背景下，中国当代艺术对西方文化中心的批判不应等于对西方文化的拒绝，而只有持开放态度才不会失去自己的声音。他还对"大众文化"这一后工业社会不可避免的文化现象与当代艺术的关系进行了分析，他认为九十年代后，许多艺术家为自己艺术身份的合法性而努力，但他们总是将创造个性作品

的"否定性文化"与属于"大众文化"的"肯定性文化"对立起来，这"实际上是以西方标准建构的心怀不满的小资产阶级知识分子的'个性'及情绪来表述当下中国的艺术问题"，他认为"只有在大众的参与下，中国当代艺术才可能有真正的现代意义"[9]。

与邹建平对"后现代主义"的乐观态度不同，陈亮从"后现代"宽容的悖论性上确立自己的立论基础，他认为，后现代主义的多元论态度和"宽容"的许诺"使我们正在丧失我们最为可贵的自省意识与批判精神。它使我们的艺术与接受者之间变得如此平静——一种贫困的、'日光下无新事'的平静……这种无限度的合法性所引以为豪的'宽容'恰恰是它的死敌。宽容并不能导致多元而只能导致苟同"。他提醒我们"应当认清后现代所承诺的无限可能性和宽容性伴随着价值标准规则与艺术本体的虚无"。从这一立论出发，他考察了中国当代艺术的现实，认为"政治波普""玩世现实主义"和"艳俗艺术"对艺术"有着恶劣的影响"，"它们以一种戏谑的、自讽的态度将生活的、政治的、文化的焦虑与责任消解……在艺术形式上是毫无创新的……艺术沦陷于自暴自弃的病态

的快意之中"。他还对艺术创作中流行的所谓"私人化倾向"和"新保守主义思潮"展开了批评，认为前者只是一种"无目标的形式，是一种冲动性的而非意图性的产物……放弃对艺术存在方式与价值反思的追问"，而后者"首先表现为对八十年代文化热的忏悔自罪心情。让当前中国知识界感到失落的是八十年代激进主义的文化精神，而非人文主义（人文主义传统在中国一向是薄弱的）。在'政治波普'与'玩世现实主义'的创作中广泛体现出来的文化虚无主义态度及现在艺术中颇有市场的'从意识形态出走'即是明证"。他认为"艺术在今天迫切需要的是产生一种冲击力……在艺术作品与观众、艺术与经验之间建立一种坚决的联系"。艺术应该成为"反文化的一分子"，而这与现代主义的"反叛成为秩序"不同，它只是为了继续保持其"文化异质性"和"革命者的地位"而采取的一种"策略"，它的具体任务就是反对新保守主义。[10] 杨卫也对以"后现代"作为理论背景的各种玩世主义、消费主义和相对主义的艺术态度进行了批判："在他们的意义中，无论是历史还是将来、欢乐还是痛苦、批判还是赞美，界限都变得

模糊不清，统统失去人文关怀或文化的把握。"他赞同"文化理想主义"的提法，并认为当代艺术应该具有精神和价值的建树功能，虽然这种建树"不会像古典人文主义那样以理性的方式来完成，而是通过直接诉诸感性，诉诸自我的扩张和共性的张扬实现文化全方位的把握"。而"后现代"消费社会及相伴而来的"游戏文化"，"似乎也在挣脱社会秩序和意识形态的束缚，试图确立它在中国本土的特殊意义。但它们的突破口是向下的，此决裂可能使文化对社会的建设性进一步脱节……文化的使命感在此更加消解了。如果照此空洞无物地建构和不负责任地解构下去，中国文化确实有被逼向更大裂谷的危险"。他认为"新时期提倡的文化理想主义的表述是以实用精神为价值取向的，它不再以反世俗神圣般终极意义出现，而是以适应社会普遍价值的策略来实现把握的可能"[11]。王南溟从八十年代到九十年代当代艺术问题的历史转换角度清理了"政治波普"和"泼皮艺术"。他认为这种转换的最大特征是从纯粹模仿到"将西方现代艺术作为方法论并将创作转向自身文化主题的发现，所以就有了艺术的'中国方式'

这一课题"，他反对以"相对主义"的态度将中国问题视为狭隘的地域性和种族性、民族志问题，"当海外人士无法进入中国问题的深层语境时，他们就会以简化的方法阅读被称为中国问题的艺术"。他认为"政治波普"和"泼皮主义"在国际上的成功正是有赖于这种阅读方法和"政治性意图"，是"强势种族性在相对主义文化立场下的同情性关怀"，以后现代化艺术包装出炉的"政治波普""泼皮主义"的流行是对"流行文化的认同"和"精英文化退阵"，它导致了一种"文化危机"，"缺乏中国问题的语境分析，进行一种表面化的含义指涉……恰恰淡化了中国问题，将中国问题变成大众文化的追踪性复述，而放逐了中国历史—现实问题的深层批判"[12]。旅法批判家侯瀚如在对海外中国艺术家活动及国际性大展的介绍和评论的多篇文章中，试图将问题置于"后殖民"和"后冷战"时代的国际文化、政治、社会语境中进行分析，他指出这一时期"非西方国家，尤其是第三世界和经历过殖民化的国家和民族都努力重新寻找自己文化的根，重建传统的自我，以与西方中心主义抗衡……多种民族主义、文化的对峙、矛盾，'自我'

身份的重建和这一切的共存，正在成为世纪末世界面临的最大挑战"。而这一过程的艺术反映，一方面体现为西方以何种态度接纳东方，另一方面则体现为第三世界"如何超越自身文化传统的限制而通过对'他文化'的开放来开拓一个'中介空间'，也即是说，如何从自己的'家'走出去而进入一种'离家'的状态"[13]。笔者认为，冷战时代的结束改变了世界政治和意识形态的旧有格局，也使人类有了更多共通的文化和社会问题，"亚洲艺术家在摆脱传统意识形态束缚，克服狭隘的民族主义的同时，更为重要的是必须经历一个'非西方化'和'反西方化'的文化历程……从而确立亚洲艺术的新的国际方位与身份"，他指出"反西方"和"非西方化"不是排拒西方或重新走回封闭，"而是重新考虑西方基本的社会结构、艺术与意识形态关系、艺术的文化位置和艺术家在当代的角色，反省和批评西方艺术对东方艺术的消极影响。从全球文化战略看，非西方国家在艺术与文化上的'非西方化'过程是国际当代艺术健康、平衡发展的必要前提"[14]。笔者还将对西方新型艺术权力制度的挑战称为中国当代艺术的"外部批判"，认为这种批判"将不仅为中国当代艺术也将为人类当代艺术增添新的文化经验、知识资源和艺术问题，丰富人类艺术的当代性；它也将提高西方人认识世界的水平和能力，从而从实质意义上建立人类平等的艺术对话关系"[15]。

如果说，围绕着"政治波普"和"玩世现实主义"这两股反理想、反人文思潮展开的"人文主义"的讨论实际上是一场没有理论交锋、自言自语式的漫谈，那么，与此相关的另一种讨论，即如何看待中国当代艺术的文化身份和国际身份的问题就显得更具针对性。与栗宪庭推出"政治波普"和"玩世现实主义"的初衷——"使中国现代艺术走上既有本土文化特征又有当代性的途径"比较，它们在国际上的实际境遇尴尬得多，正像邹建平描述的那样："1993 年，中国部分现代艺术家经过长达十年的努力，终于实现了奋斗中的理想——大陆现代艺术家和作品首次参加'1993 年威尼斯艺术双年展'。像这种在西方被公认为现代艺术权威性的展览，参展的中国艺术家的作品多属于当时在中国现代艺术中走俏的'政治波普'和'玩世现实主义'，在创作取向方面，艺术家习惯依据国际性标准——可说为西方艺术的一

般观念进行创作。此届展览中的中国现代艺术作品，并没招来参展者们预期的反响和观众的青睐，中国艺术家的自尊及作品受到了严峻的考验——以这种引进西方样式为模本的中国现代艺术作品由此缺乏与世界平等对话的身份，在西方中心主义的阴影覆盖下，中国现代艺术的主流精英亦只能退居边缘成为配角。"[16]对这种现实的反思成为问题讨论的起点。

《江苏画刊》和 1994 年到 1996 年改版期间的《画廊》杂志都以不同篇幅开辟了讨论这一问题的栏目。《画廊》专辟了"中国当代艺术如何获取国际身份"的讨论，笔者在前言中试图引入这样的角度："近几年来，艺术界中西方对东方的关注，是国际当代政治版图上'后殖民主义''非欧洲中心化'思潮的一种反映，它有没有冷战后西方中产阶级和文化界对东方那种'含情脉脉'的文化猎奇的味道呢？我们是否应该去迎合这种趣味抑或利用这一机会，重新确定中国当代艺术的国际方位呢？以何种姿态进入国际或者说如何深入了解国际规则，摆正中国当代艺术的国际位置，认识其准确的国际价值，是从文化意义上真正使'中国话题'转化成

'国际话题'的前提条件，否则，国际机会就可能变成一种国际陷阱。"[17]

显然，这个问题已超越了艺术理论批评的范围而成为一个实践性很强的文化战略问题，理论的清理无疑会从理性角度深化这一问题。栗宪庭认为以国际眼光看，当代艺术仍然存在中心与外围的区别，中国与第三世界仍处在外围，这个残酷的现实"逼迫我们面对这样一个问题，即如何在西方进行了一百年的现代艺术之后有所创造……中心与外围的本质是个再创造的问题"。他认为他这几年集中精力推出的"政治波普"和"玩世现实主义"潮流，之所以能很快走上国际，是因为"这两种潮流放在整个国际范围内看，特别具有个性化和语言上的创造性，当然是在美国波普以及写实、超现实主义这些西方语言基础上的再创造"。他也承认在挑选中国当代艺术作品时，他与威尼斯双年展的主持人奥利瓦发生过争执，奥利瓦以其他东西不像"波普""玩世"那么个性而拒绝了其他中国当代艺术作品。栗宪庭还从艺术的"当代性"这一角度反驳了针对这两股潮流的批评："六十年代后，西方对后现代、当代的强调，即强调对于当下生存感觉和生存

环境的关注。在这一点上，'波普''玩世'非常能反映中国当下一种精神情绪，不管这种精神肤浅与否，这大概是不少人攻击这两个潮流的原因。但是你说你深刻、永恒、语言呢？你没有体现出来……当代艺术是一种在现代艺术基础上的国际共时性的艺术，只有当代艺术能消解中心与外围的问题。正是因为这两点，中国当代艺术才能与西方或者说国际中心艺术世界进行对话。有人认为这是迎合西方，有点奇怪，因为中国出现这些潮流时还没有走上国际，先有中国的这些艺术，然后才是我写了推出的文章，乃至被国际艺坛接受。……当代性正是国际性与民族性的区别达到同一的起点，没有谁迎合谁的问题。其实，只有通过对话才能找到自己的位置，更加个性化。"[18]

反对的意见则从第三世界艺术的文化特质、国际文化权力与艺术制度对中国的接纳方式以及中国艺术家在国际机会面前的心态诸角度，讨论中国当代艺术的国际方位及身份问题。侯瀚如、王林对国际展览策划人对中国当代艺术的基本立场持否定态度。侯瀚如通过分析"第45届威尼斯双年展"策划人奥利瓦具有"后现代"色彩的策划思

想，反省了中国当代艺术在这种国际思维框架中的实际处境和危机："为什么当中国当代艺术经历了十多年的发展，产生了一批遍布世界各地的高质量的、真正意义上的当代艺术家的同时，首先'代表'中国出席威尼斯双年展的却是一批（大部分而非全部）乐于继续用'官方'学院派技巧和艺术观念来描绘在中国社会的个人处境，发泄非常狭隘的私我欲望和幻想的'玩世者'？至少，主要原因之一是他们的艺术最简单通俗地反映着中国社会现实中并没有什么理想的一批青年的心态，一种与假想的官方意识形态软弱无力、自我解嘲地'作对'的犬儒心态。而这一点，正是大部分尚为冷战时代的意识形态对立的俗套所制约的，对中国'感兴趣'的西方人所能想象或理解以致幸灾乐祸地'同情'的……奥利瓦展出这样一批中国艺术作品并不是出于在艺术观念深度上的了解，而只是借此机会向西方人说，我去过中国，我的影响力已经扩展到了中国。于是我们不得不问，这是真正的和平共处吗？"[19]王林在《奥利瓦不是中国艺术的救星》一文中指出："中国前卫艺术注定是毛时代情结的当代解决，是苏联及东欧前卫艺术的地区

性转移。"在他看来，奥利瓦正是遵从这样的逻辑和眼光来挑选中国前卫艺术的，"他的判断标准是潜藏的而不是公开的欧洲中心主义"。他认为"政治波普"和"玩世现实主义"只是以机会主义和折中主义呈现了"八九"后中国文化现实和精神的状态，而未能触及中国人生存的真正困境。真正代表中国前卫艺术的是那些保持着独立性和批判精神的艺术家："他们在中国新旧文化交替的背景下不仅对传统文化保持反省，而且对流行文化具有警惕；他们深知中国艺术和意识形态的关系，但并不兜售意识形态或反意识形态的产品，而是由此切入去更深入地思考中国社会中潜藏的历史问题……他们不是既成世界的附议者而是批判者，不管这个世界属于东方还是西方，属于意识形态还是商业文化。"[20]

吕澎从"文化权力"角度谈及"国际身份"问题，他直截了当地将获取"国际身份"问题的核心归结为"游戏的权力中心问题"："研究'中国当代艺术如何获取国际身份'主要是研究别人的游戏规则，他们甚至要关注这个主持人或那个总裁的眼神、口味、建议、要求乃至规定，才能有希望获取国际身

份。"[21] 小砾同意吕澎有关"规则问题"的提法，并认为"国家之间文化对话的地位完全取决于综合国力的强弱"。他还从文化、历史、艺术现状自身及艺术批评多角度地探讨了获取"文化权利"的可能性。[22] 徐坦和杨小彦也以不同的方式谈到了"文化权利"与中国艺术的关系，徐坦认为所谓"文化权利"首先不是一个理论问题，而是一个实践问题，本质上是一个发言权问题。中国艺术家应当有勇气在自己的作品中对所有国际共同问题"发言"，而不要"光讲中国问题"或只创作些"向西方献媚的作品"，获得权利不仅是经济问题，也是心理问题和价值问题，是掌握"文化实力"的问题。他认为，就中国的现状而言，提出"文化权利"问题的背后是一种"文化理想主义"："我们的声音，或者说我们的文化权利首先表达了一种愿望，其次我们希望这种声音有扩散力。这的确是一种理想主义，因而要达到这个目标……我们必须在几条战线上同时作战……与公众作战，与流行趣味作战，还要与文化中的殖民倾向作战。"杨小彦认为"反西方中心主义并不意味着马上去我们的老祖宗那里寻找精神立论的依据"，文化中的殖民主义与女权主义有相似之处，它是通过潜移默化的日常用语、逻辑文本、习俗礼常"侵蚀到另一种不那么强有力的文化中"，因而，反对西方中心主义和获得文化权利"既要有一种自我反省的能力，更要有一种向共同问题发言的能力"[23]。高岭和冷林则从谋求"文化对话"的角度讨论中国当代艺术在现有条件下获得与欧美主导文化和艺术平等身份的可能性，他们认为，美术界"与其花气力讨论中心与外围、选择与被选择等这类技术操作上的问题，不如集中精力研究在目前世界范围内各国、各种文化谋求发展与共存的局面下，中国当代艺术自身应解决的问题……这个问题主要包括中国当代市场经济情景中社会文化对人的影响，包括精神性方面的影响和行为性方面的影响，这是文化艺术发展的根基。关于如何获取国际身份的问题，实际上是一种设定，一种技术层面的策略问题"。"大众文化是相似的、平面的，并且是全球性的，而精英文化却是地域的、有传统的，需要对话的有差异的文化应该是精英文化……寻找差异只是手段，求同才是目标。"[24]

不少批评家、艺术家也从中国当代艺术

家自我反省和批评角度谈及这个问题。张培力反对"中国问题就是世界问题"的说法，他认为这是一种"中心意识"，它所激发的民族主义情绪只能导致"最保守的和最前卫的站在同一个战壕里握手与西方作战"，"中国人常常一方面提防西方的阴谋，一方面又把西方的认同和重视作为价值实现的标志"，他认为西方对中国文化与对自己的文化和历史往往持有双重性的判断标准，即以静态、凝固、猎奇的心态看待中国文化："以对中国政治、社会问题的兴趣代替学术态度。"他指出，以个性和自由为目标的中国前卫艺术经历了十年发展后，开始将战斗目标转向西方，在这样的现实中，他们应该反问自己："走到'前卫'的旗帜下，究竟是为了什么？"[25]隋谭也认为在我们还无法摆脱西方双重标准的限制，成为游戏圈中的强者时，"我们可以做的只应是保持'我'的身份，说出自己想说出的话……至于这个说出了'我'的话是否被西方中心主义所用，那是他们的事，与我们无关"[26]。荷籍批评家戴汉志对相关问题的看法也许可以从另一个角度加深我们对这一问题复杂性的印象，他认为中国当代艺术在政治、美元和西方式

赎罪心理这些因素间徘徊，实质上反映了一种"东方主义"和狭隘民族主义的情结，他分析了近年来西方对东方的青睐："文化交流无论对西方还是对非西方的权威来说都是民族宣传的代名词，而那些不可避免地处于一种非稳定的发展和现代化进程的国家，就更不愿意用国家的钱去支持现代艺术家的边缘作品。但他们不反对的是向第三世界提出的友好表示，即认为，西方拥有进行文化沙漠化的历史专利权，而且常常要故伎重演。那些怀着赎罪的心情来到第三世界国家的艺术史学家，就会被无情地利用并参与一些事情，而他们一回到家就想很快忘记这一切。"[27]

二、当代艺术中的"意义"问题及相关的语言学讨论

1994 年底，《江苏画刊》杂志围绕"艺术意义"问题发起了一场讨论，形成了中国美术批评界近年来少有的理论景观。这场讨论从艺术史和艺术实践命题开始，却以语言学讨论的方式展开。如果说，有关中国当代艺术"人文主义"和"国际身份"的讨论源

于西方文化权力的一种不可逆转的实践性压迫，那么，有关"艺术意义"及相关的语言学讨论则体现了这种压迫的知识形式和思想形式，前者构成了中国美术批评发展的外在问题，后者则构成了这种问题的内在方面。

对艺术"意义"问题的关注是二十世纪哲学、文艺批评及艺术学知识课题的重要转变。三十年代兴起的以瓦尔堡、潘诺夫斯基为代表的图像学研究改变了二十世纪初以沃尔夫林为代表的形式主义的分析传统，艺术"意义"及其在作品生成过程中的相关因素（作者、读者、意识形态情境、文本语言结构及艺术传统等），都成为艺术研究的因素。贡布里希于1959年出版的《艺术与错觉》专门讨论了"观者"在"意义"生成中的作用（见该书第三部分《观看者的本分》），"艺术史或许是最早对解释意义感兴趣的学科，这一倾向也影响了语言学和人类文化学以及哲学"[28]，的确，至六十年代后，语言学及其相关的文艺批评也开始重视对"读者能力"的研究[29]。这不仅反映了二十世纪人文科学课题及方式转变的特征，也是当代艺术实践方式剧变的结果。从某种意义上讲，

九十年代中国美术界出现的这场有关"艺术意义"的讨论也是这种知识背景和实践背景下的产物。

1994年第12期的《江苏画刊》在"专题讨论"栏目刊登了易英的《力求明确的意义》和邱志杰的《批判形式主义的形式主义批判》两篇文章，编者指出，组织有关"意义"的讨论主要是为"玩世现实主义"和"波普风"这类文化指向明确的画风之后出现的大量"意义模糊"的非架上艺术寻找"评价的尺度"。显然，讨论组织者的初衷是实践批评性质的。

易英首先以赫施的方式将艺术品的意义分为"艺术家主动在创作中设定的意义"和"从它的历史情境中浮现出来的意义"，但他并没有对"意义"和"含义"再做区分［在赫施那里，含义（Sinn）指"作者用一系列符号所要表达的事物"，而意义（be-deutung）则指"含义与某个人、某个系统、某个情境或与某个完全任意的事物之间的关系"］。接着，易英简述了西方美术理论的两种意义理论，即潘诺夫斯基文化史学方法的"视觉艺术含义"的理论和从罗杰·弗莱、克莱夫·贝尔直至格林伯格的"形式主义"意义

理论。从这些理论背景出发，他将现代主义到后现代主义的转换理解为艺术品由"意义的模糊"向"意义的明确"的转换。现代主义阶段遵循纯形式的语言逻辑，导致作品意义释读的障碍，从艺术功能角度看，它导致了西方艺术的"第一次裂变"，即"向媒介的归复，绘画与戏剧性和文学性分道扬镳，导致以形式主义为主体的现代艺术思潮"，现代艺术虽然在形态上反抗古典艺术，却接受了古典艺术的精英制度；而西方艺术的"第二次裂变"则是"艺术与哲学告别，但不是向文学性回归，而是题材的日常化和手段的传媒化……把发生在身边的'文化热点'用直截了当的方式展示出来"，从艺术意义角度看，是消除了"模糊的意义"而代之以"明确的意义"，这一现象的产生源于消费文化中接受者的"堕落"，艺术的娱乐功能取代了哲学功能，"观众的心理期待是被大众文化改造的……在这个基础上，他才会像理解自身的生活意义一样来理解作品的意义"。他以这样的艺术史逻辑比附中国现代美术的发展，在他看来，"八五新潮"相当于西方现代主义阶段，其语言的基本特征是晦涩与模糊，而九十年代平铺直叙地记录自己生活的"新生代"画家和"有意利用当代文化的传播方式以明确的意义来实现对规范破坏"的观念艺术（如"政治波普"）则是对这种晦涩和模糊意义的一种"消解"，最后，他认定："从意义的模糊走向明确，应该是当代文化不可避免的趋势。"[30]

应该说，易英这篇谈论"艺术意义"的文章是艺术史性质的，针对的问题是实践批评性质的，但它涉及了三个"意义"无法回避的理论问题：其一，"意义"的定义；其二，"艺术意义"产生的基本条件；其三，批评在"艺术意义"产生中的功能。

邱志杰以语言学方法介入这场讨论，并形成与易英谈论艺术"意义"截然不同的理论方式。邱从索绪尔语言学中"差异系统"的基本原理出发，首先将语言分为"日常语言"和"艺术语言"两种对立的系统，前者指有明确所指的能指，"符号的意义来自能指与所指的精确对应"；而后者是"语言系统的自生产活动的产物……它是无所指的或曰有无穷所指的"（后来，他又对这一对概念做出修正，称日常语言是有"指涉物"的，而艺术语言是没有指涉物但有"所指"的），"艺术话语唯有自我指涉，保留一种结构感，抗拒自身中潜伏的麻醉力才可能提示世界的结构感"，他将这种"纯粹能指"的形式主义艺术观称为"批判形式主义"，以区别于"诉诸视觉愉悦"的"古典形式主义"和"以表现论为模式的现实主义"，他认为这种艺术观将艺术现实主义的传达功能转变为认识功能："艺术是对生活的语言性的认识活动，是以语言的自我指涉行为不断对语言麻醉力的消毒，为存在的真实与自由感划定界限。"所以，"正因为艺术是无所表达的、没有意义的，它才是有价值的"，艺术史就是艺术话语被某种释义附着，出现所谓"所指固化"，艺术语言被日常语言消化吸收，而语言的能指网继续生产新的"纯粹能指"这样一个无穷反复的"纯艺术的形式主义发展史"[31]。从这种逻辑出发，他主张用"有效性"和"生效"这类概念代替"意义"："一件艺术品虽然是没有含义的，却仍然是有价值的，唯其是没有含义的，它才真正是生效的。"他还对艺术的这种"有效性"和"自生产能力"进行了考察和阐释，认为"有效性"不是某些独立因素单值作用的结果，而是艺术的各种"形态"元素（介质）整体活动的产物，他认为艺术的"自生产能力"来

源于"符号的任意性"这一基本原则，这类自律理论类似有机物生长中的"整体论"，它强调基因内存在的"生命力"大于环境因素的干扰："艺术形态不但会在环境中变化，而且会直接促成环境的变化。艺术品不是环境变化的被动反映者和反应者，而是其积极促动因素，并且是环境诸因素中最活跃的因素。"他还主张用"情境"这一概念代替"环境"，以消除迷信"环境"的各种庸俗社会学，情境不但不同于环境，"它本身就是一个反对环境的概念"，艺术的"动源"和自动能力与"情境"的关系是互动性的而不是反映性的。[32]

从这样的形式主义艺术观出发，邱志杰选择了三种"现实主义"的艺术形态作为他的批判对象：客观表达对象的艺术、主观表达直觉情绪等内在体验的艺术及表达各种意识形态、伦理观念的功利主义艺术。他特别针对第三种艺术展开批评，"因为如果它服务于任何一种思想，它将降格为诸多思想之一而失去对一切思想的麻醉力的防范监督功能，从而根本丧失其批判性"，而"艺术正是对灵魂的惰性持久的追问。只有在自我更新中保持其形式主义的纯粹性，才可能

持续与非艺术的日常语言对立，从而保有其自身的批判品格"[33]。在《一个全盘错误的建构》一文中，他指出易英谈论"艺术意义"的错误不仅在于混淆了"意义"和"含义"的界限，而且在于他只谈"含义的传达"而对艺术的"真正生效方式"置之不理，"含义的传递既不是日常语言的唯一任务，也不是艺术话语的先天任务。含义的缺席并不是价值的空无，相反，在艺术中，恰是这种含义的缺席是其语言生效的必要条件"。"力求明确的意义"这种"意义理论"是建立在传统现实主义表达理论基础之上的，它将艺术语言等同于日常语言，"要求艺术家改用大白话直陈而免除转译的困难"，而这种"文化意义"的转达理论只能将"艺术"降低为"年画、商业广告和政治宣传画"。他还对易英的"二次裂变"提出质疑，认为它反映了一种"历史宿命论的信念"和"改朝换代的错觉心态"。总之，他认为易文的观点"企图用政治取代哲学，用技术取代科学，用符号的含义取代艺术的感觉而否认艺术的实验状态；它在把艺术由语言的调整推向意识形态的干预时，也把艺术由超越的路径变成了现世的工具"[34]。

如果说，在论述"批判形式主义"时，邱志杰还是一个索绪尔式的语言中心论者，那么，在讨论批评的功能时，他则有意无意地滑向了德里达式的解构主义和虚无主义。《在含义缺失的展厅中，批评何为？》一文，从语式上看是对海德格尔《诗人何为？》一文的模仿，但其理论意向却是德里达式的。在这篇主要讨论批评位置的文章中，他沿袭了他所虚拟的艺术语言与日常语言的斗争逻辑，认为不可理解性是艺术态生存的合法依据，而批评的任务则在于解释和理解（无论以何种方式），所以它是"维持艺术态的死敌"，在这里，艺术史变成了抵抗解释和寻找差异的历史，无论在古典时期、结构主义时期还是在后结构主义时期，批评总是企图给艺术话语"捆绑上一个含义"，扮演着"招安"的角色，而"艺术品被附着以一种含义后失去了对思维定式的批判力，这就是艺术态的瓦解和沦丧"。他认为写作不应对作品加以释义，而应摘除对作品的各种释义，他称这种写作或批评为"解批评"，它的功能在于保持文本的"可死性"和不断创造它的"可创性"，"释读机制是艺术态生效的前提，而释读的最终得逞是艺术态的沦丧"，从这种逻辑出发，他承认一般释读而反对专业释读，在他看来，前者是作品生效的引子，而后者是作品沦丧的原因。这样，他就既为读者的存在留下了一个脆弱的依据，又为批评家与艺术家的现实关系找到了一个可怜的理由："批评从来都是以扮演敌对者的方式对艺术做出贡献。"[35]

王南溟也力图以语言学逻辑解释艺术史的发展，但与邱志杰不同，他不仅同意易英艺术意义由模糊到明确的历史发展的观点，而且进一步强调了艺术语言和艺术意义与艺术情境间的动态关系。他认为，从艺术史角度看，现实主义时代艺术意义中所指与能指的关系是对应的，浪漫主义时代所指和能指的关系是任意的，能指是被创造的。而在观念艺术时代，艺术所指是"超级的"，"艺术仅仅被能指所给予，艺术由现代主义的所谓创造性（原创性）的艺术步入意义的艺术（但仍然是形式主义的）"，"检验艺术的是形式文化"，艺术从创造到意义虽然是以能指的差异性为原则，但"文本的意义系于它的社会、文化背景下，并与某一特定的社会、文化发生关联下获得意义……能指总是一种意义可能，一个形式的意义依据于

形式的观念场"[36]，他还论证了现代主义以陌生化为特征的"意味性形式主义"与当代艺术中与社会文化政治情境相关的"观念形式主义"的区别，两种形式主义批评导致它们有不同的关注对象，即"好画家"和"有意义的画家"。所谓艺术意义由模糊到明确，实质上是当代艺术由"意味形式主义"到"观念形式主义"，"当代艺术使意义从无意义形式主义的差异层面进入能指与具体语境层面清晰性意义之中"，艺术意义是设定的，在能指嵌入社会—文化—政治语境之中被理解，而艺术的批判性正是在这种从语言学到社会—文化—政治学模式的转轨中呈现出其"新的维度"。当然，他也谨慎地强调了他所谓的"意义"与易英所谓的作品"含义"之间的区别："这种'意义'的艺术不是向'含义'的艺术的回归，因为它仍然在形式主义中，像'意义'的形式主义区分了'无意义'的形式主义一样，这种意义的形式主义区分了实在论的现实主义……它并不像实在论的（如易英所认为的）对意义的理解，企图将作品的'意义'回到明确的所指中，即离开上下文、离开语境，其意义就能确定。"[37]与邱志杰对批评的敌视态度不同，王南溟肯

定了批评对观念艺术中观念的"审查"作用，他认为与"表现"时代艺术理论无法干预艺术家的创作不同，"现代主义以来的艺术已经完全改变了理论的身份，即理论总是冲击着艺术而不是尾随着艺术……艺术理论与艺术品同样重要或者比后者更重要，因为正是某一时期的某种理论给定了非艺术的事实为艺术，而且艺术随着这种给定的变化而变化。……艺术能指的差异性就在理论与理论之间……他要求艺术家另外增补更为至关重要的能力，即艺术的理论分析。这样，艺术家一身兼两职——艺术家和批评家"[38]。

与王南溟相同，沈语冰、周宪、高世名、王林、马钦忠等人也围绕"意义"问题以语言学的方式介入了这场讨论，他们从不同角度对邱志杰"批判形式主义"理论提出了挑战。沈语冰在肯定了邱志杰对"表现论模式的现实主义批评"的同时，指出邱的形式主义依然是结构主义方式的形式主义，而且有由左的方向滑向解构主义的危险。他认为，为了避免这种危险，"必须来一次批评话语的转换"，他根据维特根斯坦在《哲学研究》一书中"语言（词）的意义在于它

的用法"的原理，认为对艺术意义的研究必须由"语言学"的研究转换为"语用学"的研究："对艺术语言的意义讨论将让位于对艺术话语有效性主张的关注；对作品意义的解释将让位于对当代艺术中个人话语的聆听；现代批评家对作品意义解释权的可笑垄断将让位于批评家与艺术家围绕作品进行的对话；一句话，我们对现代主义理论中那种冷冰冰的艺术语言系统或结构的关注将让位于对具体艺术话语的交际实践的兴趣。"他还认为"意义"只能产生于主体之间（inter-subjective）被述说、被指认和被否定的关系之中，"没有主体间性（inter-subjective），也就不会有'意义'"[39]。他还指出，意义问题讨论的核心是我们需要什么样的艺术的问题，"易英的'意义的明确'似乎只能导致中国式后现代主义的粗浅图解艺术……而邱志杰的'批评形式主义'……只能导致毫无指向的伪艺术的大量衍生"，"语言唯我论"与艺术形式的"陌生化"理论都忽略了艺术存在的方式和其作用于观众的方式都是非语言的这一事实，而"艺术批评意在把一件艺术品产生的特定条件、情境和意向尽可能地揭示出来"[40]。

周宪将"意义"问题归结为"范式"问题，认为艺术意义经由古典朴素实在论范式、现代自律论范式演变为后现代对话性和多元论意义范式，而这一过程又是能指/所指、文本/实在、艺术符号/其他符号、日常经验/知识不断由统一、分离、对抗的过程，这一历史嬗变不仅是艺术表达意义方式的变化过程，也是公众理解文本意义方式的变化和批评家对文本意义注解方式的变化过程，这种变化反映在本体论、认识论和方法论三个方面。他认为，在后现代主义时期，"意义便被视为一种生成的多元过程，它实际上有赖于艺术家—文本—观众之间复杂的互动与对话。意义的探寻与其说是一种结果，不如说是一种对话过程"[41]。

高世名侧重分析邱志杰的"文本含义缺失"这类形式原理导致的危机和危害。他指出，从接受的角度看，"含义缺失的艺术文本"在文化境况中并不能逃脱外在释义的侵扰，其不确定性反而会导致作品实现过程中的多元化。这种多元化以作品的"主观解读模式"和"本文游戏模式"为基础，前者以读者代替作者，"仍是将艺术文本预设为含义载体，只是取消了原典意义的合法性，

而以个人经验的合法性取而代之，它正是批判形式主义的内敌"；而后者"将艺术文本看成不受语言结构所限的，具有无限可能性的游戏场所，是一种无政府主义的迷狂"。他认为，多元论宣称的无限可能性是一种无法成立的"幻象"，因为"文本的产生与接受皆赖于我们文明中的历史沉积（我们正是依据它们去思考、创造），而这些沉积恰好来自语言的实践与应用。……艺术文本的作用与生效也都是在语言结构之内实现的，是一种社会性、历史性的职能"。他还指出多元论在文本接受中的两种基本模式反映在创作中则呈现为"极端封闭的私人经验"与"极端开放的零度创作"，前者"往往仅存在于生理与私人经历的水平上，缺乏对历史文化维度的关涉能力以及对日常语言结构的批判性功能"，而后者"是非意图性的无指向的纯粹形式操作。它与语言的社会性功能根本对立，而将艺术设定为一种沾沾自喜的语言游戏"。最后他指出多元论及两种接受和创作模式的危害，从语言学角度而言："无限可能的多元实际上呈现为一元状态，且是毫无可能性的一元，无限延迟的一元。"从文化学角度而言，它又可能使我们的当代

艺术陷入虚无主义和无政府主义的陷阱，丧失自省意识和怀疑精神。[42]

王林认为邱志杰以语言学方式谈论艺术意义的先在错误是没有意识到"艺术和语言学研究的语言并不等同"，"把艺术创作等同于语言研究更是一种理论误读与误导"。他指出，"语言"与"艺术"的根本区别在于前者是系统化和强制性的，是人类理性化的交际工具，没有个人创造的余地；而艺术是非系统化的、非强制性的，从本质上讲是感觉化的交际工具和一种个人生存方式及人与人联系的方式，人类精神世界的自足性决定了艺术不可能符号化，相反它是"反符号化"的，"从这个意义上讲，艺术是对语言的抵抗，是对符号世界既成文化和意识形态的抵抗。反过来，艺术之所以是直觉的情感活动，就是因为只有在直觉和情感之中，人对事物的感知才可能是真正个人的、原初的和直接的"。从这种"艺术直觉表现论"出发，他指出"艺术是'语言'和言语合一的人类活动，或者说它只有言语没有语言，不能为理性所穿透……我们只能在关于言语，在关于言语和语言关系的讨论中去汲取对艺术研究有益的东西"。他同时指出艺术

作为言语活动，不可能是无意义的，不过"所指意义是由主体之间的关系来确定的，与具有确定规则和具体内容的日常语言的交际方式不同，它以物质材料形式呈现，并具有非系统性的行为方式"，是主体间的"交际碰撞"，"意谓传达主体生产意义，接受主体也生产意义，而文本不过是发生碰撞的场所"。艺术信息甚至具有某种神秘的特征："包含着非语义的宇宙体悟和超语言的生命智慧。"他的结论是："艺术创作从一开始就不是主体的输出，而是主体间的碰撞和主体自身的建构。"从这个角度出发，他还积极评价了批评在人们创作和接受文本时的作用和局限，一方面批评指出了文本生产的条件，另一方面它只能通过对艺术的有限的符号性研究来认识艺术反符号的性质，因而任何"夸大或无视符号性都会误入歧途"。应该说，王林强调艺术与语言在交际传达方式上的差异，强调语言和言语、共同性和历时性、形式职能和社会职能的关系，对于纠正"批判形式主义"混淆语言与艺术界限，片面强调形式语言的共时性特征的偏颇倾向具有积极意义，但将这种差异夸张到对立甚至对抗的程度，无形中又削弱了他所强调

的艺术的社会职能，尤其是将艺术仅仅视为主观直觉性的体悟活动，更使其理论难以具有"超越索绪尔"的能力。[43]

马钦忠试图从王林使用语言学概念的矛盾和错误中清理出问题的症结，他指出王林的问题在于没有分清从语言学的语言到艺术学的语言的三个问题：其一，词义的静态义，他当成言语，而事实上它恰好是语言在抽象后的"一般"；其二，把艺术学作为方法论应用的"语言"和"言语"等同于人们交流的现实基础的"话语"；其三，在模糊了中间环节之后，又站在艺术活动的"一次性"上返回到 Linguistics Theory 的"语言"中舞枪弄棍。他认为这场有关意义的讨论在语言学层面的展开，如果只凭一些道听途说的理论进行"即兴演讲"是很危险的，他主张"把艺术作品看成一种语言行为，实质上是放在社会交流这一层面来剖析它"，应该将文化学、语言哲学和语言学三个方面还原为社会功能这一艺术的基本问题。他认为，艺术语言有四个层面的内涵：其一，在社会交流形式上不应将"艺术语言"与"言语"对立起来，"艺术语言就是指艺术作品在社会之中的交流方式"；其二，作为现实化的

物质存在的作品是一种"公开性"和"公共性"的事物，"艺术发展史是一个不断由个人语言创新到转化为'公共性'的历程"；其三，是艺术家把材料和技法结合起来进行内在主观情思的"公共化"的问题，即独特的内在意识状态、情感体验一旦转化成为物质存在便不可避免地是一种"公共性"状态；其四，材料转化成艺术语言也必须借用材料的"公共性"语言，如装置和行为艺术。[44]

如果说在使用语言学方式讨论艺术意义的问题中，邱志杰沿用的是索绪尔及结构主义的传统并由此滑向对结构主义反叛的极左方面——德里达式的解构主义的话，那么，上述讨论者似乎是在巴赫金所代表的俄国语言学传统的方向上展开对结构主义形式论的批判。巴赫金对结构主义语言学的修正和批判类似历史哲学中马克思对黑格尔的批判，巴赫金将语言和言语这对在索绪尔那里颠倒了的关系重新颠倒过来，强调言语是在"言读"和互文性中，即在具体的历时性对话中产生意义的，它既不同于反映论的再现，也不同于结构论的网络，这样，他就将形式主义共时性的语言问题与深广的社会现实和历史维度联系起来，正确地指出了

语言意义的来源并不存在于符号和网络的共时性差异，而来源于历时性语境和社会身份的差异。应当说，在有关当代艺术意义的讨论中，强调意义问题与历史—社会—政治等情境的关系，以及强调这种关系反映的社会职能和批判性质，表明了这种讨论的积极和建设性的趋向。

对于另一部分人而言，他们希望有关艺术意义的讨论从语言学方式重新回到艺术实践批评这一问题起点上来，而不要沦为纯粹学理性质的论战。顾丞峰指出产生这场讨论的"实践背景"是近年来国内大量非架上的装置、行为艺术的出现使我们熟悉的批评和阅读工具"失去针对性和效力"，对这些作品的理论定位和认定成为这场讨论的急迫性所在，因此他认为"纯粹的理论阐释十分必要，但结合分析具体作品可能更有说服力"，秉此原则，他将中国当代艺术现状分为"艺术状态"和"状态艺术"，前者指1989年以后以个人生存状况为创作出发点的作品（如"玩世现实主义"作品），后者指近年来出现的文化指向隐晦、意义不确定的装置、行为艺术作品。他侧重对这种"意义的模糊"的创作进行理论背景的分析，认为"模糊并不是空无，它具有多义性，多义性为不同的读解者留下更多观照的空间"，它源于西方现代理论中解构主义的思维框架。他认为邱志杰所代表的形式主义倾向也有"试图弥补完全解构可能带来的虚空的一面"，它在运用解构主义方略的同时也开始植入批判的标识，融入了后现代主义—西方马克思主义的社会批判理论。[45]

杨卫则认为"批判形式主义""回避甚至脱离了当代人的生存需要和文化实践，从而排斥了批判形式主义与任何实践活动和价值观念的联系"，他甚至更尖锐地指出：运用形式主义这一命题寻求艺术话语恒场和独立的专业范畴的过程，"恰恰是与近年来艺术探索领域日益狭窄，愈来愈脱离当代人的生存需要和文化实践，逐渐显露出思想和理论危机的历程相一致的"，离开日常语境对语言的使用是寻找不到话语的元意义的，而形式主义"由于它们的话语结构是完全独立于经验模式之外的语言形式，设置在体制化和陌生化的背景上，因此封闭了我们的社会阅读和经验阅读"。他认为，我们的当代艺术探索应当关注实际存在的文化、社会问题，"积极地实现艺术作为社会职业而不仅是形式职能的进一步确认"，只有这样才能使艺术产生真正的意义。他还指出"艺术批评话语结构和特征与日常话语结构是相对稳定、客观和职业化的，而不是无所指的或无穷所指的那些捉摸不定的感情"[46]。

高岭侧重从批评话语转换、批评的位置及批评在艺术语言意义生成中的作用等角度分析这场讨论中批评的实际处境及方法，他指出这场讨论源于传统唯物主义物质反映论性质的"前艺术理论"无法廓清艺术含义的生成、价值及与社会外部环境的差异等意义问题。但他同时指出，侧重以艺术语言/日常语言、所指/能指差异关系这类语言学的"静态定量分析"的方式讨论意义问题具有极大的局限性，譬如："既然我们是在艺术语言结构的静态定量分析的前提下，得出艺术语言能指的无所指或曰有无穷所指，那么我们还要追问：艺术语言的能指网继续生产新的'纯粹能指'的动力何在？"他认为："为了分析的方便，暂时放逐历史是可以理解的，但谁能想象没有历史的能指会是凭主观臆造的？无论是艺术家主体的生理感受、私人经历还是知识记忆，难道不都是与熔铸了历史、社会的人民记忆（或曰公众记忆）密不可分的吗？"他指出有关意义的讨论之所以陷入批评的死结，是由于静态的语言学分析无法真正解释"语言能指网的自我增殖的动力所在"，而片面强调艺术语言能指的无指涉性和开放性，又导致了"主体间"的日益私语化和密语化。他建议"从批评的死结中出走"。"从静态封闭的共时性艺术语言分析及其带来的主观主义、价值相对论的模糊、混乱的讨论中，出走到更加开放的有历时性语言研究加入的语境中。……毫无疑问，这场讨论应该而且必须进行下去，但到了换一种角度——动态的历史文化的角度（的时候），从而把被放逐的历史请回来重新审视。"[47]

有关"艺术意义"的讨论是近年来较具理论色彩的一场批评交锋，或许唯其如此，它也是知识漏洞和理论误区最多的一场讨论。这场讨论源于艺术实践的需要，但它的理论启示意义远远大于它的实践意义。它对从根本上动摇传统反映论现实主义的批评模式，完成中国艺术批评从理论方式到知识结构的转型具有潜在的历史价值。这场讨论不仅反映了中国当代艺术批评界一般的知识状况和理论水准，还反映了它的开放性的知识渴求，它从一个方面提示我们长期以来忽略的有关批评的理论边界、批评的知识背景和批评的职能、位置等多重问题，从而引发有关中国艺术批评学科规范化和本土化的另一场讨论。

三、艺术批评学科的规范化 和本土化问题的讨论

1994年，香港《中国社会科学季刊》和《中国书评》两家杂志发起了有关"社会科学规范化与本土化"的笔会讨论，这场由社会学领域引发的讨论具有很高的学科认知起点，这不仅指它将讨论的核心集中在对"知识论"的态度和理解上，而且指它将"清除伪学、创新秩序、全面建立学术规范"作为我们这一代知识分子"当下最急迫的任务"和"对中国文化之重建可能有的一种贡献"[48]，这既表明中国社会科学独立学科意识的加强，也表明二十世纪中叶以来，人文学科内部长期的知识亏空和秩序混乱状况已经使学科面临生存的危机，所以，无论从理论意义还是从实践意义上看，这场讨论都表明了中国人文学科的一种"知识的

进步"。

鉴于中国艺术批评同样面临长期失范状态，尤其是有关"意义"问题的讨论暴露出学科知识引进、知识使用及批评学理方式上的种种问题，笔者于1996年1月在《艺苑》杂志上发表了《通过知识获得解放，通过批评争取进步——也谈艺术批评学科的规范化和本土化问题》一文，企图将社会学科领域的讨论引入艺术批评学科中来。笔者首先对八十年代以来美术批评界在批评实践和批评理论（或"批评的批评"）领域中的非规范和非专业化状况进行了描述，认为这种状况主要体现为"引入知识资源的盲目性以及随之而来的学科间知识转换过程中的各种'实用主义''文牍主义'和晦涩的学风"。而"批评模式、批评方法和批评社会运行机制的滞后，不仅使艺术批评无法真正进入主动'阅读'的角色，也使当代艺术现象、艺术流派和艺术个案中许多有价值的文化、艺术问题无法以理论的方式充分展开"。笔者认为有关"意义"问题的讨论出发点并不错，但由于"讨论者对语言学的一种肤浅的'实用主义'和'文牍主义'的态度……除了沿承语言学'艰涩的文风'和'生疏的话语'

外，并没有对语言学向艺术批评的学科转换做出丝毫有建设性的说明（例如说明文字语言与视觉语言可否简单类比这类基本问题），思想和语言逻辑的混乱、晦涩的文风不仅大大削弱了这场讨论的批评价值和理论魅力，也加深了中国批评学科规范化的难度"。而这种难度又加剧了批评学科的规范化和本土化的紧迫性。"规范化"和"本土化"是一对相关的问题，"本土化"是指从本土问题和本土经验出发去确立学科的位置、课题和归宿，也指在一定范围内运用本土的学科传统、方法和思维模式解决这些问题，由于艺术批评、艺术史领域里中国"游艺"性的实用理性价值和随机式、感悟式的经验主义批评传统无力解决许多复杂的当代艺术问题，所以，"当代艺术批评的知识起点、学科规范和学科标准应该在西方当代知识体系和学科传统中去寻找"。所谓"规范化"不是指存在某种超越历史的、永恒的知识和标准，而是指学科发展中相对有效的和具备试错性品质的语言方式、学术纪律和学术秩序，它有助于学科知识的有序增长和学科间交流的正常进行。它包括两个方面的内容：其一是在引入知识资源和规范、纪律时需要

的专业判断力，其二是建立学科规范所需要的知识论的态度问题。简言之，就是掌握学术方法和确立学术道德的问题。笔者还具体指出，艺术批评领域里的规范化过程应该从系统、准确地引入西方当代艺术批评理论、批评运行的社会方式以及艺术批评史学环节入手。"学科的真正解放和进步必须依赖于我们自身知识结构方式的转变和批评、自我批评这类人文主义的内省态度。"[49]

陈孝信首先从艺术批评的"身份"入手，对笔者艺术批评归于"一门学科"进而进行"规范"提出质疑。他认为，"艺术批评"不同于"艺术批评理论""艺术批评方法论""批评学"和"艺术批评史"，它的"身份"是双重的："既属于知识、原理、方法等项的操作实践，又属于感悟、经验、情感、想象、语言修辞等颇有品位的艺术创作实践。"就前者而言，虽然它需要知识背景和人文科学的成分，但毕竟不是彻底和纯粹的理论（包括方法论），而古今中外的批评史说明，"释义"总是历史的，"迄今为止任何一种批评理论或方法都不具有真正意义上的科学品质或者学科品质。……艺术批评文本的各个环节，包括选择、阅读、理

解、描述、阐释、剖析、价值判断（评估）、批评的文本的语言操作等，也都无法一一加以'规范化'、定型化"。所以，"它至多具有亚学科的品性"。就后者而言，批评只是一种特殊的艺术形式，它必须具有诗性品格、感性色泽、个性的魅力，永远无法摆脱"经验的纠缠"和想象的力量，因此从创作实践上看，它永远不可能成为严格意义上的科学。他指出，"正是艺术批评的这种双重身份注定了它既不能归入学科规范化程序，又不可能成为真正的艺术对象，从而具有双重边缘性"，而这既是艺术批评基本的内部矛盾和真正的两难境地，又是批评文本成功的依据。其次，陈孝信进一步对笔者提出的"建立一套学科间进行交流的专业逻辑方法和专业的规范用语"的可能性提出质疑，他指出，由于介入艺术创作的艺术批评理论总是具体的，而二十世纪形成的十几种批评模式都有其"逻辑方法和规范用语"，"请问：究竟该确立哪一种、哪一家批评模式为'规范化'的呢？又有什么理由来认定这种'规范'是可靠无疑的呢？"另外，批评模式和方法的先进与落后总是历时的、相对的和共存的，即使是"中国古典形态的批评话语，仍

然具有独特的风格和不可替代的价值……有可能在新的条件下获得再生"。据此，他认为中国艺术批评的任务"不是吁求'规范化'，而是要确立一个转型期艺术批评的基本出发点……在模式上应允许并倡导'八仙过海，各显神通'……先做好自己的事，再争取进入国际的对话、交流或边对话、交流，边做自己的事"。[50]

陈孝信的《"艺术批评规范化"质疑》一文发表不久，就引起了黄丹麾、杨小彦等人不同角度的异议。黄丹麾针对陈文的命题基点"批评不是一门学科"，在美术批评学科性命题提出的原因、美术批评学科化的条件和美术批评学科化的内涵与依据三个问题上论证了"美术批评学科规范化"这一命题的合理性和必要性。他认为中国美术批评长期以来没有形成与美术史和美术理论平行分立的独立体系，缺乏专业性和学者化的批评人才和明确的理论支点、方法论，是提出美术批评学科化这一命题的现实背景；而美术批评已经具有的一定程度的独立性与自主性，美术批评日益走向艺术实践和市场以及批评家对批评自身的理论建设的日益自觉，构成了美术批评学科化的外在和内在条

件。他还从美术批评的研究对象、性质和功能方法上论证了它的学科化的内涵与依据，他针对陈孝信的"批评身份二重论"指出："美术批评作为一门学科，无疑属于人文学科范畴，它本身的二重性即理性与感性的有机统一只能说明美术批评作为一门学科的特殊性，而不能作为否定美术批评学科性的依据。……任何学科都具有逻辑性与理论性，但只具备理论性或逻辑性却不能说就是学科。反之，不是纯粹或彻底的逻辑思维（它本身就不可能是彻底的或纯粹的）就不是学科也同样不能成立，因为，凡是人文学科都不是纯粹或彻底的逻辑思维；自然学科在某种意义上也是如此，但是它们仍然以学科的形态存在。"他认为陈文混淆了艺术批评与艺术、艺术批评与批评的艺术之间的区别，实质上抹杀了艺术批评的独立性与自为性，他还针对陈文以批评的主观性和相对性作为否定艺术学科性的说法，指出"学科及其范畴的相对性与流变性不能作为否定学科成立的理由"，"美术批评的标准既是可变的又是多元的，但大体上也是有尺度可依的"。真正的美术批评首先应当具备一定的理论支点与知识结构，具备较高的审美直觉

力，联系实践的能力，专业化、精辟化的语言能力以及客观、公正的道德尺度。他还就美术批评"本土化"问题提出了自己的见解，一方面，他指出中国古代、近代美术批评缺少系统化与体系性，而对西方美术批评的翻版或移植又存在一定程度的模仿性和机械化，这些都是提出美术批评本土化问题的现实缘由；另一方面，他认为"本土化"应该包含对中国古近代美术批评高度概括化、感悟性特征的重新挖掘、搜寻、整合和转型，也包括对外国美术批评的反思、批判、取舍与借鉴。目的在于"抓住世界文化转型的特点，在借鉴西方现当代批评理论时，努力弘扬、建构东方的批评体系，用我们自己的批评理论、批评模式及批评语言去指导当代的艺术实践"[51]。

杨小彦侧重在中国美术批评的现实处境、批评的理论属性及美术批评"规范化"的学理基础、具体含义、专业边界、词语转换等问题上向陈孝信提出商榷。他批评陈文是在感悟、感性、直觉等词语的掩饰下，"把批评等同于美文，把批评视作另一形式的文本实验，把批评变成一种不着边际的，因而往往是不负责的名词与句子的轮番轰炸"。

他承认作为实践的艺术批评与作为理论的艺术批评的区别，但"这种区别主要是由于对象的不同而引致的……不能由于对象的不同，从而把作为实践的艺术批评从作为理论的艺术批评中剥离出来"。他还对陈文中流露出来的相对主义倾向提出批评，认为以批评标准的多样性否定批评的客观有效性，并据此否认批评的学科性质，从根本上说是忘记了批评的"历时性"这个最基本因素："一方面，从历时性的角度看，批评是可以无限延伸的，没有一种解释永远正确；另一方面，所有具体的批评都是有限的，都只能符合特定情境下特定理论与特定对象的需求。我们无法要求批评能够一劳永逸地解决问题，但这难道能够成为我们取消批评的客观性与专业性的理由吗？"他还在赞同笔者有关批评学科规范化的基本价值态度的基础上，对学科化和规范化的具体内容进行了阐发。他认为中国艺术批评最主要的症结是缺乏在学理基础上形成的批评共同体，批评缺乏行业的严肃性和学理边界，严重摇摆于"话语喧哗"与"失语焦虑"两极之间，从而丢掉了使艺术批评学科化的根本目标。"学理基础"是指各种批评的理论资源、方法论和各自适用的范围，"批评的发展在于读解不同对象或重读经典对象时有可能采用的不同方式，以及这些方式的互相替换。……没有学理基础的批评，严格意义上说根本就不是批评"。而就"学科规范"而言，他认为批评多元化是无法与"各言其是"画等号的，"没有一种批评能够说明一切艺术现象这个事实，并不能成为推翻批评学科化的理由。批评所求取的并不是一种客观的、终极的或严格科学化的解释，恰恰相反，真正意义上的批评首先要廓清的是其适用范围。批评无非是在划定有效边界，一种批评只能说明一种问题"。他还认为"学科规范"有三点基本内容：起码的阅读量、较为严格意义上的社科论文的写作方式和关于批评对象的专业知识的有效准备。他认为只有在学理基础和学科规范基础上才能形成"批评的共同体"，确立批评交流赖以发生的"上下文"和"行业边界"，"批评共同体从某种意义上说也是一种趣味的共同体"。他还对"新的批评版本"形成过程中的"词语转换"问题进行了分析，认为新的批评话语的出现总是隐藏着不同的学理基础的变化，而在实质上"它是一种潜在的对话语权力的争取"。[52]

如果说在艺术批评界发生的这场讨论主要是由艺术批评实践过程中的具体问题导致的，那么，一些其他学界学者的关注和参与从另一个角度说明了这一讨论广泛性的知识价值。赵汀阳从"批评的限度"这一命题出发批驳以"一般文化批评"代替"专业批评"的错误倾向，他认为导致这种意识的美学假设是：艺术的理解是自由的，其理解标准和权力也是任意的，艺术品是艺术家与批评家共同创造的。它将有"纪律性"的专业批评贬低为技术细节的批评，而技术细节又被认为与艺术价值关系不大。他认为，专业性批评尊重作品的客观性和独立性，"而不是一个需要由批评来完成的半成品"。艺术批评首先应该是与艺术家一起研究"艺术家所想的事"，"它只不过是关于构造一个可能世界的各种方案或各种可能性的选择"，他承认有两种批评——满足构成原则的批评和改变构成原则的批评，它们的关系类似"逻辑"和"元逻辑"的关系，但现实是对艺术品本身的批评太少，批评家主要关注揭示"隐藏着的"意义，而这些揭示出来的"意义"又过于雷同，"无非是从意识到潜意识、从哲学的到文学的、从历史的到政治的各种观念的组合，这就把艺术品独特的、活生生的存在消化为一些毫无特点的文化概念"，从而使"一般性的文化批评吃掉了艺术批评"，它的危害在于造成了艺术家和批评家的互相不理解，反过来错误地诱导了艺术家的艺术实践，造成了大量缺乏创造性和不高明的所谓"文化观念"作品的泛滥。他认为，"现代有不少思想，尤其是解释学、解构主义和心理分析，经过一些人的曲解演变成一种文化暴力，其基本原则是，解释者或批评拥有一切权力……用'批评话语'侵犯一切事物是这个时代的特征，一个十分糟糕的特征。很简单，如果批评破坏了创造，话语破坏了思想，就不会有智慧了。现在正是一个无智慧的时代"[53]。毫无疑问，这种来自文化界、哲学界的劝谕对艺术批评界而言应该具有更为深刻的警示价值。孙津在《今天怎样做批评》一文中将这场讨论涉及的问题归纳为两个主要层面：基础理论，回答批评是什么；目标设计，包括怎样做和想达到什么目的。他以明确简练的方式提出了他对这些问题的五点看法：其一，对批评规范的关注具有十分现实的意义和针对性，但在实际运用中，任何规范对批评实效的达致都不具有权威认可和真实保障，今天做批评最关心的事并不是廓清学理自身的逻辑关系，而是如何获得被普遍认可的权威性和达致真实致用的保障途径（或方法）。其二，讨论批评规范化乃至科学性从历史角度讲有两层意思，一是对艺术性质、特征变化取什么态度，一是在美术极限（在"表现抽象"和"安置物质"这两点上艺术自身存在的极限）上批评应该有一套什么样的言语表达，而这两个意思都不可能有规范的权威保障。其三，批评作为一种游戏不可能没有规范，"规范"的真实含义在于其自身的生成性的针对性，是其"确定的功能衍生"，"就艺术本身来讲，关心批评规范的真实含义使对变化了的艺术作品的批评变得困难起来"。艺术品包括自身语言和外在生成世界两方面，批评的困惑在于区别作品真假好坏的标准不一。其四，创作和批评都是一种选择，对规范化、本土化、科学化之类问题关注和焦虑的主要原因是选择的盲目性，这种盲目性造成了作品自身世界的严重失却。其五，"今天怎样做批评"主要是针对"非主流艺术"而言，由于"非主流艺术"与社会和艺术变化的联系紧密和显在，选择的盲目性也

更多，而对选择的自觉性应包括主流和非主流两方面。批评规范的真实含义仍然是具体规范的不确定性，即指批评有赖于任何具有实效的两个条件——艺术感悟能力和明显超出非批评家水准的广泛知识。[54]很显然，与赵汀阳区别"一般文化批评"和"专业批评"的方式不同，孙津力图将批评中自在性的语言问题与文化性的外在问题，批评的理论性质、学科特征这类抽象问题与批评权利和权威的获取这类具体问题，批评方式中的艺术感悟问题与专业素质问题结合起来，从而使"艺术批评规范化"这类学理讨论落实到"今天怎样做批评"这样一个现实的实践问题上来。

针对杨小彦等人的意见，陈孝信进一步从"直觉与感悟在批评中的地位及功能"这一问题角度，对"艺术批评规范化"提出了"再质疑"。首先，他对杨文将"批评"与"美文"对立起来的做法表示质疑，他认为将他的观点曲解为提倡"美文"是无的放矢，"美文"是批评史上的一种文本形式，将"美文"与"专业""规范"对立起来更是匪夷所思；其次，他对笔者和黄丹麾、杨小彦文章中"规范化"的具体内容提出异议，

针对笔者提出的"学科方法"和"学术道德"两点内容，他指出批评的姿态应该是开放的、自由的、独立的，完全没有必要"规范"到某一种、某一家的"知识资源"和"学科方法"上去；而"学术道德"是务虚而不是务实问题，只是前提条件而不是事实本身，不可能成为专业的、务实的学科规范。对杨小彦提出的三点学科规范的具体内容，他认为只是一种笼而统之的说法，"根本不是什么具体的、可操作的、已达成某种共识的'规范'"，譬如"起码的阅读量"的"规范"是多少？哪一种"社科论文"的"写作方式"算"规范"？哪些批评对象具有"专业知识"？他认为，"'专业知识'仅仅是某些批评模式（如贡布里希的实证主义、科学主义史学模式）所必备的（这也很难做出具体规范），但不是所有的批评模式都必须这样去做"。他还指出笔者、杨小彦提倡"规范化"的理论来源是波普尔、贡布里希的"史学模式"，而我们完全不必将"一家之言"标列为"规范"，他认为"只有开放、兼容和多元主义才是可取的立场"。他还指出黄丹麾认为"规范"应包括批评对象、性质、功能、方法，而且只能是宏观的，这实质上是混淆了批评学和批评操作规范

的界限，"作为操作实践的批评，固然也要运用或反映批评原理，但没有必要遵守固定不变的'对象、性质、功能、方法'和'规范'"。当然，陈孝信对"规范化""再质疑"的主要目的在于进一步阐述他的以"直觉"和"感悟"作为批评实践的基本功能的观点，他认为"直觉"具有直接而敏锐地做出理性判断、直观与思维高度统一、或然性、潜在性和模糊性以及个体生命（感觉、理性）与对象融为一体，并能使其升华（超越）等重要特征，它在西方近现代心理学、美学等研究领域具有重要位置。而"感悟"是一种东方式的直觉（虽然不能简单等同），如佛家所言的"渐悟"和"顿悟"。他从几个具体方面论证了"直觉"和"感悟"在批评实践操作中的作用：从艺术批评的主体看，直觉和感悟始终是批评思维过程不可或缺的前导和加速环节，它们与感受、知觉、想象、体验、抽象思维等一起构成了独特的批评思维活动，它们对批评思维起到激发和促进作用，把它们引向深入，缺乏和丧失直觉与感悟能力意味着批评思维的枯竭。其次，就艺术本性而言，艺术品与艺术家的直觉、感悟、想象、情感、潜意识有着密切联系，具有不可分析性、模糊

性、神秘性特质，这种本性决定其仅仅凭问题、方法、专业知识、批评概念很难解释，艺术的这种"诗无达诂"的特性，既证明了艺术本体存在的无限生命力，也证明了解释（批评）本身的局限性和无限可能性，规定了艺术批评身份的特殊性，只能通过"直觉"和"感悟"尝试触摸艺术本体的存在状态，"在灵魂的共鸣、共振中，艺术家、读者之间产生真正的沟通"。最后，从批评史角度看，古代中国文论、诗论、画论、书论、曲论、乐论、园论，"几乎随处都可以读到上佳的直觉与感悟式的文字"。批评思维一旦形成文本，文本也就具有其特点，无论是倾向理性分析，还是倾向直觉、感悟的文本类型都有生存的合理性。[55]

应该指出，美术批评界这场有关"艺术批评规范化和本土化"的讨论绝非偶然，它是长期以来批评界忽略自身学理属性、知识建构和专业方法建设的必然后果，它表明了艺术批评渴求与其他学科建立开放性交流的愿望与姿态，这场讨论涉及的问题既有"原批评"性质的抽象问题，也有具体操作层面的技术问题，它对推动艺术批评与其他学科的知识互动，促进批评的模式转型，以及对中国艺术批评的未来发展都具有积极的学理意义和实践意义。可惜的是受自身知识积累、学理水平的局限，这场讨论涉及的很多理论问题尚无法以理论的方式深入发掘而流于经验性和感观性的诉说，而实践操作层面的问题又缺乏与当代艺术现状的有机联系，加之讨论多集中于批评的学科性质、规范化的定义等问题而忽略了另一个有机的方面——批评的本土化问题，从而削弱了其应有的理论厚度和实践魄力。

综上所述，九十年代中期中国当代艺术批评领域出现的三大讨论似乎相互独立，但都反映着相同的问题情境和具有逻辑循环性质的理论联系，它们几乎都出自艺术实践发展的需要，但又体现了一种与八十年代及九十年代初期不同的理论姿态和学术品质，如有关人文主义和文化理想主义的话题不再具有理论训导和超验玄想的色彩，而体现为一种内省性的经验阐述和价值诉求，甚至体现为对当代艺术中某种流行艺术样式或其国际处境的具体批评；而有关"艺术意义"的讨论虽然由寻找新型艺术现象的评价标准这样一个实践批评的问题演变和延伸为一场语言学方式的论战，但始终保持着与现实文化、政治、社会性情境问题的联系；有关"批评规范化和本土化"的讨论更是直接反映了批评界对自身知识方式、实践方式的一种具体的反思姿态。如果说八十年代美术批评更加关注抽象性的文化课题和焦点性的新闻、口号，那么，九十年代美术批评似乎正在逐渐将理论视野重新落实到与自身发展机制和具体处境有关的问题上，并体现出一种以学科方式建立与文化界和其他学科开放性交流和对话的愿望。这种反躬自问的姿态不仅与中国知识界在现实意识形态环境下的理论发展具有同步性，也反映了与其相同的理想吁求和思维走向。

1997 年

注释：

[1]原文载何香凝美术馆、上河美术馆编，《当代艺术与人文科学》，长沙：湖南美术出版社，1999 年，第 297—345 页；黄专，《艺术世界中的思想与行动》，北京：北京大学出版社，2010 年，第 50—85 页。本文按前一版本收录。——编者注

[2]有关社会科学"规范化"和"本土化"的讨论参见《中国书评》，1995 年 1 月号第 3 期，以及《中国社会科学季刊》，1995 年冬季卷（总第 10 期）等；有关"现代考古学"的讨论参见《读书》，1996 年第 9、第 12 期；有关"地理学的人文关怀"的讨论参见《读书》，1997 年第 5 期；有关"语言学转向"问题的研究参见徐友渔，《"哥白尼式"的革命》，上海：上海三联书店，1994 年；徐友渔、周国平、陈嘉映、尚杰，《语言与哲学》，北京：生活·读书·新知三联书店，1996 年；有关后殖民时代"中国问题"的讨论参见赵毅衡、徐贲、张颐武在《二十一世纪》1995 年 2 月、4 月号上的论辩文章；有关"人文精神"的讨论参见王晓明编，《人文精神寻思录》，上海：文汇出版社，1996 年。

[3]栗宪庭，《思潮迭起的中国现代艺术》，载《中国前卫艺术》，香港：牛津大学出版社，1994 年，第 62—63 页。

[4]王林，《论深度绘画》，载《江苏画刊》，1994 年第 2 期。

[5]黄专，《谈文化理想主义》，载《江苏画刊》，1994 年第 1 期；《再谈文化理想主义》，载《江苏画刊》，1994 年第 12 期。

[6]吴亮，《图像的匮乏》，载《江苏画刊》，1994 年第 10 期。

[7]黄笃，《新脚步》，载《江苏画刊》，1995 年第 4 期。

[8]冷林，《是我（Is me）》，载《江苏画刊》，1995 年第 4 期。

[9]邹建平，《现代主义：失落的金苹果》，载《画廊》，1996 年第 1 期。

[10]陈亮，《现代主义、新保守主义与我们的方向》，载《美术界》，1996 年第 5 期。

[11]杨卫，《今日文化理想主义》，载《江苏画刊》，1994 年第 12 期。

[12]王南溟，《进入历史主义批判的艺术》，载《画廊》，1996 年第 5、第 6 期。

[13]侯瀚如，《离家的艺术》，载《今日艺术》，中文版第 2 期。

[14]黄专，《世纪末亚洲艺术家的文化主题》，载《江苏画刊》，1995 年第 11 期。

[15]黄专，《中国当代艺术的外部批判》，载《美术界》，1997 年第 5 期。

[16]邹建平，《现代主义：失落的金苹果》，载《画廊》，1996 年第 1 期。

[17]黄专，"中国当代艺术如何获取国际身份"讨论编者按，载《画廊》，1994 年第 4 期。

[18]栗宪庭，《"从威尼斯到圣保罗——部分在京批评家、艺术家谈中国当代艺术的国际价值"上的发言》，载《画廊》，1994 年第 4 期。

[19]侯瀚如，《第 45 届威尼斯双年展的神话与现实》，载《雄狮美术》，1993 年第 9 期。

[20]王林，《奥利瓦不是中国艺术的救星》，载《读书》，1993 年第 10 期。

[21]吕澎，《获取国际身份主要是去研究别人的游戏规则》，载《画廊》，1995 年第 2 期。

[22]小砾，《小议国际文化权力》，载《江苏画刊》，1996 年第 6 期。

[23]杨小彦、徐坦，《我们的文化权利》，载《画廊》，1995 年第 4 期。

[24]高岭、冷林，《文化对话：身份和策略》，载《画廊》，1995 年第 2 期。

[25]张培力，《与西方作战》，载《江苏画刊》，1996 年第 6 期。

[26]隋谭，《双重标准及其他》，载《画廊》，1996 年第 5、第 6 期。

[27]戴汉志，《政治、美元、赎罪心理和荣誉》，载《画廊》，1995 年第 5、第 6 期。

[28] E. H. 贡布里希，杨思梁、范景中编选，《象征的图像》编者序，上海：上海书画出版社，1990 年。

[29]参见凯瑟琳·贝尔西，《批评的实践》，胡亚敏译，北京：中国社会科学出版社，1993 年。

[30]易英，《力求明确的意义》，载《江苏画刊》，1994 年第 12 期。

[31]邱志杰，《批判形式主义的形式主义批判》，载《江苏画刊》，1994 年第 12 期。

[32]邱志杰，《反思与追问》，载《江苏画刊》，1996 年第 8 期。

[33]邱志杰，《批判形式主义的形式主义批判》，载《江苏画刊》，1994 年第 12 期。

[34]邱志杰，《一个全盘错误的建构》，载《江苏画刊》，1995 年第 7 期。

[35]邱志杰，《在含义缺失的展厅中，批评何为？》，载《江苏画刊》，1996 年第 3 期。

[36]王南溟，《观念艺术：艺术从创造到意义》，载《江苏画刊》，1994 年第 12 期。

[37]王南溟，《"片断"的观念形式主义："后现代"之后》，载《江苏画刊》，1996 年第 4 期；《意义的设定：从解构到批判》，载《江苏画刊》，1996 年第 12 期。

[38]王南溟，《观念艺术：艺术从创造到意义》，载《江苏画刊》，1994 年第 12 期。

[39]沈语冰，《从语言的意义到话语的有效性》，载《江苏画刊》，1995 年第 7 期。

[40]沈语冰，《语言唯我论与陌生化的歧途》，载《江苏画刊》，1996 年第 4 期。

[41]周宪，《意义及其范式》，载《江苏画刊》，1996 年第 4 期。

[42]高世名，《无限可能性的不可能性 ——论解读与创作中的多元论》，载《江苏画刊》，1995 年第 11 期。

[43]王林，《超越索绪尔》，载《江苏画刊》，1996 年第 3 期；《本体论的终结》，载《江苏画刊》，1995 年第 8 期。

[44]马钦忠，《怎样超越索绪尔》，载《江苏画刊》，1996 年第 12 期。

[45]顾丞峰，《从艺术状态到状态艺术》，载《江苏画刊》，1995 年第 8 期。

[46]杨卫，《意义的创造与创造的意义》，载《江苏画刊》，1995 年第 11 期。

[47]高岭，《从批评的死结中出走》，载《画廊》，1996 年第 2 期。

[48]梁治平，《规范化与本土化：当代中国社会科学发展面临的双重挑战》，载《中国书评》，1995 年 1 月第 3 期。

[49]黄专，《通过知识获得解放，通过批评争取进步》，载《艺苑》，1996 年第 1 期。

[50]陈孝信，《"艺术批评规范化"质疑》，载《画廊》，1996 年第 2 期。

[51]黄丹麾，《美术批评的学科性与本土化辨析》，载《画廊》，1996 年第 4 期。

[52]杨小彦，《批评不是美文》，载《江苏画刊》，1996 年第 9 期；《话语喧哗与失语焦虑》，载《美术研究》，1997 年第 1 期。

[53]赵汀阳，《批评的限度》，载《画廊》，1996 年第 5、第 6 期。

[54]孙津，《今天怎样做批评》，载《画廊》，1996 年第 4 期。

[55]陈孝信，《"艺术批评规范化"再质疑》，载《画廊》，1997 年第 3 期。

第三世界当代艺术的问题与方式[1]

在后殖民主义时代，中国问题越来越显示出它的开放性、多元性和复杂性，但问题的基本逻辑没有改变，那就是如何以本土的方式解读中国问题以及如何将中国问题纳入全球问题，既考虑它的他性特征，又考虑它与人类主流文化的共同处境。这一问题的基点使第三世界当代艺术需要具备较现代主义更为全面和深刻的批判属性。

文化含义上的第三世界当代艺术在表述自己的思想和问题时，始终面临这样的悖论：从处境上看，它在不断反抗西方中心主义的文化压迫，试图摆脱自己的臣服地位，又要警惕使这种反抗坠入旧式民族主义和官僚意识形态的陷阱；从方式上看，它不得不使用第一世界的思想资源和表述方式来确立自己独立的文化身份，同时警惕叙述本身给这种身份带来的异化。九十年代中期以来，中国当代艺术在实践层面的一些变化，正是对这种悖论进行反思的结果，这一变化的突出特征是它不再企求以某种历史化、标本化、政治化和本体化的中国话题去获取西方的理解和认同，而将本土当下文化的具体处境和与之相关的生存体验、心理现实作为叙述主题。这种转向虽然带有反殖民批判所特有的策略性和暧昧性，但仍显示出第三世界艺术战略在思维品质和叙述方式上的进步。

"进与出"展的几位大陆参展者以不同方式展现了这一转向。在实施第三世界文化批判方面，王广义以嗜好挑战性题材著称，《签证》和《东欧风景》已呈现了一种鲜明的文化策略：将中国问题纳入世界问题，并对世界问题主动发言，而《验血：人人都可能是病毒携带者》(图1)也贯彻了这一策略，它借用病毒（菌）对人类生理和心理的普遍性危害和这种危害的跨地域、跨文化特征，将其演绎成"危机面前人人平等"的文化命题，力图以此消弭全球文化权力关系中"中心"与"边缘"、"主体"与"他者"间历史和人为的距离。这些作品的叙述方式是人类学层面的，它们杜撰的"心理故事"也许提示了第三世界艺术平等参与全球文化讨论的可能性。在呈现或表述第三世界的文化处境和问题方面，王友身习惯使用一些原生性

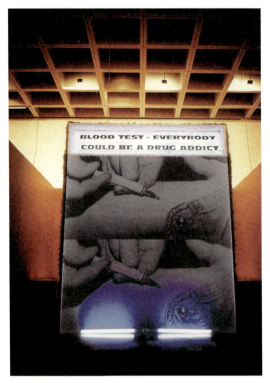

图1 《验血：人人都可能是病毒携带者》，王广义，1996年，装置（人造毛、灯箱、玻璃等），图片由艺术家提供

要素，如土壤、家庭关系等，他主要探讨这些自然和社会基本要素在一些具体文化背景和生态环境中产生意义的过程，他的作品涉及的战争、疾病、生态污染、信息污染及其对后现代人类关系的影响等课题，都反映了一种主动的、超越民族主义意识形态的文化态度。王鲁炎的实验一直具有"技术前卫"的特征，对自行车这一本土符号的改造成为他近年工作的焦点，这一工作既延续了"新刻度小组"探讨文化问题的某些技术方式和逻辑，又为其注入了一些新的文化批判意识和文化反讽态度。实施改造后的自行车具有

"欲前而后""欲进而退"的悖论状态，既触及了普遍主义的知识问题，又恰如其分地介入了具体情境中的现实问题。与上述艺术家比较，思辨性和系统性一直是汪建伟艺术实验的特性，在他称为"灰色系统"的庞大艺术课题中，当代艺术的实验范围已由人类知识结构的静态关系扩展到环境、社会、人文行为等更为开放的领域，它将人与自然、人的生理状态与社会方式、历史经验与当下经验、艺术行为与技术行为之间的动态关系作为一个完整有机的循环过程加以研究，并试图把握自然规则、社会规则、人的基本行为模式与艺术界限间的"整合关系"和互相"移植"的可能性。在汪建伟设定的信息网络中，具体的文化问题总是与某种哲学命题的推理过程和技术操作程序联系在一起，譬如在《生产之镜》中，文化的非本质性、文化身份的合法性问题就是通过对"镜"与"箱"在信息传递方式（输入—输出）下的悖论关系的置定得以显现的。在王鲁炎和汪建伟的作品中，我们也许能够看到这样的趋势：技术解构将成为第三世界语言策略的一种主导方式。中国大陆当代艺术中并未出现过西方含义上的"女权运动"，但"女性"

作为一种文化代码和历史主题，在一些敏锐的女性艺术家中仍得到了相当程度的关注，姜杰应该是这方面的代表，她的作品往往通过物质材料的易碎性来表现女性，尤其是第三世界女性。在生理和社会双重的"他性"身份上，在她的作品（如婴儿群雕）中，母性的缺席不仅没有削弱女性深刻的历史悲剧感，反而凸现了这一悲剧主体所具有的叙事能力，在这里，"易碎"的焦虑应该理解为对女性历史及现实意识形态方位的反思和反抗，而不仅仅是有关女性心理和生理危机的描述，在这种焦虑背后，我们看到了一个愈来愈清晰的、具有自我言说能力的主体以及它与第三世界他性文化共同具有的命运。应该说，缺乏女性这一历史课题的当代艺术是不完整的，对于第三世界艺术而言尤其如此。

八十年代中期以后，随着部分艺术家的出国，中国当代艺术形成了在西方文化背景和本土文化背景中分流发展的局面，但这并没有也不可能改变两者在自身文化问题和方式上的共通性。在日渐复杂的意识形态环境中，加强这两股文化力量的交流和合作已成为中国当代艺术无法回避的课题，从这个意义上讲，"进与出"展，为自己选择了一个紧迫、有价值和富于挑战性的主题。

1997 年

注释：

[1]原文载《进与出 ——中澳华人当代艺术交流展》，新加坡：拉萨尔新航艺术学院，1999 年，第 38—39 页。——编者注

我们艺术中的悲观主义 [1]

波普尔在《科学和艺术中的创造性自我批评》中讲道："不久以前，有人劝我们接受现代观念和进步观念，现在又有人向我们灌输文化悲观主义思想。我要对文化悲观主义者说的是：在我漫长的一生中，我不仅看到了倒退现象，也看到了明显的进步现象。而那些不愿承认我们时代和社会存在优点的悲观主义者对此视而不见，他们还使其他人如此。我认为，我们的一些著名知识分子的做法是有害的，他们总喜欢告诉人们说，他们实际上生活在地狱里。结果，他们不仅使人们感到不满（这倒不是什么坏事），而且使人们感到不幸，从而夺走了人们生活中的欢乐。然而，个人遭遇非常不幸的贝多芬是怎样结束他的交响乐创作生涯的呢？他以席勒的《欢乐颂》作为尾声。"[2] 我们也想就艺术中的悲观主义这一问题谈一些看法，本文是根据我们四人（范景中、曹意强、严善錞和我）1996 年 8 月在杭州编辑《二十世纪中国画国际学术讨论会论文集》和《潘天寿全集》时的一些讨论整理而成的。

以纪念潘天寿的方式来讨论二十世纪中国画的发展，在我们看来至少有两个象征性的理由：首先，潘天寿是一位理性主义者，即相信应以批评的方式来讨论艺术发展的人，"把作品本身以及作品所代表的标准看得比我们自己的情感和抱负更为重要"[3] 的人。他一生致力于中国画的"创新"，但他不是艺术的时髦主义者和新奇主义者，也不是艺术表现主义者，他将这种创新理解为通过研究传统去超越传统的实验性活动。总之，他属于艾略特所谓的"含有历史意识"[4] 的艺术家，或波普尔所谓的"试错型"[5] 的艺术家。其次，他还是一位乐观主义者，他对艺术的进步抱有理智的幻想，但从来不愿将自己打扮成历史的先知。尽管他一生的大部分时间都处在恶劣的环境中，但他从来没有放弃过振兴民族艺术这个艺术理想和道德信念。事实上，他在三十年前提出的中西艺术"拉开距离"[6] 的著名方案，迄今仍然是我们讨论中国画发展时一个无法绕开的课题。我们有充分的理由认为，在有关中国画当代发展的讨论中，我们缺乏的正是潘天寿所具备的这样两种品质。

也许我们比潘天寿幸运，毕竟今天我们可以在一个较为学术和多元的环境中来谈论中国画，我们有了更多持有不同思想和信念的自由，也有了更多以批评的方式讨论问题的机会，这本来应该使我们有更多理由对中国画的前途保持乐观的态度。但令我们沮丧的是，我们的艺术生活几乎到处弥漫着悲观主义的气息，这股气息在我们看来是由两种互相为敌的人制造出来的：一种是激进的文化叛逆主义者，一种是固执的文化本质论者。前者指责中国画从精神到技法的全面堕落和它与当代文化格格不入的审美品质，他们认为我们能为中国画做的唯一的事是将它打发到博物馆里去；与前者相同，文化本质论者同样谴责这一精神道统在当代的衰败和沦丧，不过他们是以略带感伤和惋惜的心境去看待这种古道衰微的。公允地说，悲观主义者的悲观是有道理的，看看电视上表演的那些缩水的"国画大师"，相信每个真正对传统怀有敬意的人都不会庆幸生活在这个时代。

叛逆主义者和本质论者除了悲观主义这一共性外，还有另外一个共性，即预言的嗜好——预言中国画的死亡或预言它精神性的再生。顺便提一下，作为一种时尚竞争，叛逆主义者已经将宣布中国画的死亡升格为宣布人类美术的死亡。当代文化中这种"把事做绝"的习惯，无疑大大降低了这种时尚游戏的悬念和乐趣。也许是得助于波普尔的提醒，我们时常对预言者保持警惕，[7]因为预言者既有可能是真正的先知先觉，也有可能是江湖骗子，而在绝大多数场合下，他们是后者。预言者几乎都具备拒绝批评（由于他们先知先觉的优越感？）的固执天性，这又极易使他们成为文化霸权主义或文化无政府主义（非理性的自由主义）的盟友，所以，他们对我们以理性的方式讨论中国画的发展不仅无益而且有害。

当然，在这里我们不打算谈论悲观主义者自命不凡的天性和其非理性的冲动，尽管我们认为当代悲观主义的性格基因——古老的理念学说和较现代的反理性思潮——对我们的文化和艺术极其有害。我们将从问题的核心，即从中国画作为一种传统，它的文化品质和它的问题境况去阐述我们与悲观主义者不同的立场。

我们的知识大部分出自传统这一事实，注定了反传统是徒劳的，因此，传统无须保卫。传统既可以用批评的眼光来研究，也可以用无知的双手去推翻，真正的保持传统正在于前者，在于辛苦研究传统而获得的历史感。因为，正是这种历史感使得一个艺术家成为传统主义者，使他既感觉到远古也感觉到现在，并且感觉到远古与现在同时并存，而且也正是这种历史感，使他能够敏锐地意识到他在时间中的地位，意识到他自己的时代。[8] 传统是一些价值准则，一些相对固定的图像意义，一些批评标准和批评方式，一些由传说和舆论不断引起或改变的风尚，一些特别的技术方法，或者仅仅就是一些特别的趣味（如"韵"）。传统并不乞求我们的保护和继承，轻易放弃传统，受损害的首先是我们自己。"如果我们失去（对过去的）记忆，我们便失去了为我们文化提供深度和实质的维度"[9]，而事实上，仅从功利的眼光看，"失去记忆"就意味着失去了许多供我们选择的机会和方案，失去了使我们当下的艺术具有意义的历史坐标。传统对于懂得运用它的人来说是开放的：

> 现存的艺术经典本身就构成一个理想的秩序，这个秩序由新的（真正新的）作品被介绍进来而发生变化。这个已成的秩序在新作品出现以前本是完整的，加入新花样以后要继续保持完整，整个秩序就必须改变一下，即使变得很小；因此每件艺术作品对于整体的关系、比例和价值就重新调整了；这就是新与旧的适应。……诗人若知道这一点，他就会知道重大的艰难和责任了。[10]

是这些微小的"调整"或"修正"，而不是那些刻意求新的独创和冒险导致了传统的变化和艺术的进步。我们艺术中的文化叛逆主义，与其说是一种激进主义，不如说是一种懒惰主义，他们看到文化言路的断裂导致艺术的衰败，却不愿意花力气通过研究传统去探讨这种衰败，而宁愿将它想象成历史的宿命，从而放弃他们应尽的文化义务和责任。事实上，他们宣布放弃传统时，就等于放弃了研究当代和未来的基石，所以，从逻辑上说，传统的虚无主义必然是当代虚无主义或未来虚无主义。

也许这个世界上没有哪一个民族像中华民族这样，将一个画种的兴衰与民族文明的兴衰密切地联系起来，或者将它的传统价值与它的当代命运密切地联系起来，并由此生出巨大的悲剧感，这一切都来源于一个多世纪以来我们的文化和艺术所面临的开放情境。西方的"侵入"一方面导致本土文化言路的断裂，另一方面又使中国问题变成一个世界问题，一个开放的问题。开放动摇了中国画传统的价值基础和形态结构，但它没有也不可能中断这个传统；开放改变了旧的准则又带来了一些新的准则，并相应地带来了一些新的问题和解决问题的方式。我们没有必要像悲观主义者那样以仇视和无奈的眼光看待文化间的冲突和碰撞，他们习惯将传统看成一件包裹着无穷神机妙算的先验之物或一件永无增减的精神容器，他们不愿抬起头来从更广阔的上下文中去窥探它们的存在，而我们认为正是在那里，在与无数其他文明的交流和碰撞中，中国画这一日渐衰老的传统才有希望重获生机。

也许正是中国画的近代命运及其导致的悲剧感，给了艺术中的历史决定论或宿命论大行其道的机会。黑格尔神话将中国画的衰落看成某种遥远的时代精神和民族精神的失败，在中国艺术的本质论者看来，这种精神是由儒教忧乐意识和道家超脱意识化合而成的，要恢复古道、整治颓势，唯一处

方是弘扬民族精神，实现"道统"的现代转换。应该说，这类文化本质论者的错误并不在于他们恢复传统尊严的态度，而在于他们将传统视为精神容器的做法，这种做法使我们远离了真正的问题。我们已经在其他很多地方批评过时代—民族精神这类框架神话，批评过它的历史决定论的谬误和危险。我们在这里想说的是：精神复兴的承诺不可能将我们引向乐观主义的大道，因为它没有正确地描绘我们面临的艺术境况，以及我们该如何以批评的姿态去解决这些境况中具体的艺术难题，去应付境况的挑战。

我们已经以概念化的方式表述了我们对传统及其当代境遇的一些看法，我们将传统视为某种文化惯例和习俗，某种可以改变或进步的文化仪式，只要我们不抱太多不切实际的奢望，我们就可以通过学习、研究传统，进而以批评的态度逐步地去改变"坏"的传统，超越"好"的传统。尊重传统和批判传统的最好方法是以理性主义的方式去研究传统。与文化叛逆主义和文化本质论殊途同归的悲观情绪不同，我们对中国画的当代发展抱有谨慎的乐观态度。我们认为二十世纪开放的文化境况为我们带来了许

多未曾有过的价值和观念，这其中包括艺术的理性宽容和自由探讨的观念、艺术通过批评获得进步的观念。当然，我们也将潘天寿"拉开距离"的方案作为这种文化碰撞和文化交流的一个积极而理智的结果。说到潘天寿，我们想以他晚年的一段遭遇来结束我们对艺术悲观主义的批评。1966 年，他作为"反动学术权威"遭到红卫兵的游斗批判，当人们追问他犯了什么罪时，他呆了半天，说："我画画创新不好。"[11] 这令人震撼的一幕再好不过地表明了我们必须坚持乐观主义和反对悲观主义的价值理由。

1997 年

注释：

[1]原文载《美术研究》，1997 年第 1 期，以范景中、曹意强、严善錞、黄专四人的名义发表；黄专，《艺术世界中的思想与行动》，北京：北京大学出版社，2010 年，第 37—41 页。——编者注

[2]波普尔，《科学和艺术中的创造性自我批评》，载《通过知识获得解放》，范景中、李本正译，杭州：中国美术学院出版社，1998 年，第 260—261 页。

[3]波普尔，《贡布里希论情境逻辑以及艺术中的时期和时尚》，载《通过知识获得解放》，第 297 页。

[4]艾略特，《传统与个人才能》，载戴维·洛奇编，《20 世纪文学评论（上册）》，葛林等译，上海：上海译文出版社，1987 年，第 130 页。

[5]波普尔在《科学和艺术中的创造性自我批评》一文中将艺术家和作家分为两个类型：不运用"试错法"的创造性艺术家，如伯特兰·罗素和莫扎特；运用"试错法"的创造性艺术家，如贝多芬。原文见《通过知识获得解放》一书，第 266—267 页。

[6]潘天寿，《潘天寿美术文集》，北京：人民美术出版社，1986 年，第 155 页。

[7]波普尔在《我们时代的历史：一个乐观主义者的观点》一文中这样写道："如果我自称乐观主义者的话，我并不想让人以为我对未来有所了解。我并不妄想做一个先知，相反，多年来我一直试图捍卫这一观点：历史的预言是一种江湖骗术。"原文见《猜想与反驳——科学知识的增长》，傅季重、纪树立、周昌忠、蒋戈为译，上海：上海译文出版社，1986 年，第 520 页。在《西方信仰什么》一文中，波普尔更进一步指出"永远不要冒充预言家"是知识分子一项"严肃的义务"，而黑格尔之类的哲学家则使我们忘记了这项义务。原文见《通过知识获得解放》，第 239 页。

[8]范景中，《艺术家和传统》，载卢狂选编，《潘天寿研究》，杭州：浙江美术学院出版社，1989 年，第 474 页。

[9]贡布里希，《艺术与人文科学的交汇》，载范景中编选，《艺术与人文科学——贡布里希文选》，杭州：浙江摄影出版社，1989 年，第 2 页。

[10]艾略特，《传统与个人才能》，载《20 世纪文学评论（上册）》，第 130—131 页。

[11]卢炘，《潘天寿最后的岁月》，载《潘天寿研究》，第 185 页。

中国画的"他者"身份及问题[1]

在今天，讨论中国画的当代发展并不比讨论"行为艺术"或"概念主义"更容易，因为讨论这个题目时，我们首先会遇到的问题是"中国画"这个概念变得愈来愈模糊，愈来愈缺乏边缘性。

八十年代中期的中国现代主义运动中，中国画曾经遇到文化叛逆主义者的挑战，今天这种挑战仍然存在，只不过它不像"取消论"者的态度那么武断，今天的争论主要围绕"本体论"和"媒介论"展开。在本体论者看来，中国画有自足的精神本体（道）和语言模式（结构、笔墨和造型），它有权力和能力与当代文化艺术中的"西方中心主义"抗衡；[2] 而在媒介论者看来，本体论者的这种观点依据的理论逻辑和历史方法都是错误的，是一种文化保守主义的"承诺"，所谓现代中国画（或水墨画）只有以一种媒介方式成为"普遍主义形态史的一部分，摒弃东西方二元对立的差异性，取消现代水墨画的'他者'形象才有可能成为当代文化知识资源的一个有机部分"[3]。本体论者的迂阔自不待言，媒介论者对其整体主义精神观的

批判也颇中矢的，不过以为将中国画归入西方当代普遍主义的意义系统和形态系统就能使中国画摆脱一个多世纪以来的"他者"窘境，未免是另一种形式的理论幻觉。从逻辑上看，媒介论者的思维方式不仅有可能陷入新的本体论（以西方普遍主义为本体）陷阱，而且，这种思维方式事实上也是东西方二元对立模式导致的另一种理论现实，他们以为可以超越这种对立的悖论，事实上是印证了这种对立，这恐怕是中国画乃至中国文化在二十世纪的一种宿命。美国文化艺术与欧洲大陆的文化艺术的差异并不比中国与西方的差异更小，但美国人似乎从来不会讨论他们与欧洲谁是"中心"，谁是"他者"。

我认为，首先，承认人类知识和文化结构（尤其是当代的）具有某种普遍性特征，承认人类当代艺术发展具有某种普遍性模式，不一定导致对艺术差异性的否定，事实上，从人类知识、文化结构的最基本元素语言结构上看，中国语言（汉语）自二十世纪之初由表意性的古汉语系统向现代汉语（白话文）的转换，就表明了中国文化无法避免

地进入以逻辑主义、功能主义为基础的所谓普遍主义的知识范畴，但这一文化进步的事实并没有导致中国文化、社会和艺术问题的全面西方化。困扰当前中国文化的主要问题依然是小农经济的思维模式导致的人口问题，而非环境问题或后工业化问题。因此，问题的关键并不在于执守或放弃"东方主义"这类本土化态度，而在于我们如何调动所有知识资源和思想资源来揭示自己面临的问题。其次，普遍主义或普遍知识不过是个相对的、历时性的概念，西方后现代主义对东方知识资源的借用（无论在哪种层面上的借用）表明了这种相对性；在西方知识资源内部，这种普遍主义也是相对的。博伊斯和沃霍尔都是西方当代艺术这一普遍主义知识结构的产物，但美国产生不了博伊斯，就像德国产生不了沃霍尔一样，他们服从于本土文化和艺术的问题与语境。所以，肯定中国画应该走入当代艺术这个普遍主义的艺术语境，与肯定中国画具有自身的问题与解决问题的方式，这两者并不矛盾。遵循以上逻辑，我更愿意将中国画视作中国当代艺术整体发展阶段上的一种动态的文化问题，而不是一种本体（画种）或一种媒介（普遍主义的材料）。

说中国画问题是一种动态性的文化问题，其含义有两面：它既是当代艺术这一普遍主义的侵入导致的，又与普遍主义的问题具有差异性，这种差异性既体现在它对中国文化传统具有无法逃避的负载性，也体现在表述当代问题时它的特殊方式。在我看来，八十年代以来的中国现代主义运动，正是由于片面追求与所谓普遍主义（西方现代主义）在表述方式和形态方式上的一致性，而悬置和架空了与本土文化相关的许多有价值的当代问题，导致中国现代主义一直处于表面化、形态化和边缘化的状况（例如九十年代的"政治波普"和"玩世现实主义"就不是本土文化导致的，是普遍主义者假设的问题）。与此相应，中国画发展的当代障碍并不在于它执守或放弃了所谓"东方精神"和"传统笔墨系统"（其实形态学意义上的这种放弃，是由于历史抛弃了"文人"这一文化主体，而不取决于我们的个人态度）[4]，而在于我们过分看重中国画对普遍主义的形态学特征的态度，或者过分强调中国画的形态学问题，而没有看到它在观念层面上揭示中国画的当代问题和当代意义的可能性。

我很同意王南溟对用"中国中心主义"反对"西方中心主义"这种伪装当代的文化保守主义的批评，[5] 虽然我不同意他由此得出的结论——中国画只有融入普遍主义的形态史才有意义。在我看来，中国画相对于西方当代艺术的"他者"身份，正好是它揭示中国文化当代问题的资历和资本，正是这种身份，使其有可能从观念而非形态、意义而非形式层面揭示许多本土问题。譬如说笔墨，如果我们不再将其视为传达传统"道"的工具，而是某种当代性的观念媒介，那么，它揭示和转换的问题恐怕就会既是东方的又是当代的，既是本土的又是普遍的。一个可以令我们乐观的例子是，西方观念艺术的主流"行为艺术"就是 1955 年日本"具体派"利用地道的东方材料(屏风)和行为方式(力道)诱发的。我曾并非出于鼓励地对一个青年工笔画家说，只要具备问题和观念，工笔画也可以成为"前卫艺术"或观念艺术。

也许超越东西方文化的二元对立论，超越"中心"与"他者"的二元对立论，超越本体与形态的二元对立论，将中国画作为一个问题方式，我们才能发现中国画在当代普遍主义的知识情境中发展的可能性。

1997 年

注释：

[1]原文载《国画家》，1997 年第 1 期；黄专，《艺术世界中的思想与行动》，北京：北京大学出版社，2010 年，第 42—44 页，略做修订。本文按前一版本收录。——编者注

[2]郎绍君，《水墨画与中国画》，载《江苏画刊》，1995 年第 5 期。

[3]沈语冰，《精神的虚妄——对郎绍君〈水墨画与中国画〉的质疑》，载《江苏画刊》，1995 年第 11 期；王南溟，《新儒学与现代水墨画的文化保守主义》，载《江苏画刊》，1996 年第 3 期；沈语冰，《现代水墨画面临的问题和机遇》，载《美苑》，1995 年第 3 期；王南溟，《水墨材料：利用与判断》，载《美苑》，1995 年第 3 期。

[4]参见黄专、严善錞，《文人画的趣味、图式与价值》序言，上海：上海书画出版社，1993 年。

[5]王南溟，《新儒学与现代水墨画的文化保守主义》，载《江苏画刊》，1996 年第 3 期。

作为文化问题的"观念水墨"[1]

1996 年 6 月，我在广州的一次水墨画讨论会上提出了"观念水墨"这个概念，随后在介绍一位上海画家的文章中又使用了它。[2] 这个假说旨在为中国画发展设定一种新的"历史问题境况"，它引起了批评界同行的不少议论，也促使我对这个即兴的提法做出一些纲领性的说明，以便尽快为这个假说建立一个拉卡托斯所谓的理论"内核"，并期待引起新的"反驳"。

一、"观念水墨"是九十年代开放性文化现实的一种理论反映，它表明九十年代中国画批评与八十年代不同的问题境况和思维向度。按皮尔森的"文化战略"学说，我们的文化正处于有别于"神话阶段"和"本体论阶段"的"功能性阶段"，文化一词正由名词演变为动词[3]，它产生了一种新的超越地域、种族和意识形态界限的文化审视方式，在这种文化形态中，文化冲突和共存构成人类活动最基本的政治情境，强势文化（后工业文化）对弱势文化（自然经济和现代主义文化）的影响不再以旧式殖民主义时代强权和暴力的方式完成，而是在主体与客体间批判性的结构关系中得以实现。后殖民批判与旧式民族主义和保守主义反抗的最基本区别在于，这种批判是一种双向性的批判，它既是对现成的西方中心主义的外部批判，也是对自身文化身份的内部批判；它既以推翻西方的原旨性（普遍真理形式）压迫，根本改变自己在政治和文化上的失声状态为目标，又以批判本土文化中旧式民族主义情结和保守主义意识形态压迫为目标，因而这种批判是一种有关主客体关系的批判，一种差异性现实的批判。[4]

与八十年代叛逆性的思维方式不同，九十年代"文化身份"成为中国画批评的一个新的话语方式，它强调将中国画的发展现实纳入全球化的人类问题境况中去考虑，而不只是将它视为一种孤立封闭的"画种"问题。具体而言，它主要考虑中国画作为一种特殊的话语身份在后殖民批判中到底是否具有价值，具有怎样的价值和怎样具有价值，这正是"观念水墨"作为一个新的"问题"和"问题情境"的文化史依据。

二、提出"观念水墨"这一概念的逻辑

出发点是，它将中国画的现实发展理解为一种动态的文化问题，而不是具有本质规定性的"画种"和纯粹形式域的"媒介"，可惜这一出发点被它的批评者忽略和曲解了。将中国画作为一种"问题"和"问题情境"的思想当然来自波普尔的三个世界理论，作为一种"问题"和"问题情境"，中国画也具有世界3的一切特性，即它虽然是"人造"的，但本质上是客观的、自主的和实在的，所以，它既不同于物质状态的媒介（世界1），也不同于精神状态的主题（世界2），它通过理性的猜测和反驳超越它的创造者。与人类其他理性活动一样，艺术问题同样是在对境况的猜测性重建中不断超越和作用于世界1和世界2的，世界3的这种"客观精神"的品质，从形式上看类似黑格尔的"绝对精神"，不过，波普尔一再提醒我们，"必须提防把这些思想客体解释成超人类意识的思想，比如像亚里士多德、普罗提诺和黑格尔所做的那样"[5]。事实上，前者与后者的最大区别在于前者是以试探性的境况分析和重建作为它的真理性确证的前提，它随时准备面对反驳和修正。将"观念水墨"作为中国画发展的一种特殊的"历史问题境况"，提示了

这样一种理论和实践发展的可能性，即超越中国画批评中"本体论"和"媒介论"的传统思维向度，将它设定为后殖民文化背景中的一种开放性的、具有批判价值的问题，有助于理解中国画在全球化的当代艺术中存在的理由。

三、"观念水墨"当然是对观念艺术这一西方当代艺术概念的援引，但它不是观念艺术与"水墨画"的简单嫁接，它针对的是作为一种身份现实的中国画在九十年代中遭遇的问题。"观念艺术"与"后现代主义""新历史批评"这类概念一样，并不指涉具体的艺术思潮、样式或流派，而是对我们这个文化失衡时代艺术状况的某种矛盾和含混的价值描述。我在这里使用"观念"一词作为"水墨画"的定语，主要取这种描述中的三种"观念"：1. 文化—社会批判观念。强烈的政治批判色彩是观念艺术与现代主义在社会政治态度上最大的差异，观念艺术因而被称为一种"政治文化"。虽然观念艺术时常以叛逆性的"反文化"姿态出现，但它的干预性和批判性的社会倾向并非都是破坏性的，事实上，它所确定的政治—文化目标有时也具有建设性意义。如汉斯·哈克对资

本主义社会经济关系的干预性批判，博伊斯对德国现存教育制度和环境意识的批判，都具有人类其他行为无法替代的人文价值，对于以非功利性、非世俗性（文人性）为身份特征的中国画而言，导入观念艺术的这种批判品质无疑具有"强身健体"的功效。2. 差异观念。差异观念是观念艺术的主要身份依据和哲学信条，这种意识既具有强烈的反中心、反逻各斯和反原旨性品质，又是艺术上广义民主概念的理论反映，它对以理性主义为价值基础的西方文化结构固然具有颠覆性和拆解作用，但对于广大处于边缘状态的"他者"身份的第三世界或非西方文化而言，它又不啻是一份额外的礼物，正是它彻底的反原旨、反中心的思想态度从内部动摇了西方文化霸权主义的权力关系，为第三世界文化和艺术作为一种差异性的种性存在提供了价值理由和知识资源。当然，它彻底的相对论、怀疑论和文化虚无主义倾向又是第三世界确立自己独立的文化身份和政治意识时必须警惕的思想缺口；肯定文化和艺术的差异性，并不旨在维持旧式的东西方二元对立，而在于确立两者在批判性关系中共存的可能性，"只有当差异观念与民主意识结合起来，只有当不同的差异政治形成多元共存的关系，差异观念才具有价值，也才能成为民主政治的一个组成部分"。[6] 3. 观念艺术是在对"极少主义"形式危机的反思中产生的（因而它也被称为"后极少主义"），它以反形式、反客体作为颠覆西方艺术史传统的策略，但它不仅没有消灭艺术媒介，反而极大地拓展了人类艺术的媒介范畴。所以说，与其视观念艺术为一种媒介取消论，不如说它是一种媒介超越论，而这种有关艺术媒介的价值假说对于长期受"笔墨中心主义"这类封闭的形式主义命题困扰的中国画批评应该具有启示性作用。中国画的历史身份是在封闭的文化情境、"依仁游艺"的价值观和笔墨中心主义的形式理论中形成的，它无法进入当代艺术问题情境绝不在于所谓"水墨媒介限制了艺术当代题材的表现性"[7]这类形式域的问题，更不在于它没有及早成为西方当代艺术这种"普遍主义"的媒介，而在于我们很少有机会从文化身份和文化问题的角度考虑它在当代艺术中进行观念转换的可能性。在中国画发展中引入观念艺术的问题方式不仅可以改变中国画的问题情境和氛围，使其演化成为一个开放的艺术系统，而且可以使其在后殖民文化关系中扮演批判者和挑战者的角色，而不至于成为一种保守性的种性遗产。也只有在这种背景下，中国画的"他者"身份才有可能成为一种批判性的资源、资历和资本。

四、王南溟在将"观念水墨"视为一种文化保守主义的守存策略时，忽略了这种理论提出的深刻文化史背景和动机；而他声称"水墨画"只有作为西方普遍主义的地域媒介才具有生存的合法性时，遵循的又完全是本质主义和文化霸权主义的逻辑。他以激进的世界主义姿态否定了两种文化对话和对抗的一切可能性，从而也否定了第三世界建立古尔德纳所谓"知识话语群体"和"批判性话语文化"的可能性，这俨然使其成为"普遍主义"这一虚拟的文化强权的阐释者和代言人，但这种激进的文化生态反映的是一种陈旧的意识形态立场。

与八十年代文化叛逆主义者对中国画的形式主义的武断判决不同，王南溟将中国画消亡的必然性归结为"它已失去纯粹和封闭的种族基础"，在这种逻辑中，中国画要么只能作为西方当代艺术这种普遍知识的一种地域媒介苟延残喘，要么干脆自行消亡。

"观念水墨"不关心中国画是否消亡这个神谕式的假问题，它甚至认为从形式域、种族性和文化史角度提出的消亡论和取消论，都反映了一种肤浅的艺术世界主义和文化虚无主义，它们只能导致"问题"的消亡。"观念水墨"说反对对中国画做元话语性质或本质主义的规定，同时，它也反对任何形式的取消论，这一点不是基于某种理论逻辑的推导，而是基于对历史和现实的尊重。作为一种动态的文化传统，中国画的现实存在并不依从我们的意志和判决，相反，"轻易放弃传统受损害的首先是我们自己"[8]。

王南溟信奉的"普遍主义"不仅根本抹杀了差异性文化冲突和共存的这一文化现实，而且否定了第三世界文化和艺术可能具有的批判能量，他有意无意地混淆了第三世界艺术自我批判、自我塑造、自我认同这种进步的身份意识与旧式民族主义和文化保守主义的意识形态区别，模糊了这种身份意识与杰姆逊式（在艺术界是奥利瓦式）的赞美和同情的界限，并以此劝喻第三世界艺术放弃塑造自己独立的主体身份，进而建构人类批判性共存关系的努力。这种由第三世界内部产生的对西方文化霸权主义权力关系的认同，惊人地提示了第三世界文化和艺术完成双向性批判的艰巨性和复杂性，而笔者固执地认为"第三世界当代艺术（包括'观念水墨'）与西方艺术权力制度之间存在的这种深刻的批判性关系，不仅会为人类艺术带来'民主艺术'这类的政治标准和新型艺术经验，还构成了第三世界当代艺术存在的最具体和直接的理由，而就中国当代艺术自身而言，以批判和知识的方式塑造自己独立的文化身份和独特的语言状态，是比被西方权力制度接纳和认可更为重要的文化课题"[9]。

1997 年

注释：

[1]原文载《江苏画刊》，1998 年第 2 期。收入黄专，《艺术世界中的思想与行动》，北京：北京大学出版社，2010 年，第 45—49 页。——编者注

[2]《走向 21 世纪的中国当代水墨艺术研究讨论会讨论纪要》，载《画廊》，1996 年第 4 期；黄专，《王天德的"水墨菜单"：观念水墨及其文化可能性》，载《江苏画刊》，1996 年第 10 期。

[3] C.A. 冯·皮尔森，《文化战略》，刘利圭、蒋国田、李维善译，北京：中国社会科学出版社，1992 年。

[4]参见作者最近谈论中国当代艺术的内部批判和外部批判的两篇文章：《第三世界当代艺术的问题与方式》，载《进与出——中澳华人当代艺术交流展》，新加坡：拉萨尔新航艺术学院，1999 年，第 38—39 页；《中国当代艺术的外部批判——在澳洲皇家墨尔本科技大学艺术学院的演讲》，载《艺术世界中的思想与行动》，第 34—36 页。

[5]波普尔，《客观知识》，舒炜光、卓如飞、周柏乔、曾聪明译，上海：上海译文出版社，1987 年；《通过知识获得解放》，范景中、李本正译，杭州：中国美术学院出版社，1998 年。

[6]徐贲，《走向后现代与后殖民》，北京：中国社会科学出版社，1996 年，第 215 页。为了防止后现代主义彻底的反原旨理论和相对论对第三世界确立自己独立文化身份的消极影响，斯皮瓦克甚至提出有关第三世界文化的"策略本质论"学说，即它一方面要求后殖民批判对本质论（尤其是西方中心的本质论）保持警惕，另一方面又要看到"第三世界"这种主体身份的全称说法对具体社会政治矛盾和结构性压迫的描述作用。参见《走向后现代与后殖民》，第 185 页。

[7]王南溟，《"张力"的疲软——给现代水墨画的诊断书》，载《江苏画刊》，1997 年第 9 期。王南溟对"观念水墨"的批评另见《"观念水墨"与"水墨"的形而上学》《"身份"的牢笼：水墨与第三世界文化》（未刊稿）。

[8]范景中、曹意强、严善錞、黄专，《我们艺术中的悲观主义》，载《美术研究》，1997 年第 1 期。

[9]黄专，《中国当代艺术的外部批判》。

视觉的力量[1]

　　"视觉的力量"这个提法表达了我们这个时代的创作者不受干扰或少受干扰地从事艺术工作的愿望，表达了"恢复艺术对社会压力的独立性，并证实艺术价值的客观性"（贡布里希）的愿望。

　　在"视觉的力量"这个题目下展出作品的十二位艺术家在艺术问题、艺术目标和艺术趣味上并不存在什么共同点，恰恰相反，共同展出的理由是他们的艺术作品中缺乏那种标本化的一致性，他们不反映任何潮流、任何时代性的精神，也没有任何可以归类的派别特征，如果说他们有什么共通的东西，那仅仅是他们的作品都体现了某种视觉自治的要求。

　　九十年代以来的中国，艺术中视觉创造的独立性正在被各种虚拟的艺术权力和伪造的政治命题篡夺和侵蚀，当代艺术在文化上的积极意义也正在被它的相对主义、拜金主义和机会主义的消极后果限制，对西方强权的身份依赖正使它堕入纯粹策略性和犬儒性的陷阱。在今天，摆脱中国当代艺术图解式的政治命题、社会命题和文化命题甚至成了它真正实现自己的政治命题、社会命题和文化命题的必要前提，而从当代艺术的自身逻辑出发，设置自己的艺术问题，强调视觉创造的自治性和独立品行，自然地成为解决中国艺术问题的新方案。

　　"视觉的力量"就是要求摆脱艺术强权对图像的庸俗政治学和社会学的控制、解释和支配，将艺术视为一种非主题、非表达、非意义化的"独立事件"（赵能智），从而充分释放图像自身的视觉能量。郭晋的"儿童"，忻海洲的卡通人物，陈亮的"私语"人物，李季的美女与动物和何森的少女都具有类似的图像品质，它们要么通过陌生化和冲突性的视觉要素的营造，强调对作品视觉凝视和阅读的重要性，要么通过对某一特定视觉主体和主体关系的复数性处理创造一种自足的视觉语态，或者就是对某种日常场景和状态的私密化和窥视性描述。总之，图像在这里明显地摆脱和回避了对文化、社会和政治符号附庸性的依赖，它们存在于一种自足的视觉问题之中，并不依靠图解式和机械反映论式的工作模式，而这种模式几乎控制着九十年代以来"前卫性"的图像制作。

"视觉的力量"要求充分发掘图像自身的异在潜能，调动、篡改并深化图像的文本属性和意义，进而建立新的视觉叙述模式。钟飙借用现成图像构成自己的语言要素时显然已经超越波普主义的图像哲学，经他精心配制的视觉主体与它的历史和现实场景形成了一种微妙的寓言性的关系。谢南星的作品具有高度的图片化特征，图像结构是主观的和戏拟性的，具有一种希区柯克式的怪诞、恐怖和战栗的视觉效果，他使绘画在一种新的语境结构中与摄影发生了联系。张小涛的作品摆脱了流俗图像"平面化"的叙述逻辑，通过多重性图像符号（如怪兽与婚纱人物）和绘图手法（如油彩平涂、渲染与青花画法）的重叠使用，构成了图像之间混成性的张力关系和历史厚度。杨冕似乎一直在努力以逆向的方式改变"波普"图像的意义属性，他以"绘画性"而非"平面性"方式处理各种大众图像，力图使它们摆脱自在的、惰性的庸俗状态。对图像类型、图像关系的这种修正构成了新一代画家的工作基点和问题基点，这必将使中国当代艺术获得更多现实而非虚拟的"自治领地"。

"视觉的力量"还要求艺术家反观自身，从人的感性、知觉和心理、生理命题出发而不是仅仅从人的社会性、文化性这类宏大叙事出发寻找艺术的人本现实性。赵能智一直强调他的工作重点是视觉意象的感受性而非表达性，是关于视觉的而非思维的，是关于注视的而非思考的，他对图像的处理方式也是影像性的，但他具有一种使图像处于某种暧昧性和不确定状态的能力，他将自己的作品视为对自己的心理、生理状态的一种"视觉审视"。陈文波的图像为网络时代人的视觉方式提供了一种新的图像志，在网络与现实、程序与人文、主体与他者间——或者按作者本人的说法，在"真人"与"假人"间构成的那种视觉凝视日益成为今天新的视觉现实性，而陈文波的作品正是在捕捉这种现实性以及这种现实性对人的心理、生理的微妙而深刻的影响。廖海瑛对"器官"的塑造虽然具有一般女性艺术的视觉特征，但她似乎力图使她的塑造具有某种杰夫·昆斯式的机智、幽默和寓言感，她的作品不是自传性的，挪揄、讥讽和纯感性因素的并存，使她的作品看起来有点玩世不恭。

从表面上看，"视觉的力量"似乎离开

了当代艺术的人文目标，但它是对一个权力至上、功能至上的艺术情境的理性反应，它的发展也许会使图像制作逐渐摆脱各种伪文化、伪政治的功能主义的诱惑，进入以视觉认识论为基础的领域，进而为中国当代艺术的存在寻找到一种真正具有艺术史依据的合法性和独立性。

1999 年 3 月 5 日

注释：

[1]原文载张晓刚编，《上河美术馆'99 学术邀请展》，1999 年，非正式出版。——编者注

图像就是力量[1]

有两件事使女性艺术在二十世纪的当代艺术中真正赢得了它应有的声誉和地位，一件是发端于七十年代的"图案与装饰"（P&D）运动，另一件就是辛蒂·舍曼（Cindy Sherman，1954年生于美国新泽西州）摄影作品的出现。

"图案与装饰"运动的领袖、美国当代女性艺术的代表人物米里亚姆·夏皮罗（Miriam Schapiro）曾这样描述七十年代女性艺术在美国的兴起：

> 有趣的是，当女人们聚在一起，她们就创造了一种像仪式的东西，叫"培养自觉意识"。从小团体开始，每个人说自己的故事，轮完以后，我们问："你听到了什么？"每个人听到自己的故事，几乎每个人的故事都一样。从这些故事中，我们建立了哲学，找到了语言。这个哲学的语言是：我们是受压迫的一群人，我们没有男人所拥有的身份、地位、薪水、受教育的机会。

事实上，舍曼的摄影也正是在这个时代为建立女性哲学而讲的故事。

舍曼有时被称为一个具有电影意识的"性格导演"，有时被称为一个真正意义上的"女权主义者"，而更多的时候，她的作品被视为"观念主义"艺术史的当然部分。的确，从任何角度看，舍曼都是一位魔幻人物，或者说，一位能使图片产生魔幻般魅力的人物，她不仅和于尔根·克劳克（Jürgen Klauke）、杰夫·沃尔（Jeff Wall）这类艺术家一起改变了摄影史的历史和逻辑，还和米里亚姆·夏皮罗、芭芭拉·克鲁格（Barbara Kruger）这类女性艺术家一起创造了女性艺术的当代历史和逻辑。

舍曼七十年代毕业于美国布法罗纽约州立大学，这个履历表明她艺术"波普主义"的历史背景。的确，她图片中的许多视觉元素都与波普艺术有关——对大众商业形象的直接挪用、高度的戏拟以及对图像主题的中性态度。但事实上，她的作品主题及图像品质与波普主义不尽相同。确切地讲，她的作品真正富有魅力的地方并不是她使用现成图像的方式，而是独特的影像生成方式。她将她的摄影工作室变成一个电影棚，用几乎和拍摄电影一样复杂的方式拍摄图片，讲述属于她自己的故事。所有拍摄电影需要的角色，从导演、编剧、摄影到灯光、舞台、化妆设计，甚至演员都由她自己担当，这并不意味着她的作品是纯粹自恋的，相反，她以图像的方式使电影这门高度社会化和意识形态化的大众视觉媒介成功地获得了某种新的视觉穿透力和社会批判属性。与杰夫·沃尔不一样，舍曼并没有使自己设计的场景和图像具有叙事性和时间因素，她一反电影和摄影的反映论传统，将镜头聚焦在人的身份的社会含义这个主题上，对人的社会性身份和人的私密体验之间的矛盾进行了无休止的放大和定格，这使她的图像充满魔幻的人本魅力。1985年完成的黑白组画《无题的电影剧照》与其说在转移电影的视觉信息，不如说是对这类信息的反讽和挪揄，她装扮成五六十年代那些装腔作势和充满怀旧气氛的剧照人物，是对观念主义反形式哲学的图像运用，它消解了一种历史语言又创造了一种新的语境，那些剧照性的人物似乎已经超越了他们的故事文本而具有某种新的心理含义和社会知觉。当然，借用文本的能力还体现为舍曼对各种神话、种姓和民俗志传统的挪用，在她的图像中，无论是装着假乳房的宫女、异形的巫婆还是矫饰的吉卜赛女郎，都在刻意制造一种身份原型与社会意识之间的冲突。

作为一位女性艺术家，舍曼适度地把握了女性哲学中自闭与扩张、生理与社会以及视觉与心理之间的意义张力，为女性艺术生存的合法性提供了有力的图像证据。舍曼几乎只使用她本人和物质模型作为作品的模特，这使她的作品具有极强的心理自传的色彩，但她通过不断变换角色的方式为这种自传性赋予了高度的政治内容和社会内容。所以，德国批评家克劳斯·霍内夫 (Klaus Honnef) 说舍曼关注的是"个体的社会意志" (见 *Contemporary Art*，1988 年)。

舍曼作品的基调是戏拟性和伤感的，这一点在她近期以异形和恐怖为主题的作品中依然存在，她精心营造的剧场效果不仅是对女性幻想性的历史存在和现实身份的一种图像叙述，也是对这种身份的一种政治提问和反思。为了提示这种历史的幻象性，她不惜对女性形象进行夸张、变异和空洞的处理，以强调女性在政治和历史维度中被动的"他者"位置和身份，她企图以观念主义惯用的嘲讽和反讥使女性问题获得某种社会共鸣。当然，她从来没有忘记强调反思"主体"的实在性，我猜测，她之所以从不放弃自己的模特身份，也正是在暗示这种实在性和它的政治诉求能力。从另一个角度看，舍曼的作品充分展现了女性的官能性和俗世性特征，当然，她不在一般的意义上使用"性"的语言，在她的图像中，性的表现同样具有虚拟性的剧场效果。她极力避免使它们陷入自然主义的状态，无论是卡通式的乳房还是道具化的臀部，都服从于一种确定的图像语境和视觉逻辑。

按照女性主义的逻辑，女性获得主体身份的前提是获得言说的能力和权力，而女性艺术最大的价值正是试图以视觉的方式使女性原来隐性和暧昧的主体意味变得清晰起来。这一点决定了这种视觉运动不可能仅仅停留在形式主义或审美的层面，而必须与更为深广的意识形态背景和观念主义的艺术史背景结合起来。舍曼艺术的价值正体现在她有机地将视觉图像的问题提升到这样的背景之中，使一种个性化的图像叙事方式具备了历史和政治的诉求能力，而这一点对处于萌芽状态的中国女性艺术绝对具有启示意义，因为，正如舍曼讲述的故事告诉我们的那样：图像就是一种力量。

1999 年

注释：

[1]原文载《中国摄影》，1999 年第 7 期；黄专，《艺术世界中的思想与行动》，北京：北京大学出版社，2010 年，第 89—91 页。——编者注

中国当代雕塑艺术的公共性[1]
——"第二届当代雕塑艺术年度展"学术策划报告

"第一届当代雕塑艺术年度展"确定了这个展事的几个基本特征:其一,它是一个完全公共空间的展事;其二,它是一个具有相当时间跨度(一年)的展事;其三,最重要的,它是一个关于"当代艺术"的展事。这三个特征构成了"第二届当代雕塑艺术年度展",我们的工作当然不在于简单延续和复制这些元素,而在于赋予这些元素一些新的和更富活力的关系。

本届展览被确定为以深圳华侨城为背景的"生态雕塑"展,这意味着展览空间的扩大。如果说第一届展览基本上是架上雕塑作品的户外展出,那么,这届展览中艺术的公共性因素开始成为展览策划的中心要素。这些因素包括展览与华侨城自然、人文环境的关系,展览在华侨城文化景观中的位置以及对华侨城未来生态环境的可能性影响,展览与华侨城公众接受模式及社区状况的关系,即展览的可交流性。这届展览的时间要素在总体策划中也占有重要的位置,展览的展期正处于跨世纪这样一个时间点,它为展览的设计带来了一种富有想象力的元素。当

然,决定展览水准的最直接因素还是展览对中国当代艺术问题的把握能力。中国当代艺术在今天已处在一种愈来愈复杂和多元的文化关系之中,这里既有文化全球化趋势与艺术差异性发展的冲突,也有艺术的基本权益与艺术公共化的矛盾。本届展览将"公共艺术"视为展览策划的中心理念,旨在表明这样一种学术判断:长期以来,中国当代艺术对公共性问题的漠视,使它一直处于与中国社会发展现实的对峙之中,作为公共艺术的当代雕塑有义务改变这种现状,当代艺术应该成为一种公民自由交流的工具而不是时代和社会的训导者和代言人。围绕这一思想,展览拟定了"平衡的生存:生态城市的未来方案"这一主题,在我们看来,这一主题为建立艺术与公众的对话提供了一条有效的途径。

一、环境因素

城市性质是展览策划首要考虑的元素。

深圳华侨城位于深圳特区狭长地理版图的中西段，北靠燕晗山，面临深圳湾，是二十世纪八十年代中国沿海经济腾飞创造的奇迹之一。在短短十三年时间内，华侨城由一个4.8平方千米的农垦区发展成一个集旅游、电子、房地产和金融等产业为一体的综合性、现代化的企业城区。作为一个典型的现代移民城市和人工化的旅游景区，华侨城缺乏中国内陆城市一般具有的民俗印痕和历史色彩，它更像是在世界上任何一个地区都能见到的那种由工业化文明生产线制造的城市模型。新加坡式的城市规划不仅为华侨城提供了一种井然有序的环境格局，也提供了49%的城区绿化率这样一个在国际上也能让人羡慕的数据。由锦绣中华、中国民俗文化村、世界之窗和欢乐谷四个人造景区组成的沿海旅游带，为这座城市带来了一些虚幻和浪漫的色调，甚至舒缓了一般工业化城市常有的紧张节奏和冷漠感。尽管面临着生态污染等现代化问题，但作为第三世界经济模式的一个范例，华侨城无疑正处在它的朝阳时期。按照华侨城人自己的说法，"华侨城为中国创造了一种全新的生活方式"，这种生活方式的基础是具有较高素质的移民人口和公民意识相对开放的社区环境。华侨城这种典型亚洲经济模式下的生活方式和社区环境为探讨下列问题提供了有效的空间：在全球化的经济和文化格局中，公共艺术将处于怎样的位置、具有怎样的性质？"公共性"在这类城市中的真正含义是什么？应该说，这类问题是首尔、东京、新加坡市、香港、台北或吉隆坡这样的发达亚洲城市都会遇到的问题，它的更深刻的内容是，全球化的经济图景是否会必然地孕育出一种全球化的文化模式？如果不会，那么各民族国家保持文化差异的理由是什么？如何保持这种差异？全球文化流动的加速最终将扩大还是缩小这种差异？中国当代艺术很少严肃地思考"公共性"建设在中国这样一个传统礼教国家中的位置，很少思考建设这种"公共性"对形成本土当代文化的作用，更少考虑它对建立全球新型的文化关系和国际秩序的影响。华侨城为我们思考这类问题提供了一个可能的空间。

二、公共性

尤尔根·哈贝马斯将公共性理解为公民

自由交流和开放性对话的过程，一种表达意见的公共权力机制。汉娜·阿伦特更形象地将人类的公共性比喻成一张桌子，它是将人们分离又将人们联系起来的领域，公共性的丧失意味着联系人们的这张桌子的消失，它表明公共性是公共领域和私人领域间的一种张力性的关系或界限。公共性首先体现为对强制性和同一性原则的否定，它不是一种普遍性和本质性的命题，恰恰相反，它以肯定和保存个人、种族和文化的差异为前提，所谓公共世界或公共性是指从不同位置和视点对一个共同问题进行测量与判断，公共性正存在于这种差异性的认同和交流过程之中，任何无视这种认同和交流的力量都会导致公共性的丧失和共同世界的毁灭。传统集权社会统一的道德意志和信仰律令排除了建立私人领域的可能性，而在完全的市场社会中，私人领域至高无上的地位又限制了它与公共领域的交流和对话。只有联系而没有距离或只有距离没有联系都会导致差异的丧失，从而最终导致公共性的丧失。从历史上看，公共性的建立是与成熟公民社会的建立和公民意识的增强息息相关的。

艺术领域的公共性与社会、政治领域的公共性存在一定程度的相似性。艺术领域的公共性在现代主义时期（相当于大工业时代）并没有作为一个合理和现实的问题被提出，相反，对个人主义和表现主义的崇拜导致了艺术对公共性的排斥。"先锋艺术"这个概念形象地描绘了现代主义孤芳自赏和狂妄自大的品性。在后工业化时代，"波普艺术"力图改变艺术这种非公共性的品质，但它对商业体制的依赖和对复制性大众文化的妥协并没有为艺术带来真正意义上的公共性，艺术家仅仅服从于某一道德律令和艺术家完全放弃主体经验一样，都只会导致公共性的丧失，应该说，艺术的公共性问题只在后现代主义的这种两难困境中才真正有可能被提出来。

中国当代雕塑艺术的发展现状表明，它的内部和外部一直缺乏公共性生成的空间。这表现在：首先，和西方古典时期一样，中国传统公共雕塑的基本功能是纪念和宣教，雕塑总是作为统治思想的权力象征而存在，这种社会训导者的身份和居高临下的姿态很难与公众建立真正意义上的对话关系，所以，除了占有公共空间这一特征外，传统公共雕塑并不具备当代意义上的公共性。其次，市场社会在中国的兴起产生了一种新的主宰公共雕塑的主体，即所谓"甲方集团"，他们通过市场经济和商品交换方式强制性地将个人趣味纳入公共空间，在缺乏公共决策和监督机制的状况下，公共雕塑开始沦为部分社会财富聚敛者私人爱好的体现。媚俗和屈尊很难使雕塑产生真正意义上的"公共性"。最后，如前所述，中国当代雕塑一直很少考虑自己在公共领域中的位置和功能，以及建构公共性空间对自身发展的积极影响，这一方面是受制于经济体制和行政体制的结果，另一方面主要是由于自身公共意识的缺乏。

在文化差异的语境中确保不同文化成员自由交流的平等权利和可能性，这是当代雕塑艺术公共性的核心问题。为此，本届展览设计了一个公共的话题，选择了一个开放的空间，营造了一个有利于艺术与公众交流的环境气氛，最重要的是，我们强调了展品和展区在华侨城自然、人文生态中的视觉位置，强调了艺术家的个人创作自由与这种自由的公共传达和交流之间的平衡关系。

对公共问题的关注是展览公共性追求的最突出特征。林一林的作品《恒福阁》体现了当代居住理念中以人为本的思想，提示了第三世界经济发展过程中消费模式和居住模式中一些紧张的公共问题；瞿广慈的作品《适者的标本》对我们日常生活中的"空调逻辑"提出警示——为了有限空间的舒适，我们付出了使整个地球变暖的代价，这种"适者的标本"不仅扼杀了人最基本的自然性，还极大地破坏了人与自然的平衡关系，在封闭的玻璃空间中靠导管呼吸的人和浓烈的福尔马林气味表达了艺术家对这种生活现实的焦虑。

为了强调作品意义的开放性和可交流性，发挥观众观赏和理解作品的能动作用，改变公众在传统雕塑面前的被动、屈从心理，展览作品大量使用了公众性的视觉叙述方法和大众传播模式来诠释"平衡的生存"这一展览主题。朱铭的《太极》（图1）、傅中望的《地门2#》（图2）都为作品营造了一种与公众聚合、交融的空间气氛；展望的《鱼戏浮石》（图3）、于凡的《排气量》、米丘的《幸福·生存》、王功新和林天苗的《看——她》、喻高的《倾斜的苹果》（图4）、向京的《窥》和姜杰的《众灵杂沓》采用了寓意性或神话性的视觉叙述模式，力图引导观众进入一种对话性阅读的语境；赵半狄的《赵半狄与熊猫咪》直接挪用公益广告的传媒方式，以风趣诙谐的叙述性图像有效地消除了作品意义的封闭倾向，改善了先锋艺术

图1 《太极》，朱铭，1994年（左）、1997年（右），青铜，94cm×120cm×180cm（左），110cm×110cm×176cm（右）

图2 《地门2#》，傅中望，1999年，钢板、铁锁，600cm×340cm

图3 《鱼戏浮石》，展望，1999年，不锈钢、真石，300cm×200cm

图4 《倾斜的苹果》，喻高，1999年，不锈钢镀钛，200cm×150cm

与大众之间紧张的阅读关系。所有这些视觉方法为不同层次的解读和想象预留了充分的空间，拉近了作品与观众的心理距离，有利于促使观众由被动主体向能动主体转换。

本届展览的公共性追求还体现在展区的规划和风格设计上。本届展览的展区由何香凝美术馆室外展场（A展区）经过芳华苑过街天桥延伸至一个完全开放的公共空间（B展区），这种展区布局本身象征性地体现了艺术走向公众的理念。在展区环境整改和规划的过程中，我们一直在努力贯彻这样一种构思：尽量减少作品与观众间的视觉和心理障碍，在作品、观众和展区环境之间营造一种明快亲和、协调且富于想象力的气氛，使艺术真正以民主、平等的姿态走向公众生活。

三、雕塑的界限

我们在雕塑的公共性这个题目下来讨论雕塑的界限问题。它包含两个方面的内容：首先是雕塑作为公共艺术的社会功能和属性；其次是它与装置等现成品艺术比较保持其形态界限的理由。

约瑟夫·博伊斯是战后对艺术的公共功能进行过最彻底反省的艺术家，他将艺术视为一种综合性的社会实验过程，即扩展艺术概念的过程，他坚持用"雕塑"这个古典用词来命名他的理论和实践，表明他充分考虑了雕塑在历史中天然的公共属性。当然，在他看来"雕塑"或者"社会雕塑"首先并不是一个媒介概念，而是"改造我们生活世界"的"过程"，所有在这个过程中起作用的物质媒介——现成品、语言、文字、图像甚至行为都可被视为"雕塑"，博伊斯将"现成品"这个由马塞尔·杜尚发明的玄学把戏演变为一种泛宗教和泛文化性质的公共语言，"社会雕塑"的含义指艺术应该从它封闭的、自足的领地中走出来，成为一种具有当代教育、交流和传播功能的工具。显然，无论使用"雕塑"这个用语还是使用现成品手段，博伊斯对艺术的理解都是超越媒介的，是否具有社会性或公共性是博伊斯为艺术确定的真正界限。当代雕塑在实现它的公共功能时，时常面临两种不同方向的压力：一种是传统雕塑的压力，一种是各种现成品（装置）艺术的压力。这两种压力，前者通常体现为功能性压力，后者体现为形态性压力；前者要求的是公共训导者的身份，后者意味着无限扩张的私人化、官能化以及各种纯粹形式主义的倾向，它们都深深地扼制着艺术公共属性的发展。保持雕塑的形态界限是对这两种压力的回应，而它的伦理理由是保持雕塑与公众的可交流性。所谓保持雕塑界限就是在强调雕塑的公共性功能的前提下，保持雕塑在空间上的三维形态和体量感，保持雕塑材质的公共性质，重视观众对雕塑形态的历史和现实性的心理期待。本届展览的作品大多数都有与公众进行交流的空间形态和视觉属性。贝尔纳·韦内（Bernar Venet）

极具扩张力的弧形是科学、艺术与公共空间意识的完美结合（图5）；王中、姜杰、李亮、仲松、陈可对作品空间形态的完整性和节奏变化的处理以及对均衡、对称这些视觉原则的运用，都充分考虑了公众的接受和参与。另一方面，在材料使用上，我们也强调易于大众认读的属性，如铸钢（傅中望）、玻璃（李亮、瞿广慈）、不锈钢（展望、姜杰、喻高、米丘）、混凝土（林一林）、钢材（唐颂武），甚至电子元件（靳勒），这些材料除了传达艺术家的艺术经验外，也为作品与公众的对话提供了多种可能性途径。

　　从形态特征上看，本届展览并不具备先锋性。我们认为，将先锋艺术与大众艺术作为对立的范畴是一种决定论性质的思维方式，在理解当代雕塑艺术界限的问题上，我们的原则是"功能决定形式"。

四、主题方向

　　"平衡的生存：生态城市的未来方案"不是一个文化主题，它是一个具体的"公共话题"。在华侨城这类新兴的移民城市中，公众在语言、社会身份、价值观念上的差异

图5　《230.5°的弧×5》，贝尔纳·韦内，1999年，黑漆卷钢，430cm×90cm×410cm

日益缩小，而基于共同利益的交流和对话的愿望则在不断增强。生态与环境这类话题在一个高度公民化的社会中往往体现为自觉的公共诉求，而不是强制性的行政指令或政策话语。本届展览希望通过这个主题将艺术的公共性问题有机地融入华侨城的公共话语，为艺术与公众的对话寻找一个共同的基点和有效的途径。我们希望这种对话在两个方向上进行。首先，展览将"平衡的生存"这个命题置于历史与现实的严峻背景中，力图为对话提供一个反思性的语境。展望以现代材料"克隆"了现场环境中的一块自然山石，用以诠释两种文明间紧张而暧昧的关系。邵康营造的殿堂，与其说是在建构某种文化信仰，不如说是对一个纯粹功能性和物

质化现实的讨伐；琴嘎、唐颂武、靳勒、王芃、陈可的作品所展示的变异的生物形态和生命形态，从不同角度提示了当代文明的反自然品质。

如果说，艺术家对"生存"问题的阐释显得过分严峻和理性，那么，在设计"未来方案"时，他们则展示出一种乌托邦式的热情：姜杰、王中、邵康、米丘、王东、向京的作品都体现了对完整生命形态和自然形态的向往；菲利普·金（Phillip King）的作品具有某种自然神论的色彩，他以金属的永恒属性和对宇宙生命体的有机模拟为我们建造了一座有关时间、自然和宇宙的纪念碑；与菲利普作品的凝重基调比较，朱铭的作品则显示了另外一种完全不同的宇宙和生命意识，一种东方式的和谐和灵动的气质，这两件作品能在同一空间展出，象征性地提示了"平衡的生存"这一主题的人类学价值。本届展览刚好处于跨世纪这样一个戏剧性的时间点，这无形中使展览具有了某种启示

录的性质，与我们文化中弥漫的那种悲观的末世情绪比较，本届展览为未来提供的是一份乐观主义和理性主义的方案，王东为她创造的生命体所说的话概括了这一方案的精神：

> 宇宙母亲掌管生命的创造，但是很多生命和物种已经从这个星球上永远地消失了。我现在创造这些生命体，期待有一天孕育出新的生命。

当代文化首先是一种公共文化，同样，当代艺术首先应该是一种公共艺术，建立一种真正平等和民主的公共艺术机制，将是我们这个时代深刻社会变革中的一项重要内容。完全无视个人创造的艺术和完全无视公共需求的艺术都是文明的悲剧，在艺术的世界中，"平衡的生存"同样有效。

（行文中与皮力讨论过很多问题，谨致谢意。）

1999 年

注释：

[1]原文载《第二届当代雕塑艺术年度展》，香港：香港艺术中心，1999 年，第 14—19 页。——编者注

影响九十年代中国当代艺术的九件大事[1]

与八十年代浩浩荡荡、悲怆壮烈的新潮美术比较，九十年代的当代艺术更像是一场没有坐标的运动，力量分散却潜伏着更多的可能性。中国当代艺术今天处在一种愈来愈复杂的现实关系之中，这里既有文化全球化趋势与本土艺术现实的冲突，也有现行艺术体制与艺术多极发展的矛盾。下列事件不是对九十年代中国当代艺术发展的历史性回顾，而是希望为读者提供一个审视这一时代的视角。

一、新生代艺术：新文化特征

相对于八十年代新潮美术的泛文化色彩，九十年代的第一个艺术现象——新生代艺术预言性地显示了这个时代的一些文化特征。它强调从具体经验出发而不是依据抽象的文化理念去诠释现实，强调平面化的生活叙述和个性化的自由表达。新生代艺术后出现了一种调侃和自嘲的绘画样式——玩世现实主义，它成为八十年代新潮美术运动中的集体主义向九十年代个人主义转型的象征和注脚。

重要展览："新生代艺术展"（1991 年，北京）。

重要艺术家：刘小东、方力钧、刘炜。

二、波普艺术：风云际会

文化上的解构思潮、艺术市场的兴起和国际后殖民文化运动为中国波普艺术营造了良好的实践范围，1992 年前后，波普艺术成为九十年代初中国当代艺术的代表性绘画潮流，人们根据艺术家使用的现成图像的性质又将其区分为"文化波普"和"政治波普"，主要集中在武汉、上海和北京。中国波普主义绘画既有浓厚的文化解构色彩，也有对社会、历史和消费文化现实的批判性质。1993 年后，这一潮流逐渐被国际社会接受，成为九十年代初期中国前卫艺术的标志。

重要展览："后'89 中国新艺术"（1993 年，香港）。

重要艺术家：王广义、余友涵、李山。

三、广州艺术双年展：
批评家操作与艺术市场启动

1992 年，一批南方批评家操作的"广州艺术双年展"开始尝试在中国建立一种新型的艺术运行模式，即建立以批评为导向的当代艺术市场的尝试，这种尝试后来被证明在中国的现实中只能是一种理论幻觉，但由此启动了中国各类艺术市场。目前北京、上海、广州等经济发达地区都有众多规模不一的画廊、拍卖行和常规性的艺博会，艺术品开始进入产业化经营的轨道，艺术市场成为改变中国传统艺术格局和艺术体制的催化剂，而这个展览所创立的批评家策划模式更成为九十年代中国各类当代艺术展览的范例。

重要展览："广州·首届九十年代艺术双年展"（1992 年，广州）。

重要艺术策划人：栗宪庭、黄专。

重要画廊：汉雅轩（香港）。

四、中国当代艺术：
全面参与国际盛会

虽然早在八十年代末期，中国艺术家就已参与了"不与塞尚玩牌"（1991 年，美国加州）和"大地魔术师"（1989 年，法国巴黎）等国际展事，但他们真正全面、广泛地进入国际艺术生活是冷战结束以后。自 1993 年首次参加威尼斯双年展以来，中国艺术家不仅成为所有重要综合性国际展事的参与者，也成为德国、荷兰、澳大利亚、美国等国大规模中国当代艺术主题展的主角，中国当代艺术家与亚太各国建立了日益广泛频密的交流关系。海外中国当代艺术家近年来的成就更为引人注目，他们不仅成为众多重要艺术奖项的获奖人，事实上，他们的存在甚至改变了国际级艺术大师的种族比例和以西方为中心的世界艺术的传统格局。

重要展览："第 45 届威尼斯国际艺术双年展"（1993 年，意大利）、"第 22 届巴西圣保罗国际双年展"（1994 年，巴西）、"第 10 届卡塞尔文献展"（1997 年，德国）。

重要艺术家：蔡国强、黄永砅、徐冰。

五、多媒体艺术：来势迅猛

以录像、文本、照片、行为和网络为媒介的观念艺术于 1995 年前后在中国各地呈风起云涌之势，北京、广州、上海、南京、成都、福建、东北甚至海南都有规模不等的观念主义团体和展览，其发展之迅猛可比肩八十年代中期中国现代艺术流派的兴起。多媒体艺术不仅改变了中国艺术（包括前卫艺术）的现实主义方法论传统，而且通过发掘媒介在文化、历史、心理、社会和政治、经济方面的意义潜能，有效地拓展了中国当代艺术的社会学和人类学内涵，当然，这股潮流的副产品包括各种形式的机会主义和洋奴哲学。

重要展览："现象·影像"（1996 年，浙江）。

重要艺术家（组）：张培力、新刻度小组、大尾象工作组。

六、女性艺术：初露端倪

意识到"女性艺术"是一种独立的文化问题和艺术形态应该是在九十年代中期以后，虽然对中国发生和存在的"女性艺术"还缺乏明确的理论定义和研究，但无可否认，女性艺术已成为中国当代艺术中既不能混淆又不可或缺的现象，它虽显庞杂但已成气候。

重要展览："中国当代艺术中的女性方式"（1995 年，北京）。

女性艺术策划人：廖雯。

七、水墨艺术：多极发展

与八十年代对中国画简单粗暴的否定姿态比较，九十年代水墨画的理论和实践似乎进入了一种理性发展的阶段，"新文人画""实验水墨"和"观念水墨"三足鼎立，各呈其能："新文人画"坚持维护传统笔墨尊严，"实验水墨"侧重在水墨程式中引入表现主义和抽象主义等现代主义造型因素，"观念水墨"则力图将水墨问题纳入观念主义的范畴。"新文人画"的商业成就显然大于它的学术成就，"实验水墨"由于过早流于风格程式而被认为缺乏文化针对性，"观念水墨"更被视为一种缺乏实践支撑和逻辑混乱的理论假说。看来，水墨艺术要想真正进入当代问题还须假以时日。

重要展览：张力的"实验表现性水墨展"（1994 年，美国）。

重要艺术家：王川、李孝萱。

八、艺术传媒：立体趋势

1994 年至 1996 年，广东艺术刊物《画廊》短暂改版，预示着九十年代中国当代艺术传媒化过程的某种规范化和学科化的努力。除《江苏画刊》这类传统的当代艺术刊物之外，九十年代中期前后出版和改刊的《美术界》《美术观察》《艺术家》也都以各自的方式加强了对中国当代艺术的报道和介绍，而《先锋艺术》、央视的"美术星空"栏目以及最近建立的中国艺术网也都成为社会了解中国当代艺术的传媒渠道。此外，1992 年湖南美术出版社出版的《中国现代艺术史》（吕澎、易丹著）是国内首部当代艺术史巨著，影响深远。被艺术界广泛阅读的艺术工作计划书《黑皮书》《白皮书》是艺术家们九十年代中期自我传播的渠道之一。

重要杂志：《江苏画刊》（江苏）、《画廊》（广东）。

重要图书：《中国现代艺术史》（1991 年，湖南）。

九、深圳国际雕塑展：艺术公共化国际化的测试

九十年代行将结束的时候，大型国际展事"第二届当代雕塑艺术年度展"在深圳举办，这个展览是第一个在中国本土由国家级美术馆主办、企业投资赞助、学术策划人主持的国际展览。展览邀请了包括中国海峡两岸及港澳地区，以及英、法等国艺术家参展，在公共空间展出雕塑、装置和图片作品。这届展览以在中国建立公共化的艺术制度和艺术创作空间为宗旨，着重测试了中国当代艺术在其法治化、公共化和国际化过程中经历的问题。这个展览在一定程度上承载了中国当代艺术在未来世纪中一些无法回避的任务，也预示着中国当代艺术的一些未来特征。

重要展览："第二届当代雕塑艺术年度展"（1999 年，深圳）。

重要艺术家：隋建国、展望。

1999 年

注释：

[1]原文载《北京青年报》，1999 年 12 月 18 日第 16 版，以笔名"白川"发表。——编者注

"那是为了你好": 艺术对物质主义时代的反应[1]
——关于"社会: 上河美术馆第二届学术邀请展"

近年来从社会学角度观察和介入中国现实的作品数量呈上升趋势，这种迹象首先出现在一些观念主义的媒介，如汪建伟、徐坦的一些录像作品，王友身、庄辉等人的图片作品，继而感染一些传统媒介，如曾浩、毛同强的架上作品。这一过程正在逐步改变中国当代艺术抽象的文化思维习惯和过分依赖政治和民俗图像的传统，从而使当代艺术成为一种更为实证和观念化的视觉方式。当代艺术对社会现实的批判和影响毕竟不是单纯的思维游戏，它必须落实到对中国人的生存状态、生活经验和对社会发生机制的反省实践中去，正是从这个意义而言，我们值得对艺术中这种社会学转向的迹象给予高度重视。"上河美术馆第二届学术邀请展"将主题确定为"社会"，正是力图呈现这一过程中一些不同的反应方式，并探讨各种潜在的可能性。

1996年，王广义采用蔬菜、水果、货架和卫生检疫招贴等现成品完成了《卫生检疫: 所有食品都可能是有毒的》（图1, 1996

年首都师范大学"首届当代艺术学术邀请展"），从社会学角度研究在我们的心理现实中普遍存在的危机感。在这次展览中，王广义采用类似性质的视觉元素创作了《唯物主义时代》（图2），以旧式意识形态时代的奖状和各种物质生活必需品来呈现物质世界、社会体制和文化记忆对我们的社会心理现实的持续影响。八十年代的王广义是一个文化乌托邦主义者，九十年代，他以波普主义的图像方式消解启蒙时代的理性神话，并代之以一种文化反讽态度，而在《唯物主义时代》中，意识形态时代的文化记忆与物质主义时代的世俗欲望被置于一种更为繁杂的逻辑关系之中，以观念主义的方法记录了在一个充分物质化的社会中某种残存的英雄主义幻觉。在魏光庆的作品中，文化记忆更像一种容器，对历史图像资源的现成挪用几乎构成了他表述当代问题的一种视觉坐标。在《五行—金命》中，他将我们时代新新人类的头像和阴阳五行运行图示进行了波普主义方式的平行并置，从而使两种图像

图1 《卫生检疫：所有食品都可能是有毒的》，王广义，1996年，装置（铁架、木板、宣传图片、食物等），图片由艺术家提供

图2 《唯物主义时代》，王广义，2000年，装置（印刷品、木箱、食物等），图片由艺术家提供

产生了一种离奇的宿命联系，戏拟性地陈述了单向度人格社会中复杂的价值关系和心理冲突，作品似乎在警示：在充分享乐主义和消费主义的时代，人必须保持对无知事物的敬畏！魏光庆曾经是九十年代初"文化波普"绘画的代表性画家，他的近作延续了波普主义图像方式，但加强了对当代生活经验和生活方式的直接陈述，从而使作品中的文化隐喻有了更为实证性的社会基点。方少华新表现主义风格的绘画通常流露出一种基弗式的凝重，纪念碑性质的朱红色城门与零乱、灰暗、涂鸦式的现代建筑形成了一种简单明了的寓言效果，自由洒脱的笔触、单纯沉着的色调，天际上永远悬浮的那只持伞的手都赋予作品一种启示录性质的气氛，这些作品中历史遗产、社会、性等视觉元素常常呈现出一种混乱而非图解化的配置状态，仿佛是对一个缺乏方向感的社会的视觉质询。

汪建伟九十年代以来的工作一直具有强烈的社会实证色彩，他将社会体制、人的行为、心理模式和自然生成方式理解为某种完整的社会工程或系统，他近期作品的重心是处理公共领域与私人领域在我们社会中的矛盾处境。九十年代随着中国社会经济方式的变革，私人财产比重扩大，社会差异性诉求增强，传统公共社会模式遭受前所未有的挑战，建立维系开放社会所必需的新的社会伦理原则、法制体系和行为标准，成为我们社会新的公共话题。汪建伟的"公共生活"由一组私人家庭生活录像装置和一组立柜组成，被置于公共空间（展厅）的立柜已经完成了它由私人属性向公共属性的置换，人们通过立柜上的小孔可以窥视立柜内正在放映的家庭生活录像。这件作品给我们一种强烈的不确定感，它似乎是对我们社会中游离的公共生活和私人生活的某种经验叙述：我们真的需要一张汉娜·阿伦特描述的既能将大家聚集又能将大家分离的桌子吗？同样是讨论公共问题，王友身选择了一种更为直接和敏感的媒介，他以习惯的手法选用新闻图片和私人照相簿里的相片，经过成像和清洗两种化学程序，使两组不同性质的图片呈现出一种共同的图像效果。清洗已成为王友身处理图像信息的独特的观念主义手法。近年来，他的作品涉及一系列重大但性质各异的命题：从人的家族意识对人的社会身份性的影响到社会传媒方式对人的行为和心理的压迫性作用；从对战争的质询到对消费文化的清理。而在《千年虫》中，信息时代和传媒时代对公共生活与私人生活的潜在伤害成为他作品新的主题，这件作品的极少主义色彩和过程艺术的特征，使他表现的主题具有某种怀旧和伤感的气氛。曾浩的绘画作品涉及的是更为具体的社会单位——家庭。他的"家庭"有意无意地记录了充斥着拜物主义、享乐主义和机械化趣味的文化气氛，提示了潜藏在这种文化中的虚拟性和异化性。曾浩作品的空间几乎都是戏拟性的，缺乏方位、缺乏聚焦，它为我们提供的既像是一个供人偷窥的场所，又像是一个正在上演节目的舞台。分割空间的背景被代之以各种平面性的心理色调，人物和象征消费的家具

被以同等方式微缩在巨大的背景色调中，典型的中国式快照人物与无序、零乱、略显陈旧的家具处于一种令人紧张和压抑的矛盾关系之中。在这里，人物不再沉沦于几年前那种矫揉造作的无聊状态，相反，他们甚至显得有些自足、自满和自信，但很显然，这种自满和自信是毫无方位感的、盲目、纯粹物质性和非个性化的，一种由商业广告词虚构的"美好花园"在曾浩笔下被修改成充满紧张感和危机的精神肖像。邓箭今的作品常有一种将社会问题个人经验化的倾向，他的作品总有某种迷幻的气质，这不仅来源于急促、饱满、神经质的笔触，阴冷而浪漫的色调和充满欲望的人物姿态，也来源于他随时准备打破真实与梦幻界限的深层愿望。在他的作品中，性、暴力、自然灾难都像是正在发生又随时可以终止的游戏，浪漫与恐怖、肉欲与情爱甚至生与死都被充分混合。确切地讲，与其说邓箭今是一位画家，不如说他更像是这个社会中的一位行吟诗人。

毛同强的架上作品使用的图像资源主要是各种类型的社会信息，这些信息的范围相当广泛，但都与自然或社会事件（自然灾害、社会案件或消费事故）有关，这使他

的作品看上去更像是陈列案情的社会档案，而事实上，这些作品的名称就叫《档案》。他的作品混合了波普主义和新表现主义的一些图像手法，尤其接近于波尔克（Sigmar Polke）。图像取材于各种报纸、案卷以及各种案情记录、报道、病例，网络状的图像处理手法不仅增强了图像的新闻属性，也使信息似乎处于一种暧昧状态，零乱的事件和身份叙述文字、虚拟的案件编码、"注销"及各种行政公章凸现了作品的社会学指向，粗放和自动性的抽象笔触设定了作品新表现主义的风格基调。他的作品几乎不使用油画颜料而只使用工业性涂料，这似乎从技术上表达了作者使自己的观念更加社会化的决心。毛同强的作品具有高度的人道主义性质，充斥着对人的生存环境和方式的焦虑和同情，应该说，在流行玩世主义、犬儒主义和图像机会主义的中国画坛，这类严肃社会学作品的出现的确具有振聋发聩的作用。冯峰的图片作品具有国际流行的色彩，他发现了一种将医学、生理和科技语言置换成社会、心理和视觉语言的有效方式，他以专业的医学拍摄方法记录了许多骨科手术过程，正是在这里，他发现了科技器械与人之间的一种

微妙的权力关系："钢钎与肉体的关系非常直接，一点也不暧昧，就像医学对待生理、科技对待人文、西方文明对待东方文明、男性对待女性，这种关系让我们震惊。但在这种关系背后，有一个来自理性的理由——'那是为了你好'。这个理由就是权力。真正让我们感到震惊的是我们能够安然地生存在这种对'权力'的震惊中，就像那条坚硬的钢钎插入肉体后，我们看到肉体的反应——它以最快的速度围绕着钢钎生长出一层厚厚的环形肉皮，并且微微隆起，就像是等待高潮来临的一种兴奋征兆。"[2]

李邦耀、杨国辛、石磊、袁晓舫都是九十年代初湖北波普主义绘画的代表性艺术家，多年来他们坚持架上绘画，甚至延续着一些波普主义的图像方式，但他们的作品中也开始融入观念主义的视觉方式，他们避免使用某些激进的图像形式和偶像化的操作办法，将他们的工作变成一种冷静的、内省性的图像实验过程。李邦耀的近作——多幅连续绘画《重新看图识字》（图3）是一件将概念艺术和波普主义结合的作品，主要探讨词与物之间的多重关系。它将后工业时代的名牌产品进行了看图识字方式的排列，

并附上中英对照的产品文字，虽然作品在表现风格上沿用了《产品托拉斯》（图 4）中单纯的色调关系和硬边造型，但很显然，作品的意义指涉是多义的而非平面的。画面的极少主义气氛加剧了"产品"的空洞、冷漠、机械化和非人性化，当这些"产品"与我们传统的认知经验——看图识字结合起来，就衍化出一种荒诞、幽默和反讽性的图像效果。杨国辛的作品通过图像素材的处理方式来探讨数码化对我们视觉经验的影响，他将一些基本的图像素材用电脑进行处理，使它们产生一种新的质感和空间效果，然后再对处理后的图像进行手工绘制。在杨国辛看来，这一过程具有某种实质性的含义，

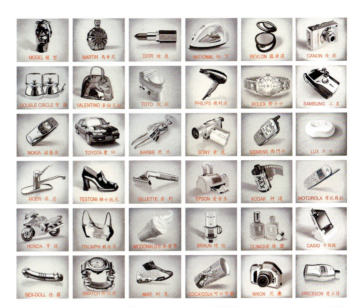

图 3 《重新看图识字》，李邦耀，1999—2000 年，布面油彩，61cm×50cm×36cm，图片由艺术家提供

图 4 《产品托拉斯》，李邦耀，1992 年，布面油画，182cm×238cm，图片由艺术家提供

因为它从本质上模糊了传统意义上虚拟与真实、主观与客观、表现与再现、广告与艺术之间的界限。杨国辛的这些作品具有某种照相写实主义的风格，但由于他在图像生成过程中置入了观念主义的认识方式，所以从本质上讲，他的作品又是反风格和非物质化的。与杨国辛对物质图像的处理态度比较，袁晓舫的对象质感置换手法显得更具隐喻

色彩。他不厌其烦地精确描绘我们的日用产品，植物的金属、自然质地，使它们产生一种时髦的光泽效果和装饰性，最后甚至使它们变得抽象起来。他的作品有一种杰夫·昆斯式的物质主义态度，虽然它并不像后者那样玩世不恭。他力图通过对生活极端物质化的刻画来影射我们雄心勃勃的物质目标后的空洞感。石磊富有装饰风格的构图、单纯优雅的色彩和平涂与表现性笔触结合的画法，都使他的作品有一种复调音乐般庄重恢宏的效果，构成画面空间单位的仍然是石磊风格的房屋，但由于省略了细布结构，它们看起来更像是连续构成的图案背景，四个不同姿态的卡通化的粉红色婴儿给画面带来某种不安的预兆，三组倒悬的人体更加强了

这种视觉隐喻，在画面美丽的秩序后面，我们可以联想到试管婴儿、转基因工程、克隆这些令人喜忧参半的方案。

石磊的作品或许刚好可以作为我们展览主题的某种脚注，在一个充分物质主义和工具理性的时代，我们的生活变得愈来愈美丽、透明和平面化，消费主义、享乐主义为我们塑造了一种新的娱乐道德观，时尚和流行简化了我们的精神层次和感知层次，自由主义的思想幻觉必须借助物质主义的感官欲望发声，艺术在这样一个时代也许改变不了什么，但它可以做出反应，这既是它的权利，也是它的义务。

2000 年 2 月 21 日

注释：

[1]原文载黄专编，《社会：上河美术馆第二届学术邀请展》，非正式出版，2000 年，第 8—9 页。——编者注
[2]冯峰，《关于〈外在的胫骨〉》。

超越未来：亚太地区的文化差异和共处[1]

—— 记第三届亚太当代艺术三年展

APT 是"亚太当代艺术三年展"的英文缩写（Asia-Pacific Triennial of Contemporary Art），这个缩写词对中国艺术界来说恐怕还是陌生的。

"第三届亚太当代艺术三年展"于 1999 年 9 月 9 日至 2000 年 1 月 26 日在澳大利亚昆士兰美术馆展出。这届展览延续了前两届的国际合作策划制度，聘请了澳大利亚及所有参展国策划人联合组成的"国际策划人委员会"，负责展览的学术策划和艺术家的选择，以体现展览组织程序的民主性和客观性，这届展览中国部分的策划人是罗清奇（澳大利亚）、黄专（中国）。

本届亚太三年展的主题是"超越未来"，有来自二十多个国家和地区的七十五位艺术家参展，其中包括巴布亚新几内亚、菲律宾、韩国、马来西亚、日本、泰国、新加坡、新喀里多尼亚、新西兰、印度、印度尼西亚、越南、澳大利亚、中国。巴基斯坦、纽埃、斯里兰卡、瓦利斯和富图纳群岛的艺术家是首次参加亚太三年展。

围绕"超越未来"这一主题，参展艺术家展出了包括摄影、录像、只读光盘、Internet 艺术、互联网、绘画、雕塑、陶瓷、纺织、装置和表演艺术在内的多种形式的作品，探讨了亚太地区人民在国家、贫富、种族、性别和宗教信仰等差异中共存共处的可能性，以及亚太地区当代艺术的后殖民特性及其对策、犯罪、消费文化、身体、意念等多方位的问题。日本艺术家 Nakahashi 的作品表达了日本民族对战争的复杂心态。日本艺术家 Nakamura 的作品则探讨了清查文化对广大非西方国家当代文化形态塑造的深刻影响。与中国在目前国际艺术大展中受关注的程度相吻合，本届展览中国艺术家参展人数达到总数的四分之一，其中包括内地艺术家李永斌、尹秀珍、张培力、徐坦、施勇、冯梦波和海外中国艺术家蔡国强、徐冰、陈箴、阿仙、王俊杰、桑晔等，关伟则成为第一位代表澳大利亚参展的华人艺术家。蔡国强在展场中央的小池上架起了一座巨大的竹桥，建桥材料来自他的家乡泉州；徐冰将他的"新英文书法"的教室搬到了澳大利亚；尹秀珍则用北京拆迁遗留下来的四合院屋瓦和相关图片在展厅筑造了一座巨大的中式屋顶；李永斌的录像艺术关注人的身份在社会性、家族性和文化性关系中的矛盾处境。

除以国家为单位参展的艺术家外，这届展览还增设了一个名为"跨越边际"的参展项目，有跨越国界和跨越学科的亚太地区艺术家参展，展览还与 QANTM 媒体中心共同开发了两个全新的展览项目"虚拟的三年展"和"银幕文明"。前者包括以国际互联网（http://www.apt3.net）为媒介的艺术品和展览信息库，后者则包括以电影短片、动画片、录像作品为媒介的艺术作品，中国艺术家施勇和冯梦波分别参加了上述两个展览。

2000 年

注释：

[1]原文载《雕塑》，2000 年第 1 期。——编者注

关于"居住改变中国"展的基本构想

"居住改变中国"这个提法是今年 6 月我去成都时提出来的，当时正与陈家刚讨论一个展览，他也觉得以这个题目做个展览会很有意思。这个提法变成一个展览理念，我想主要基于以下几点考虑。从中国社会现实看，我认为改变中国的有三种因素：一是政治法律伦理理念的变化，它主要涉及知识分子，如最近理论界、学术界有关自由主义、公共性及相关的讨论；二是网络，主要涉及更广泛的信息模式、经济模式和社会生活，这种改变更多是未来的而不是现实的（如电子商务），而我认为改变中国现实最直接、最广泛，也是最深刻的因素是中国城市人口的居住模式与居住观念的变化。有人认为当今文化全球化在广大发展中国家最主要的标志就是都市化，我觉得这是一个表层认识，其实这种改变对中国而言绝不仅仅是政府规划的都市和城区建设（像某些西方展览显示的那样），而是更为深层地涉及千家万户的分房制度改革。毫不夸张地说，1998 年以货币分房

制度代替职务分房的意义绝不在八十年代初农民取得自耕地之下，这个事件（它是由政府政策导致的，所以称"事件"）对中国人的现实和未来有这样一些可变性影响：其一，它从实质意义上改变了中国人的财产观念。原来以国家财富再分配形式提供给公民住房，而货币分房制彻底改变了旧有的财产所有制关系，这为中国发展现代化社会的"私人领域"和"公共领域"奠立了社会基础。其二，它改变了中国人的居住观念。货币分房使中国人真正获得了选择居住的自由，自由迁徙这个在旧体制中被视为大逆不道的行为（这类人曾被恶意称为"盲流"），因为可以自由购房而变得自然和体面起来。当然以货币为前提的平等掩盖不了社会财产分配上实际的不平等，货币分房甚至有实际上扩大中国人两极分化的危险，但应该看到这种不平等毕竟与权力、职务、社会身份造成的不平等有本质上的差别。其三，它改变了建筑的产业性质和结构。建筑业这个一贯被视为国家基础

产业的部门现在变成了一个完完全全的消费产业，随着这个产业在国民生产中所占比例的增大，它对中国经济、政治、文化生活的潜在影响会以我们想象不到的速度和方式发生。举个例子，中国第一家私人当代美术馆就是由房地产商建立的，我想中国当代艺术基金会也可能会由他们创建，中国当代艺术也许是中国社会这种改变最早的受益者。我听说不少开发商准备以各种方式投资或赞助艺术，我因此乐观地估计，未来改变中国当代艺术制度的既不是来自西方的恩赐，也不是官方行政政策的改变，而是最早投资和赞助当代艺术的房地产业。

当然，将"居住改变中国"作为一个展览理念，我主要考虑的是另一个现实，即中国当代艺术的现实。这个现实的变化远不及居住模式对中国社会的改变那么大、那么深刻，虽然中国当代艺术获得了较以往不可比拟的自由和空间，但集体主义式的启蒙传统和各种反价值的解构主义思潮从左和右两个方向阻止了当代艺术与中国当代社会问题的联系，中国当代艺术日益演化成炫耀个人才智、展示暴力、获取利禄功名的"圈内把戏"。近年来，我一直努力希望促成当代艺术对"公共性"的关注，我认为这种关注包括两层含义：一是指当代艺术的公共化体制和制度建设，即使中国当代艺术获得一个既不依附于传统体制也不依附于西方权力的公共制度；二是指当代艺术创作应当关注本土公共问题，使中国当代艺术能够真正成为对中国问题发言的"公共领域"，就后者而言，"居住改变中国"构成了一个极为有机而具体的公共话题，它比那些贩卖传统中国文化资源和极度展示个人私欲的"前卫艺术"更能体现当代自由主义学说对当代艺术功能的要求。我想围绕这个主题对展览做这样的基本设计：首先，这个展览是一个社会学和人类学性质的展览，它主要以视觉的方式探讨居住模式的改变对中国人财产观念、社群观念、消费观念、伦理观念、家庭观念、身份观念的影响及问题；其次，这个展览应该是一个跨领域的展览，它应包括建筑界、城市规划、社会学界、人类学界、经济学界的活动，而不仅仅是一个"艺术展览"；最后，前两点决定它是一个多媒介的展览，既可包括绘画、装置、设计、雕塑、图片、录像、行为等艺术媒介，也可包括统计、论文、市政或工程规划、社会调查等传统意义上非艺术的视觉材料和行为。当然，展览规模及影响取决于投资，如有房地产业的投入和赞助，那么，这个展览也可被视为"居住改变中国"的直接个案。

2000 年 11 月 9 日

深圳

建立中国当代艺术公共化制度的基本前提[1]

我一直将我九十年代以来从事的工作称为"社会测试"，它的含义是我将建立一种真正民主自由的艺术公共制度作为我投入中国当代艺术的基本理由。在我看来，建立这样一种制度比制造一两个流派和明星艺术家有更为实质的意义。

中国传统的艺术制度一直建立在一种超公共性的行政权力之上，新型的艺术运动不仅没有从根本上动摇这种权力，反而由于它的精英化倾向使得这个问题变得缺乏社会实证依据，这一点由于西方当代艺术权力制度对中国当代艺术的全面介入而显得更加严重。我认为，要在中国建立全面开放的艺术制度，必不可少的两个前提是：首先，这个制度不应以抽象的民主、自由的社会制度理念为前提（事实上，完全意义上的这类制度只是一种理论幻觉），它必须以中国社会现实体制为前提，通过设想和解决我们面临的具体社会问题，逐渐形成、改善和调整中国当代艺术的公共制度和规则。例如，探讨中国当代艺术基金会制度的可能性、私人美术馆在当代艺术社会化和公共化过程中

的特殊功能、当代艺术的传媒化方式问题、当代艺术展览制度与公众传统接受方式的关系问题等，只有将中国当代艺术制度的建设落实到对公共生活的实证问题之中，这种制度的建设才可能具有对抗任何形式的社会暴力学的可能。其次，建立这一制度的过程应以社会公正这类法律理念为依据，而不仅仅停留在思想和文化形式层面，艺术的自由、公正、宽容这些开放社会的品质和原则只有建立在某种法制化的结构之内才具有社会实践的意义，而这一过程我们完全可以通过利用、修改和完善现有法规、制度去逐步完成。例如，对社会施加于当代艺术的各种非法制化强制政令的法律诉讼、对艺术市场的法制要求、对大众传媒和艺术赞助制度与当代艺术之间的法律关系的研究等，都可以促进当代艺术制度的法律基础的建立。

中国当代艺术面临的社会暴力的形式是多种多样的，它既来自传统僵化体制给予的生存压力，也有艺术市场制度和西方艺术权力中心的暴力压迫，这些压迫的形式既可以表现为排斥和强制，也可以表现为接纳和

容忍，但它们的实质都是以取消中国当代艺术的自由为目的的。很长时间以来，我们总是将当代艺术仅仅视为一种思想和文化形式，很少关注它的社会实践意义。而实际上，艺术和人类的其他活动一样，无法脱离基本的社会公正状况、社会经济运行方式 (如投资、赞助、贷款制度、流通和传媒化方式) 和社会公民的经验等种种现实而存在，艺术制度与其他社会制度一样，必须以"尽可能地增加个体按其希望的方式生活的自由"(波普尔) 为前提，而另一方面，它又应保证这种自由不危害公共利益和公众生活的正常秩序。和波普尔一样，我将当代艺术作为一种解决问题的过程，即对现有社会形式大胆提出测试和解决问题的行为方式，它的积极作用在于以理性的方式逐步改善我们的社会组织方式、感受能力，扩展我们的生活自由度，除此之外，我想象不出当代艺术还有什么其他的功用。

2000 年

注释:

[1]原文载《美术观察》，2000 年第 8 期。——编者注

什么人算是批评家？[1]

《美术与设计》的编辑向"著名批评家"约稿，却张冠李戴地将约稿信寄给了我。我不够格称"批评家"，但约稿信让我想了这样一个"瞎扯"的题目。

在我的印象中，下列五类分子不宜算作批评家：

1. 为体制利益服务或随时准备为体制利益服务的人；

2. 以谋利为写作和工作目的的人；

3. 没有可靠专业本领（如语言、写作、鉴赏、逻辑等能力）的人；

4. 自认为既是艺术家又是批评家的人；

5. 导师、领袖、先知、教父一类的人。

我知道这种武断的排除法不仅会得罪很多人，还会使"著名批评家"人数锐减，不过我想，要维护批评这个行当的严肃性，这种排除法恐怕是必要的。我常常和朋友开玩笑说，中国现在很多"著名批评家"，其实应该叫"表扬家"。

玩笑归玩笑。照我的理解，批评家首先应该是一种社会身份，这种身份既要求从业者保持高度的人格独立性，又要求他具备高度的社会交流能力。作为"知识分子"，批评家首先应该对体制权力和市场权力保持高度的警觉和敏感，批评家的本分不仅在于对艺术品的批评，还在于对艺术的生产条件和生产体制的批评，而这两种批评都只要在与社会体制、商业逻辑和大众传媒的对抗又依存的复杂关系中进行。

这听起来像一个悖论。批评家的自由独立和学者的自由独立不同，它不能在书斋或象牙塔中获得，反而只能在与本质上反自由、反独立的各种社会体制、商业体制和大众传媒的关系中才能真正获得，这里的界限是，任何拒绝与公共体制（无论是集权体制还是民主体制，政治体制还是商业体制）交往的人和任何只准备与公共体制合谋的人都不可能从事真正的批评。批评家除了是一种社会身份，还应该是一种专门的职业，一门知识的行当。传播知识和社会批判是知识分子不可或缺的两肋，专业的知识技能不仅构成批评的前提条件，还构成批评的实际内容。对艺术批评家而言，只有掌握真正可靠的知识，才能进行真正有效的批评，对艺术家、艺术作品和艺术流派、艺术现象的批评是这样，对艺术制度、艺术生产条件的批评也是这样。卜卦、玄想、咒骂、奉承都不能算是批评，因为它们不需要真正可靠的知识。

我不是批评家，不仅因为我不够格，还因为我一直将我在九十年代以来参与的一些有限的工作视为一种"社会测试"而不是"批评"。1992 年的"广州·首届九十年代艺术双年展"是测试艺术对商业体制做出反应的能力，1997 年的"何香凝美术馆学术论坛"是测试艺术与人文科学之间的学科关系，1999 年的"深圳当代艺术雕塑年度展"是测试中国当代艺术公共化的可能性……这些测试尽管失败的居多，但往好里想，它们或许多少为当代艺术在本土环境的自由交流和发展提供了一些可资借鉴的教训，或者说，为真正的批评提供了一些材料。坦白地说，我对艺术发生和生产条件的兴趣远远大于对某个艺术家、艺术作品、艺术流派的兴趣，这也注定我成不了批评家。

2000 年

注释:

[1]原文载黄专，《艺术世界中的思想与行动》，北京: 北京大学出版社，2010 年，第 92—93 页；《南京艺术学院学报 (美术与设计版)》2000 年第 1 期。——编者注

中国美术文献研究的学科定性及命名 [1]

艺术科学的研究对象包括美术实践（绘画、雕塑、建筑、工艺等）和美术文献（所有记载、描述、解释、评论美术活动、美术作品的资料和理论文献），对前者的研究我们已约定俗成地称为美术史研究，而对后者的研究一直缺乏准确的定性和命名，在教学中我们习惯称之为"绘画美学""中国画论""中国美术批评史"，但这些称呼显然无法包容这门学科应有的学科含量、品质和价值，有时甚至容易引起对研究对象和学科性质的曲解。

首先要说明的是，作为美术史史源的美术文献和作为独立学科研究对象的美术文献具有完全不同的功能和性质，即使是同一文献也是这样。例如产生于五世纪的《画品》（后称《古画品录》）作为美术史研究的资料，可以用来说明那个时代艺术家的创作主题、方法和评价习惯，甚至可以用来佐证某些史实（如有关曹不兴于秘阁中画龙的记载或顾恺之的体格用笔）；而作为独立学科研究对象的这篇文献，不仅提供了中国最早的绘画批评模式、规则、方法和范畴，还提供了研究、解释中国绘画理论模式及其演变历程的最初"文本"。简言之，前者侧重它的史学记载和解释功能，后者侧重它自身独立的理论价值和思想内容，我们所说的美术文献学科的研究主要指后者。

作为一门独立的理论学科，中国美术文献的研究在二十世纪已经完成了很多具有建设性意义的基础工作，其中包括目录学、文献整理和编纂以及部分课题研究。1932年出版的余绍宋的《书画书录解题》，使传统学术中处于边缘地位的书学和画学第一次有了传统意义上的目录学著作，也为现代学科意义上的美术文献研究奠定了基础。尔后，丁福保、周青云所编的《四部总录艺术编》，更从传统文献分类的方法出发，将书学画学文献目录的范围扩展至法帖、版画，收书数量也由《解题》的860种扩大为1500种。1998年谢巍的《中国画学著作考录》以考据为主，收录自两汉迄今现代画学著作凡3000种，文献除四部以外还广录了考古、墓志等发现材料，每篇都有作者小传、版本和提要，体例更臻完备。从文献整理、编纂角度看，自明王世贞所编的丛书性质的《王氏书苑》和《王氏画苑》后，历代有关书画著作的编纂工作络绎不绝，清代康熙年间有百科全书式的《佩文斋书画谱》，民国年间有邓实、黄宾虹编纂的《美术丛书》。这部丛书收录文献虽显驳杂，但收录范围除传统书画外还广涉雕刻摹印、笔墨纸砚、词曲传奇，甚至磁铜玉石、工艺刺绣、印刷装潢，颇接近现代意义上的"美术"。而近现代另一件有价值的画学文献编纂工作是于安澜《画论丛刊》《画史丛书》和《画品丛书》的出版，这套丛书不仅收书更加严谨精审，而且体例上已具备现代学科的分类性质，画论、画史和画品相当于美术理论、美术史和美术批评。近年来上海书画出版社正在组织校注的画学著作，相信会使中国画学文献的丛书编纂达到新的水平。除丛书编纂外，俞剑华的《中国画论类编》、周积寅的《中国画论辑要》和陈传席、陈高华等编纂的以画家传记为线索的《六朝画家史料》《隋唐画家史料》《宋辽金画家史料》《明代院体浙派史料》也都是具有一定水准的类书文献。中国美术文献的研究工作在近现代也有了一些可观的成果，这种研究一般而言是在两个层面上进行，

一是对文献本身的训诂考订，一是史学、美学和语文学角度的综合研究。就前者而言，阮璞从训诂章句学及古代文体学角度对"六法"原意的考证，蒲松年、陈少丰对《林泉高致》篇目的钩沉，傅申对《画说》作者的研究都可被视为这一领域的突出成果；从后者看，钱锺书对中国诗画关系及中国画时空观念的研究，阮璞对张彦远《历代名画记》和唐、宋、明、清文人画理论的综合研究，伍蠡甫对董其昌画学的研究，陈传席对六朝画论的研究以及近年来海内外围绕"南北宗说"对明清画论的研究都反映了这一领域的发展水平。至于八十年代的"美学热"中，大量书学和画学文献成为美学理论的佐证资料和论据来源，一方面从学科角度显示了美术文献的理论及史学价值，另一方面由于这种引征大都是从抽象概念出发，不可避免地存在着大量穿凿附会、移的就矢的毛病，一定程度上又使本来就不易究诘的美术文献陷入现代美学概念的误读语境。

中国美术文献的整理和研究，虽然已经取得了一些显著的成果，但就一门独立的人文学科而言，它与其他学科(如哲学、历史学、诗学、文学批评等)比较尚缺乏较为规范的

学理系统和学科方法，与它的姐妹学科美术史比较，更是在学科定义以及研究选题和对象上缺乏明确周密的定性和规划。这些缺陷突出地表现为：其一，除少数课题研究（如"六法""南北宗说"）外，美术文献的学科研究范围尚十分狭窄，缺乏宏观性的学理系统和学科规划。尤其是在传统学术观念的影响下，除书学和画学文献外，大量被现代学科视为研究对象的建筑、工艺等方面的理论文献被排斥在学科选题之外（如北宋《营造法式》这类具有世界水准的古建筑文献迄今仍缺乏与其身份相符的美术史学角度的系统研究）。其二，文献原意的释读水平偏低，这一点在中国青年研究者中更为普遍。美术文献研究的基础是古汉语，解读古文献除必不可少的训诂、章句、目录、版本等专业训练外，还需对不同时代的文体、用词习惯有较深入的了解，尤其是中国美术文献与其他文艺文献（如诗话、词话）一样具有以微言大义言说的特点和疏简率意的学风，这也在一定程度上加大了以现代逻辑方法释读的困难。这些年阮璞先生侧重以传统考据学和现代美学逻辑相结合的方法，对画学文献的历史传讹进行了大量的辨伪和释读工

作，对这一领域的研究无疑具有开创性的功劳。其三，这门学科尚缺乏现代学科的学理规范和方法论特性。中国传统学术一直存在重经验而轻逻辑、重描述而轻解释的理论品质，这种"述而不作"的传统是中国美术文献成为一门真正意义上的人文学科的最大障碍。要使其成为一门真正的学科，除了要重视基本学术规范和学理系统的建设外，还必须注意重视对其他学科先进学科方法的引进，对美术文献进行比较学、语言学、社会学等跨学科、多层次的研究，使这些学科尽早摆脱经验学科的状况。

艺术科学从本质属性而言是一门历史科学，它的发展应与历史学科的成熟同步。同样，对中国美术文献的研究首先是一门思想史、观念史学科，但它不是对美术品、美术活动包含的思想和观念的研究（这种研究属于美术史研究范畴），而是对以文献材料形式存在的思想和观念的研究，是对这些形式的起源、形成和发展过程的描述和解释活动。当然，它包括这些思想和观念对美术活动和美术品影响的研究。对美术文献的研究是一个多层次、复合性的学科活动，它既包括对一些基本范畴、法则、概念的研究，也

包括对批评活动、批评现象和批评史的研究；既包括对美术文献的分类、整理、校勘，也包括对美术文献中存在的历史观念、史学方法的研究。

作为一门独立的人文学科，对美术文献的版本、原意的整理和校读，或者说对美术文献的史源学研究是对它进行历史解释的必要和可靠的前提（这一点类似美术史研究中的作品真伪鉴定），但我们必须看到，美术文献研究毕竟不同于一般意义上的文献学和史学史研究，它的最终目的是对这些文献进行历史性的解释，而这个过程必须包括想象和猜测的成分，因此，它还必须关心所有有助于还原历史语境和进行历史解释的其他文献，运用假设、推理和想象去重构美术理论发展的历史过程，接近历史的"真实"。就美术文献研究的这种"客观性"的理论品质而言，它与美术史的研究相似，在这里，"主观性并不意味着一切都随心所欲，不意味着我们可以绝对自由地按照兴致的指使去感觉和梦想。我们的目标是做出正确的反应。虽然正确反应这个概念很难解释，但我有责任证明它是可以做到的。……自然科学可以推翻一种错误的解释或假设。同样，

训练有素的人文学科者也可以推翻一种错误的解释或一种误解，和蔼地警告容易上当的人不要滑入沾沾自喜的唯情主义深渊，并建议他们采取较慎重、较有裨益的'受控想象'"[2]。正是从这种理论品性出发，对美术文献的历史研究也不同于美学和美术理论研究，一般而言，它不关心一般意义上的抽象美学概念、范畴和原理，除非这些概念和范畴可以用来解释美术文献的历史过程。它只关心在具体的历史环境中发生和起作用的那些知识和规则，以及这些知识和规则的理论形式，即使是对美术理论范畴、定义和原理，它也只侧重对这些范畴（如"神"）、定义（如"南北宗"）和批评准则（如"六法""四品"）自身的理论品质、演变过程以及与美术活动的互动关系的解释。由此我们可以说，对美术文献的学科研究重要的是对以历史文献形式（包括技术、批评、史观及理论）存在的理论现象的研究，是对这些历史现象的解释活动。

名正而言顺，但对以中国美术文献为史源的这门学科的命名不像想象中的那样容易，从已经有过的名称看，它们都未达到准确界定学科对象、范围和性质、功能的程度，

"中国画论"虽然直观，但它标明的学科范围不仅无法包括现代"美术"，就连书法这一传统艺术门类也没有囊括在内；"中国绘画美学"容易模糊这门学科的历史学科性质。如果根据这门学科的对象属性将其命名为"中国美术文献学"，则有可能让人误认为它只是一门以文字整理、训诂和校读为对象的学科；如果援引文学批评史的概念将其命名为"中国美术批评史"，又无形中简化了这门学科的研究范围，将它仅仅限制于对批评范畴、批评活动和批评历史的研究，而"中国美术史学史"又只考虑了对美术史观的研究，而忽略了对批评、技术等环节的研究。我认为，从文献性质、研究对象和理论品性上界定这门历史学性质的人文学科，合适的名称应为"中国美术学史"，这一命名既表明了这门学科的理论特性，也使它与姐妹学科"中国美术史"有了一个大致对称的名称，较利于直观地说明两种学科的异同。

命名为我们认识了解对象提供了一种方便的途径，但它在表明对象的同时也在模糊、掩盖和曲解对象，任何一种命名获得专业知识界的认同和使用，除了它对对象性质界定的客观程度外，在很大程度上还需要一点运气。我们不知道哪个命名能够最终成为我所描述的这门学科的"所指"，但很显然，从这门学科的现状和发展看，它急需这样一个"所指"。

2000 年

注释：

[1]原文载《新美术》，2000 年第 4 期。——编者注

[2]贡布里希，《艺术与人文科学的交汇》，载范景中编选，《艺术与人文科学：贡布里希文选》，杭州：浙江摄影出版社，1989 年，第 7—8 页。

作为公共领域的中国当代艺术 [1]

　　"公共领域"和"公共性"在当代自由主义和社会批判理论中被描述成一种理性社会的民主关系，它介于私人生活领域和国家权力制度之间的广阔中间地带，它的功能既体现为对国家权力的有效控制和调节，以使其在干预私人生活和价值时保持最大限度的中立立场；也体现为一种聚集和分离个人的无形力量，显现平等交往、有机对话和利益均衡这类的当代社会原则。现代"公共领域"的核心包括公共讨论机制、出版传媒、文化设施，它们以公开性的文化批判、理性讨论的方式实现自己的功能。汉娜·阿伦特将这种公开讨论称为"对个人经验的艺术转化"[2]，这种说法类似博伊斯的"人人都是艺术家"或"社会雕塑"，只不过前者是以艺术喻指"公共性"，而后者直接将艺术视为一种公共性的媒介。

　　当代艺术被视为一种特殊的"公共领域"和"公共舆论"需要两个历史背景：其一是艺术品的"公共化"，即它丧失了作为精英政治和权力工具的神圣性和权威性；其

二是艺术家身份的公众化和独立化，即艺术家不再被视为引导时代和孤芳自赏的精神贵族，"艺术摆脱了其社交表现功能，变成了自由选择和随意爱好的对象。'趣味'依然是艺术的指针，它表现为业余的自由判断，因为任何一个公众成员都应当享有独立的主权"。[3] 当然，这一切都与市场代替权贵、尊严政治代替等级政治以及现代意义上"公共领域"的建立有关。

　　中国八十年代以来的现代艺术实践中，"公共性"从来就没有成为一个引起讨论的话题，即便在九十年代市场经济和有限度的公众舆论体制初步建立起来以后，自由交流、公共批判这样一些在西方当代艺术中被视为必不可少的公共功能在中国当代艺术中也很难获得共鸣，相反，大量自闭性的、反社会和反公共性的作品一再成为艺术时尚，艺术家在获得自由职业的身份后并没有同时获得自由谈论和自由创作的意识和权利，他们的艺术不仅受制于各种市场机会和西方机会，而且受制于时尚和资讯，今天，

一个更加了解纽约和伦敦艺术趣味的人，尤其是了解纽约和伦敦需要什么样东方作品的人，显然比一个不了解这些的人具有更大的成功机会和更优越的位置，而本土资源（无论是传统资源还是现实资源）只有在成为取得这些机会和位置的资本时才会引起关注，这样的现实使中国当代艺术与它本土的公共经验和公共环境之间存在一个巨大的真空地带，无论是将这种现实归咎为中国"公共领域"的不成熟，还是归咎为西方文化霸权的优越地位，我们都难逃其责：正是长期以来历史决定论性质的思维方式导致的狭隘政见，掩盖了对中国当代文化丰富性、复杂性和变异性的认识，而对西方文化的普遍主义的认识又使我们在面对西方当代艺术制度和权力时，往往不自觉地采取一种顺从主义的姿态，使中国当代艺术长期保持西方策划人及其掮客们所希望的犬儒状态，这些策划人和艺术掮客以西方展览制度和商业制度虚构的国际性"成功"诱使中国艺术家成为制造东方主义视觉产品的工具，从而使中国当代艺术成为当今世界为数不多的后冷战文化标本中的一种。对这种文化现实

的反感不能统统归为"民族主义"，事实上，在严肃的当代自由主义理论中，我们能听到对这种忽视"差异政治"的强权性文化逻辑不屑的呼声。例如查尔斯·泰勒的"承认的政治"（politics of recognition）理论[4]就不仅是对西方文化内部私人价值与公共领域关系的反省，也包括对国际文化和政治关系中普遍主义政治（politics of universalism）思维与文化多元化（multiculturalism）现实之间矛盾的反省。平等、尊严这样一些抽象理念只有在全球化的多重文化冲突中才能充分凸现其现实价值。

在一个前批判社会中讨论当代艺术的"公共性"并不是一件奢侈的事情，恰恰相反，正是这种现实使得当代自由主义提倡的公共批评、自由交流和平等承认的文化原则显得尤为重要。长期以来支配中国当代艺术的理论，要么是集体主义和整体主义性质的启蒙教条（如八十年代新潮美术运动中的"理性主义"），要么是它的反面——各种反价值、反理性的解构思潮，真正意义上的人文主义、理性批判主义和当代自由主义学说从来没有引起过严肃的关注，这是导致今天的

中国当代艺术变成一种空洞的智力游戏、冒险家的赌局和暴富者工具的理论原因。我以为，一种完全无视本国真实的公共处境、社会问题和民众疾苦的当代艺术，一种不具备社会批判意识的当代艺术，在今天的中国没有存在的充分理由。前两天，在一个广东油画展的讨论会上，我听到一位自称德国批评家的人在对某油画作品进行了一番得体的恭维后，以一种超然的口气说，我们在西方已经看腻了装置、行为，这种写实、审美的艺术使我们感到清新、愉悦（大意）。我想无论这位西方批评家（这时他肯定只能算表扬家）的话是真是假，它都会使我们的文化官员兴奋莫名。这种来自西方的赞扬肯定比在场大多数本土大腕批评家（表扬家？）的赞扬更中听，也更有说服力。会后一位"圈子里"的艺术家说这位德国仁兄九十年代初曾将中国的前卫艺术、地下艺术倒腾到德国去，我就想，真是，洋人的话也不能当真！

2000 年 11 月 25 日
广州

附："中国当代艺术中的公共性"专栏主持人语

从本期起，本刊开辟一个新的理论栏目，这个栏目每期邀请一位理论家和批评家主持，每期讨论一个中国当代艺术领域受人关注的焦点性理论问题。第一期讨论的论题是"中国当代艺术中的公共性"。

"公共领域"和"公共性"是当今从西方马克思主义社会批判理论到各种类型的自由主义学说普遍讨论的问题，它不仅涉及西方当代社会内部私人领域与公共领域之间的价值关系、伦理关系、法律关系以及自由主义传统的内在悖论和当代困境，还涉及诸如"万民法"这类与当代多元文化冲突有关的处理国际文化政治关系、建立承认文化差异前提下的全球新秩序的理论构想。九十年代末以来，随着对中国本土当代艺术中各种机会主义、犬儒主义和后殖民思潮的反省，关注本土公共和社会问题、建立当代艺术的公共领域公共批判机制，尤其是重新理性地评估和反省中国当代艺术在全球性（尤其是西方）艺术系统中的位置及功能，开始成为部分严肃的中国学

者和批评家讨论的话题，本期围绕这个话 术界和公众传媒的关注。（黄专）
题发表几篇极有分量的论文，以期引起学

注释：

[1]原文载《美苑》，2001年第1期。——编者注

[2]汉娜·阿伦特，《公共领域和私人领域》，转引自汪晖、陈燕谷主编，《文化与公共性》，北京：生活·读书·新知三联书店，1998年。

[3]尤尔根·哈贝马斯，《公共领域的社会结构》，转引自汪晖、陈燕谷主编，《文化与公共性》。

[4]查尔斯·泰勒，《承认的政治》，转引自汪晖、陈燕谷主编，《文化与公共性》。

被移植现场的三个维度^[1]

第四届深圳当代雕塑艺术展的主题是
"被移植的现场"，这个主题的产生严格遵
循了中法两国策划人共同策划的原则，法方
策划人阮戈琳贝女士提出了"在现场"（in
situ）这个概念，而我提出了"被移植"这个
概念，它们的简单结合就构成了现在的展览
主题。我将这个主题理解为三个有机的维
度，分别是环境、策划理念和作品。

环　境

在"被移植的现场"这个偏正结构中，
作为主语的"现场"既可以抽象地理解为一
种文化时态，也可以具体地理解为本次展
览的实施环境，我的解释仅限于后者。这次展
览的展场是深圳华侨城生态广场。深圳是
中国八十年代以来改革开放政策下的人工
产物，作为中国式现代化的标本，它的重要
地位直至九十年代中期上海浦东开发全面
开始以后才稍有下降。不可否认，中国改革
开放的决策者没有选择传统政治、文化和

经济中心的北京，没有选择有商业、金融和
对外贸易绝对优势的上海，也没有选择同样
毗邻港澳的南方大都会广州作为经济开放
的实验场，而选择了偏远的渔村深圳，这是
有着深远的战略眼光的。这种选择从文化生
态角度看，首先，避开了传统体制的强势作
用，为这种现代化的实验过程提供了一种相
对低风险的环境；其次，从国际上移民开发
的经验可以看出，移民城市往往更容易形成
一种相对宽松和自由的人文环境，从而催生
新型的社会模式。事实证明，直到今天深圳
仍保持着与珠江三角洲周边地区迥然有异
的相对开放的人文习俗、语言方式和价值取
向。深圳在文化生态上的优势和劣势是一样
的：它没有历史，缺乏形成文化认同感和归
属感的条件，有强烈的务实心态和消费实用
主义立场，而这一切为自然摆脱传统政治中
心社会的影响提供了可资征用的资源。建立
于 1985 年的华侨城被称为"特区的窗口""特
区中的特区"，经过近二十年的发展，形成
了以旅游、电子、房地产开发为中心的强大

的上市企业集团，尤其是包括锦绣中华、民俗文化村、世界之窗等项目在内的旅游产业，不仅成为中国现代旅游业的成功典范，而且成为中外学者从经济模式、文化行为和社会心理角度研究深圳这种特殊现代化模式的文化个案。这一旅游产业的设计理念，体现了一种强烈的将国家、民族认同心态融入消费文化的特征。如果说中华微缩景观和民俗文化村以一种旅游娱乐的方式潜性地表达了民族、国家和历史的认同感，那么，"世界之窗"的设计则满足了在对世界的"他者"性关照（将世界——主要是西方世界视为一种异国情调）中确立主体身份的本能欲望。它们都具有"巧妙地维持开放性和主体性之间平衡"[2]的功用，当然所有这些必须受制于赢利这个经济前提，所以它们又从本质上迥异于传统意义上的政教性宣传，不过，也正是这一点宿命性地呈现了发展中国家在现代化过程中无法摆脱的悖论，即这种看似主动的姿态和开放的选择，由于深深地受制于资本市场和资本意识形态的控制，无可避免地导致文化资源的疏离和异化，加深本土文化相对于西方世界的客体化过程。

"被移植"就是对这一悖论性过程的一种理论表述，这一表述用来形容这次展览的现场——华侨城生态广场同样合适。华侨城生态广场作为华侨城房地产开发配套项目于2000年由法国欧博公司设计完成，占地面积为4.6公顷，从地形上看，它由三级台阶式地形由北向南展开，有机地将自然生态和社区公共空间融为一体，在风格上，它将法国式园林结构与中国传统园林元素相结合，突出了自然与人居环境有序与无序的节奏对比，这种含糊、暧昧的融合恰如其分地达到了它在文化功能上的要求——相对于民俗村、世界之窗这类旅游景观，它没有着重强调各种象征性符号的设定和舞台效果，但这种"移植"与前者一样，既满足了向先进文明靠近的愿望，又满足了回归传统价值的心理需求，当然这一切都是以满足周边较高层次业主的消费心理为前提的。相对于其他类型的国际展事的展场，华侨城生态广场具有的这种隐性的文化属性并不容易为人察觉，所以考察过现场的中法艺术家除了对广场设计的精致表示赞叹外，大多又对在这样一个缺乏文化参照性的环境中实施作品表现了不同程度的茫然。

策划理念

在这样一个"被移植"的环境中策划一个当代雕塑展，首先考虑的是不应该使这个展览成为通常意义上的环境雕塑展和城市雕塑展，因为这种类型的展览通常只会强化环境的消费符号的意义，加剧现场从属性文化的特征，在一个有中法艺术家共同参加的展览中，这一点尤其值得警觉。其次，"被移植的现场"这个主题在策划维度上首先应该超越单纯的文化交流。对于中法艺术家而言，"被移植的现场"首先是一个共同面临的问题，而不仅仅是一种创作环境。如果说"移植"是全球化一种不可逆转的趋势，那么这一过程对于不同模式的国家和文化则具有完全不同的意义。对于传统意义上的发达国家而言，这种移植更多地意味着"先进文明"的输出，对发展中国家而言，这种移植更多地体现为主体身份的丧失和对一种普世价值的屈从，这种输入、吸取过程充斥着强权与抗争、认同与排斥等复杂的背景

因素。揭示这种移植过程隐含的各种文化经验、心理记忆和历史—政治动因，共同探讨在一个共时性空间中保持不同文化的差异性和归属感，是这次展览策划的一个中心主题。华侨城生态广场为这个主题的完成提供了一个有点戏剧化的平台，而这次参展艺术家"身份"上的多元性和复杂性也为完成这个主题提供了主体条件。由于展览的大部分作品都在公共空间以现场的方式完成，所以它无可回避地延续着前两届展览中潜藏的社会学主题，即在中国的公共环境中如何为当代艺术的创作提供更加有效的制度化保证、当代艺术品与公众接受方式的互动性以及与此相关的各种公共权利、义务及法律关系，等等。这届展览完成了由环境雕塑展向多媒体的、公共空间的观念艺术展的转换，这是策划、实施"被移植的现场"这个主题的一个必然结果。

作 品

当然，"被移植的现场"这一主题最终是由艺术家和他们的作品实现的。如果说法

方艺术家的选择既体现了法国文化的多元化特征，又包含了法国当代艺术史中不同类型的代表性艺术家（关于法国艺术家及参展作品，请参见法方策划人阮戈琳贝女士的论文及艺术家的访谈），那么，我在选择中方参展艺术家时，更多是考虑艺术家对这个主题的反映能力和媒介方式的多样性。在中方艺术家提供的参展方案中，"被移植的现场"是由一系列动态的、不确定的元素来呈现的，这些元素有的反映出对现场的历史—文化维度的解释欲望，有的在于探索隐藏在华侨城生态广场这种现代化产物背后的生产关系，有的试图将无机的视觉材料与有机的生态环境之间的循环过程作为实验的对象，这些都极大地拓展、丰富了展览主题的内涵。

黄永砯的《蝙蝠计划》取材于刚刚发生的中美南海撞机事件，他赋予这一事件某种"生存性"的幽默感，被截成三段归还美国的侦察战机像是一个无法抹去的魔咒，被黄永砯演绎为一个严肃的现代玩笑，他坚持要等大复制战机的尾部，是为了增强这个玩笑的现场感。在世界之窗、锦绣中华这些按比例缩小的旅游景观中，它更像一个难得遭人待见的不速之客，"被移植""在现场"这些展览主题因为这件作品而拥有了很多没有预设的意味。（以上这段文字是我根据记忆重写的，这段文字和黄永砯参展作品的命运一样，但"抹去"反倒加强了这件作品的魔咒，后来黄永砯又在一些不同的展览中继续完成这件作品，在我看来倒有点添足之虞。）

汪建伟的作品《移动的规则》采用了他并不常用的媒介材料，但仍延续了他作品中那种理性的逻辑特征。他为"维纳斯"这种西方审美标本加上中国传统的不倒翁底座，来隐喻文化逻辑和视觉化生产规则间存在的微妙关系，更进一步，他还希望在展览的公共现场发现经典文本向日常生活文本转换的实际证据。当然，对于观众而言，隐藏在这个近乎卡通形象背后的灰色思考并不重要，重要的是它终止了我们欣赏这类形象时的惰性思维，而以戏拟的方式为我们自由解释经典提供了新的通道。

王广义为展览提供了两套方案，都源于他对华侨城这个现代化产物背后隐含的生产关系的兴趣。第一套方案《劳动者纪念碑》（或《自然的力量》，图1）的灵感来源是街头印有广告的废旧水泥预制板，这套方案计划在现场翻制二十块印有二十年里华侨城劳动模范和死伤劳工姓名的水泥预制板，然后罩上有机玻璃罩，使每块预制板具有另类"纪念碑"的意义，以探讨和表达"在一片完美的人造风景背后的某些东西或'关系'"。这件具有"贫穷艺术"特征的作品方案，也许还暗含着这位以中国式波普艺术享誉艺坛的艺术家在作品问题维度上的某种微妙转换，很显然，在这些作品中，政治—消费、东方—西方这类二分逻辑开始被一种对现实生产关系的思考代替。在作品《标准纪念碑》中，他直接复制和挪用了传统的劳动者纪念雕像，通过安置玻璃罩柜，使这种在中国人文化记忆中十分熟悉的形象产生了一种疏离和异化的视觉效果，提示人们在一个消费主义的现场重新关注"劳动"和"劳动者"的含义。

同样是关于"劳动"和"劳动者"的主题，尹秀珍采用了更为直接的材料和她自己熟悉的方式。在展览现场以广告的方式征集来的数千件深圳劳动者的衣物和用具，被她

图1 《劳动者纪念碑》，王广义，2001年，玻璃钢、方钢、玻璃、小米，200cm×200cm×220cm

用水泥砂浆封存起来，用来装饰环境的豪华棚架上也挂满了衣物。这件略带反讽色彩的作品似乎是向深圳这座现代化城市提出的一个问号。给这座城市的另一个问号是由这次展览中唯一一位雕塑家隋建国画上的，在作品《再搅拌—新人》中，他以金属材料做了一件写实的白领塑像，恶作剧式地将这个塑像以垂直于墙壁的角度安置在华侨城生态广场中央欢乐中心的墙壁上。在作品的立意说明中，他这样写道："都市白领已成为当下中国社会中的'英雄''模范'……这个行走在墙上的都市白领是否可以被视作改革开放以来曾狂热一时的深圳淘金梦的

图 2 《景观》，徐坦，2001 年，木材、喷绘、钢，400cm×400cm×800cm，图片由艺术家提供

图 3 《戏》，张永和，2001 年，铁格栅，226cm×370cm×226cm

影子？"

徐坦的作品《景观》（图 2）以一种戏拟的方式探讨文化主体身份置换的心理过程。在展览现场，他搭置了一个供游人拍照的高台，台中央的布景由一正一反两张埃菲尔铁塔的图片构成，两座铁塔的图像一个来自真实的巴黎，一个来自世界之窗旅游区中的模拟品，后者曾使无数到此观光的中国游客体验到一种置身境外的满足感，也以隐性的方式向中国人灌输着关于"先进""大同"（在这个模拟的铁塔下，每天夜晚都要进行一场名为"世纪风"的大型室外剧场表演，表演通常在《欢乐颂》的乐曲中达到高潮并结束）这类的普世理念。不难想象，即使在这种对异域风情的虚拟性关照中，敏感的人也隐隐体会到作为他者的失落感。

如果说这种失落感仅仅是由一些象征性的消费符号带来的，那么，人们同样有理由在另外一些象征物上寻找到历史—文化

的自我认同感。施慧的《遗忘的假山》和张永和的《戏》（图 3）就是这样的代用品。施慧以纸浆、铁丝网、喷胶等材料在现场竖起一座高达 3 米的假山石，希望唤起人们遗忘的"对自然家居和传统理想的悠远感情"。与施慧这种诗意的表述方式不同，张永和几乎是用极简主义的材料和方法营造了一个等大的传统戏台，他称它既是一个空间的雕塑，也是一个建筑的雕塑；他还希望它既具有象征的功能，满足人们对自己历史的记忆，也具有实用的功能，成为人们休闲和玩耍的场所。关于文化和历史记忆的作品还有曾力的《钵》，这位舞台设计师以简约和复数性的象征手法，在现场安置了一组圆形的铜钵，它们既像一种神秘的符咒，又像时间的容器，传承着历史—文化的意象。

材料属性关系的转换以及这种关系的意义张力是顾德新作品的核心内容，正是这个内容使他成为中国为数不多的几位纯粹

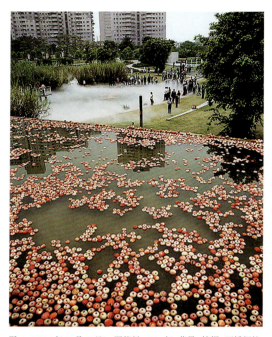

图 4 《2001 年 12 月 12 日》，顾德新，2001 年，苹果、铸铜、不锈钢柱，300cm×50cm（不锈钢柱）

图 5 《第十一个五年计划》，林一林，2001 年，水泥墙、树木，12000cm×800cm×400cm

的概念主义艺术家之一。由于加入了公共空间这个不确定的要素，他为这次展览提供的作品方案《2001 年 12 月 12 日》（图 4）似乎有了某种互动的属性。这件作品由两组不同的材料元素构成，一组由一座高 3 米的圆形金属立柱和立柱上一尊镀金的金属苹果组成，另一组则是散置于金属柱四周的十吨真苹果。材料的恒定性和易腐性构成了一种耐人寻味的转换关系，现在无法确定的问题是：那些真实的苹果会以自然腐烂的方式消失，还是会以人为掠取的方式消失？它们会在多长时间内消失？由于偶然的原因，这件概念主义作品与法国概念主义大师丹尼尔·布伦（Daniel Buren）的作品被重叠安

置在同一个场地，这使得在两种不同文化中产生的概念主义艺术有了直接对话的机缘。

林一林为这次展览提供的方案具有他作品中不常见的史诗特征，他在一堵纪念碑式的砖墙结构中安置了一棵树苗，砖墙正面上方刻有 2005 年的金属字样，这件被称作《第十一个五年计划》（图 5）的作品有一种寓言感，有一点乌托邦，仿佛是一把度量现实与理想、人与自然距离的尺子。

今天也许没人怀疑中国举办大型国际当代艺术展事的能力，但举办这类展览的意义开始成为一个新的问题，而这类问题总是伴随着对文化"全球化"的批判之声。如果说西方策展人对大展制度的怀疑表明了

这种制度自身的某种"亏空"状态，那么，非西方国家的怀疑则更多针对自身的身份感、位置和价值问题。譬如说，在西方大展中无法获得真实的认同感和身份感，难道就有可能在本土环境的展览中获得吗？进而言之，对艺术家而言，这种身份感和认同感真的那么重要吗？它们是否像约翰·汤林森(John Tomlinson)所言，只不过是一种由"想象出来的社群"所建构的文化经验和归属感的一部分，只不过是一种"虚假的意识"[3]。也许归根结底，艺术只有超越这些问题才能真正做出回答。

2001 年

注释：

[1]原文载黄专、阮戈琳贝编，《被移植的现场 ——第四届深圳当代雕塑艺术展》，2001 年，第 21—23 页。——编者注

[2]倪伟，《符号消费的文化政治 ——评〈再现中国文化〉兼论深圳民俗文化村》，载《视界 (第 1 辑)》，石家庄：河北教育出版社，2000 年。

[3]约翰·汤林森，《文化帝国主义》，冯健三译，上海：上海人民出版社，1999 年。

方法与属性：中国录像艺术的历史和问题[1]

录像艺术在中国当代艺术中一直扮演着郁郁寡欢的角色，它既没有可能像架上艺术那样获得商业成功的机会，也没有可能像行为艺术那样理所当然地成为"先锋"的象征，这种角色恰好使中国录像艺术一直保有某种精英主义的色彩，我曾对我的那些痴迷录像的朋友说，现在似乎只有录像艺术才能检验一个人是否真正热爱艺术。和西方一样，中国录像艺术也诞生在一个特殊的时代，不同的是，它既没有迅速成长为一个游击队员，也没有沦落为技术赞助制度的俘虏，这样一个本性大众化的媒介一直像在玩一个自言自语的游戏。

从理论上讲，录像作为一种艺术媒介，并不具有现成品或身体媒介那样的"先锋性"，它的问题更多地集中在艺术与技术（观念形态学）、艺术与大众传媒体制（社会现象学）等现实要素中。就现状而言，中国录像艺术既不可能受惠于 NCET（美国全国实验电视中心）或洛克菲勒基金会那样的赞助，也不可能获得大众电视台这类社会化媒介具有的传播学意义，这种特殊的意识形态

现实使中国录像艺术面临的问题从一开始就迥异于西方。早期的（八十年代末至九十年代初）中国录像艺术更像是一部活动的相机，主要功能是记录，并不具备"电子形象造句法"之类的语言属性，但在这一阶段，我们仍可以从张培力的《30×30》《卫字3号》和颜磊的《清除》《化解》这类作品中看到早期观念主义的一些特征，如极少主义式的简约和复述性的叙事方式，固定的机位拍摄，不附加后期配音，等等。中国录像艺术的真正发展要到九十年代中叶，1996年在杭州举行的"现象＆影像展"和1997年在北京举行的"'97中国录像艺术观摩展"（由邱志杰、吴美纯策划）不仅表明中国已有了一个数目可观的使用录像媒介的队伍，而且表明这种媒介有急切的社会化愿望。这一时期比较成熟的录像艺术家有张培力、耿建翌、朱加、李永斌、王功新、汪建伟、颜磊、陈劭雄、徐坦、邱志杰等。与这一时期观念艺术的其他媒介在中国的发展一样，录像艺术也经历了一个由克服技术局限到超越技术层面，向录像媒介的历史发问的过

图1 《不确切的快感 (I)》，张培力，1996 年，4 视频 12 画面录像装置，无声 / 彩色 / 30 分钟 / PAL 制式，图片由艺术家提供

程，对方法论的探讨也成为这一时期录像艺术工作的主要课题，甚至出现了"录像诗学"这类以探索录像语法和其工具特性为主旨的概念。对录像方法论的探讨涉及录像媒介的语义特征（如表达时间与空间的特殊方式、电子图像与传统图像的异同以及录像与装置艺术的结构关系），录像作为工具的社会属性和心理属性，录像与电子网络等新型媒介的互动关系，等等。就方法论类型而言，中国录像艺术家可分为分析型和综合型两类，当然，这种分类有很大的相对性，只能作为我们认识中国录像艺术的一种简单坐标。

分析型录像艺术家可以张培力为代表，他是中国最早使用这一媒介的艺术家，其作品一直保持着一种较为稳定的工作方式和问题逻辑，他的代表作如《卫字 3 号》（1991年）、《作业一号》（1992 年）、《保鲜期——

8/28/1994》（1994 年）、《不确切的快感 (I)》（1996 年，图 1）、《焦距》（1996 年）等，大都采取稳定的分析态度、相对固定的机位、连续重复的镜头叙述，营造出一种敏感而实证性的视觉气氛，与这类作品气质相近的还有颜磊、陈劭雄、王功新、朱加、邱志杰、李永斌等人的早期作品。它们或陈述一段生理经验，如颜磊的《清除》、邱志杰的《卫生间》、杨振中的《洗澡》（图 2）；或探讨一种视觉语言方式，如陈劭雄的《跷跷板 靶子 房屋 海景：以肺部活动为支架的观看（拍摄）方式》、《视力矫正器》（图 3），王功新的《老凳》（图 4），朱加的《谈话》（图 5）；或研究录像媒介的时空叙述特征，如耿建翌的《完整的世界》《视觉的方向》，钱喂康的《呼吸 / 呼吸》，高世强、陆磊、高世名的《可见与不可见的生活》；或挖掘录像艺术的技术潜能，如朱加将三台摄像机器固定于支架车上对城市街景进行的高速连拍作品《连接的风景》（1999 年，图 6）。分析型作品大多侧重录像媒介的内部问题，如它的表现、陈述方式，它作为视觉工具的技术特性等，这种探讨的实践意义在于它使中国观念艺术有了一个稳定的方法论基础，显现录像

图2 《洗澡》，杨振中，1995年，录像，3分59秒，图片由艺术家提供

图3 《视力矫正器—3》，陈劭雄，1996年，录像装置

图4 《老凳》，王功新，1997年，装置，图片由艺术家提供

图5 《谈话》，朱加，1992年，单通道录像，彩色，同期声，10分钟，图片由艺术家提供

图6 《连接的风景》，朱加，1999年，三通道录像，彩色，同期声，8分钟，图片由艺术家提供

语言内在的力量。在中国特殊的环境中，录像艺术无法获得西方录像艺术那样的社会互动性，无法直接成为与大众传媒和商业制度对立的社会批判媒介或成为它们的俘虏。

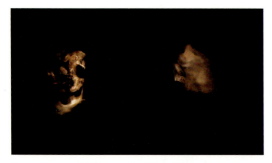

图 7 《脸 17》，李永斌，1996 年，录像，9 分钟

图 8 《婴语》，王功新，1996 年，影像装置（铁床、牛奶、录像带、投影仪），图片由艺术家提供

图 9 《永远》，朱加，1994 年，单通道录像，彩色，无声，27 分钟，图片由艺术家提供

但对大多数中国录像艺术家而言，录像媒介始终是一种文化工具，无法回避地与某种特定的思想状态、社会立场和历史经验相关，即使在那些纯观念的作品中，我们都能体会某种天然的叛逆品质，如颜磊的《323cm》（1995 年）。当然，以综合性的方法运用录像媒介，主要课题在于如何调动录像语言的意义潜能，把握它的图像信息特征，使其获得一些开放性的视觉经验特质，成为传达人性、介入社会的工具。汪建伟一直将他的工作视为一种知识体系，他甚至颇为认真地称他的作品是一种"视觉调查"，在他的观念逻辑中，语言始终像一种社会生产方式，所以"介入"与"互动"一直是他工作的基本方向，这一点在他的录像作品中也不例外。在早期作品《生产》（1996 年），近期作品《我们与我》（2000 年）、《名词、动词》（2001 年）中，他始终在表达一种矛盾的叙事，强调主体与客体、日常经验与超验、物质与概念之间无法厘清的潜在关系。同样是对人性化生存的关注，冯梦波的《私人照相簿》（1996 年），李永斌的《脸》（1996 年，图 7），王功新的《婴语》（1996 年，图 8）、《我的太阳》（2001 年），宋冬的《父子·太庙》（1998 年）更多在身份、

图 10 《玩蛋》，王功新，1997 年，影像，3 分钟，图片由艺术家提供

图 11 《飞吧，飞吧》，蒋志，1997 年，黑白影像，5 分钟 11 秒，图片由艺术家提供

图 12 《布鲁克林的天空》，王功新，1995 年，装置（电视机、录像带），图片由艺术家提供

图 13 《隐蔽的墙》，汪建伟，2001 年，现场、表演、声音，图片由艺术家提供

历史、家族等维度展开叙述；朱加的《永远》（1994 年，图 9），王功新的《玩蛋》（1997 年，图 10）、《卡拉 OK》（2000 年），陈劭雄的《风景》（1997 年），蒋志的《飞吧，飞吧》（1997 年，图 11），徐坦的《中国制造》（1998 年），汪建伟的《生活在别处》（1999—2000 年）把对主体意识的怀疑直接嵌入对城市化问题的批判，从而使作品具有更为社会化的实证色彩。在表现国际政治和后冷战意识形态这类的主题方面，王功新寓言性的录像装置作品《布鲁克林的天空》（1995 年，图 12）和汪建伟的大型场景性作品《隐蔽的墙》（2001 年，图 13）都显示了录像这一媒介特殊的文化潜能。

录像艺术曾经被视为一种新的视觉神话，在观念主义时代，它一方面以简便易行的方式成为"人人都是艺术家"这类艺术民主化观念的技术佐证，另一方面它又经常是我们这个时代"政治及社会事件的最初解读者"［玛丽塔·斯特肯（Marita Sturken）］，为我们的视觉思维和意识提供了新的知识维度。它与当代大众传媒和赞助制度既对抗又臣服的暧昧关系成为我们这个时代矛盾性的现象学表征。对中国艺术家而言，录像更多是某种私人化的书写工具和媒介，如何在完善其语言性能和文化属性的同时，使其迅速地发展成一种社会动力学因素，也许是中国录像面临的更具挑战性的课题。

2001 年

注释:

[1]原文载《现代艺术》, 2001 年第 6 期。——编者注

关于行为艺术讨论的一点意见

一、我觉得不能将近期发生的艺术行为笼统称为"行为艺术"。具体地讲，以尸体和动物为媒介的艺术活动并不都是以"行为"的方式发生的（有的属于"装置"或"雕塑""图片"），这不是咬文嚼字，因为小而言之，它涉及论战的课题基础；中而言之，它涉及文化部门的政策判定；大而言之，关乎可能发生的法律诉讼。至于以"行为艺术"一言以蔽之于当代艺术，甚至嫁祸于从事当代艺术的人则不仅无法理清事理，还有可能使破坏中国艺术改革开放的坏人有机可乘，事关大矣，不容含糊。

二、我是一个老套的人文主义者，有一些朴素的自由主义逻辑，这种逻辑告诉我所有实验和非实验的艺术都必须以保持人的尊严和他人（包括动物）的自由为前提。邱志杰"尸体诗学"的理论说服不了我，朱青生的"实验理论"说服不了我，冯博一的"反映论"也说服不了我。当然，邱志杰是以尸体和动物为媒介的艺术家们的幸运，因为只有他使这些活动真正具有了起码的理论色彩，也使论争双方不至于陷于同等水平，不

过他的第二篇文章过分炫耀才智，反倒流于油滑，丧失了论辩的力量。

三、反方论辩层次太低，或近乎谩骂（如批朱教授的那篇），或形同公文。当然，使用身体、尸体或动物做艺术材料是一个知识性很强的课题，以"没有法律禁止吃人"或"尸体是物体"这样粗放的"理论"做背景，不仅不能服人，还易授人把柄，至于会使我这样的人产生"机会主义"的猜疑。就我所知，博伊斯使用身体和动物与萨满教的自然神论和"治疗"观念有关，赫斯特使用动物意在探讨一种"理论方法"（参见赫斯特在美国个展的画册），都不是斗狠逞强，不是玩弄形式，更不是为了什么"突破禁区"。突破禁区是早期现代主义制造的神话。在知识艺术时代（原谅我的套用），我总觉得使用尸体和动物的年轻人有点像当年靠画册学习印象派的画家。靠资讯而不是靠知识理解当代艺术是我们的通病，以邱志杰的才智，与其坚守那套语言形式主义法则，不如像他当年介绍"录像诗学"那样系统翻译介绍一下使用身体和动物的知识背景，以解众惑。

四、从某种意义而言，围绕使用尸体和动物的这场争论无形中变成了中国当代艺术内部的分水岭，问题的焦点不在于伦理，而在于对当代艺术功能和价值的判断，对一种知识体系的艺术形态的判断。在形而上的层面，它涉及宗教、哲学、科学及方法论，在形而下的层面，它又涉及生态、医疗、法律制度等，如果争论真可以在这些层面展开，那也许会是中国当代艺术史上又一个屑小原因导致重大结果的案例，但就目前的情形看，这几乎算是奢望，如朱教授所言，不仅《美术》杂志，整个中国美术理论界都缺乏讨论这个问题的学理基础和知识背景，我想这是对长期以来中国当代艺术重时效轻建设、重操作轻理论、重资讯轻知识的一种适度的惩罚。

2001 年

没有坐标的运动——中国观念艺术二十年^[1]

《中国观念艺术》是一部图像文献集，它主要收录二十世纪八十年代至九十年代中国大陆的重要观念艺术作品。

六十年代在欧美地区出现的观念艺术不仅改变了西方艺术史的性质和方向，还对西方当代文化的发展产生了无法逆转的影响。观念艺术这个含混而矛盾的术语重新界定了艺术与生活、艺术与语言、艺术作品与艺术过程、艺术与观众以及艺术门类、艺术界限的传统关系，观念艺术使艺术不再作为风格和技术媒介，而是作为某种新型的视觉方法论和智力活动成为人类知识系统的一部分，它的历史颇似禅宗之于佛学，心学之于儒教，甚至它的弊端都酷似胡捧乱喝的禅宗末流。西方观念艺术滥觞于二十世纪初杜桑恶作剧式的实验，而完成于博伊斯的"社会雕塑"。这是一段由艺术的内部问题向艺术的社会学、人类学方向展开的历史，正是博伊斯使观念艺术由一种杜桑式的玄学把戏发展成一种具有强烈人道主义色彩和社会批判意识的视觉方法。观念艺术对现实的批判不同于传统的现实主义，这不仅在于它使用了完全不同的视觉方式和思维方式，也在于它追求的是一种新型的社会政治态度，这种态度不是建立在抽象的政治目标之上的，而是依托于一种泛人文的公共理想，这种理想反对任何确定的政治结构和稳定的社会模式。事实上，它将对社会的警示和修正作为改善我们社会的最有效方法；它主张一种真正多元化而非单元化的公共关系和公共制度，任何形式的社会不公、社会歧视和社会暴力都是它的敌人；它关注的是渗透在我们的生活和意识中的社会异化倾向；它以反讽、戏拟和异质化的方式"再现"这种异化的现实。观念艺术之所以不仅仅是一种视觉游戏，正在于它有意歪曲和颠覆所指和能指传统关系的目的，不在于炫耀智力而在于加深我们对各种显性和隐性的社会异化和暴力的警觉，观念艺术的价值基础是一种人道主义，强调这一点是因为在博伊斯时代的观念艺术正面临坠入空洞的巴洛克风格的危险。

我们之所以将中国观念艺术的历史上溯至八十年代中国典型的现代主义时期，是基于这样几个理由：其一，虽然这一时期的新潮艺术从整体性质而言仍属于现代主义，其文化任务和问题也属于早期启蒙主义范畴，甚至有些观念艺术特征的艺术现象（如厦门达达和一些零星的行为艺术）也混杂着浓厚的现代主义反文化、反传统的色彩，但这一时期的确出现了黄永砯、张培力、徐冰、蔡国强和"新解析小组"这类明确使用了观念主义方式的艺术家和艺术团体，他们的作品或者探讨图表、数字、文字等抽象元素与触觉、视觉元素的关系（如"新解析小组"），或者通过思辨性的"程序"设置和手工过程将绘画问题置换成哲学问题和文化问题（如黄永砯的《非表达绘画》、徐冰的《天书》），或者使用新的媒介表达（如张培力最早使用的录像艺术）。其二，这一时期许多具有强烈社会批判意识和历史反省意识的作品在超越专制性的反映论传统的同时，也为观念艺术这种新的视觉方法论和政治社会态度的产生奠定了基础，这方面如谷文达对水墨象征传统的批判，王广义对政治的分析以及吴山专对历史文字神话的反讽性借用，都为观念艺术的产生打下了认识论伏笔。其三，尽管这一时期中国文化信息资源仍处

于相对保守的状态，但《美术思潮》《中国美术报》《江苏画刊》等传媒都尽其所能地介绍和传播着与观念艺术相关的信息，尤其是1985年在北京意外展出的美国波普主义艺术家劳森伯格的展览，为中国艺术家从理论和视觉实践上接受观念艺术提供了条件。1989年在北京举行的"中国现代艺术展"戏剧性地呈现了中国错综复杂的现代艺术现状，也真实和集中地呈现了处于萌芽阶段的观念艺术的尴尬处境。这里既有启蒙性的理性说教（如"理性绘画"），也有无政府主义性质的达达行为（如枪击事件）；既有禅宗式的内省性演出，也有对文化、社会、政治、语言、神话诸问题或严肃、或调侃的视觉讨论。这个展览与其说是一次中国现代艺术的大检阅，不如说是一种交织着现代主义与观念艺术的混乱视觉拼盘。

1989年北京"中国现代艺术展"标志性地结束了八十年代中国现代艺术那种启蒙性和集体主义的运动方式，来自现实的无法抗拒的压力直接导致了各种玩世和厌世情绪的蔓延，一些艺术家以无聊、荒诞的生活态度和政治、商业的流行符号来调侃主流意识形态。从积极的意义看，它们也具有一定

程度的文化反思性和现实批判能量，但无论从这种批判的性质还是使用的视觉方法上看，它们都尚未摆脱旧式现代主义的范畴，而其末流直接沦落为各种形态的虚无主义和犬儒主义。显然，要使中国先锋艺术在一个更加开放和更为复杂的社会形态中承载"先锋"和批判的职能，它就必须首先完成自身在视觉方法论和政治思维模式上的转换，或者说，由现代主义向当代主义的转换，而观念主义为这种转换提供了无法替代的方法论资源。观念艺术首先是一种视觉方法论，从语言上看，它以颠覆古典主义和现代主义的主客体反映论传统为目的，强调符号能指功能的开放性和多义性，反对所谓"所指固化"，但是，观念艺术又绝不仅仅是一种新的形式主义和视觉语言游戏，因为与现代主义中的形式主义不同，它不仅不反对艺术中"意义"的表达，而且强调这种表达的人类学、政治学和社会学属性，它认为需要改变的只是这种表达依托的反映论方法，观念艺术因此也被视为一种后政治的思想形式和社会实践。与现实主义和现代主义不同的是，观念艺术反对以任何单一的、稳定的逻各斯中心理念作为表达的思想内容，也不赞成将表达视为形式与内容的简单匹配过程，它强调符号能指充分的自由作用，强调艺术产品的"象征力量"（Symbolique）和"解放功能"（汉斯·哈克）。从人类学角度看，观念艺术是一种以肯定差异为前提的、更高形式的人道主义或人文主义，观念艺术这种民主的方法论特性无疑会给处于文化上的第三世界的中国先锋艺术带来某种深刻的启示，因为冷战结束后，中国先锋艺术面临的文化背景和批判对象都变得复杂起来，因为它必须完成对自身文化、历史、政治和社会生活结构的"内部批判"，又必须进行对各种形式的文化霸权和文化中心主义的"外部批判"，而这种对差异性现实的批判显然只有在完全新型的视觉方法论框架中才能进行。

如果说，九十年代初被称为"后八九"的艺术思潮不过是中国现代主义艺术运动向当代艺术过渡的一种折中形式，那么，严格意义上的观念艺术则出现在九十年代中期前后。相比于其他类型的先锋艺术运动，它的进展似乎缺乏明确的目标和范式，事实上，它更像是一种没有坐标的运动，力量分散却潜伏着更多的可能性。从媒介上看，它已开始广泛使用文字、装置、身体、影像、网络、图片及其他图像媒介，尽其可能地发掘这些媒介在文化、历史、心理、社会和政治方面的意义潜能，从而有效地拓展中国先锋艺术的社会学和人类学内涵。也许观念艺术在中国的出现缺乏西方那样的艺术史逻辑，而且地区间的发展水平和关注的问题极不平衡，但这种运动从一开始就摆脱了八十年代"宏大叙事"的特征，而与自身具体的社会和私人课题密切相关，同时这种运动从一开始就十分国际化，这当然不是指它对西方观念艺术具有更多的模仿，而是指它开始习惯于从国际角度理解和认识中国问题，也开始习惯于以国际通行的方式和规则从事自己的工作。从问题和问题方式看，中国观念艺术有这样一些特征：其一，艺术家开始放弃图解性的政治对抗姿态，强调艺术与本土具体社会、政治问题的联系，强调这些问题与国际性问题的同步性和有机性，力图以观念主义的方式有效地呈现中国当代问题的复杂性、易变性和多样性。他们不再企求以标本化的东方历史和政治图像符号获取西方的理解，而是寻求和争取与西方主流艺术的平等对话和交流，将中国问题纳入世界问

题，并对世界问题主动发言。在这方面，汪建伟的"灰色系统"实验和录像、表演艺术，顾德新、王友身、王广义、颜磊、尹秀珍、林天苗的装置艺术，张培力、耿建翌、王功新、李永斌、朱加、陈劭雄的录像艺术，马六明、张洹、王晋、朱发东、宋冬、罗子丹等的行为艺术，赵半狄、庄辉、安宏、周铁海等的图片作品，都敏锐而有效地接触、呈现着后意识形态背景中中国问题的丰富性和复杂性，徐冰的《文化动物》、徐坦的《新秩序》、林一林的《驱动器》、王广义的《签证》、王功新的《布鲁克林的天空》、颜磊和洪浩的《邀请信》、朱青生的《滚！》等作品又表现了对后冷战现实中各种国际政治、文化、历史关系和全球化消费、都市文化的一种主动、积极和批判性的文化态度。其二，艺术家们进一步强调从当代艺术的自身逻辑出发设置自己的艺术问题，强调运用多种媒介进行自治性的视觉创造和观念表达，要求艺术摆脱各种形态的意义强权和庸俗的图像社会学的干预，充分释放各种视觉和非视觉媒介的意义能量，不仅从社会学而且从人类学、心理学甚至生物学角度寻找对人的感性、知觉和心理、生理命题的直接表

达，这方面如"新刻度小组"（陈少平、王鲁炎、顾德新）的概念艺术，邱志杰、郑国谷、杨勇、蒋志、翁奋、冯峰、王蓬、陈羚羊等的观念摄影作品，徐坦、冯梦波、施勇等的网络艺术，黄岩延续了近十年的邮寄艺术，张大力的公共涂鸦艺术，以及隋建国、展望、傅中望、姜杰、李秀勤、施慧、廖海瑛、张新、喻高等雕塑艺术家和王广义、张晓刚、丁乙等油画家从事的观念艺术活动，从不同角度展示了观念艺术独特的视觉能量，也促使中国先锋艺术逐渐摆脱对传统反映论和各种伪文化、伪政治的功能主义诱惑，呈现出某种"非意识形态"的特征，而这一视觉方法论的转换过程正是中国先锋艺术运动由现代主义跨入当代主义的最显著标志。其三，在这一阶段，中国先锋艺术"北京中心"和"北重南轻"的地域格局开始发生微妙而深刻的变化，这一方面是由于沿海城市迅速国际化和都市化，导致相对开放和宽松的艺术环境，这一过程中出现的许多新型的社会矛盾又为新的艺术提供了新型的视觉问题和现实资源；另一方面，随着当代文化的非意识形态过程的加速，北京这类政治中心城市的重要性和影响力相对削弱。九十年代中

期以后，广州"大尾象工作小组"（林一林、徐坦、陈劭雄、梁矩辉），上海施勇、胡建平、倪卫华、钱喂康、周铁海、张新等人的艺术活动，成都戴光郁等九人的"719艺术家工作室联盟"和罗子丹的行为艺术，湖北黄石"SHS小组"的活动都具有独立的操作方式和明确的艺术方向。广州、上海、福建、成都、南京等地逐渐成为活跃的当代艺术地区，中国当代艺术在地域上开始呈现多极发展的态势。另外，女性艺术作为观念艺术的一种独特方向，在这一阶段也开始成为当代艺术的焦点之一，出现了林天苗、尹秀珍、姜杰、陈妍音、李秀勤、奉家丽、廖海瑛、杨克勤、石头、施慧、崔岫闻、刘意、张蕾、喻高、陈羚羊等一大批活跃的女性艺术家，她们预示着未来世纪中国当代艺术的一个新型潜在主题。

作为一种没有坐标的运动，观念艺术成为中国先锋艺术的当代化和国际化转换的重要催化剂，它不仅改变着中国当代艺术的经验和方法论属性，也在某种程度上为中国当代文化的发展提供了新的知识资源。但必须指出，观念艺术毕竟是一种西方当代的认知方式，它在为中国艺术带来某些自由的同

时，又不可避免地会使这种自由负载某种文化强权和暴力的性质，这一点正如我曾担忧的那样："文化含义上第三世界的当代艺术在表述自己的思想和问题时，始终面临这样的悖论：从处境上看，它在不断反抗西方中心主义的文化压迫，摆脱自己的臣服地位时，又要警惕使这种反抗坠入旧式民族主义意识形态的陷阱；从方式上看，它在不得不使用第一世界的思想资源和表述方式来确立自己独立的文化身份时，又要不断警惕叙述本身有可能给这种身份带来的异化。"[2] 其次，由于中国当代艺术是在缺乏彻底的启蒙主义和人文主义的背景中产生，加之西方展览制度和商业制度所虚拟的国际性"成功"，使我们在面对西方艺术制度和权力时往往不自觉地采取一种文化顺从主义态度，这使中国当代艺术长期保持西方策划人和掮客们所希望的犬儒状态，从而使中国当代艺术长期脱离本土的真实经验和现实，成为当今世界为数不多的后冷战文化标志中的一种。近期在中国出现的各种反人性、反理智的所谓"行为艺术"，不仅无法根本呈现中国的现实经验，也歪曲了观念艺术的人属性，中国观念艺术正面临沦为空洞的智力游戏、冒险家的赌局和暴富者工具的危险，它充分说明在一个缺乏理性批判逻辑和人文主义训练的国家，观念艺术是一把双刃剑，它在制造自由时又在毁灭自由，它在发展智力的同时又在损害智力。最后，观念艺术在中国缺乏必要的社会赞助制度和合法性，作品质量往往受制于资金和材料的限制，"观念"大于材料成为中国观念艺术作品的通病。

编辑这部图集的动机之一，是希望对中国过去二十年发生的观念艺术进行一个图像梳理，为那些对中国观念艺术感兴趣的研究者和读者提供一个基本的图像背景，然而这部图集远不是中国观念艺术的全集。因为它首先受到编者的认识范围和资料收集方面的局限；其次受到编者判别标准和价值的限制，某些有一定知名度和社会影响力的作者和作品被编者以"不好"的理由舍弃，由于本图集并不以客观和权威自居，相信这种取舍会为读者原谅；最后受编辑体例的限制，该图集是一个反映中国当代艺术全貌的丛书中的一种，而这套丛书是以艺术媒介（如油画、国画）为分类原则的，这种设计无疑使反对艺术门类的观念艺术处于一种十分尴尬的境地，它给编者带来的直接难度就是，我们只得舍弃那些以油画、雕塑和水墨形式呈现的观念艺术（尽管此图集也包括了一部分这类作品）。另外，此图集将收集作品的范围限定在中国大陆，所以不仅中国港澳台地区的作品没有被包括在图集内，就连最近在国际上产生重大影响的、出现在海外的中国艺术家的作品也都被舍弃。我希望有机会再编辑本图集的海外部分，使图集能名副其实地称为《中国观念艺术》。

我要感谢为本图集慷慨提供图片和文献的所有艺术家，感谢吕澎、易丹、易英、尹吉男、栗宪庭、黄笃、欧阳江河、王林、冷林、高岭、钱志坚、史泽曼、朱其、崔子恩、查常平、胡舫、戴锦华、陈鸿捷、汤荻、凯伦、冯博一等朋友慷慨地让我们援引他们的评论文字。最后，我当然要感谢湖北教育出版社和鲁虹为我提供这样一次机会，感谢他们的信任及帮助，我相信以上条件缺乏任何一个，这部图集都无法以现在的面貌呈现在读者面前。

2001 年 1 月 23 日

注释:

[1]原文载鲁虹主编、黄专主持，《中国当代美术图鉴: 1979—1999（观念艺术分册）》，武汉: 湖北教育出版社，2001 年，第 2—6 页。——编者注
[2]黄专，《第三世界当代艺术的问题与方式》，载《艺术界》，1997 年第 6 期。——编者注

青年如何"过渡"[1]

> "青年"是人们创造出来的一个社会概念,一种看待处在生活某一点的自己和他人的视角。
>
> ——卡米洛·苏亚雷斯(Camilo Soares)

青年是社会中最活跃、最具创造力和最不稳定的因素,"过渡的"这个含糊的形容词恰当地描述了人类历史中这种不连贯的可塑性状态,因此,青年又往往成为测试一个国家文化、政治、道德及社会发展水平和状况的敏感标尺。集群意识、逆反性和追逐时尚是当代青年的三大精神表征,与其相应的是他们在事物判断上日益多元化的伦理取向,更大的宽容度和更为现实、感性的生活。与二十世纪六十年代"反抗的一代"和七八十年代"迷失的一代"比较,今天的青年更多关注教育、消费、住房、身体相关的生活方式问题,即使那些较为激进的社会运动也主要集中在环境、贸易一体化这类社会、经济问题上,而不像六七十年代那样体现为广泛的文化、思想

运动(据说美国已出现了"9·11"一代,社会责任感重新成为青年谈论的话题,但这恐怕只是一种"危机反应",很难造就一场新的文化、思想运动)。这是一个现实的而非幻象的时代,对中国青年而言,这种现实性具体表现为,与前代比较,他们在享受"现代化"和消费时代的时尚盛宴的同时,承受着更多的主体失落感,顺从主义几乎是他们的一种宿命。如果说,全球化对"青年"这一状态的最大影响是不同国家的青年在文化和历史上的差异正在被一种更为复杂的趋同性所代替——这种趋同性由于信息化和移民潮而扩展得愈来愈迅速——那么,这种趋同性对经历过特定意识形态历史的中国青年而言,往往意味着一种更为深刻的精神挑战。

"过渡中的青年——中、德、英当代青年艺术家交流展"不想给这个问题一个答案,而试图呈现这个问题的复杂性和丰富性。这种复杂性首先具体体现为两种不同社会制度和文化传统中成长起来的年轻人之间的

参照，其次体现为他们对共同问题的差异性表述。参展的中国艺术家大多数是"后文革"时期成长起来的一代，身份上具有典型的由意识形态时代向消费主义时代过渡的特征，与前代艺术家比较，一些结构性的文化问题从他们的视野中消失，他们的作品更多关注与感性和零碎经验相关的现实，就连他们的先锋立场也更多地体现为对日常经验的实验态度和对具体的心理、生理现实的深度发掘，对媒介的多重可能性的研究常常是他们工作的重心。管策的《低潮期》以连续拍摄的方式凸现一种日常经验背后潜藏的心理困惑。管策是较早开始图像材料实验的中国艺术家，他的作品中物质肌理、手工痕迹与现成图像素材之间的微妙关系往往呈现于某种材料的自在状态，而不在于表达明确的"意义"。同样是使用图片，冯峰将图片视为一种视觉侵犯的武器，它的进攻性在于它迫使观众进入一种由艺术家设定的语义关系中，他以"中性"的态度将各种医学案例和标本图片以一种令人震撼的尺寸呈现出来，从而使其由一种生理事件的记录转换成某种社会警示。张小涛的绘画往往是心理经验、寓言神话、民俗图像的混成品，他作品的隐喻感是由一系列零乱和不确定的视觉元素构成的，它们涉及历史、自然和性。江衡的作品充斥着消费时代和享乐主义的矫饰气氛，那些极度华丽和感官性的图像呈现的是"主体"亏空后的状态。廖海瑛的作品是象征性的，总有一种玩世不恭的气质，她习惯以敏感而漫不经心的态度塑造那些花状的器官，使其看上去有一种邪恶和捉摸不定的魅力。许仲敏是一位移民英国的中国艺术家，他的作品具有更多文化混成的特征，他为展览提供的作品《面孔》，以录像投影的方式描述了复杂和混乱的身份现实中的某种主体性诉求。

对我而言，"过渡"不是一个阶段，而是一种状态，它是对具有多重可能性的现实的一种描述，急速变革的历史赋予"青年"这个名词更多不确定的含义，新千年并没有给这个概念带来更多理想和乐观的色彩，反而使它与紧张、危机靠得更近，经济衰退、恐怖主义不仅使幻想中的国际新秩序变得更加虚妄，而且加剧了我们对文化全球化模式的怀疑。如果问艺术在这个时代还有什么作用，那么这种作用应该体现为修复 　　常完美的东西"。
和治疗，即它不仅仅是记录和呈现混乱，
还应该像博伊斯说的用创造力去制造"非

2001 年

注释：

[1]原文载《过渡中的青年》，非正式出版，2001 年，第 3 页。——编者注

自由主义的困境[1]

如果我们将中国当代艺术视为当代自由主义的一种视觉实践，那么这种实践亦将面临自由主义的普遍困境。这种困境包括：其一，将自由主义视为一种普遍主义的政治形态而忽略了对"差异政治"（politics of difference）的理解，这种现实导致了一种新的文化强权，反倒不利于自由主义在中国的社会实践，而就全球范围内的当代艺术的现实而言，这种现状又只能导致中国当代艺术长期脱离本国社会问题和经验，成为西方文化应验其普遍性价值和后冷战思维的一种视觉副本。这一特征在二十世纪九十年代初期和中期一些所谓"政治性"和"反抗性"的艺术图像，以及西方展览制度和市场制度对这些图像的接纳中得到体现。其二，这种自由主义的实践偏执和极端地强调个人主义"认同"的重要性，忽略了自由主义的人文主义基础和伦理界限，从而使当代艺术丧失了与公共社会平等交往和对话的功能。近期在中国以艺术的名义出现的各种暴力和野蛮的异常行为，不仅不具有任何艺术实践上的逻辑性，而且与中国本土的社会经验和社会问题毫无关联，产生不了任何人文性的批判价值。这种反人文和反人性的"艺术"作为一种时尚出现，既是长期以来"机会主义"和暴富心态的必然恶果，也是自由主义的艺术实践在中国面临的最严峻的挑战。

当代自由主义与传统自由主义的最大差异在于：前者在强调个人权利不受侵犯的同时，强调这种权利必须建立在"政治正义"和与公众平等对话、相互认同的基础之上。查尔斯·泰勒（Charles Taylor）对"承认的政治"（politics of recognition）理念的描述反映了解决自由主义当代困境的理论实践，他强调个体自我的"认同"只有在与社会和他人的自由对话关系和相互"承认"的前提下才能获得保障，他从人的思想的起源和本质特征是"对话式"的而非"独白式"的这一点上，论证当代公共领域中平等承认的政治对维持多元文化和有尊严生活的重要性。在这里，"政治"这个概念既不是一种形而上学的抽象理念，也不是一种狭隘的有关国家政体的描述，它主要是指具有理性主体身份的我们处理个体与集体、私人与公众关系时必须遵循的一些理性原则和对话方式，"承认的政治"的理念旨在克服个人主义与它所认同的自由主义理想间存在的内在悖论，从而为当代自由主义在日异多元化的全球语境中寻找其政治上的合法性。

中国当代艺术的理论基础是在八十年代集体主义的启蒙思潮和九十年代解构主义两种极端异质的语境中形成的，它既没有获得成熟的人文主义的训练，也缺乏对当代自由主义精神内涵的理解，传统集体体制和西方艺术体制的双重压迫使其形成了一种畸形的政治观。一方面，它将政治视为一种狭义的制度或政体概念，以一些简单表面的对抗姿态代替对中国广泛、深刻、复杂的社会形态和社会问题的关注，从而使当代艺术与中国公众日常生活之间出现巨大的真空地带，使当代艺术无法从现实角度承载传达自由、民主、公正这些自由主义理念的功能，无法扮演社会批判者的角色；另一方面，在个人与集体的关系上，出于对传统僵化的集体主义社会的不满，它以极端个人主义原则代替对社会公正、公共平等交往等当代社会政治理念的追求，从而使艺术中的个人主义走向自由主义理性目标的反面，成为一种反公众、反对话甚至反理性、反人类的异质活动。这种狭隘的政治见解反映在国际艺术交往中则往往表现为对西方艺术强权的顺从主义、犬儒主义的态度。1999 年，我曾提出中国当代艺术应当关注对"公共性"的研究，[2] 就是希望我们在处理艺术中个人自主性和公共自主性的关系时，抱有更多理性和伦理的态度，说到底，如果将中国当代艺术真正视为当代自由主义的视觉实践，那么它的社会功能和政治目的应该是、也只能是在中国建立一个真正公正、民主、开放和理性的公共领域和制度。而这既不能依靠简单的权力替换来实现，也不可能依靠现成的、普遍性的模式，它只能在中国当代社会这种特殊的、异质性的历史实践中获得，而这一点完全可以从提倡有人性、有尊严的当代艺术这一底线目标开始。

2001 年

注释：

[1]原文载《现代艺术》，2001 年第 2 期。——编者注

[2]参见黄专，《中国当代雕塑艺术的公共性——"第二届当代雕塑艺术年度展"学术策划报告》，何香凝美术馆编，《第二届当代雕塑艺术年度展》，香港：香港艺术中心，1999 年，第 14—19 页。——编者注

图像就是力量[1]

历史总是以偶然的方式发生，而以必然的形式被记录和书写。当我们以王广义、张晓刚和方力钧创造的图像作为我们观察中国当代艺术的一个支点时，我们实际上也是在为这段历史赋予某种"必然的形式"，即某种我们自己的历史解释。

二十世纪八九十年代中国发生的当代艺术运动直接和根本地改变了我们的艺术生活和历史逻辑，王广义、张晓刚和方力钧的艺术值得我们重视，与其说它们反映了这种变化和历史，不如说它们就是这种变化和历史的有机部分。我们相信，随着时间的推移，或者说随着艺术史家需要的"距离感"的产生，这些图像背后隐藏的文化能量和史学价值会以更充分的方式显现出来。

当然，历史不会自然地产生，它依赖于我们的记录和书写，尽管这种记录和书写中的人为成分常常使我们对它的"真实性"产生怀疑，但是只要这种认知不过分受制于黑格尔式的历史决定论和后现代史学的虚无主义，它对形成历史就是有益的。

"图像就是力量"是由我和皮力策划，何香凝美术馆举办的一次大型、综合性的当代艺术研究项目，它由一个联展、一个国际性的专题学术讨论会和这本研究性的文献集有机构成。这部名为《图像就是力量：王广义、张晓刚和方力钧的艺术》的文献集客观、翔实、全面地展示了与中国当代艺术研究个案有关的图像原典和研究文献，我们力图在自己设定的历史问题框架中，使这些文献成为今后进行同类研究的基础文本。组织编辑这部文献的大部分工作由皮力完成。

"图像就是力量"不是一次关于当代艺术时尚和潮流的活动，而是一次关于当代艺术历史动因的研究活动。首先，它以图像、对话等原始文献形式"还原"这些个案的历史文本；其次，它以尽量充分的方式"复制"形成三种图像的历史、社会、知识和时尚背景等动力因素；再次，它展示和汇集了它们引起的批评制度和传媒系统的反应；最后，我们以构筑问题的方式表明了我们的历史眼光和态度，我们希望通过努力使这个项目成为中国当代艺术史研究中的一个范例。

选择王广义、张晓刚和方力钧的图像

作为当代艺术史研究的个案并没有任何历史归类学的理由，尽管九十年代以来，我们的批评家已经给了这些图像过多草率的分类标签。如果说这些图像之间有什么真正的共同点，那么这种共同点仅仅体现在它们都以富于挑战性的方式和历史主义的态度对围绕他们生活和历史发生的深刻变化做出了反映，并促使这种变化向更为人文和本土的方向发展。这些图像为中国当代艺术赋予了现实和理想之间的某种稳定的张力，这种张力总是由这些图像中那些高敏感和独创的问题元素形成，而不是来源于某些概念性的"思想"。

十六世纪中叶文艺复兴鼎盛期行将结束的时候，意大利人瓦萨里以西方第一部传记体艺术史《名人传》这种"必然的形式"，记录了文艺复兴由诞生、成熟到衰老的历史，旨在"赞美"文艺复兴三个世纪以来那些"赋予艺术以生命者"，宣扬其艺术有机进化的观念。我们生活在一个与瓦萨里完全不同的时代，这是一个信仰和确然性全面崩溃，"进化""完美""衰败"这类艺术观念和标准全面失效的时代，也是一个英雄与混世魔王、理想主义与犬儒主义共同创造的时代。与文艺复兴时代相同的是，艺术没有消失，它只不过以更为复杂的形态存在；历史没有中断，它只不过以更为戏剧化的方式延续，因此，我们有理由用我们自己的方式撰写我们时代的《名人传》。

我们感谢王广义、张晓刚和方力钧在这个项目上的全力合作，感谢何香凝美术馆任克雷馆长及参与项目的工作人员，感谢湖南美术出版社的李路明先生，感谢香港汉雅轩的张颂仁先生，感谢所有参与这个项目的学者和朋友，没有他们的合作和帮助，我们是无法以目前的效率完成这项工作的。

2002 年

注释:

[1]原文载何香凝美术馆编，《图像就是力量：王广义、张晓刚和方力钧的艺术》，长沙：湖南美术出版社，2002 年，第 20 页。——编者注

重塑"东方性"[1]

真正从事当代艺术创作的中国艺术家往往都能感受到来自西方意识形态的压迫，这种压迫往往以绝对和普遍的知识形式存在。从浅层次而言，这种压迫通常表现为某种流行的西方风格或样式的影响，如"波普艺术"之于"政治波普"，"坏画"（Bad Painting）之于"玩世现实主义"；而从深层次看，这种压迫又往往体现为西方对东方艺术的某种强制性、猎奇性和标本化的身份认定，如将中国当代艺术仅仅理解为"政治的艺术"。正是这种具体情境使中国当代艺术面临"丧失自我叙述能力"的危险，应该说，在后殖民文化中，中国艺术家对这种危险的认识具有十分深刻的意义，与旧式民族主义情绪不同，它不是在自身传统与现代西方、狭隘的民族性与世界性这类简单的两分法逻辑中寻找斗争的对手，而是将重新塑造自己的"东方性"与解决自己的当代问题作为一个统一的过程，将艺术问题和文化问题结合起来，纠正在后殖民历史中被扭曲了的身份现实和"东方主义"的思维模式。在我看来，对这一问题的意识是中国当代艺术健康进行的必要前提之一。

我将于小平和他的近期创作归于这类重塑东方性的实验，这一实验的显著特征有两点：其一，它不再将传统与前卫、西方与东方作为对立的艺术资源，而是在自身问题中寻找它们的差异与共同点；其二，它将艺术中的个人化经验问题与文化问题作为统一的问题基点。于小平是一个具有严格学院派训练背景的雕塑家，在二十世纪八十年代现代主义艺术潮流中，他曾以现实主义手法创造一些具有存在主义思想倾向的作品。九十年代后，他开始将艺术问题的基点确立在以当代方式塑造东方性上，这一过程经历了三个循序渐进的阶段。第一阶段是直接在东方古文字结构的基础上结合一些人物、动物造型，形成一种近乎抽象的"生命形态"，他自己将这一阶段称为"从摆脱传统现实主义向现代艺术转换的最初阶段"。显然，在这一过程中，作者对"东方性"的理解尚处于符号化和标本化的浅层次阶段，艺术形态上也更多地受到布朗库西、贾科梅蒂现代形式主义的影响，表达的问题尚不具备有机性，但作品已经表现出在他以后的创作中日益成熟的一些基本造型和思维特性，以及对材料的隐喻形式和理性组合方式的兴趣。于小平第二阶段的作品以1993年左右创作的《铁木符号》系列为代表，在这批作品中，他对东方符号的直觉兴趣已被糅合在材料的理性组合方式的实验之中，在这里，"东方性"更多作为一种材料理念而不是纯粹表面化的形态资源对其创作起作用，正如他在对这批作品的自述中强调的那样："木头、铁钉、颜色等材料因素的组合是希望将这种对东方符号的感悟隐含在作品的内在语境之中，作为它的精神支持，而不仅仅是形式效果。"应该指出，这一阶段作品的"东方性"主要体现为材料质地张力和材料造型上虚实开合造成的隐喻效果，而不是"图解"性的符号展示。在某种意义上，这一时期作品的主体造型方式也许有意无意地显露出亨利·摩尔造型观念的影响，但对材料的内在感悟却出于一种东方人的直觉。如果说，这一时期作品问题的中心是完成由简单的符号形式向某种内省的材料隐喻方式的转换，那么，于小平接下来的工作则是使这种方式获得某种更为直接的超越"形式"媒介的当代表述

能力。系列作品《禁锢的生命》和《伸展的生命》就是这种思维方式的产物。在这两组以青铜为材料的作品中，贾科梅蒂式的半抽象生命形态被置于一种强制性而又极富个性化的理性结构之中，对"禁锢"与"伸展"这一对矛盾生命状态的理解，由于材料和造型方式的适时选择而显得具有神秘不可知的属性，在这里，作者的个人经验和对文化现实的理解，得以以一种历史的、理性化的方式展现。"东方性"已经超越了外在形式符号的标本化的造型隐喻层面。当然，在我看来，更具当代性表述能力的作品是作者于1997年创作的《跨过外婆桥》。这件作品的造型方式似乎是向早期现实主义手法的回归，但它的问题向度和造型观念远远超越了学院现实主义传统。这件作品的思维基点是力图将艺术问题直接导入文化—社会问题，并力图在一种当代文化语境中去寻找作者一直努力完成的"东方性"，也许作者"艺术笔记"中的这段话可以加深我们对这一问题向度的理解：

> 一种以切入当代问题、切入社会为宗旨，以内容选择为核心的艺术表现蔚然成风。用西方艺术界关心西方社

会问题和人类环境问题的方法来关心中国的问题，以方法上的相同来求得地位上的平等，以揭示自己意识形态上的缺陷来对抗"西方中心化"，恐怕会事与愿违。我赞成作为一个人文艺术家应当以自己的人格关注时代、关注社会，但与是否直接表现关注对象、作用社会是两码事，这种转换未免太简单，尽管作者意图并非如此简单。往往在现实中你去"关注社会"，它反而并不关注你。我想这里也许有"关注"的方式问题。

一个揭示中国问题的图像无法回避构成图像的视觉传递方式的问题，我觉得这恰是我们更需要给予关怀的部分。

《跨过外婆桥》讲述的是一个东方寓言故事，但作者采用具有波普色彩的造型手法和类似大跃进时代的夸张性、理想化的叙述结构，使作品要表达的寓言文本具有了某种当代性的观念内容和历史厚度，表明作者对艺术"东方性"这一类问题的一种积极、健康的文化姿态和关注方式。

对于小平而言，从事雕塑艺术几乎是他自己的一种宿命性的选择，他既将这视为体现自己生命存在的感性方式，也将它视为表述自己文化认知的理性手段。在他的艺术中体现出来的"东方性"也许还包括他对雕塑这门艺术的基本价值态度：一方面他不愿意以保守的姿态维持雕塑传统学院式的、封闭的自治，另一方面又不愿意将自己的工作置于类似博伊斯"社会雕塑"的理论框架之中，使雕塑成为完全放弃雕塑性的观念媒介。在他看来，在保持雕塑基本造型特征的基础上，将个体生存过程和对文化社会问题的关注熔于一炉也许是当代人文性雕塑家的最高境界。

2003 年

注释：

[1]原文载《雕塑》，2003 年第 6 期。——编者注

关于"居住改变中国"概念的说明

2000 年 6 月，我应成都上河美术馆陈家刚之约策划了一个名为"居住改变中国"的展览，11 月又应邀赴京参加了北京现代城主办的以这个概念为题的讨论会。与会前我只知道与会者多为房地产人士，我认识的只有建筑界的张永和和《三联生活周刊》的舒可文，对这次会议的议程和主题并不知情。不过我仍将展览基本构想作为正式文件在会上散发。由于会议发言与我策划的主题貌合而神离，所以我对这次会议使用这个概念极为不满。后来《三联生活周刊》以同样标题报道了这次会议，并在报道中大量使用我为展览主题构想的文字，但完全没有涉及我策划展览的理念和内容，只刊出了几个房地产老板的发言。大约同年年底，我与陈家刚、潘石屹、舒可文等在深圳会面时又谈及此事。2001 年 1 月，我根据这次会晤的讨论内容草拟了展览章程。4 月，我应陈家刚之约赴昆明讨论此主题的展览事宜，参加者还有潘石屹夫妇，由于在展览理念和方式上多有分歧，讨论无果而终。

近两年由于养病，以这个概念策划展览的计划被迫搁置。令我不快的是，近来以此概念为标题的讲座电视或书籍屡见不鲜，甚至达到泛滥程度。这些活动根本没有知会我本人，而且多为房地产商的个人炒作行为，与我策划的主题谬以千里。我想，任其下去不仅严重侵犯个人知识产权，而且会为以后以这一严肃的学术理念为主题举办展览和活动制造不必要的障碍。所以我在此特做说明，希望不要再出现上述不快。我也希望对这一学术概念和主题真正有兴趣的同人学者、媒体和艺术赞助人关注和帮助这一概念的完成。

2004 年 10 月 13 日

深圳地铁华侨城段壁画策划备忘录[1]

2004 年 6 月 24 日晚

何香凝美术馆副馆长乐正维打来电话，告知深圳地铁华侨城三个地铁站准备进行壁画装饰，美术馆馆长任克雷希望美术馆拿出一个方案。乐馆长告诉我，她认为这个壁画项目应该超越国内此前工艺装饰性壁画的模式，可否请一些有代表性的中国当代艺术家进行创作，以体现深圳和华侨城当代文化的特征。她希望我能提出一些想法。我当即表示这是一个富于挑战和让人兴奋的想法，我会认真思考后再给她答复。

2004 年 6 月 25 日

经过认真考虑我电告乐馆长，我认为王广义、张晓刚、方力钧是这次项目最合适的人选，理由是他们是中国当代艺术中最具代表性和具有极高国际学术地位的艺术家，他们的创作又都从本土问题出发，利用本土资源，其图像具有鲜明个性和公众知名度。如果能请他们创作，不仅可以在深圳地铁站这一中国独特的公共空间展示中国当代最优秀

的艺术，也可体现深圳文化最本质、最精华的部分——敢为天下先的开放品质。我认为这无论是对华侨城还是对深圳来说，都是一次不可多得的文化机遇。

2004 年 6 月 29 日

乐馆长电告，她按我们的想法起草了一份报告已获任馆长批复，她希望我能做这个项目的策划人，并让我通知艺术家。

2004 年 6 月 30 日

与王广义通电话告知壁画创作一事，我请他告知张、方二位。当晚王广义回电告知他们三人充分理解这件事的意义，欣然接受创作邀请，并表示他们将破例不先考虑价格问题。

2004 年 7 月 13 日至 15 日

按双方约定，三位艺术家到华侨城地铁站考察，我也专程去深陪同考察，他们除听取华侨城景区和地铁工程负责人的介绍

图 1 《世界,你好》,王广义,2004 年,草图

图 2 《大家庭》,张晓刚,2004 年,草图

图 3 《欢乐颂》,方力钧,2004 年,草图

用上中国最优秀艺术家的作品,那它肯定是世界上第一个流动的"地铁美术馆"。后来发生的事使这个想法显得非常幼稚。艺术家们充分理解这个想法,并对现场创作的可行性进行了认真考察,结果是无论从创作周期(须在12月通车前完成)还是现场环境(正在进行装修和行将进行机车调试)看都

外,还亲自考察了正在施工中的地铁站。考虑到当代艺术与公共环境的关系,我以地铁华侨城三站上所建景区——世界之窗、中华民俗村和欢乐谷为题材,提炼出三个创作主题——大同、和睦和欢乐,建议由王广义、张晓刚、方力钧分别创作。在创作方式上,用工艺制作方式复制这一方案被我当即否定,我认为这次创作的意义是"原作",是为深圳文化留下一份当代艺术遗产和文化旅游景观,而以本国代表性当代艺术家的原作装饰地铁站在当今世界上恐怕也是创举,我甚至设想如果深圳地铁十五个站点都能

不具备现场创作的条件,最终商定的方案是以架上油画的形式完成,以保证周期和质量。大家还讨论了作品防潮、安装和保安等技术问题。艺术家还表示他们将这次创作看成一项公益活动,所以会以远低于市场的价格考虑作品酬劳。

2004 年 7 月 25 日

按约定,三位艺术家寄来了创作的电脑样稿,分别是王广义的《世界,你好》(图1)、张晓刚的《大家庭》(图2)和方力钧的《欢乐颂》(图3)。我与乐馆长商量,为了保证

审批通过，我们希望艺术家提供手绘草图。

2004 年 8 月 20 日

艺术家应约寄来第二稿，为 1∶10 的手绘草图。

2004 年 9 月 2 日

华侨城各部门领导参加壁画方案听证会，乐馆长就壁画筹划过程进行汇报，我就壁画对深圳和华侨城的文化意义、为什么选择这几位艺术家以及创作策划的构想进行了阐述，最后回答了各部门领导提出的各类问题。我的印象是这个壁画方案似乎得到了大家的一致认同，至少没有听到完全反对的意见。当然，任馆长告知这个方案尚须深圳市相关领导部门审批。

2004 年 9 月 13 日晚

乐馆长来电告知，在上午的地铁壁画审批会上，壁画方案遭到否定（只有方力钧的草图获得通过），理由是这类有争议的作品不适合放置在地铁站这类公共场所。

2004 年

注释：

[1]原文载《东方艺术》，2006 年 8 月第 115 期；其中部分备忘录载《南方都市报》，2006 年 5 月 20 日 D03 版。——编者注

《作品与展场——巫鸿论中国当代艺术》编者序[1]

发轫于二十世纪八十年代的中国当代艺术批评已经有了四分之一世纪的历史。无论作为一种社会思潮还是作为一门学术科目，它都在逐渐形成自己独特的价值立场和问题方向，但与中国当代思想史、学术史的其他领域比较，它又明显处于落后的位置，直到今天，学者只能臆断地使用其他领域的各类大词，还没有一套属于学科自身的公约性的理论词汇，更谈不上专业的分析方法和学理逻辑。批评写作随着九十年代以后全球性的所谓"策划人时代"的到来，甚至面临被大量粗制滥造、应景式的策展报告代替的危险。中国当代艺术批评要想真正跻身于中国当代学术史、思想史之林，以深入细致的个案研究和缜密严谨的理论著述取代大而无当的鸿篇高论，也许是一条无法回避的途径。

着手衷辑巫鸿教授的第一部中文当代艺术批评文集，对我而言是一次难得的学术经历。这部文集按巫鸿教授原来的安排，由艺术家、艺术作品和艺术展览三部分组成，艺术家部分选篇过多只好另行出版，现行编选只保留艺术作品和艺术展览两部分，从这种选编中，我们可看到这部文集的作者对批评写作的基本态度：艺术批评，尤其是当代艺术批评，既是对其主体艺术家和作品的文本批评，又是对其存在环境的生态研究，甚至可以说对前者的批评只有建立在对后者的史学描述和个案分析上才可能实现。虽然作者将中国当代艺术的情境还原集中在"展场"这一空间概念内，但从涉及的问题看，它几乎揽括了艺术制度、艺术空间、艺术出版、艺术策划等所有与当代艺术发生关系的领域。联系作者作为史学家和批评家的双重身份，这部文集还为我们提供了了解中国当代艺术批评的三个特殊维度：作为海外学者的双重视野、作为史学家的严谨态度和作为中国当代艺术参与者的实践热情。

学术著作的出版是学科建设的基础，然而文化市场化的现实使得真正的学术出版更加艰难和窘迫，因此对于这部文集的出版者岭南美术出版社，我们理应怀有尊敬，我们甚至更进一步地奢望以这部文集为起点，拟定一套中国当代艺术批评文丛的出版计划，因为只有这类计划才有可能为我们当代批评的学问史留下一些真正可供研究的材料。我们深深感到，只有真正严肃的著述和真正严肃的出版才有望使中国当代艺术批评在中国当代学术思想的殿堂中获得它应有的地位和尊严。最后，我想借用弗朗西斯·培根的一句超越历史的隽语来说明这项工作的性质：

> 没有学问史，世界史就如同没有眼睛的波吕斐摩斯的雕像，一尊缺乏精神和生命标志的人像。

2005 年

注释:

[1]原文载《作品与展场 —— 巫鸿论中国当代艺术》，广州: 岭南美术出版社，2005 年。——编者注

起飞与移墙

在设计 OCAT 的过程中，我的头脑里始终萦绕着一个挥之不去的意象，那就是一

图1 《蝙蝠计划》，黄永砅，2003 年，装置，860cm×350cm×1060cm

架在停机坪上整装待发的巨型飞机。这个意象也许源于与它想要表达的主题毫无关系的黄永砅的《蝙蝠计划》（图1），碰巧它是由作者捐赠给 OCAT 的第一件藏品。

二十世纪后半期以来的中国艺术使我们进入了一种完全异质的艺术生态。在参与中国当代艺术生态建设的二十多年里，我们一直把自己的工作视为一种社会工程实践。它的含义是：艺术对我们而言是一种社会测试过程，一种思想的"世界 3"化过程，你不断在你所处的社会生态和视觉环境中寻找问题和解决问题的工具，构造某种随时准备移动和拆除的结构。

将 OCAT 的开幕展设计成一个收藏展是因为这些作品不仅熔铸着何香凝美术馆建馆八年的历史足迹，也留下了很多故事和传奇，最重要的是它表明了某种创造新的历史的信念，这个信念就是建立中国自己民族的和独立的当代艺术专业机制，而这种机制只有在某种开放和交流的生态中才能形成。我们将这一信念意象化为一个建造机场或飞机的过程，理解为在一个非理想的时代完

图 2 《安全渡过林和路》，林一林，1996 年

成一个理想的过程。我们如何起飞首先取决于我们用什么样的态度、资源和方法去建造这样一个机场和一架飞机。而谈到"起飞"，我又被另一件充满智慧的作品吸引——1995 年林一林在广州实施的《安全渡过林和路》（图 2）。在这件作品中，艺术家以移动一堵砖墙通过一条马路的过程将西西弗斯式的重复劳动演绎为一种营造与拆除的哲学，如果说"起飞"是一种理想，那么"移墙"就是实现这一理想需要的最理性的态度，在这两种毫不相干的意象中，我们的工作目标似乎变得清晰起来。

2005 年 1 月 1 日

创造历史：
对中国二十世纪八十年代现代艺术的精神祭奠[1]

不是什么时代都能进入历史，只有那些真正改变了我们的生活价值的时代才能进入历史；不是任何人都能进入历史，只有那些真正具有创造能力的人才能进入历史。

二十世纪八十年代是中国现代史上最具变革意义的时代，也是一个真正意义上的创造性时代。政治上的思想解放运动、文化上的人文主义启蒙思潮，为中国真正进入现代国家奠定了深刻的精神基础，而八十年代艺术领域发生的现代主义运动，不仅是这场变革在视觉领域的反映，也是它的现实内容之一。八十年代现代艺术运动以"星星画会""无名画会"和各地的油画研究会为开端，尤以"星星画会"在思想、文学、艺术和政治等领域指出了中国现代艺术运动的基本方向。作为八十年代中国现代艺术的主体，"八五新潮美术"运动以艺术群体、艺术传媒、艺术展览等综合性的社会活动方式，上演了一场文化、思想史的宏大正剧，并以1989年"中国现代艺术展"作为谢幕。八十

年代中国现代艺术不仅是二十世纪初西学东渐文化运动在新的历史条件下的延续，也是九十年代迄今在中国发生的当代艺术的先声，它的精神价值和文化意义远远超出了艺术史的范畴。

"星星画会"作为中国现代艺术的开端，从政治性批判意识（如王克平的《偶像》《万万岁》，毛栗子的《十年动乱》）、启蒙性精神追求（如马德升的《息》《六平方米》，黄锐的《新生》）和形式性艺术探索［如黄锐的《琴声诉》（图1）、《四合院》］三方面为中国文化的现代性历程拉开了序幕。同期出现的"伤痕绘画"虽然承袭了写实主义的技法传统，但也以反省［如高小华的《为什么》，陈宜明、刘宇廉、李斌的《枫》，王川的《再见吧！小路》（图2），王亥的《春》（图3），程丛林的《1968年×月×日雪》］、觉悟（如程丛林的《1978年夏夜——身旁，我感到民族在渴望》，何多苓、艾轩的《第三代人》，何多苓的《春风已经苏醒》）和

图 1 《琴声诉》，黄锐，1979 年，布面油画，96cm×86cm

图 2 《再见吧！小路》，王川，1980 年，布面油画，150cm×80cm

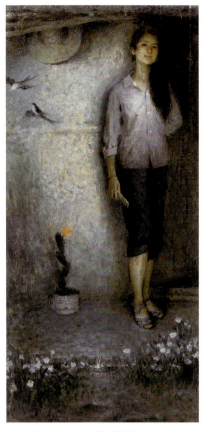

图 3 《春》，王亥，1979 年，布面油画，77cm×158cm

人道主义（如罗中立的《父亲》、陈丹青的《西藏组画》）三个主题改变着中国现实主义的歌德传统。同期发生的形式美、抽象美与现实主义之争，自我表现与艺术本质之争，则是这种现代性发生过程的理论反映。

八十年代中期全国范围内的"八五新潮美术"运动是上述两种文化启蒙思潮的自然延续和深入，又具有与其不同的精神内核和社会形态，这场运动几乎完全以西方各种现代主义理论与实践为思想准备和视觉参照，

以地区性、民间性艺术群体为社会组织方式，是在中国广大地区全方位、前所未有地发动的一场现代主义的艺术运动。具有一定组织规模、理论主张和延续性的艺术群体有1984 年 7 月成立的"北方艺术群体"（主要成员有王广义、舒群、任戬、刘彦）、1985年在徐州成立的"新野性画派"（主要成员有傅泽南、樊波、朱小钢）、1986 年 5 月在杭州成立的"池社"（主要成员有张培力、耿建翌、宋陵）、1986 年 6 月在南京成立的"红

色·旅"（主要成员有丁方、杨志麟、沈勤、柴小刚、徐累）、1986 年 9 月在厦门成立的"厦门达达"（主要成员有黄永砯、蔡立雄、刘一菱、林春、焦耀明）、1986 年 9 月在广州成立的"南方艺术沙龙"（主要成员有王度、林一林、梁矩辉、陈劭雄）、1986 年 12 月在武汉成立的"部落·部落"（主要成员有李邦耀、曹丹、方少华、魏光庆），以及 1986 年的"西南艺术研究群体"（主要成员有毛旭辉、潘德海、张晓刚、叶永青）。展览是群体活动的主要社会方式，这一时期的重要展览包括："厦门五人展"（1983 年）、"上海首届青年美展"（1983 年）、"新具象画展"（1985 年）、"江苏青年艺术周·大型现代艺术展"（1985 年）、"八五新空间展"（1985 年）、"十一月画展"（1985 年）、"徐州现代艺术展"（1986 年）、"南方艺术家沙龙第一回实验展"（1986 年）、"太原现代艺术展"（1986 年）、"观念 21·艺术展现"（1986 年）、"湖南青年美术家集群展"（1986 年）、"厦门达达展"（1986 年）、"湖北青年美术节"（1986 年）。1986 年召开的"珠海会议"和 1988 年召开的"黄山会议"是这场运动的组织和理论活动的一部分。各地自发产生的各种主张各异的现代主义艺术群体、大型展览和会议构成了"八五新潮美术"运动的基本社会活动方式，它本身就深刻地动摇和改变了中国文化传统和计划经济下的艺术生态。

"八五新潮美术"运动也是一场理论运动，甚至可以说正是作为一场理论运动，它才能获得如此广泛而深入的历史影响力，这场现代意义上的启蒙思潮直接承袭了五四运动以来中国艺术界对西方各种哲学、艺术、文化思想全面接受的立场，向中国文化中的各种观念发起挑战，从黑格尔的"时代精神"到叔本华、尼采的绝对意志，从柏格森的非理性直觉到萨特的存在主义，从抽象派到野兽派，从达达派到波普主义，几乎所有近现代的西方艺术和哲学流派都可以在这里获得共鸣，而同期在中国学术界流行的"文化热""美学热"也都可以在这场运动中找到恰当的视觉回应。"北方艺术群体"提倡的"寒带文化""理性绘画"，"厦门达达"崇尚的反审美、反文化立场，"西南艺术研究群体"对神秘主义、直觉主义的追求，"池社"作品中的存在主义倾向共同构成了一幅离奇的理论图景。同期发生的有关"中国画"前途的论战，"纯化语言"与"大灵魂"之争以及"清理人文热情"等口号的提出,使这场理论运动有了更多本土问题的色彩。值得一提的是与这场理论运动几乎同时,范景中和他的学术伙伴们开始了一场延续至今的西方艺术史、学术史和思想观念史的引进工程,通过对温克尔曼、沃尔夫林、潘诺夫斯基、贡布里希的西方艺术史研究成果以及波普尔批判理性主义科学哲学的系统翻译和评价,提倡一种尊重历史价值和开放思维的文化观念。虽然这项工程与"八五新潮美术"运动没有直接的理论联系,它对现代主义中的历史决定论观念和非理性倾向的深刻批判,甚至使它一直作为这场运动的反题存在,但从更宽阔的历史维度观察,它为这场改变中国人价值生活和思想观念的运动提供了更为深刻和持久的理论资源。

作为一场社会运动,"八五新潮美术"运动的另一个社会学特征是同期大量社会传媒成为这场运动的新闻传播平台和思想交流阵地,北京的《中国美术报》、南京的《江苏画刊》、武汉的《美术思潮》被合称为中国现代美术的"两刊一报",而一段时期内,北京的《美术》《北京青年报》,湖南的《画家》,广州的《画廊》,在一定程度上承载

了宣传现代艺术的功能。与这场运动的需要相适应,在八十年代还产生了一批优秀的理论家、批评家和社会活动家,如高名潞、栗宪庭、刘骁纯、水天中、郎绍君、周彦、唐庆年、孔长安、张蔷、郑胜天、王小箭、王明贤、易英、范迪安、尹吉男、殷双喜、费大为、朱青生、高岭、吕澎、彭德、皮道坚、严善錞、祝斌、杨小彦、邵宏、洪再新、陈孝信、李小山、顾丞峰、王林、廖雯和鲁虹等,他们为这场具有理想主义色彩的运动提供了多维的理论智慧和开阔的批评视野,他们中的大多数迄今仍活跃在中国当代艺术的舞台上。

八十年代中国现代艺术运动以1989年"中国现代艺术展"这种戏剧性方式谢幕是合适的,它不仅呈现了中国现代艺术中纷繁的艺术流派,也呈现了八十年代激情与混乱、理想与躁动同时并存的文化现实,它标志着中国现代艺术启蒙性的集体主义时代的结束。

二十年前的这场艺术运动已无可置疑地成为中国现代文化史的一部分,但对它的检讨和研究还没有充分展开,无论作为一种历史教训还是作为一笔精神遗产,它都影响

图 4 《30×30》，张培力，1988 年，录像，30 分钟，图片由艺术家提供

着我们的艺术和生活，我们有权利和义务把对它的纪念和反思作为我们继续创造的一种历史资源。

"创造历史：中国二十世纪八十年代现代艺术纪念展"是对这场艺术运动的精神祭奠和情境还原，它收集八十年代珍贵的艺术品原件和部分艺术创作文献，展现了从"星星画会"到"八五新潮美术"运动、"中国现代艺术展"的基本历史线索。展览包括王克平、黄锐、王川、王亥、王广义、张晓刚、张培力、徐冰、黄永砅、谷文达、吴山专、顾德新、王鲁炎、毛旭辉、丁方、舒群、王友身、李邦耀和温普林等艺术家的二十多件艺术作品。展品包括"星星画会"的珍贵展品、"伤痕绘画"的代表作、"八五新潮美术"运动时期各地艺术群体中有代表意义的作品，如中国第一部录像艺术作品——张培力的《30×30》（图 4），王广义在北方极地和后古典时期的代表作，以及第一次公开展出的《毛泽东 AO》的底稿和"中国现代艺术展"的珍贵图片。展品来自各位艺术家和管艺、尤伦斯基金会、邱福枝等重要的艺术收藏家和艺术机构。这使它成为中国第一次全方位的二十世纪八十年代现代艺术的展示和纪念活动。

感谢为展览提供作品的艺术家、收藏家和艺术机构，感谢为展览提供资金赞助的深圳华侨城地产，以这个展览作为长期资助中国当代艺术的这个中国企业二十周年庆典活动的有机部分，显得尤为自然和合理。

2006 年

注释：

[1]原文载黄专主编，《创造历史：中国二十世纪八十年代现代艺术纪念展》，广州：岭南美术出版社，2006 年，第 14—19 页。——编者注

江湖：对中国当代艺术的一种生态描述 [1]

"江湖"是中国历史发展中形成的一种特殊的民间社会生态，它以"义气"作为伦理纽带，在空间、身份、规则、语言上具有高度的不确定性，正是这些特征构成了它的某种天然的非主流性、反体制化和超越现实的特征。

至少在公元前三世纪，"江湖"这个概念就在中国产生了，战国的《庄子》中有"相忘于江湖"一句，"江湖"在这里有自然空间和心理意境两层含义，魏人有"身在江湖之上，心居魏阙之下"一句，除了上述两层含义外，"江湖"又有了与朝廷相对的政治学含义。在历史演化中，"江湖"形成了三个有机的内涵与外延：作为一种流动的自然空间和疆域概念；作为一种边缘、游离、松散的民间社会形式和以"义气"为基础的亚伦理体系；以及最重要的作为以勇、智、信为行为准则，以行走、漂泊为形态特征和以超拔、冷酷、精爽为语言性格的文化模式。当然，作为一种次文化，"江湖"同时具有高度封闭保守和非民主的等级秩序这样一些长期体现于黑帮政治、行会政治和流氓政治中的阴影特征。无论如何，在长达两千多年的历史中，"江湖"作为中国社会一个庞大的次文化资源库，一直为民间、文人甚至官方文化广泛使用和消费，成为一种影响至今的特殊民间意识形态。中国近百年来的现代化过程并没有为中国社会仿制出西方式的市民社会（civil society）和公共空间（public sphere），在政治社会、知识社会、商业社会和民间社会构成的现代生态机制中，"江湖"不仅作为一种传统意识形态广泛存在于影视、艺术、文学等话语领域（discoursive fields），也作为一种现实生态隐性地存在于广大民间社会中。

二十世纪八十年代发端的中国当代艺术在相当长的历史时期内一直被视为与主流社会相对抗的另类文化而生存于"地下"。九十年代下半期，随着中国向半开放社会（这当然是一个过于简单的形容）的转型，主流意识形态与消费意识形态的共存以及全球化文化在中国的出现，都促使中国当代艺术开始走向半公开和半合法，但它的边缘化身份和作为民间意识形态存在的现实都不会且不必改变。这是由于中国不可能出现西方那类主流化和体制化的当代艺术的社会土壤；中国当代艺术与本土主流意识形态批判性的紧张关系将长期存在（因为没有这种紧张关系，它的逻辑合法性就会丧失）；中国的知识精英社会很难与当代艺术达成某种文化共谋（这是一个需要进行专题论证的课题），而商业社会与当代艺术更不可能形成某种战略关系。因此我们可以断定，在今后相当长的历史时段内，无论作为一种智识性的批判力量还是作为一种特殊的文化生态，中国当代艺术将长期生存于中国的民间社会中，以其特有的话语方式和生存策略扮演文化游击队的角色，而这种角色又以"江湖"这个中国式的生态概念最易描述和理解，甚至可以简单地说，"江湖"不仅构成中国和西方在当代艺术体制和生态上的最大区别，也是理解中国当代艺术的一把钥匙。

作为一种特殊的"江湖"，中国当代艺术在生态上有这样一些特征：首先，中国当代艺术分布在广泛的自然疆域中，并不以单位、行政甚至国境为区划，大而言之，中国当代艺术由北京、华东、华南、西南和海外五大生态圈构成，这些生态圈无论在人员还是资源上都具有高度的流动性和开放性，譬如在中国已很难区别严格意义上的北京或外地、海内或海外艺术家，张晓刚、曾浩、马六明、曾梵志都很难从工作单位或户籍身份上被归为某个省籍，而吴山专、徐坦、林一林这类经常往来于海内外的艺术家也很难确定其区域属性，长期定居海外的谷文达、徐冰、黄永砅、蔡国强、关伟、倪海峰、赵刚等也越来越多地从事穿梭式的艺术活动，可以说，中国当代艺术的"江湖"现象是以全球为疆域的。其次，它的社会交流方式更接近于中国传统的人际化社会模式而非西方式的契约化社会模式，它没有固定的社会组织形式，如八九十年代的"北方艺术群体""池社""西南艺术群体""厦门达达""新刻度小组""大尾象工作小组"，都是些学术道义的临时聚合体，甚至连具有合法身份的民间社团都算不上，而九十年代中期以后，地方性艺术团体大多解体，只有以聚居方式存在的"花家地""宋庄""昆明创库""上海莫干山"，它们更难称得上是一种社会组织。所以，这类艺术家的社会身份除了取决于他们的创作取向和学术道义外，主要还视乎他们尊崇的类似"义气"的这类亚伦理或某些无法言说的潜规则。简言之，这些伦理不是以"普遍人"为标准设计的，而是因具体情境中的具体身份而设定的（如一个时期内"老栗"作为"教父"的存在），因此具有极大的超规范性和易变性。总之，江湖伦理是一种情境伦理。虽然中国当代艺术在国内国际的政治体制和艺术体制中都扮演着"他者"的角色，但它又与本土和海外的知识、商业、民间甚至政治社会保持着广泛和多层次的联系，它们中的大部分游离于各种社会机制之间，或作为其挑战性力量，或作为其收编的对象。最后，作为一种特殊的民间意识形态，它既从中国民间社会提取文化记忆和想象遗产，又广泛驳杂地容纳古今中外的文化资源，形成了一种与主流意识形态和消费意识形态迥然不同的超拔、开放、非世俗、反体制的价值取向和公共意识。江湖美学既是一种根植于民间的叛逆性美学，又是一种依托于老庄的超然性美学，它的空间想象不以特定的地理景观为背景，而以行走、飘浮这些行为模式中的流动性环境为对象（"行走"能比"游牧"更精准地描述中国当代艺术在全球化中的境遇），这正是"相忘于江湖"的原意，而这种视野在某种意义上也构成了中国当代艺术在全球化环境中观察天下的方式，就具体作品而言，我们可以从三个维度来了解一下这种体现于学术立场和美学性格的特殊的民间视觉语言。

江湖政治

作为一种亚政治生态的中国当代艺术，在中国的当代文化批判中并不扮演社会道德训导者的角色，不直接参与对国际国内政治和社会现实问题的讨论。相反，它更多从民间记忆和传统政治中提取某些俚俗性、反讽性的语言资源，通过构造视觉情境和强行改变固定语词含义的办法，提示问题的存在和问题解决的多样性方案。这种视觉表述往往并不具有明确的意义指向和道德取舍，在很大程度上它甚至是隐语式的、暧昧的、真幻杂糅的和超度性的，符合江湖俚语的美学特性，唯其如此，它才体现了更为开放的文本力量。王广义的《大批判》和他的"后大批判"时期的作品（《唯物主义时代》《唯物主义者》等）充分体现了这种民间性、大众性的语言特性，他通过将国家意识形态下的大众图像与消费意识形态下的大众图像并置的图式改造方法，强行改变了"大批判"这一特定语汇固化的政治内涵，提示了某种意识形态的"博弈"状态。岳敏君的近作《狼牙山五壮士》以挪用革命现实主义经典作品背景和抽空主题人物的方式，构造出某种英雄主义的亏空感。徐坦的《新天地》采用了将特殊政治地点与资本主义商业市场场景并置的影像方式，通过伴音假设了一个不在场的、游历性的他者对这种历史变故的心理解读。曾梵志近作中的伟人肖像和风景似乎是两类无关的题材，但在极具表现性的笔法和色彩关系中，它们共同营造了一种历史的苍凉意象。与其相反，卢昊则以戏谑的态度精心"装饰"历史的神圣建筑。这些对特定视觉记忆的图像改造都可被视为中国当代艺术对中国历史的一种民间反省。隋建国的《中国制造》涉及中国作为世界加工厂的生产文化与生产关系问题，"中国制造"这个简单的陈述句并不意味着中国的强大，甚至不意味着中国赢利，艺术家以强烈的概念性手法和具有明显反讽效果的视觉方式，使这一日常用语出现了某种词义变异，通过改变词义改变了事物的意义。王友身用图片记录

中国民间信息传播的基本媒体——黑板报，演示中国大众传播领域主流政治与民间信息之间的微妙关系（《宣传栏》）。无论如何，在艺术家扮演的话语制造者和改造者的角色中，江湖文化和江湖意识起着潜在作用。当然，江湖政治在某种意义上又是一种仁义政治和侠义政治，它的政治立场在精神气质上与传统儒墨思想相通，一方面遵循丛林法则，强者为王、智者为王；另一方面又崇尚以德服人、扶弱惩强的道德伦理，在当今强肉弱食的天下政治乱局中，中国当代艺术以自己独特的角度和政治立场诠释当今江湖之道。孙原、彭禹的《惊堂》、《沸腾海》（图1）都是以国际政治为题材的作品。前者通过在海牙国际法庭广场前放置中国古代公堂喊冤时用的惊堂鼓，隐喻在缺乏理性秩序和公理法则的当代世界设置一种想象性惊堂鼓的必要；后者将一百发炮弹壳倒置并灌注取自台湾海峡的海水，通过加热虚拟出一幅沸腾海峡的场景。而孙原、彭禹的另两件影像作品《争霸》（图2）和《犬勿近》（图3）涉及的是人类各种生存活动中存在的"博弈逻辑"，权力、智力、规则在这里被混杂成一种复杂的结构性关系，它们更具有超越政

图1 《沸腾海》，孙原、彭禹，2006年，由一百个加热的炮弹组成，图片由艺术家提供

图2 《争霸》，孙原、彭禹，2003年，不同重量级散打比赛3人，视频记录17分钟，图片由艺术家提供

图3 《犬勿近》，孙原、彭禹，2003年，项目，8条斗犬、8台无动力跑步机，图片由艺术家提供

图4-1 《W双向自动手枪D10-11》，王鲁炎，2010年，布面丙烯，200cm×260cm，图片由艺术家提供

图4-2 《W双向自动手枪D13-01》，王鲁炎，2013年，290cm×440cm×74cm，图片由艺术家提供

治学和社会学范畴的哲理意味。Unmask小组以他们那个年龄特有的视觉维度和政治敏感，将血腥的现实杀戮场面构置于一种虚幻的、游戏性的世界场景中（《无影者》）；王鲁炎的《W双向自动手枪》（图4）是"谁有枪谁就是大佬"（香港电影《辣手神探》中的台词）这句江湖俚语的视觉再现，它们的潜台词都是对当今世界强权规则的嘲弄。关伟是长期生活在澳大利亚的艺术家，他将十七、十八世纪澳大利亚残酷的殖民场景和"他者"身份的营造历史并置于一幅中国的青绿山水画卷之中，让人仿佛置身于超然物

外而又刀光剑影的江湖武侠世界(《回声》)。中国当代艺术中的江湖政治将作为一种中国特有的民间批判视野长期存在，并起到与知识分子知识性批判不同的话语功用。

环境、视觉与身体的变异

转型和变异是我们这个时代的两个文化关键词，它们体现为全球化与本土化之间的某种既依存又对抗的紧张关系，也体现为人对环境与自身的焦虑性反思，因为全球化既是人类经济关系的重构过程，也是人类思想、知识、文化甚至心理和身体的重构过程。环境的变异包含物质和心理两个层面，谷文达的近期巨构《碑林—唐诗后著》虚构了一场中西文字的翻译之战，它的潜台词是对文化全球化环境中文化交流可能性的焦虑。曾力的系列作品《北京照片》(图 5)通过记录北京都市环境的拆建过程，揭示传统、政治意识形态与现代化之间既并置又对立的紧张关系。同样是对环境的关注，汪建伟的《蜘蛛—2》(图 6)将视角固定在家庭这一基本社会单位内，通过真实和虚拟场景的重叠构置，以影像方式探讨中国人环境观念变

异的种种交叉元素 (很长时间内中国人的私人空间与公共空间的概念界限是模糊的，而建立这种界限是一个复杂的政治、社会、心理甚至生理活动的改变过程)。张晓刚的新作《描述》一改他在《大家庭》中对中国人家庭观念的历史性的宏大叙述，将对中国人视觉和心理变化的观察内敛为一种极其个人化、私密化的书写经验和视觉经验。杨少斌的近作常常通过对某种事件场景的虚拟叙事，让人产生一种无法言喻的焦虑性预感，仿佛人处于一种已经发生、正在发生和行将发生的错乱时间状态之中。比较他早期作品中的暴力性场景的铺陈，这些作品具有更多心理描述的意味。曾浩的装置作品是他的平面作品的逻辑延续，展示的是当代中国人心理时间和心理空间的"碎片"状态。林一林的《未来遗迹》记录了香港这座典型的亚洲"西方城市"的面貌特征，提示我们生存环境中一种交织着过去和未来的混杂结构。

对身体的反思是二十世纪从哲学、心理学、语言学、视觉文化理论到视觉艺术实践领域的焦点课题，从对传统灵肉二元论的批判，到对身体的生理属性与社会属性的研究，从对身体的政治学反省到对身体与性别、

阶级、种族、消费文化的关系研究，对身体的重估几乎成为当代文化与当代艺术对人与人性重估的基本路径。在中国当代艺术中，对身体的使用经历了早期象征符号阶段（八十年代"星星画会""观念21"及宋氏兄弟等人的行为作品）和观念主义两个。在象征符号阶段，身体的表现仅仅服从于某种特定的文化、政治、社会立场和思想，作为其图像表征（represent）而存在，而在观念主义阶段，身体的使用被赋予了更多语言学、社会学、伦理学和政治学的含义。在马六明的早期行为艺术中，身体的使用充满对环境、性别、政治的挑衅性寓意，而在海外的一系列表演性和场景性的行为艺术作品中，对身体的思考更多地集中在关于理性—非理性、清晰—模糊、合法—非法、自然—去自然化（denaturalized）、健康—病态、监控—反监控界限的实验过程，主旨更接近"驯顺的身体"（docile bodies，福柯）这类哲学命题。朱加和倪海峰的影像作品大多研究人的身份在当代社会中各种复杂替换的心理后果。向京的《你的身体》以女性艺术家对身体特有的敏锐观察，将对人体的史诗性塑造和对器官的生理性展示悖论性地融为一体，从视

图5 《北京照片——北京东堂子胡同 蔡元培故居》，曾力，2001年，照片，130cm×158cm，图片由艺术家提供

图6 《蜘蛛—2》，汪建伟，2005年，录像、照片，10分钟、尺寸可变，图片由艺术家提供

觉上制造出身体的自然化与去自然化、自我身体认同与社会性身体改造之间巨大的隐喻性矛盾，构成了一个当代人观察自我的"镜像"（mirror）。崔岫闻的《2004年的某一天》以一个"未发育"女孩的身体变化经历，演示生理发育经验实质上是一个被社会规范和权威（无论这种规范是政治性、伦理性的，如健康；还是审美性、时尚性的，如消瘦、性感）监控、修改的过程。石头的作品展示的

是中国当代艺术中不多见的一种边缘性的身体现象，女女群体及她们引起的关于一种特殊性别政治的思考，而这种思考在中国知识界也还是一个涉足未深的领域。

时尚之手

全球化的主要经济和文化形态表征是消费文化和享乐主义的合法性蔓延。消费文化不仅意味着一种新型的全球化的商业生产模式，还体现为一系列从生产、流通到消费领域的意识形态的权力化过程，它以日新月异的商业影像、广告媒介和网络语法自然而合法地改变着我们的价值判断、精神幻象和生活方式，制造出一系列"无深度"、"无方向"、"无厘头"、"迷幻式投入"、"超感性"、"超现实"(hyperreality)、"超空间"(hyperspace)的文化时尚，消费文化正是以"时尚"这只无形的手深刻改变着人类的价值观念、生存空间甚至生理习性，"今天已没有风格，只有种种时尚"(埃文. S)是我们这个时代文化与艺术的生态写照。对文化时尚化的反思在中国当代艺术中大约产生于二十世纪九十年代后期，这种反思涉及消费文化的图像生产、网络和消费文化之间的生存性依赖、消费生活模式的时空特征等广泛课题。吴山专的《水货及它的敌人》中的"水货"是一句典型的江湖"切口"(隐语、黑话)，指走私和盗版产品，它以第三世界消费生产中大量劣质名牌商标(logo)的繁殖，提示全球化消费生产中发展中国家与发达国家的时尚生产既互相依赖又互相敌视的紧张关系。消费文化是通过象征性时尚符号完成其消费逻辑的，而"水货"这种将特定名牌的商业记号劣质化、低俗化的"时尚方式"，构成了对"时尚"的有力嘲弄，而"敌人"在这里可以指消费生产的受益人，可以指它的受害人，也可以指任何人，它显然构成一个关于时尚的"浮动的能指"(floating signifiers)。作为一种"无深度文化"，消费文化以其强烈的直观快感、梦幻欲望和虚拟享乐的特质抹平了高雅文化与世俗文化的传统界限，而网络的出现又使这种欲望的生产如虎添翼。顾德新的《模拟人生》通过网络游戏制造的财富乌托邦，显现了对这种廉价"消费逻辑"的揶揄态度。王波的《装在套子里的人》(图7)是一件以 flash 方式设计的网络互动游戏，它通过一个简单的性爱故事和它的复杂发展线索，在虚拟世界中极富幽默感地提示"选择"对人的命运的巨大隐性作用。张小涛的《蛋糕—05》用特写的方式放大了蛋糕上的草莓，仿佛是对一场世俗娱乐盛宴的追忆，俸正杰则以领袖肖像尺寸塑造时尚偶像，为我们寻找到浅表欲望和感官时代的代言人。

"江湖"并不是对中国当代艺术的一种社会学定义，更不涉及对它的历史评价，它至多是对其生存现状和边缘身份的一种比喻性描述。在我看来，这种对现状和身份的描述在国内和国际处境中都适用，而在相当长的历史时期内，中国当代艺术中这种江湖处境都不会发生根本性改变。从积极意义上看，"江湖"这种特性将使它面对国内、国际主流意识形态的排斥和收编时始终保持某种批判性和超越性姿态。当然，诚如我的朋友顾德新中肯的批评一样，这种描述又

图7　《装在套子里的人》，王波，网络交互式动画，图片由艺术家提供

会构成一种新的语言陷阱，使人们对中国当代艺术产生封闭、狭隘、保守这样一些与当代文化特质相矛盾的印象，甚至可能使人将其与黑帮文化、流氓文化混同。这种警惕无疑是必要的，但正像江湖文化在中国历史中扮演过的多重角色一样，我们完全可以提炼出一种既具开放气质又具批判力道的江湖文化，在当代艺术日益欧美化的时候，提倡一种江湖性的中国当代艺术或许不失为一种真正的东方大道，"三十年河东，三十年河西"，谁知道呢？

2006 年 3 月 1 日

注释：

[1]原文载《江湖》，纽约：Tilton Gallery，2006 年，第 6—9 页。——编者注

山水画走向"现代"的三步 [1]

将百年以来的中国山水画作为一种"观念史",并将它置于"现代化"这样一个理论和实践框架中去考察是本文的主题。山水画由一种古典画种向一种现实主义、现代主义的题材转换,在二十世纪经历了文化改造、意识形态改造和现代主义改造三个历史节点,尽管这三个历史节点有各种复杂的问题导因和矛盾关系,但追求"现代化"的观念是贯穿这一过程的基本逻辑,所有关于山水画改造的艺术方案几乎都是在这种理想中开始和完成的,尽管大家对"现代化"这个词义的理解千差万别。

据现代学者的描述,"现代"是十八世纪始于欧洲并在以后几个世纪内扩展至全世界的一种"不可逆"的历史过程,它是人类在自我肯定和自我否定中进行的一种新型的文化、社会、知识和价值实践。康德通过他有名的"三批判"(纯粹理性批判、实践理性批判和判断力批判)确定了"现代性"的三个原则,即追求真理的客观科学、追求正义的自律性道德和追求纯粹审美的自主性艺术,它们被认为是西方千年以来从形而上

学世界和宗教图景中分化出的三个"现代"领域。伴随现代性的实践,西方社会产生了两个全新的因素:专业化和世俗化。一方面,在人们生活的每个领域里,各种世俗性价值开始取代宗教信条和禁忌,而另一方面,各种专业化制度和从生产到消费环节的专家操控又使人们陷入一种新的紧张关系,"'世俗化'和'专业化'的尖锐冲突导致了'现代性'悖论式的存在" [2]。当然,现代性构成的矛盾远不止这些,在对科学理性的信仰中产生了"进步"和"求新"的观念,这两种观念把现代人从对传统的敬畏和迷信中解放出来,同时又使人陷入从科学到艺术、从伦理到生活的各种创新时尚的选择性煎熬之中。在现代性的批评者看来,现代性不仅意味着工具理性对传统人文主义的全面胜利,还揭示了人类两种文化(物质和精神)更为深刻的对立和异化。艺术的自主在使艺术摆脱了宗教婢女的身份后,走上了"为艺术而艺术"(形式主义)和"为人生而艺术"(前卫主义)这样两条看似异途却同归的道路 [3],现代主义艺术在享受现代性带来的自

由和解放的同时，又以反抗者的姿态对现代性现实舞刀弄剑。现代主义这个"现代性"逆子的双重性格，似乎印证了"现代性在某种意义上是一个'自己反对自己的传统'"这句判语。[4]

一、文化的改造

山水画现代化的历史是与西方向世界输出现代化和中国社会追求现代化的历史相伴随的。在中国，从六朝宗炳的《画山水序》和王微的《叙画》开始，山水画就从理论上摆脱了知识功能和单纯的技艺身份，成为儒学"依仁游艺"价值态度的图载工具，经过唐宋的绘画实践，文人画山水在中国古典绘画中获得了"打头"的地位，无论作为一种文化象征图像，还是作为一个画种，山水画近似宗教的地位在近代以前几乎没有遇到任何挑战。直到十八世纪，意大利天主教传教士郎世宁和法国传教士王致诚、波希米亚传教士艾启蒙在清廷开始画"线法画"，淮关监督年希尧编纂透视学著作《视学》，西方科学观念改造中国山水画的实验才悄然开始。[5] 虽然这种改造是被动的、"语汇"

性质的（列文森），对当时的中国山水画传统无法形成颠覆性影响，但这段历史成为一个世纪后强制性的山水画改造运动中的温馨回忆。十九世纪末至二十世纪初开始的对山水画的现代化改造是科学的西方现代文化对人文的中国传统文化全面胜利的一个视觉标志，列文森以明代文人绘画的"业余精神"认证了这种文化在面对西方近代科学文明时的困境和被取代的历史合理性：

> 他们（明末清初的中国文人）是完整意义上的"业余爱好者"和人文文化的娴雅的继承者。他们对进步没有兴趣，对科学没有嗜好，对商业没有同情，也缺乏对功利主义的偏爱。他们之所以能参政，原因就在于他们有学问，但他们对学问本身则有一种"非职业"的偏见，因为他们的职责是统治。
>
> ……
>
> 近代早期（此时中国还没有开始西方化）的中国绘画界，产生和反映出的是一幅更广阔的社会制度图景。在士大夫画家和南宗评论家的背后站着反职业化的官僚，这些人高高在上的社会地位是其深深地景仰人文文化，而不是技术性的职业文化的象征。……

只有当近代西方的冲击动摇了那些像定出税率一样定出艺术风格的绅士、官僚、文人的地位时，也只有在这时，"非职业化"观念才会不知不觉地为"专业化"观念取代，那些为传统主义者和古典崇拜者所珍爱的东西，才会被生活在科学和革命时代的新青年斥为矫揉造作。[6]

虽然列文森描绘的历史图景过于简单，他的"冲击—反应论"史观也一直为中外研究者诟病，但他将中国绘画在近代的遭遇定位在中国儒家综合性的人文传统与西方现代专业化精神的冲突上，仍不失为一种真知灼见。事实上，我们在自己的研究中也曾指出："文人画的终结，并不是一个理论问题，也不只是趣味或风格问题……而是历史将'文人'这个选择的主体抛弃了。"[7]

二十世纪初山水画现代化改造的任务主要由一些政治家、革命家而非艺术家提出，表明这种改造从一开始就是一种政治和文化的选择而非艺术选择。康有为的《万木草堂藏画目序》、陈独秀的《美术革命》、蔡元培的《在北大画法研究会之演说词》、鲁迅的《论"旧形式的采用"》、徐悲鸿的《中国画改良论》这类檄文构成了世纪初国画革新的主流方案。它的基本逻辑是宋元以来的文人写意画为旧文化的代表，它的衰落与中国文化、社会在近代的整体衰落相关。阻止这种衰落的办法与阻止文化衰落的武器一样，就是西方近代科学。以这种方案看，采用西洋科学写实造型方法改造国画是唯一的选择，蔡元培甚至具体指出"采用西洋画布景写实之佳，描写石膏物象及田野风景"是"用科学方法以入美术"的最佳办法。陈独秀则将艺术的天才论与写实主义离奇地混为一谈："画家也必须用写实主义，才能够发挥自己的天才画自己的画，不落古人的窠臼。"当然，这类革新方案也没有忘记在传统绘画中寻找"院体"和"界画"这样的科学"传统"。在山水画领域，"岭南画派"从日本吸取西洋写实的技法融入南宋院画的传统，并采用现实主义的题材，自然成为这种方案的实验标本，考虑到这一画派与中国文化知识领域接受西方科学的相同路径和它与近代政治革命的紧密关系，情形就更是这样。无论国画的科学革新方案在推论（进步等于科学、科学等于写实）和整体革命的思维逻辑上有多少矛盾，我们都不能否认这种方案最接近西方"现代性"的原则，也就是进步的观念和艺术自主的观念。在这种方案中，中与西、传统与进步、非科学与科学、写意与写实这类两分法则是贯穿二十世纪中国画的基本主题，而在"合中西而为画学新纪元"这类口号中，我们还能嗅到历史决定论的味道。

二十世纪初的国画改造运动中还存在另一种看似保守却更为深刻的折中方案。说它"保守"是因为它重新将焦点拉回对国画人文性传统的思考上来，说它"深刻"是指它触及了二十年代"科学与玄学"论争中的那个敏感问题——东西文化优劣及人文主义与科学主义的基本矛盾。事实上，在王国维这样的文人眼中，科学至上和中劣西优的观念已经被"纯粹哲学""纯粹美术"这类观念取代和超越，在他看来，更高境界的宇宙人生问题只有在哲学和美术（王国维所谓的"美术"的含义远宽于今日的"美术"，略近于"文艺"）这类"学术"中才能找到答案，而真正的学术是不分中西的，世俗的政治和科学在解决宇宙人生这类根本问题上是无能为力的。我们可以在这类观念和论战中观察到中国知识界对"现代性"的最早

反思，国画领域出现的第二种革新方案则是这种反思的另一种方式。1926 年，在上海美专任教的潘天寿出版了《中国绘画史》，附录的最后一节是"域外绘画流入中土考略"，该节"第三时期"处理的正是中西绘画交流及优劣这个时代问题。在详述自明万历以来西洋画流入中土和现代艺术教育体制在中国建立的历史后，潘天寿提出了那个中西绘画"并存"发展的著名论断：

> 原来无论何种艺术，有其特殊价值者，均可并存于人间。只需依各民族之性格，各个人之情趣，仁者见仁，智者见智，选择而取之可耳。……原来东方绘画之基础，在哲理；西方绘画之基础，在科学；根本处相反之方向，而各有其极则。……若徒眩中西折中以为新奇；或西方之倾向东方，东方之倾向西方，以为荣幸；均足以损害两方之特点与艺术之本意，未识现时研究此问题者以为然否？
>
> 此后之世界交通日见便利，东西学术之互相混合融化诚不可以意想推测；只可待诸异日之自然变化耳。[8]

在这部书中，潘天寿还表达了对康有为

的中西绘画论的不满："康氏不谙中西绘画，主以院体为绘画正宗，是以个人意志而加以论断者。恐与其政见之由维新而至于复辟者相似，不足以为准绳。"同时他含蓄地批评了岭南画派"参酌西画"的方案"似未能发挥中土绘画之特长"。同年，在北平国立艺专任教的林风眠发表《东西艺术之前途》，涉及的是同一主题，但它是从艺术是什么、艺术的由来、艺术的构成这样一些根本问题展开对东西艺术异同进行讨论，在认定"实现理性与情绪之调和"这一东西艺术共有的本性后，他认为古埃及、古希腊艺术和文艺复兴出自西方理智与情绪相平衡的时代，因此那些时代是"伟大的时代"；而中古时代情绪超出理性，近代古典末流以理性为中心，因此这些时代都是艺术衰落、消失的时代。他又通过分析中西"风景画史"得出前者适合抒情的表现，而后者只能自然模仿；前者的写意是自身之内的表现形式，后者倾于写实是自身之外的表现形式的结论，认为中西"因相异而各有所长短，东西艺术之所以应沟通而调和便是这个缘故"[9]。

潘天寿和林风眠代表了二十世纪初国画革新的第二种方案，我们可以称它为"人文性方案"。他们对中西艺术分析的方法、途径与前途的预设截然不同，与前述的"科学性方案"比较，这种方案有三个明显的特征：首先，它超越了科学理性至上的迷信，在艺术中将科学与人文置于同样重要的位置，并对它们的关系做出了说明；其次，在认识层次上，它超越了文化上中劣西优这样一个在近代被视为常识的判断，从而使中西绘画之争由科学意义上的落后 / 先进之争上升到文化或纯学术领域的高度；最后，它在艺术史的视野上超越了西方古典写实系统而跨越到现代主义艺术的范畴，从而使这种方案具有比后者更宽阔的风格参照。潘天寿已意识到"欧西绘画，近三五十年，极力挥发线条与色彩之单纯美等，大倾向于东方唯心趣味"；林风眠看到浪漫派狂热情绪的表现是对新古典主义理性写实的"一种调和"，从他的绘画实践中，我们不难看出他与印象派、后期印象派、立体派的风格关联。可以说，"人文性方案"是现代性这个西方主题在中国艺术领域中一次更为复杂的展开。

世纪初国画领域这两种革新方案似乎没有进行过正面交锋，它们各自的实验成就在艺术史上或许也难定论，但这两种主要以中国山水画为讨论对象提出的方案，不仅使山水画有了中／西、传统／现代、落后／先进、人文／科学这样一些新的参照框架，而且使"艺术自主""艺术自由""反传统""创新"这样一些现代性命题成为以后一个世纪山水画发展的基本问题。

在文化改造阶段，儒家综合性人文传统与西方科学主义的紧张对峙、业余绘画价值的丧失、近代艺术教育体制的建立、风景进入山水画以及山水画中世俗化题材的出现都表明以古典文人山水画为主体的中国画传统已无可挽回地走上了"现代"之途。

二、意识形态的改造

二十年代的"科玄论战"以科学派的胜利告终，但中国既没有选择追求人文意志的玄学派，也没有选择代表"进步"和"自由"精神的科学派，而是选择了"集意识形态与科学于一身"的马克思主义这种"新信仰"。[10]马克思主义本来也是一种现代化的批判理论，它从现代资本主义生产关系入手，以阶级分析的方法全面揭示"现代性"的异化本质，并预设了"共产主义"这样一个想象性

的资本主义社会替代方案。二十世纪中叶共产党在中国的胜利使这种预设有了一个非西方世界的实验版本。从此，马克思主义不仅成为世纪初那个笼统抽象的"西方科学"的唯一代表，也成为中国社会唯一合法的主流意识形态。这种变化从根本上改变了山水画"现代化"的历史情境和问题走向。

首先，写实主义这样一种技术观念被提升为一种具有明确功能内容和风格指向的理论——革命现实主义，成为与西方腐朽的现代主义对抗的艺术方案。世纪初艺术的中西两分法被社会主义现实主义与资本主义现代主义这种新的两分法取代，而艺术现代性中的进步、创新观念也都开始围绕社会主义代替资本主义这种新的历史决定论背景展开。其次，现代意义上的艺术专业化过程以一种计划模式继续进行，它不仅表现为大学教育中以西方学科和苏联体制为蓝本的体系设置，也表现为从中央到地方政府艺术协会、画院、群艺馆这类多层次艺术创作单位的建立，甚至表现为从艺术出版到美术展览这些更为具体的制度设计。最后，至少在六十年代中期以前，共产党在不违背社会主义现实主义这个基本创作信条下，在文

艺政策上采取了一套宽容的历史主义和传统主义的姿态：

> 共产党人在绘画中追求的价值是现实主义。对于现代的中国人来说，现实主义似乎具有一种位于传统评论准则誉为古典的理想主义价值与西方艺术的现代化运动所倡导的表现主义价值之间的优点。依据现实主义的这种优点，共产党人可以有选择性地将某些传统艺术经过改造后，使它成为人民艺术的一部分。显而易见，这种艺术既非西方的，也不是封建的。有时那种视"社会主义现实主义"为中国绘画艺术的伟大传统之顶峰的冲动，使共产党的批评家对纯艺术的倾向也能容忍，同时中国的山水画通常被认为是现实主义的，或者至少是向现实主义方向努力的。[11]

正是在这种情境下，山水画逐渐丧失了它在传统绘画中的主导地位和形而上的精神价值，成为诸多现实主义绘画题材中的一种。五十年代中期开始的以写生为基础的"新国画"运动可以视为这种转变的开始。"新国画"这一概念被研究者认为由蔡若虹在1949年《关于国画改革问题》一文中提出，不久，徐悲鸿在《漫谈山水画》中明确表达了以现实主义替代传统闲情逸致山水画这种"二十年代初期有关传统国画出路问题的主导性的思想倾向"，而后艾青提出山水画是传统绘画中"最有严重问题"的领域，并且明确了"画山水必须画真山水""画风景必须到野外写生"的政策性主张，自此组织艺术家实地写生成为一时风尚，但在1955年新中国成立后第一场"关于国画创作接受遗产"的讨论中，这种写生性新国画的价值遭到了秦仲文这类熟悉传统笔墨程式的老画家的质疑："山水画写生活动的意义应当是：由具有山水画传统技法相当基础的画家们，把已经接受的古人所直接实践过了的技法和理论（尚有待于证实的间接经验）在这样的活动中求得证实，借以认识自己的缺点和优点……但是，参加这几次山水写生活动的画家们的观点不是这样的。我不知道他们经过何人的指示，一心不二地去描写现实景物，并把这样描写来的东西作为创作。"很显然，这里的困惑已经涉及如何选择写生"图式"这样一个恼人的艺术问题，选择传统图式还是西方式错觉性图式已经不是一个艺术问题而是一个政治问题。蔡若虹在这场讨论的"官方性定论"中明确了这一点："重新提倡写生，就是请画家们退出死胡同走上现实主义大道的第一步；其目的是让画家们接触现实生活，同时养成具有实际物象的能力。"[12]"新国画"运动中产生了三种现实主义山水画：其一，主题性山水，如描写建筑场景的《新开发的公路》（关山月）、《石钢在扩建》（白雪石）、《采石工地》（宋文治）、《全民炼钢》（邵浩羊），描写领袖和革命圣地的《转战陕北》（石鲁）、《韶山》（傅抱石）；其二，写生性山水，如《黄山散花精舍》（刘海粟）、《乐山大佛》（李可染）、《富阳恩波桥》（张订）、《西陵峡》（钱松喦）、《峡江图》（宋文治）；其三，象征性山水，这类绘画或以松柏仙鹤等传统象征母题为题材，或以领袖诗词为意境，如《高松图》（何香凝）、《六盘山》（李可染），这一类的样板作品是 1959 年傅抱石、关山月为人民大会堂创作的《江山如此多娇》，而从效果上看，后两者更多地保存了山水画的传统形态。

五六十年代的"新国画"运动虽然有更多复杂的政治动因和意识形态色彩，但我们仍然可以将它视为世纪初以来国画现代化的变种形式，不仅因为它延续了以科学改造国画这种信条，而且因为在这种革新运动中，传统绘画的人文价值与科学写实方法之间那种深刻的紧张关系没有得到丝毫弥合和缓解，这种紧张感在像潘天寿这类艺术家那里得到了充分表现，在《潘天寿》一书中，我们曾提到潘天寿在国画创新运动中遇到的尴尬。五十年代，中国山水画普遍采用一种自"岭南画派"以来的创新方案——在山水画中加入现代生活场景，如关山月的《新开发的公路》、张文俊的《梅山水库》、何海霞的《驯服黄河》、李斛的《江心——长江大桥工程》、李硕卿的《移山填谷》、钱松喦的《芙蓉湖上》，甚至老画家贺天健也未能免俗，在他 1959 年创作的《梅山水库之西北河山景色》中，我们看到在典型的宋代全景式山水中不伦不类地加上了一条现代公路。显然这一艺术时尚从表面上看既符合继承传统的艺术原则，又不违背现实主义的政治教条，但从研究者的记载中，我们发现潘天寿面对这一新方案时有某种深刻的焦虑："当学生问他为什么不画新安江电站大坝、电线时，他摇摇头说这些题材中国画不好表现。留存至今的两张丈二宣纸拼接的巨幅中堂《铁石帆运图》，题目是表现'大跃进'的大炼钢铁，但内容仍然是他喜欢的巨石上赫然入目的一棵高大松树，树下还有酒旗小亭，差一点画上去一个穿长袍的山水人物呢！"也许只有像潘天寿这类视绘画为文化、学术之公器的人才能真正体会到这种山水画创新方案对中国画的伤害。它不仅根本改变了传统山水画的"入画"标准，牺牲了传统山水画的意境构成和笔墨表现，更重要和更深刻的是，它还触动了一百多年来"西学东渐"背景下中国画生存面临的根本性问题：山水画需要西方式的"科学改造"吗？这种"改造"对它意味着什么？山水画的这类现代化革新需要以牺牲它的深厚的人文性传统为代价吗？显然，在当时的情境中，这类问题不会得到任何合理性答案。[13]

我们将五六十年代的"新国画"运动作为山水画走向"现代"的第二步，在政治意识形态的背景中，现代性中"进步""创新"的观念得到了充分展现，艺术的"世俗化"和"专业化"过程也得到了充分展开，具有讽刺意味的是，唯独现代性的前提"艺术自主""艺术独立"的价值原则被彻底抛弃了。当然，我们应当看到，从性质上讲，五六十

年代的国画改革运动虽然有专制文化这样的大背景，但它仍然是现代性文化实践的一种特殊方法。

三、现代主义的改造

两个事物间的矛盾不能被称为悖论，只有一个事物内部存在的既自我肯定又自我否定的状态才能被称为悖论。在山水画进入"现代"的前两步中，"现代主义"无论作为一种美学思潮还是作为一种绘画风格，都没有进入这种进程的内部，到了八十年代以后，当形式主义、抽象主义、表现主义，甚至各种观念主义成为中国画的一种合理性选择时，中国画才遇到了它在现代化过程中的一个真正悖论：作为一种古典文化传统，它是放弃自己的价值基础和技术形态特征（笔墨）融入现代主义，还是保持这些特征以发展出一种新的传统，抑或就此自行消亡？在这种悖论中，山水画面临着它的真正的生存危机。在这种悖论性危机中，批评家甚至更愿意用"水墨画"这个更为中性的概念代替"中国画"来描述他们讨论的对象。

八十年代中国画的现代主义历程是由对

艺术的自律性诉求开始的，这点很像西方现代主义，只不过它不是在向资本主义庸俗的世俗生活挑战中产生的形式主义，而是一种在社会主义文化背景下的形式主义。中国画的形式主义由一位有西方艺术教育背景的山水画家提出是符合逻辑的：1979年、1980年，吴冠中发表了《绘画的形式美》和《关于抽象美》两篇文章[14]，以温和的方式指出"形式美"和"抽象美"是造型艺术这种形象思维科学研究的对象——无论是写实还是浪漫的方法，他甚至没有忘记提醒人们"形式美"也是"我们为人民服务的独特手法"，而"我们研究抽象美，当然应同时研究西方抽象派，它有糟粕，但并不全是糟粕"。同时，他以一种略带浪漫、唯美和甜俗的方式在山水画，更准确地讲是在风景画或风情画中开始了他的形式主义的温和实验。与同期在中国出现的激进的现代主义思潮，如"伤痕艺术""星星画派"比较，这种形式主义的理论和方式似乎没有那个时代迫切需要的"批判力"，但应当看到，这种中国式的"形式主义"更接近"艺术自主""为艺术而艺术"这种"经典现代主义"的基本原则，而前者反倒容易从创作方法上走向与它的批判对象相同的道路——庸俗的现实主义反映论。

在八十年代发生的更为激进的现代主义运动中，中国画生存合理性的挑战不再来自科学主义和革命现实主义，而来自现代主义。1985年，李小山以他那篇著名的檄文《当代中国画之我见》和"中国画穷途末日"的论断发起挑战。这种论断将"传统中国画"（包括古代中国画和它在二十世纪的实践）统统称为一种根植于封闭社会的"封建意识形态"，所以，"革新中国画的首要任务是改变我们对那套严格的形式规范的崇拜"，"这个时代最需要的不是那种仅仅能够继承文化传统的艺术家，而是能够做出划时代贡献的艺术家"[15]。这是一篇典型的现代主义宣言，说它"典型"，首先它采用了新/旧、传统/现代、落后/先进这类现代性的两分法；其次它体现了世纪初以来流行的具有明显历史决定论特征的整体文化革命的思维逻辑，而事实上这也正是中国八十年代"新启蒙主义"的理论特征。但正如一位文化学者指出的那样，这种传统/现代两分法和把中国改革前社会主义的实践方式统称为"封建主义"的逻辑，"回避了中国社会主义的困境也是整个'现代性危机'的一部分"[16]。

在八十年代"新潮美术运动"中，中国画的角色地位发生了根本变化，它不再像以前那样作为中国传统文化的代表面对西方科学主义，或作为先进的社会主义意识形态面对腐朽的现代主义。在中国艺术全面"现代主义"化的八十年代，它再次被视为一种无法改造的传统和现代主义的反题，在这样的语境中，山水画不再成为问题的焦点。当然，山水画没有消亡，事实上，它以两种方式成为现代化的反思对象：在谷文达"达达主义"式的水墨实验中，它被视为一种批判性的母题，而在周韶华的国画创新中，它被视为"隔代遗传，横向移植"这样一些宏大文化命题的"象征图像"。

九十年代，随着中国加入全球化的进程，文化和艺术的问题发生了更为深刻的变化。现代性的一个悖论性反题"后现代"被提了出来，而后现代主义的一个"核心问题"——"身份问题"使"水墨画"（现在大家已更习惯用这个称谓指称"中国画"了）获得了重新进入现代主义问题的契机：

> 各种身份运动是后现代主义的核心，它如此重要，以至于某些理论认为一种有关身份的新意识是后现代时期

的突出特征。安德雷·胡伊森曾经勾勒了四种身份（他称之为"迹象"），是"并且将是未来构成后现代文化的东西"：民族身份，特别是那些在对帝国主义做出回应时形成的身份——性身份、环境身份与人种身份，尤其是非西方的身份。……这种对特殊身份的强调，挑战了形式主义者对超验的或普遍的艺术的信念。[17]

这种身份运动对于水墨画生存的现实有两重意义：首先，它在一定程度上消解了东方与西方、保守与先进、古代与现代、落后与前卫这样一些由经典现代主义制造的结构性紧张关系，从而使水墨画获得了一种自近代以来就缺少的解放感；其次，它使水墨画在理论和实践上具有了超越"本体论"（视中国画为一种民族文化的本质象征）和"媒介论"（视中国画笔墨为一种媒介）的可能性和合法性。正是这两重意义，使水墨画在九十年代获得了某种新的历史视野。

1993 年，我提出了后来被广泛使用或误解的概念"实验水墨"，依据的就是这样的问题情境。这个词是对贡布里希"实验性美术"[18]的借用，它有两个具体的含义：其

一，它是对九十年代这个具体时段中水墨画处境的描述；其二，它是对同期出现的几种水墨画实验方案的描述。应该明确指出，它既不是风格和运动的概念，也不是媒介和技法的概念，当然就更不是画派概念。这个概念首先是针对水墨画在当代文化中的两难处境提出来的："要使水墨画成为能够直接影响当下文化的世界语言，就必然要以牺牲它的传统特征为前提和代价，如果丧失了这类特征，我们又很难用国画或水墨画这类概念去判断它。"[19] 正是这种两难构成了实验水墨的语境特征和展开方式：

> 与从前的国画"改造"与"创新"运动不同，这种思潮不在一般意义上去继承、更改或终止中国传统语言秩序和意义秩序；同时，它也不在一般意义上去借鉴西方现代主义的形式语汇，以寻求和期待西方的理解。它不介入东西方文化差异这类命题的争论，但它却是世界范围中心与边缘文化结构解体过程的一种本土性的自然反应，或者说，它是后殖民主义或后冷战时期的世界文化语境中第三世界本土文化对西方文化权力中心的一种

抵御方式。[20]

也正是在这种语境中，"身份问题"被提了出来：

> 中国画相对于西方当代艺术的"他者"身份正好是它揭示中国文化当代问题的资历和资本，正是这种身份，使它有可能从观念而非形态、意义而非形式层面揭示许多本土问题……超越东西文化的二元对立论，超越"中心"与"他者"的二元对立论，超越本体与形态的二元对立论，将中国画作为一种问题方式，我们也许才能发现中国画在当代普遍主义的知识情境中发展的可能性。[21]

事实上，在这些问题语境中，实验水墨出现了两个方向：第一个方向是针对传统水墨画的形态改造，"大多数画家都从简单的厌恶传统情结中解脱出来，放弃了八十年代常见的传统派等于保守派、反传统派等于前卫派这类具有现代色彩的肤浅两分法，开始在一个更为广泛的文化脉络中重新理解传统"，这类实验有侧重开拓水墨画意义范围的，有侧重对水墨语言要素、造型方式、材

料质地、制作过程进行改造的，这类实验从形态学上接近"形式的现代主义"。第二个方向是被我称为"观念水墨"的实验，这类实验明显超越形式／内容、本体／媒介这类线性思维模式，是最能体现水墨画身份策略的一种实验方式。它采用西方观念主义的表现手法，将水墨画问题直接推进当代问题的前沿，视水墨为一种含有特殊文化身份的观念形态（类似概念艺术的文字、大地艺术的土地、行为艺术的身体），通过在一定问题框架中构造语境的办法，实现在一种开放语境中对社会和身份差异进行批判，形态上更接近于"批判的观念主义"[22]（对"观念水墨"的诘难大多数源于将它误解为一种意义载体或画种媒介）。观念水墨滥觞于八十年代末与九十年代初谷文达、杨诘昌、王川等人的水墨实验，九十年代中期出现了王天德的《水墨菜单》这类观念水墨的典型作品，而在徐冰的近作《写风景》中，我们可发现观念水墨与本文的山水画主题有关的例证。山水画在这件作品中体现了它作为一种观念形态发展的另一种可能。徐冰的这件作品源于他在尼泊尔写生的经历，他以中国文字作为山水水墨写生的母题，形成多层次、复合

性的问题关系：文字与图像、西方式风景与中国式山水、自然对象与文化表述、"深入生活"这种现实主义的创作经验与观念主义的创作动机……正是这种复杂的语境构造和问题设置使"山水画"呈现出一种开放的意义状态。[23]

我们以文化改造、意识形态改造和现代主义改造三个历史节点粗略地勾勒了二十世纪中国山水画现代化的观念史，我们不希望这种宏观性、全景式的勾勒使读者产生一种误会，仿佛二十世纪山水画是一个具有内在发展方向的历史，恰恰相反，我们希望使读者对这段历史产生一种更为复杂的想象：它们是各种完全不同的文化、社会、政治因素以完全不同的方式碰撞、冲突、交流出来的，科学主义、艺术自主观念、启蒙思想、后现代主义这样的思想史和观念史背景，使二十世纪山水画发展的复杂性远远超出了它诞生后的其他时期。当然，要真正形成这种想象，我们必须借助更为深入、精细的个案研究。

2006 年

注释:

[1]原文载《新美术》,2006 年第 4 期;黄专,《艺术世界中的思想与行动》,北京:北京大学出版社,2010 年,第 97—110 页。——编者注

[2]罗岗,《对整体性危机的文化回应》,载《视界(第 3 辑)》,石家庄:河北教育出版社,2001 年。

[3]沈语冰,《20 世纪艺术批评》,杭州:中国美术学院出版社,2003 年,第 12 页。

[4]汪晖,《死火重温》,北京:人民文学出版社,2000 年,第 10 页。

[5]杨伯达,《清代院画》,北京:紫禁城出版社,1993 年,第 131 页。

[6]列文森,《儒教中国及其现代命运》,郑大华、任菁译,北京:中国社会科学出版社,2000 年,第 17、35 页。

[7]黄专、严善錞,《文人画的趣味、图式与价值》,上海:上海书画出版社,1993 年,第 3 页。

[8]潘天寿,《中国绘画史》,上海:上海人民美术出版社,1983 年,第 300 页。

[9]林风眠,《东西艺术之前途》,见《林风眠》,上海:学林出版社,1988 年,第 8 页。

[10]陈少明、单世联、张永义,《近代中国思想史略论》,广州:广东人民出版社,1999 年,第 215 页。

[11]列文森,《儒教中国及其现代命运》,第 125 页。

[12]陈履生,《新中国美术图史 1949—1966》,北京:中国青年出版社,2000 年,第 108 页。

[13]严善錞、黄专,《潘天寿》,天津:天津杨柳青画社,1999 年,第 99 页。

[14]吴冠中,《绘画的形式美》,载《美术》,1979 年第 5 期;《关于抽象美》,载《美术》,1980 年第 10 期。

[15]李小山,《当代中国画之我见》,载《江苏画刊》,1985 年第 7 期。

[16]汪晖,《死火重温》,第 56 页。

[17]沈语冰,《20 世纪艺术批评》,第 37 页。

[18]贡布里希,《艺术的故事》,范景中译,北京:生活·读书·新知三联书店,1999 年,第 27 页。

[19]黄专,《进入九十年代的中国实验水墨画》,载《雄狮美术》,1996 年第 3 期。

[20]黄专,《重返家园:当代水墨的文化支点》,载"重返家园:中国当代实验水墨画联展"展刊,1996 年,旧金山。

[21]黄专,《中国画的"他者"身份及问题》,载《国画家》,1997 年第 1 期。笔者关于实验水墨的文章还有:《王天德的〈水墨菜单〉:"观念水墨"及其文化可能性》,载《江苏画刊》,1996 年第 10 期;《作为文化问题的"观念水墨"》,载《江苏画刊》,1998 年第 2 期。

[22]沈语冰在《20 世纪艺术批评》中把西方现代主义思潮分为自主、审美或形式的"现代主义",批判的、党派性的"前卫主义(历史前卫主义)"和既放弃自主原则又放弃异在性原则的"后现代主义"。虽然他也敏锐地看到在时间上与后现代主义同步的当代艺术中也存在保持现代主义批判性的艺术类型(如概念艺术、形式艺术、大地艺术、过程艺术、身体艺术),不过他没有再对这种"后现代之后"或"后前卫艺术"(贝格尔)进行定义,而只将它们笼统地归入"无边的现代主义"。我十分赞同沈语冰的区分方式和定义,但仅就艺术发展的内部状况而言(不涉及文化、社会思潮),将现代艺术过程划分为现代主义和观念主义或许更加准确,当然我们可以依沈语冰的定义再将它们分为"形式的现代主义"(如立体主义、抽象主义)和"批判的现代主义"(如表现主义、超现实主义,即"历史前卫主义");"形式的观念主义"(如沃霍尔式的波普主义及各种犬儒主义的当代艺术,即沈语冰定义的"后现代主义")和"批判的观念主义"(如博伊斯、汉斯·哈克等代表的以西方社会批判传统为理念的观念主义)。这样我们就不会将当代艺术混同于"知性上的反理性主义、道德上的犬儒主义和感性上的快乐主义"的"后现代主义"。当然,在这里对艺术现代主义进行区分主要是为中国画的"现代主义"历史提供一种分析参照,虽然这种历史与西方同样有着完全不同的情境和走向。

[23]《观念的生长——徐冰、殷双喜、冯博一对话录》,载《美术研究》,2005 年第 3 期。

中国前卫艺术还有别的选择吗？[1]

"苏富比中国艺术品拍卖""北京艺术博览会"成为几个月来中国艺术的关键词，我虽足不出户，也能从朋友的电话、短信和邮件中感受到空气中的热度，眼下的中国艺术，可以套用贡布里希谈论艺术的那句名言：实际上没有艺术或艺术家那种东西，只有市场和拍卖。

事实上，它只是中国前卫艺术几年来在政治、经济、传媒上"全面胜利"的另一次小高潮。不知怎么，这类"胜利"往往使我有一种若有所失的感觉，我总在猜想这种"胜利"背后的真正赢家，这种猜忌和警惕的本能大概来自差不多十年前阅读过的一本小册子《自由交流》。法国哲学家皮埃尔·布尔迪厄和德裔美籍艺术家汉斯·哈克通过他们的对话，告诉我们以争取精神自主和批判独立性为己任的知识分子和艺术家的责任，以及完成这种责任在当今社会机制中面临的复杂处境。汉斯·哈克历数了限制当代艺术产品自由表达后面的三种权力，它们通常不是以强制的方式而是以诱惑的方式出现：保守主义的政客，以文化为名目的国家资助、企业资助，市场、大众新闻传媒。这些权力的行使者分别是政府文化官员（他称他们为"国务思想家"）、企业赞助者、各种各样的"文化股票的小持有者"以及最活跃的制造时尚艺术新闻的记者，正是他们在今天共同构成了艺术自由的敌对阵营。让人警觉的是，这个阵营并不是以专制性的政治逻辑而是以"资助"和市场逻辑行使对艺术的统治和暴力的，"文艺资助是一种微妙的统治形式，它之所以起作用，正是因为人们没有察觉这是统治。一切形式的统治都建立在不知情之上，也就是说，被统治者是同谋"。这就是当今艺术体制最令我们不安的地方："文艺与科学资助会逐渐使艺术家和学者在物质上与精神上依附于经济力量与市场制约。"（布尔迪厄）

我不想夸大现时的中国艺术情境与汉斯·哈克和布尔迪厄描述并激烈批判的现实之间的联系，但最近几年我们的确看到，随着政治气候转暖，前卫艺术在中国获得了某种程度的合法化身份，政府和主流意识形态不再将前卫艺术仅仅视为假想敌，市场和各种类型的赞助资本的参与使它成为热门的文化股票和媒体广告，而时尚和新闻也越来越多地运用"时装逻辑"包装和炒作前卫艺术。各种政客型策划人、时髦的新闻知识分子、活跃于画廊与拍卖会的交际花、各种"掌握文化界的行话，又有钱制作文化包装"的艺术经纪人，尤其是大量穿梭于各类策划人、画廊老板和新闻传媒之间，谙熟公共关系、沉迷于传播各种拍卖信息、操着国际口音的艺术家，从根本上改变着中国前卫艺术的文化图景。事实上，九十年代后，中国前卫艺术在迅速进入消费时代时，从艺术观念、艺术风格到社会机制上都选择了一条"美国路线"，也就是全面放弃激进的政治和社会批判意识，鄙视前卫艺术的历史责任和价值义务，崇尚道德上的犬儒主义，视觉上的感官主义、快乐主义和社会学上的消费主义、商业主义。近年来大量繁殖的各种类型的"形式观念主义"证明了这一点，聪明的青年艺术家中流行的那些趣味优雅、形式华丽的"国际风格"也证明了这一点，中国艺术在纽约苏富比的胜利更证明了这一点。今天，艺术自由的真正敌人也许不再是或者主要不再是专制主义，而是表面上给予我们自由的市场、资本、传媒和各式各样的"艺术爱好者"，它们使我们在"不知不觉"甚至兴高采烈中成为反对艺术自由的同谋者。

我不想成为中国前卫艺术"全面胜利"场景中的扫兴者，但我没法去思考：在中国这样一个最需要批判精神的国家，为什么没有产生"激浪派"和博伊斯、汉斯·哈克这类批判观念主义的艺术和艺术家？提出这个问题也许有悖于历史常识，文化选择的合理性有时并不是依据需要而是依据情境逻辑。但我仍想劝每个把艺术产品生产视为文化责任的人去读读《自由交流》这本不到一百五十页的小册子(三联书店，1996年版)，如果实在没时间，至少读读下面这两段话：

> 艺术产品具有symbolique力量，它可以用于统治，也可以用于解放，因此，它是一种在日常生活中引起极大反响的思想赌注。
>
> 我们不能让文化生产依赖于市场的偶然性或者资助者的兴致。

前一段话是汉斯·哈克说的，后一段话
是布尔迪厄说的，至少，它会使我们觉得今
天对待艺术还有另一种态度和选择。

2006 年

注释:

[1]原文载黄专，《艺术世界中的思想与行动》，北京: 北京大学出版社，2010 年，第 94—96 页; 朱青生主编，《中国当代艺术年鉴 (2005)》，桂林: 广西师范大学出版社，2006 年，第 1—19 页。——编者注

抽象是一种关于自由的表达[1]

自由主义不仅是一种政治设计和社会理念，更是一种心理境界和精神超越。艺术史上有两种精英形式的自由主义，一种是中国古代的"气韵"学说，一种是格林伯格的"前卫"理论。这两种看似风马牛不相及的东西为我们观察中国抽象主义艺术提供了一种合适的理论参照。

"气"在中国古代知识世界中是人与万物的基本来源和形态，"气韵"是它的自由和谐的运动节奏。至少在六朝（公元六世纪左右），"气韵"就成为中国人评价绘画的"六法"之首，并在以后的历史中发展成中国古代经典艺术标准的中心词。郭若虚在北宋（公元十一世纪左右）提出的"气韵非师"说，即"气韵"在绘画中是一种生而知之而非后天习得的品质，使这一标准有了精英人格和身份的特殊含义，宋代艺术也由此分裂出精英（士人画）与世俗（画工画）两个世界。元代文人通过"援书入画"的努力使文人画这种精英艺术具备了独立的技术标准——笔墨。作为中国文化主流的文人画是一种追求自由表达的艺术，当然，这种"自由"更多

是哲学、精神和人格层面的，而非政治和社会层面的，它首先体现为对自然的超越性表现而非再现性模拟；其次，这种自由表现为对人的主观精神的内省性观照和象征而非社会性训导（最接近艺术自由主义的另一种中国式表述是"游于艺"）；虽然中国哲学有"大象无形"这样的观念悖论，但中国的精英绘画从来没有发展出一种完全"无形"或完全"抽象"的视觉表达，在最极端的文人画家那里，艺术的自由表达也仅仅表现为"逸笔草草"，这是由于中国人观念里"气韵"的传达只有通过"应物象形"的方式才能完成，另一方面也是由于书法这一表意性的造型元素扼制了中国人完全遗弃形象的欲望，所以贵族性、经院性的文人绘画与世俗性、大众性绘画的主要区别在于"韵"大于"形"还是"形"过于"韵"，而非"有形"还是"无形"。

中国人用"气韵"这种形而上的美学标准区别两个艺术世界，格林伯格则在完全不同的文化语境中以"前卫"观念区别了高级和低俗这样两种现代艺术世界，这种区别的

价值依据也是艺术自由的观念，不过这种自由主义的属性更多是政治和社会层面的（包华石先生在他的论文中令人信服地探讨了它们之间的关系）。在格林伯格看来，无论是服从于专制文化的再现艺术还是服从于大众意识形态的媚俗艺术，都是艺术自由在政治上的敌人，而前卫艺术的基本立场应该是通过一种自我反思去批判和阻止这种庸俗现实主义美学态度，代之以一种具有清晰自我指涉的抽象艺术。这种前卫艺术既是一种形式主义的实验，也是一种恢复艺术精英传统的努力。这种艺术上的精英自由主义态度构成了抽象表现主义的审美逻辑。正是在上面两种完全不同的历史语境中产生的艺术自由主义，构成了我们讨论中国抽象艺术的思想史依据。

二十世纪八十年代中国抽象主义产生在文化启蒙和专制批判的复杂环境中，如果说吴冠中对艺术自律性"形式美"和"抽象美"的赞颂，无意中构成了对长期以来"革命现实主义"创作模式的理论反思，那么，在"八五新潮美术"运动中产生的各种形态的抽象艺术，就不仅是对西方风格的模仿，更是深刻地表现了对自我价值和个人主义

的明显张扬。当然，这种明显具有西方思想史特征的艺术自由主义，更多的文化使命是借用和批判，还来不及在本土文化传统中寻找反思资源。进入九十年代后，随着中国的全球化和大众流行文化的泛滥，中国抽象艺术不得不具备更为复杂的思想资源、文化立场和美学态度来应对剧烈转型中的艺术问题，正是在这一过程中产生了一批反思性的抽象艺术家和作品，构成了我们观察中国当代艺术的一个无法忽略的维度。

自由从根本意义上而言是人对自我局限的一种历史化反思，是对人的世俗性的一种超越，中国文人极力区别"韵"与"俗"、"不求形式"与"专工形式"的艺术，正是为了凸现这种超越的高贵和优越。格林伯格毫不掩饰他对德意法西斯艺术、苏联式现实主义艺术和美国式流行艺术的鄙夷，也正是为了表明文化精英立场，他甚至直接称这类反映大众意识形态的媚俗艺术为垃圾（kitsch）。抽象主义的美学逻辑是在反对再现主义在意义上的独断专行和功能上的急功近利中产生的，在抽象主义者看来，只有那种诉诸个人意识、完全无功利的自我表达才可能获得真正意义上的艺术自由（它的

艺术形式只能是"从过去最好的东西中提炼与抽象出的审美质量")。当代艺术中的这种艺术自由观念与中国文人将对自然人生的终极体验作为艺术至高境界和标准（"气韵"），将"游戏"作为艺术活动的至高态度具有某种精神上的高度契合，尽管两者的文化背景、政治路径和风格选择迥然有异。中国当代抽象主义艺术包含了上述两种艺术自由主义的传统，他们的"前卫性"不仅体现为他们对西方式抽象主义的语言借用，更体现为他们对抽象艺术所表达的自由主义的精英立场和他们对母语文化中个人主义反思传统的肯定和理解。这些艺术家大多有东西方两种文化实践的经验，尤其有在对两种文化问题的反思中寻找个人化表达的能力。同样，他们几乎都接受过严格的写实主义训练。虽然他们选择抽象艺术的理由和途径各不相同，但追求内在参悟和表达的自由，几乎是这种选择共有的审美逻辑。邱世华从道家心与境的自由关系中领悟到空白的时间和空间意义；李华生由传统山水画中抽衍出反复书写的心性价值；王川的抽象艺术曾得益于德库宁、马瑟韦尔等抽象表现主义的习养，但在经历一段生死领悟后，他的艺术变得沉寂、超然甚至优雅；沈忱在西方式抽象语言实验与东方式空灵意境之间寻找自由的含义；杨识宏虽深得美国抽象表现主义的精髓，但他对中国式自然象征主义和神秘主义传统的理解又使他的艺术充满东方气质；刘子建是中国"实验水墨"的代表人物，他的"黑色绘画"的精神旨归很像现代版的逍遥游；周力的艺术由于浸润法国式现代形式主义而显得特别灵动、透彻，而它的优雅、敏感又只能从创作者的东方女性身份中得到解释；林延的艺术出自"极少主义"这种观念艺术传统，但她通过对（宣）纸和墨这种东方媒材的智性使用极大丰富了"极少主义"的文化维度。中国这一代抽象艺术是在一种无根性的历史中产生的，一方面，中国式革命现实主义一统天下的历史已经结束，而另一方面，对西方现代主义的全盘拿来主义又使中国艺术处于另一种无身份的文化焦虑之中。中国抽象主义在认同自由主义价值诉求和精英立场的同时，在母语文化中寻找精神资源，重新确定对"艺术自由"的内省性的精神理解和风格取向，我把这种艺术倾向称为"气韵"的新历史，它是中国当代艺术史中一种建立自己的历史身份的尝试。

中国当代艺术正在经历某种沉沦，这种沉沦来源于对大众意识形态和流行文化的妥协和纵容，"前卫"的时尚化和反智化不仅使它逐渐丧失了自由主义的反思立场和精英地位，也轻而易举地使它沦为各种政客权力、传媒权力和资本权力的附属品。在某种意义上，那些处于边缘境地的抽象艺术家承载着恢复前卫艺术革命性的使命。

2007 年

注释:

[1]原文载黄专主编，《气韵: 中国抽象艺术国际巡回展》，广州: 岭南美术出版社，2007 年，第 34—37 页；《艺术当代》，2007 年第 3 期，刊发时有所删改。——编者注

我们艺术中的集体主义幽灵[1]

1944 年到 1945 年在新西兰走避战火的波普尔完成了他自称"写得最枯燥乏味的作品"《历史决定论的贫困》以及《开放社会及其敌人》，这两部政治哲学著作没有从道德角度谴责法西斯主义这种邪恶的政治统治形式，相反，从人类追求理想社会的良善愿望，即从寻求"子宫般安全的社会"这种普通心理上找到了极权主义观念的历史来源。正是人类这种想象自由而又畏惧承担责任的求生本能，使他们十分轻易地将自己的命运交付给上帝和许诺有上帝本事的人，这就给历史上那些宣称破解了"历史规律""人类命运"的人以可乘之机，他将这样的人统称为"历史决定论者"（英雄、超人、领袖、教主等，有时哲学家也会冒充），将他们的主张称为"本质主义"和"整体主义"。波普尔认为，他们应对各种理想世界的承诺所导致的人类悲剧负责（一个最容易让人联想到的现实人物是布什）。

"整体主义"按中国人习惯的、更易理解的译法应是"集体主义"，这种精神理想和政治强权形式的集体主义套用柏林对自由的定义可称作"积极的集体主义"。对于经历"文革"的中国人来说，波普尔的这些道理浅显易懂，但要举一反三、形成记忆则着实艰难。把人类，至少把一个国家、民族或文化想象成一个整体，或者说一个"集体"，这并没有什么危险，危险的是我们经常会不自觉地把我们的生活寄托在那些预设的或想当然正确的整体目标上，这些目标既包括革命、进步这类抽象观念，也包括民主、自由这样一些浪漫的社会设计。八十年代以争取人性解放、艺术自由为目标的现代主义艺术运动以"民族精神""时代精神"这样一些宏大叙事延续着"积极集体主义"的文化血统，我那时曾套用波普尔的话称它为"艺术本质主义"和"艺术整体主义"（《中国现代美术的两难》，1989 年），这种悖论性历史足以说明人类克服"集体主义"的心理难度。

"全球化"时代是一个超级"集体主义"时代。世界的"图像化"（海德格尔，1938 年）、"景观社会"（society of spectacle）的现实化（居伊·德波，1967 年）和鲍德里亚勾勒的"拟像"（simulation，1994 年）文化彻底抹杀了形而上学的本质世界与现实场景、抽象真理与视觉表象的二元界限（鲍氏称为"超真实"），但消费文化生产无深度、无中心、无方向、无价值的表征中潜藏着一种更为诡异的"历史决定论"，一种从人的感官愉悦（视觉、听觉、味觉甚至性习惯）而非精神价值、梦想欲望而非社会设计上统一人类的世俗宗教，旧时代的政治领袖和救世英雄变成新时代的网络偶像和娱乐明星，"人民"成为"粉丝"，但它们之间的从属关系并没有改变。这种世界性文化转向深深改变着我们的艺术生活场景：中心舞台已毫无悬念地移到了威尼斯和卡塞尔（虽然我们也满怀热情地在北京、上海或广州搭建自己的地方舞台并幻想有一天它们也会成为中心）；昔日的文化英雄已无可挽回地成为舞台上的龙套，精于算计、伶牙俐齿的策划人甚至再也不会给那些沉思默想、身怀抱负的思想者和批评家任何登台的机会；国际标准风格、国际拍卖行情成为确立艺术家等级的硬指标；今天是"感性"，明天是"城市"，艺术时尚令我们头晕目眩，中国当代艺术早已由一种人文性的事业演变成一种博弈式的职业。我将这种艺术现实视为一种经济型的、符号生产方式的"集体主义"，与"积极集体主义"不同，它不再体现为一种制度强权和精神禁忌，却往往通过对个人自由选择的承诺让我们不知不觉甚至心甘情愿地被奴役，它的危险在于，它更容易使我们放弃警觉，我因此把它称为"消极的集体主义"，一种隐性的、幽灵般的集体主义。

2007 年 4 月 1 日

注释：

[1]原文载《艺术世界》，2007 年 5 月号；朱青生主编，《中国当代艺术年鉴（2006）》，桂林：广西师范大学出版社，2009 年，第 1—7 页；黄专，《艺术世界中的思想与行动》，北京：北京大学出版社，2010 年，第 127—128 页。——编者注

作为思想史运动的"八五新潮美术"[1]

工欲善其事，必先利其器。

"八五新潮美术"运动也是一场理论运动，甚至可以说，正是作为一场理论运动，它才有可能获得如此广泛而深入的历史影响力。[2]

伴随 1989 年事件戛然而止的"八五新潮美术"运动，随着中国社会由启蒙文化向消费文化的迅速转型而成为一段被封存的历史。显然，要了解中国当代艺术的思想史逻辑，我们无法省略这一思想史的时段，在它之前的几十年，政治居于主导地位，在它之后的十几年，经济居于主导地位，它的思想史意义在这种历史的参照中凸现出来。我们已经在很多层面上谈论过这场艺术运动，在艺术史、政治史、社会运动史上，但到底是哪些思想和观念促成了这场艺术运动？这些思想和观念通过怎样的"文本""话语"和传播方式影响着艺术实践？这些方式与其他领域的思想内容和问题有着怎样的关联？这样一些思想史的问题并没有引起过严肃的讨论。我们想讨论的问题是：什么是思想史意义上的"八五新潮美术"？

一

从最宽泛的意义而言，"八五新潮美术"既是中国"新启蒙时代"的产物，又是这一时代的具体内容，要了解这一运动产生的历史依据，应该从以下的问题背景着手。虽然有着与二十世纪初中国文化启蒙时期完全不同的时代语境、思想内容和文化任务，但"八五新潮美术"的主题词依然是"人文主义"。"人文主义"是在特定时间和空间中产生的批判性的价值主题，它的不同语义和形态只有在具体的思想上下文中才能判断。八十年代中国的人文主义有历史和现实两个批判维度：其一，对中国五千年封建文化专制的批判；其二，对五十年代以来社会主义实践中的意识形态的批判（这是两组性质不同的批判主题，但在八十年代时常被混淆）。前者涉及的是中国古代思想文化的转型问题（古今问题），后者则是中国思想文化在"现代化"实践中如何反叛和超越专制壁垒的问题（中西问题）。前一主题更为宏观和深刻，后一主题更为现实和严峻；前者属于建设性主题，后者属于破坏性主题；前者的实现有赖于后者的完成，而它们的前提都是有新型的思想史资源。八十年代，"人文主义"和"现代化"这两个文化主题决定了"八五新潮美术"作为文化启蒙、政治批判和思想解放运动的基本特质：首先，它是十九世纪开始的"西学东渐"和二十世纪初五四运动这类中国现代文化转型运动的延续；其次，它是对长期以来艺术领域"革命现实主义"工具论创作模式的思想革命；最后，它也是以"现代化"为目标的西方化的视觉社会实践，这种以面向西方、建立中国现代文化系统的确认目标使这场艺术运动染有浓厚的目的论和决定论色彩。

作为"新启蒙主义"的一个有机部分，"八五新潮美术"运动的思想背景主要是哲学和文化学，它们为这场艺术人文主义运动提供了具体的理论场景和语境。为这场艺术启蒙运动提供具体思想资源的一是八十年代初开始的第二次西学翻译热潮，二是"走向未来"（金观涛）、"中国文化书院"（汤一介）和"文化：中国与世界"（甘阳）这类丛书。"文革"前由于与马克思主义的背景关系，从康德、费希特、黑格尔到费尔巴哈

的德国古典哲学的翻译与介绍是哲学引进的重点，"文革"后这一译介倾向依然延续，康德的"三批判"（《纯粹理性批判》《实践理性批判》《判断力批判》）、黑格尔的"三学"（《精神现象学》《自然哲学》《美学》）在艺术界都有广泛读者。八十年代中期以后，译介重点开始转向西方现代哲学，除商务印书馆的传统品牌"汉译名著"系列外，上海译文出版社的"二十世纪西方哲学译丛"、三联书店的"现代西方学术文库""新知文库"（属"文化：中国与世界"丛书）、上海三联书店的"二十世纪人类思想家文库"、华夏出版社的"二十世纪文库"和湖南人民出版社的"西方著名学人丛书"几乎囊括了二十世纪西方从人文哲学、分析哲学、精神分析哲学、科学哲学、政治哲学到文化学等领域的所有代表性著作和人物。中国学者撰写的评介著作更成为艺术家进入哲学庙堂的捷径，如李泽厚的《批判哲学的批判：康德评述》（1984 年），张世英的《论黑格尔的精神哲学》（1986 年），薛华的《青年黑格尔对基督的批判》（1980 年）、《黑格尔与艺术难题》（1986 年），金岳霖的《罗素哲学》（1988 年），舒炜光的《维特根斯坦哲学述评》

（1982 年），叶秀山的《思、史、诗：现象学和存在哲学研究》（1988 年），杜小真的《一个绝望者的希望——萨特引论》（1988 年），夏基松的《波普哲学述评》、江天骥的《当代西方科学哲学》（1984 年）。而周国平的《尼采：在世纪的转折点上》（1986 年）、刘小枫的《诗化哲学》（1985 年）更是艺术界"尼采热""萨特热""海德格尔热"的直接热源。以介绍自然科学、社会科学、文学艺术及各种边缘学科的新兴成果为宗旨的"走向未来"丛书，以介绍传统文化为宗旨的"中国文化书院"丛书和以译介西方学术、思想史为宗旨的"文化：中国与世界"丛书分别从信息、知识和学术等不同角度为"八五新潮美术"这场视觉革命提供了不同的思想方案。

二

　　哲学是思想史的内核，在"八五新潮美术"中，哲学更成为最直接的思想批判和精神重建的武器，八十年代艺术界的所有思想陈述、论辩内容和语言形式都有浓厚的哲学色彩，甚至可以说，"哲学腔"在那时构成了某种话语权力，一个缺乏基本哲学素养、

不谙熟哲学词汇的人很难成为运动的中心人物。对大多数人而言，与其说钻研哲学是一种理论兴趣，不如说是一种实践本领的操练。

　　七十年代末八十年代初，整个中国的思想形态处于向开放社会转型的阶段，从马克思早期学说（主要是《1844 年经济学哲学手稿》）中的"异化"理论中获取合法性思想资源是这一阶段的主要特征，宣传马克思主义"人道主义"价值是这一时期思想解放运动的基本策略，对"革命现实主义"这种工具论性质的创作原则的批判，往往借助"人道主义"这把利剑。同期发生的艺术创作理论上的"现实主义"与"反现实主义""自我表现"之争，艺术史研究方法上的"现实主义"与"非现实主义"之争，艺术创作上的"伤痕美术""生活流"都体现出了这种阶段性特征。但 1983 年前后作为对"反精神污染"这种左倾思潮的逆反，人们不再满足于从"内部"资源中寻找"批判的武器"。八十年代中期，从康德、黑格尔、费尔巴哈为代表的德国古典哲学中的启蒙主义"理性"思想，到后期欧美现代人文哲学的各种理性和非理性学说（从叔本华、尼采、柏格森、

克尔凯郭尔的"生命哲学"到弗洛伊德的精神分析学，胡塞尔的现象学，海德格尔、萨特和加缪的存在主义），都开始成为"八五新潮美术"的思想资源。

启蒙作为现代性的一种大叙事（grand narrative），也是自我主体的重塑和重构运动，而"八五新潮美术"选择"理性"作为这种重建过程的中心词，它由艺术家提出，经理论家逻辑推演和倡导，成为这场运动的主流性思潮，主要弥漫于广大北方地区。从文艺复兴的人文理性到工业革命时代的工具理性，从康德、黑格尔的思辨理性到海德格尔、马尔库塞的诗意理性，和"人文主义"一样，"理性"和"理性主义"也是西方哲学中语义宽泛得足以相互抵牾的概念。从并不具备逻辑严密性的表述看，"八五新潮美术"中的理性主义从理论品质上更接近黑格尔历史哲学中"理念"的概念。在黑格尔历史辩证逻辑的正反合推演中，"理念"占有中心的位置，是绝对、无限、自由和独立自在的精神或心灵存在，而在他的美学体系中，艺术不仅被视为"理念"这种绝对精神的"感性显现"，而且具有历史发展的必然逻辑。这种目的论、决定论和独断论品质的历史观

给希望创造新历史的中国现代艺术家提供了坚实的理想基石；而在艺术表现的"冲突说"和"悲剧说"中，黑格尔关于人物性格与普遍力量的矛盾描述（如古代希腊雕塑"静穆中泰然自足的神情"）又无疑给在这场历史运动中寻找精神位置的艺术家提供了足够的"英雄"想象。在"理性绘画"的提出者——"北方艺术群体"的代表艺术家舒群那里，"理性"这一概念不仅等同于中世纪先知性、精神性的"神性"（只不过它是以肯定人性为基础的新理性），而且是代表人类未来方向的新文化的代名词（它被具体命名为"北方文化"或"寒带—后文化"）。[3]在"北方艺术群体"的另一位代表艺术家王广义看来，"八五新潮美术"与其说是一场艺术运动，不如说是"一种哲学观念的表述和行为过程"："生命的内趋力——这一文化背后的力量在今天真正到了高扬的时刻。我们渴望并'高兴地看待生命的各种形态'建树起一个新的更为人本的精神形式，使之生命的进化过程更为有序。我们仅反对那些病态的、末梢的、洛可可式的艺术，以及一切不健康的对生命进化不利的东西。因为这些东西将助长人类弱的方面，它使人远离健

康、远离生命。"[4] 显然，批评家也看出，"在这种变调的黑格尔语气中，还夹杂着一些尼采和生命哲学的噪声"[5]。

与"理性绘画"这种抽象的、乌托邦式的宏大叙事方式不同，西南、华中和东南等广大地区的艺术家更趋向于直接从各种非理性、反理性的"生命哲学""精神分析哲学""存在哲学"中寻找重塑自我的精神依据。"西南艺术研究群体"的领袖人物毛旭辉在他那篇宣言式的文章中阐述了他对"艺术"与"生命"关系的理解：

> 生命是创造力的精神本原……艺术作为生命和创造的代名词，首先是在摆脱了除自身外其他任何目的和功用，从个体的生命出发并维护这个实体时，它才展开了自己的羽翼……新具象首先是一种人生态度，一种行动意识……它构成对死亡的征服，使生命获得永恒意义的价值……当艺术从我们的生命中外化出来时，生命得到了最高层次的延续，同时忘记了生命本身。于是：行动，呈现，超越。[6]

在东南地区，一种宗教性的悲剧意识使这种关于生命的假设具有某种救世主的神秘性质：

> 我们在献身的严肃性中找到共同的支点。我们渴望在内心深处再创一个生命体。我们在涉向彼岸的旅程中获得了崇高。我们在与永恒碰撞时感应到召唤的神秘……这种悲剧感同时显现为"画面中的悲剧意识"：它不仅是我们对于普遍"人"的命运的关心，也是对他们的命运在永恒存在中无终始运行的深刻体验。[7]

而"新野性画派"则崇尚"本能"："由本能这种深层心理支配了的艺术态度和情感意向具有多意义、多层次的丰富内涵——诸如神秘、恐慌、焦虑、怅落。……基于这种认识，新野性主义画派就必然也历史地把本能作为自己创造的内在动力和源泉。"[8] 以上两种思潮支配下的现代主义绘画运动被后来的理论家归纳为"理性之潮"和"生命之流"[9]，而在这庞杂生硬的语境中，叔本华的"意志本能"、尼采的"超人"、克尔凯戈尔和萨特的"存在"和"自由选择"、柏格森的"生命绵延"、弗洛伊德的"力比多"（libido）都以一种实用性、本土性的话语方式被统合在这场艺术启蒙运动中。而从思想史逻辑看，无论是"理性"的文化建构方案还是"非理性"的人本重塑理想，都体现为一种决定论、目的论性质的历史思维模式。

三

八十年代中后期，一方面出于对各种目的论色彩的哲学思辨运动的反思，另一方面出于观念艺术自身发展的需要，分析哲学（尤其是胡塞尔、海德格尔的现象学，维特根斯坦的日常语言学）、科学哲学、政治哲学（如波普尔的理性批判主义和库恩的"范式"理论），甚至各种具有相对主义色彩的"后学"开始成为影响东南地区"八五新潮美术"运动的主要思想资源。同时，作为对激进的西化运动的逆动，对本土哲学（主要是庄禅哲学）的兴趣开始成为中国现代艺术的另一类思想资源。"八五新潮美术"后期出现的这种思想倾向，首先表现为对前期运动中过度哲学化、宗教化和人本化的不满。浙江的"池社"就表明了这样的态度："我们既鄙视那些'实验'的'游戏'的艺术，又反对将艺术置于哲学的从属地位，我们致力

于倡导一种介于哲学和非哲学、宗教和非宗教、艺术和非艺术以及世俗与理想之间的'艺术'，而这种'艺术'是属于理性的、感性的，还是中性的，则无关紧要。"[10] 这种不满引发了三个方向上的反思性清理：其一，将艺术视为一种"纯粹的"语言或文字的逻辑分析活动，从而将艺术中的泛人文热情作为应予清除的外在意义假设，这种倾向明显流露出分析哲学对世界意义解释的语言学化和反形而上学的影响。与同期在艺术界发生的"纯化语言"的讨论不同，这种语言分析倾向与罗素的那个著名信条有关："任何哲学问题经过必要的分析和净化，或将不再成为真正的哲学问题，或将成为我们所说的那种意义上的逻辑问题。"[11] 吴山专明确宣称"艺术语言在艺术史上起着决定性命运的作用，艺术的价值就在于它对艺术语言的创造与发现（所以康定斯基和杜桑对我们的启示是有意义的）"[12]。"中文的每一个美的形式，大多数都表达一个观念，而且这些美的形式经过一定的排列、组合，可以表达一个复合观念。我们要做的是通过以上的方式告诉人们，这是我们的世界。"[13] 他确认中国文字的印刷体结构和单音节读法作为艺术符号

的合法性，也毫不避讳这种分析性的"文字"艺术受到西方语言学（如维特根斯坦日常语言现象的"直接指证定义"）、概念艺术（杜桑的"艺术即思想"）和本土禅学（禅机偈语的运用）的启示。张培力的"方案艺术"（《艺术计划第 2 号》《褐皮书 1 号》《1988 年甲肝情况的报告》）有将规则、语言、社会现象"语言化"和"分析化"的倾向，类似维特根斯坦对"家族相似"概念和"遵守规则"悖论的描述，《褐皮书 1 号》也许就是维氏《蓝皮书和褐皮书》（Blue & Brown Books）的直接袭用。而谷文达对中国书法的破坏性重组和徐冰对汉字复数性的戏谑性营造，既是"意义就是用法"这种语言学教条的视觉实践，也是对传统文化的反讽与批判。其二，对各种"表现"理论和本质主义的质疑使各种具有相对主义、解构主义的"后学"成为这场艺术启蒙运动的直接反题，而这个反题又与西方当代艺术的观念主义、波普主义相呼应，构成了中国由八十年代现代主义艺术运动向九十年代当代主义观念运动转型的先声。黄永砯和他的"厦门达达"是这场"后学"思潮的先锋和代表。早在 1985 年 3 月至 4 月，黄永砯就完成了他的"非表达绘画"，以一种自设程序表明自我选择与自我表达间的悖论关系：

　　　　（它是）按程序进行（自我规定）而又与我无关的（非表达）绘画，这是精心地选择某种媒介，而这种媒介的使用又使"精心"和"选择"归于无效，这就是偶然与随机之结果。当我把自我决定之权利归于随机之结果时，我既不是按我个人的需要，也不是按照所谓的超越个人的法则的需要；当我把决定的东西只限于随机之结果时，也就很大程度地否定了有"被决定的东西"的存在。把一切归于偶然的决定比决定了的偶然更接近自然。[14]

　　在一年后的"厦门达达"展中，这种反表现论、目的论的个人艺术实验被放大为一场反文化、反艺术甚至反人本价值的后现代艺术运动。《厦门达达 —— 一种后现代？》作为一篇檄文，宣称从 1983 年以来现代艺术运动只具有"前现代主义"的性质，预言以"达达"精神为依据的"后现代"艺术时代将到来，直言不讳地谈论"达达"与道、禅在艺术态度上的同一性：

　　　　"道家"和"禅宗"本身的历史也

告诉我们，如同世界万物一样处于盛衰和变动不居之中，所以"达达"是深刻的，"达达"宣称不是所有运动上再加上一个运动，而是反对所有运动，这是一个悖论："达达"反对自身，如此一来"师之所处，荆棘丛生，大军之后，必有凶年"，而凶年之后呢？[15]

在此后的一份手稿中，黄永砯再次提到"绘画死亡"的问题："1986年底的焚烧作品并不完全意味着绘画的死亡，它更多是一种极端的处置办法，存在多种处置办法，但一个人愿意把焚烧作品作为处置他的作品的恰当方式，明显地意味着作品——偶像的消亡（作品由艺术家自己造出来成为他崇拜的偶像），这是一种价值的明显贬低。"他还谈到了"艺术史"和"权力"："如果追求艺术史中的艺术就是追求权力，或接受权力的引导，换句话说，使一种东西成为艺术必须使用权力或利用权力这一渠道。不存在统一的艺术史，只存在各种不同世界的艺术史。这些观点可以改写艺术史。"[16] 解构人性表现的启蒙神话，解构知识统一性的理性神话使"八五新潮美术"这个具有浓厚目的论色彩的中国现代主义

艺术运动进入某种"后学"语境。如果说黄永砯的"达达主义"是从后现代主义方向对前期"八五新潮美术"的某种棒喝，那么，1989年王广义提出的"清理人文热情"的口号则是来自这个运动自身的反省，他用"形而上学的意义"与"情境中的逻辑问题"区别"古典艺术""现代艺术"和"当代艺术"，他说："'现代艺术'和'古典艺术'是由古典知识的整体结构赋予其意义的，它们是由人文热情的投射而产生的准自然的艺术。这一切都与人的信仰和形而上学的恐惧相关联，如人的微观同神的宏观的相似性假设，等等。艺术家们以在共同的幻象中所经验的一般经验事实为出发点共同建构神话史，在这种神话史中，一切都经过夸张和放大的人文处理。"在他看来，要摆脱"古典艺术"与"现代艺术"这种相似性的"语言惯性"，只有"抛弃艺术对人文热情的依赖关系，走出对艺术的意义追问，进入到对艺术问题的解决关系之中，建立起以以往文化事实为经验材料的具有逻辑实证性质的语言背景"。[17] 作为一个艺术家，他以他后来的艺术实践兑现了这种理论承诺，在《后古典》系列中，他以一种分析性的图

像方式解构了他早期作品中的文化乌托邦情结，而在九十年代后的《大批判》中，这种解构方式又逻辑性地发展为波普主义这种更具文化实证功能的语言，从而完成了他由一个现代艺术家向当代艺术家的身份转换。

四

对"八五新潮美术"的第三种思想清理来自这个运动的外部，批判的武器是波普尔的"批判理性主义"与贡布里希艺术史中的"情境逻辑"理论。1984年，范景中和他的学术伙伴们开始了一场延续至今的西方艺术史、学术史和思想史的引进工程，通过对温克尔曼、沃尔夫林、潘诺夫斯基和贡布里希的西方艺术史研究成就以及波普尔批判理性主义的科学哲学的系统翻译和评价，提倡一种尊重历史价值和开放思维的文化观念。这项工程与"八五新潮美术"运动没有直接的理论联系，它对这场运动中的"进步"观念和非理性倾向的深刻批判甚至使它一直作为这场运动的反题而存在，但从更宽阔的历史维度观察，它为这场改变中国人价值生活和思想观念的运动提供了更为深刻和持久的理论资源。从"理性绘画"[18]到"大灵魂"[19]，从"时代精神"到"民族精神"，在"八五新潮美术"的思想方向上始终弥漫着黑格尔历史决定论的气息，这就使这场艺术方式的现代化启蒙运动在追求个人自由和解放的同时又包含了扼制这种自由和解放的价值。思想史的问题最后必然会被归结为文化问题，因为思想的反思只有真正落实到对文化的反思才能成为一种"批判的武器"。1988年，在贡布里希《理想与偶像》一书的译者序中，范景中借贡布里希在艺术史中对黑格尔主义的批判之口分析中国现代艺术中"时代精神"和"民族精神"的表现理论，揭示了艺术"创新""进步"这类历史决定论套话背后隐含的文化危险性，同时介绍了黑格尔主义在艺术史中的替代理论：艺术情境理论或"名利场逻辑"[20]。1989年笔者发表《中国现代美术的两难》一文，直接向"八五新潮美术"中的"艺术本质主义"和"艺术整体主义"两个主流性思想倾向发难：

> （中国）现代美术的形而上学倾向有这样一些基本特征：首先，它认定艺术的本体意义在于它传达的是某种

属于人类的、永恒超验的文化精神——这种精神是绝对的理性力量还是某种来自我们自身的"生命力"的冲动，抑或是与我们民族"本土精神"紧密相连的"灵性"并不特别重要——重要的是，这种精神总是由每个时代中少数走在历史前列的贤哲所代表和显现的。美术的病态和衰落反映了我们民族时代精神力量的衰落。因此，美术的现实使命和崇高目标是高扬人类的理性精神，这种使命从根本上讲是哲学（形而上学）的而不是艺术的……我想借用波普尔批判历史决定论时使用过的两个名词，把上面的表述概括为"艺术的整体主义"和"艺术的本质主义"。整体主义认定历史发展总是通过某种集团精神（作为集团传统载体）体现出来的，因此我们必须"用'民族性'或'时代精神'来理解历史的发展"（波普尔《历史决定论的贫困》）；本质主义则进一步肯定这种支配历史发展的精神力量是可以进行某种形而上学的本质描述和把握的，由此出发必然产生另一种自信——由于支配历史发展的集团精神是可以人为把握的，那么在这个基础上进一步探求一套历史发展的、进化的有序规律也不应是困难的，剩下的是我们如何在这套规律的引导下各行其是。不难理解，历史决定论的必然归宿只能是文化宿命论。[21]

以批判理性主义对"八五新潮美术"进行思想清理，可以说是在"新启蒙主义"和"后学"之间的第三种方案。一方面它希望在情境逻辑的理论构架下完成对艺术中历史决定论的文化和政治批判，另一方面它力图在维护人类理性价值的前提下完成对相对主义、解构主义艺术观念的思想和立场清理，我们可以将它视为中国艺术领域的一种现代化的反思理论。

五

就思想史而言，只有那些具有思想强度的时代才能进入思想史的时间。所谓"思想强度"，一是指历史和社会提出了只有独立的思想才能解决的问题，一是指适应这种需求产生了真正意义上的思想对答和方案。二十世纪八十年代在中国发生的"八五新潮美术"正是在一个具有思想史意义的时段中产生的。"八五新潮美术"既是一场本土性的视觉革命又是一场庞杂的思想史运动，它的非主流性、民间性和批判特性使它在整个八十年代中国的现代化启蒙运动中扮演着某种无法替代的角色。无论从思想性质、思想内容还是思想形式、思想方向上看，我们都可以将它视为二十世纪初开始的中国文化现代化过程的延续，也正因如此，它承载着这一过程中的所有矛盾、悖论和冲突，在以抽象的普世文化目标替代旧制度的意识形态时，它往往表现出对中国历史和社会实践的陌生，而在以西方式启蒙价值进行文化、艺术的改造时，又往往陷入目的论和决定论的陷阱。"八五新潮美术"是在一个相对封闭的环境中进行的一场具有浓厚形而上学和思辨色彩的思想运动，它的思想史意义在于：首先，它不仅终止了旧意识形态对艺术单一的、工具论性质的思维习惯，使艺术创造有了"批判性"这一全新的思想维度，还训练了中国艺术家在政治、哲学和文化学的宏观视野中思考艺术问题的能力。其次，"八五新潮美术"对主体性的建构和重塑是以西方各种抽象的人文主义和自由主义为

基础的，具有过分理想主义和道德主义的色彩，缺乏与本土历史和实践的深刻联系，无法真正面对和应答艺术与资本、中国本土艺术与西方中心主义的艺术霸权这类更为复杂的问题，这一弱点在九十年代中国文化全球化转型过程中体现得尤为明显，不过这一主体塑造历史仍具有深刻的文化意义，它的精英主义立场在抵制消费时代各种犬儒主义时仍具有很强的价值功用。最后，这段现代主义艺术运动中展开的各种思想讨论为九十年代各种具体学术课题的展开进行了理论铺垫，如八十年代艺术界对分析哲学、语言哲学的兴趣对九十年代中期关于语言与意义问题讨论的潜在影响，艺术情境理论对艺术市场、艺术公共性等问题展开的实践作用，各种后学思潮对女性主义、后殖民主义等课题展开的学术意义，等等。八十年代中期，文化学者甘阳认为八十年代中国文化现代化的根本任务是完成由"前现代化的文化系统"向"现代化的文化系统"的历史转折，而两种系统间深刻和复杂的"文化冲突"使这一过程更多地体现为"黑格尔所说那种悲剧性的不可解决的历史二律背反冲突"。他又判定在一个没有完成"现代化"文化转

型的时代，如果急功近利、登高望远地走入"后现代文化"，"客观上却多半仍只是滑落于'前现代文化'的井底之中"[22]。文化学者的这种历史逻辑也许有其深刻性，但这种二分法或三分法往往会使我们丧失对现代化过程中一些更为复杂的实践过程的判断，而这些实践在大多数情形下并不表现为由此及彼的阶段，相反往往表现出交叉或"跨现代"（trans-modern）的特征，从八十年代中国现代艺术的思想发展方向和路径上，我们就可以看出现实显然要比逻辑更加丰富、诡异和不可捉摸。

2007 年

注释：

[1]原文载《文艺研究》，2008 年第 6 期；《造型艺术》，2008 年第 5 期，内容略有调整；黄专，《艺术世界中的思想与行动》，北京：北京大学出版社，2010 年，第 115—126 页；朱青生主编，《中国当代艺术年鉴（2007）》，桂林：广西师范大学出版社，2009 年，第 I—12 页。——编者注

[2]黄专，《创造历史：对中国二十世纪八十年代现代艺术的精神祭奠》。

[3]舒群，《为北方艺术群体阐释》，载《美术思潮》，1987 年第 1 期。

[4]王广义，《我们——85 美术运动的参与者》，载《中国美术报》，1986 年第 36 期。

[5]严善錞，《当代艺术潮流中的王广义》，载《当代艺术潮流中的王广义》，成都：四川美术出版社，1992 年，第 7 页。

[6]毛旭辉，《新具象——生命具象图式的呈现与超越》，载《美术思潮》，1987 年第 1 期。

[7]丁方，《红色·旅箴言》，载《美术思潮》，1987 年第 1 期。

[8]樊波，《新野性画派的观念变革》，载《美术思潮》，1987 年第 1 期。

[9]高名潞等，《中国当代美术史（1985—1986）》，上海：上海人民出版社，1991 年，第 10 页。

[10]石久，《关于"新空间"与"池社"》，载《美术思潮》，1987 年第 1 期。

[11] Bertrana Russell, *Our Knowledge of the External World*, George Allen & Unwin, 1926, p.42。

[12]吴山专，《我们的绘画》，载《美术思潮》，1987 年第 1 期。

[13]吴山专，《关于中文》，载《美术》，1986 年第 8 期。

[14]黄永砯，《非表达的绘画——一种按程序进行（自我规定）而又与我无关的（非表现）绘画》，载《美术思潮》，1986 年第 3 期。

[15]黄永砯，《厦门达达——一种后现代？》，载"厦门达达"展刊。

[16]黄永砯，《1987 年的思考、制作和活动》（手稿），载《黄永砯》，福州：福建美术出版社，2003 年，第 46 页。

[17]王广义，《关于"清理人文热情"》，载《江苏画刊》，1990 年第 10 期。

[18]高名潞，《关于理性绘画》，载《美术》，1986 年第 8 期。这是对"理性绘画"进行史学归纳和理论阐释的最早文献，他认为"理性"包括作为恒定的精神原则（真理）及分析、推理察觉和判断这一原则的过程、途径。他认为各地各种形态的"理性绘画"正是对这种"超验的、带有构筑意志的、具有永恒原则或崇高精神的对世界秩序的表达"，构成了中国现代艺术的"主流性的追求"。在后来编著的《中国当代美术史（1985—1986）》（第 104 页）中，他更将"理性之潮"作为主要章节，对它进行了"人文理性"、"本体理性"（又细分为"宗教理性""哲理理性""客观理性"）、"思维理性"的归类，称它是"建树中国新艺术体系的关键所在。……而一旦告成，那就将是世界意义的成功了"。

[19]胡村（栗宪庭），《时代期待着大灵魂的生命激情》，载《中国美术报》，1998年第37期。文章针对同期发生的"纯化语言"的理论讨论指出："我们时代的灵魂是在东西方文化的巨大冲撞和先进与落后的巨大反差中形成的。在这个大灵魂的深处，剧烈滚动着无穷的困惑：希望与绝望的交织，理想与现实的矛盾，传统与未来的冲突，以及翻来覆去的文化反思中的痛苦、焦灼、彷徨和种种忧患。……一旦语言、技巧、风格成了艺术家的目标……艺术便在'自律'的幌子下，失去了它生命冲动的自足状态。"

[20]范景中，《贡布里希对黑格尔主义批判的意义》，载《理想与偶像 —— 价值在历史和艺术中的地位》，上海：上海人民美术出版社，1989年，译者序。"情境逻辑"可参见该书第94页注释。

[21]黄专，《中国现代美术的两难》，载《美术》，1989年第5期。

[22]甘阳，《八十年代中国文化讨论五题》，载《古今中西之争》，北京：生活·读书·新知三联书店，2006年，第25页。

作为思想史运动的八十年代中国现代艺术

就思想史而言，只有那些具有思想强度的时代才能进入思想史的时间。所谓"思想强度"，一是指历史和社会提出了只有独立的思想才能解决的问题，二是指适应这种需求产生了真正意义上的思想对答和方案。二十世纪八十年代的中国正处于一个具有思想史意义的时段，在它之前的几十年，政治居于主导地位，在它之后的几十年，经济居于主导地位，八十年代的思想史意义正是在这种历史的参照中凸显出来的。我们已经在很多层面上谈论过八十年代中国现代艺术，如艺术史、政治史、社会运动史层面，但到底是哪些思想和观念促成了这场艺术运动？这些思想和观念通过怎样的"文本""话语"和传播方式影响着艺术实践？这些方式与其他领域的思想内容和问题有着怎样的关联？这样一些思想史的问题并没有引起过严肃的讨论。我们想回答的问题是：什么是思想史意义上的八十年代中国现代艺术？

从最宽泛的意义而言，八十年代是中国思想史的"新启蒙时代"。虽然有着与西方十八世纪的启蒙运动和二十世纪初中国文化的启蒙时期完全不同的时代语境、思想内容和文化任务，但它的主题词依然是"人文主义"。"人文主义"是在特定时间和空间中产生的批判性的价值主题，它的不同语义和形态只有在具体的思想上下文中才能予以判断。八十年代中国的人文主义批判有历史和现实两个维度：对中国五千年封建文化专制的批判和对五十年代以来社会主义现代性实践中的意识形态的批判（这是两组性质不同的批判主题，但在八十年代时常被混淆）。前者是世纪初"西学东渐"时代主题的现代延伸，涉及的是中国古代思想文化的转型问题；后者是中国思想文化在"现代化"实践中如何反叛和超越专制壁垒的问题。前一主题更为宏观和深刻，后一主题更为现实和严峻；前者属于建设性主题，后者属于破坏性主题；前者的实现有赖于后者的完成，而它们的前提都是有新型的思想史资源。

作为"新启蒙主义"的有机部分，构成八十年代中国现代艺术运动思想背景的主要是美学、哲学和文化学，它们分别从艺术自律、艺术本体和艺术文化价值学三个方面为这场艺术的人文主义运动提供了与传统庸俗社会学完全不同的理论场景和语境。

美学是十九世纪源于德国的一门以研究人的审美感知为对象的人文科学，这种直接将人的感知活动置于艺术活动研究中心的理论性学问，在中国当时的语境中首先挑战的是革命现实主义这种工具论性质的实践传统。

哲学历来被视为思想史的内核，八十年代哲学更成为最直接的思想批判和精神重建的武器，八十年代艺术界的所有思想陈述、论辩内容和语言形式都有浓厚的哲学色彩，甚至可以说，"哲学腔"在那时构成了某种话语权力，一个缺乏基本哲学素养，不谙熟哲学词汇的人很难成为运动的中心人物。当然对大多数人而言，钻研哲学与其说是一种理论兴趣，不如说是一种实践本领的操练。

七十年代末八十年代初，整个中国的思想形态处于向开放社会转型的阶段，借助马克思早期学说（主要是《1844年经济学哲学手稿》）中的"异化"理论，宣传"人道主义"价值是这一时期思想解放运动的基本策略，对"革命现实主义"这种工具论性质的创作原则的批判，往往借助马克思主义"人道主义"这把利剑。如同期发生的艺术创作理论上的"现实主义"与"反现实主义"之争，艺术史研究方法上的"现实主义"与"非现实主义"之争，艺术创作上的"伤痕美术""生活流"，等等。

八十年代中期，人们从以康德、黑格尔、费尔巴哈为代表的德国古典哲学中寻找启蒙主义的"理性"依据，后期欧美现代人文哲学的各种理性和非理性学说（从叔本华、尼采、柏格森的"生命哲学"到克尔凯郭尔、萨特、加缪、海德格尔的存在主义，弗洛伊德的精神分析学，胡塞尔的现象学）构成八十年代中期"八五新潮美术"的主要思想资源，而在八十年代中后期，作为对"八五新潮美术"目的论色彩的运动形式的反思，以及观念艺术自身发展的需要，分析哲学（维特根斯坦）、科学哲学和政治哲学（波普尔、库恩、罗尔斯）开始成为这一时期艺术命题的哲学来源。作为对激进的西化运动的逆动，本土哲学学说阶段性地构成了中国现代艺术问题的思想史来源，与世纪初的"西学东渐"运动一样，翻译评介和出版"西学"著作（尤其是哲学、政治学和美学著作）

成为寻找思想史资源的主要途径。从引进方式来看，人们首先从早期马克思主义学说中的"人道主义"和"异化"理论中获取内部的合法性思想资源，其次是从以德国古典哲学为中心的马克思主义的背景学说中获取西方启蒙时代以来的人本主义和理性主义思想资源，最后才是从二十世纪整个西方现代人文哲学和科学哲学中直接寻找现代话语和思想武器。

思想史的问题最后必然会被归结为文化问题，因为思想的反思只有真正落实到对文化的反思才能成为一种"批判的武器"。八十年代中期继"美学热"和"哲学热"后，"文学热"的出现就是这个思想逻辑的结果。

2007 年

什么是我们的"国家遗产"[1]

> 每个国家都要依靠艺术家和知识分子去塑造民族历史的形象，去诉说民族过去的故事。
>
> ——理查德·罗蒂（Richard Rorty）

中国当代艺术一直缺乏一种政治思想基础，即缺乏一种独立的政治判断能力。二十世纪八十年代现代主义时期，所谓"政治"就是对传统意识形态的反叛，而九十年代基本上是对传统意识形态和体制的解构、反讽或调侃，"政治"是在一个很狭隘、非历史化的状态中被理解的。实际上这两种态度和方式都没有体现出独立的政治思想品质。所谓独立的政治思想包含的内容，不应只是对传统意识形态或制度的一种简单的否定姿态，它还应包括对中国整个历史、文化、生存现实的一种立场，一种有思想背景的反省立场。中国当代艺术界缺乏的就是这种反省立场。

当代艺术干了这么多年，大家在思考什么呢？什么叫"国家"？什么叫"国家意识"？很少有人提出这些涉及基本立场的既基础又具体的问题。一个艺术家连自己国家的形

态都不了解，很难说他能形成一种真正意义上的政治立场（这种立场往往要体现为"非立场"，即一种不依附于任何价值预设的先验立场）。对于中国人而言，"国家"似乎就是一个政治体制概念，一个简单的意识形态概念，其实"国家"是每个人生存的最基本的单位，也是个体生存中与历史相关联的唯一通道。

"国家"的概念特别复杂，它包括：一、自然因素，比如疆域意识。中国的疆域是怎么形成，怎么变化的？疆域对我们的心理和生活有什么影响？二、语言意识。一个国家的语言是怎么形成的？它构成一种语言心理。三、民族意识，譬如"家""国"意识等。历史上的"国家"与现有国家是如何演变的？艺术家对这些话语单位不了解，就很难形成一种独立的政治立场。

对于我们生活的现实而言，最直接的国家概念就是"中华人民共和国"，我们所有的教育、语言、民族、生活的疆域、生活方式和环境等，都与这个"国家"相关。中国传统有"天下"这类概念，也有"国"和"家"

这类概念，它们是一体的。孟子曰："人有恒言，皆曰'天下国家'，天下之本在国，国之本在家，家之本在身。"至少在晚明以前，按照中国人的传统理解，天下（世界）是以中国为中心的，这个中心就是"九州"，它既是地域概念，也是文化和心理概念。从现在的地域来看，"九州"实际上是中原和东部沿海那一块地缘空间，但作为文化—心理概念，几千年来，它一直支撑着中国人的精神疆域和世界认知，所以，中国人首先要了解"天下"的概念。

中国古代的疆域，从先秦开始就在不断地变化，没有固定的疆界，唐代虽然强大，它的疆域也在变动。当时的皇帝和人民认为边界不构成问题，那时疆界的概念受"夷夏"思想支配——我是"夏"，你是"夷"，你肯臣服于我，只要保持这种关系就可以了。北宋后期变弱了，赔了很多钱给金，那也一定要与金保持主臣关系，南宋退到南方，也不认为北方是夷狄的。所以中国现有的民族国家概念、疆域概念，都是从近代开始的，是西方强加给我们的，而且是在中国最贫弱的时段强加的，现在我们一直在用西方各种学说和模式重构我们的国家体制。

中国的艺术家只有对国家概念的演化有一种基本认识，才有可能形成关于国家的政治思想，在创作的时候才会真的有跟西方人不一样的方式，才有可能找到与西方人不一样的问题和思维。

我们这一代人的国家经验主要是中华人民共和国的经验，这种经验特别复杂，问题在于"共和国"其实是由很多因素共同组成的，它们混杂在一起，并不是单纯的意识形态场域。

共和国建立之初，每个民主党派都有一定的权力，但是它的终极目标是来自西方的另一种"国家"学说——马克思主义、列宁主义的"国家"学说，这种学说的逻辑是历史决定论性质的，它认定资本主义只是人类发展的一个必要阶段，最终会走到社会主义、共产主义这类以消灭阶级和国家为特征的高级阶段。《共产党宣言》就明确说，工人没祖国。绝不能剥夺他们所没有的东西。共产主义运动实际上是一种超国家的理想设计，但在新中国建立时，要实现这一抽象理论，首先恰恰要建立一个强大的现代化国家，一个西方式的工业化国家，而现代化恰恰是资本主义的产物（马克思主义也是一种现代化的批判理论）。当然在新中国的设计中还有一些非常重要的传统元素，儒家的"大一统"或"天下"观念，等等，所以共和国的实践是所有这些思想的混杂过程。

我们现在往往在政治上把中国共产党理解简单化，把中华人民共和国理解简单化，现在看来，新中国——尤其是五十年代的新中国，关于国家的设计和实践实际上非常复杂，包含很多目标和因素：马克思主义、资本主义的现代化、民族主义、意识形态理想和国家利益……不了解这些矛盾的复杂性就无法对我们身处的"国家"做出基本判断。

我们原来的思考很少认真面对这样的问题：我们的国家到底是中国古代帝国的一种现代延续，还是照搬西方民主国家的一种政治设计，抑或仅仅是马克思主义的一种东方实践？从参照比较和感性判断上看，新中国至少在五十年代是一个非常理想化的产物，表现在：第一，每个人都有了归属感，因为我们都是中华人民共和国的公民，都有主人感，这是一个精神性的胜利。中国人原来的归属感是很混杂的，譬如在民国时期，特别是军阀混战时期，老百姓都不知道自己属于哪里。抗日战争起到了凝聚中国的作用，

但那个时候中国有两个政权，一个是国民党政权，另一个是共产党政权。在延安的、边区的觉得属于共产党，在国统区的觉得属于国民党。中国人从清朝，即近代以后，国家归属感就很弱，所以说，中国人在中华人民共和国建立以后，才有了真正的归属感，这是中华人民共和国最大的功绩。第二，建设民主和富强的中国为中国人构造了一个集体性的理想主义场景，一个现代化和工业化实践中的社会主义目标，这种集体主义的理想时代在中国历史上从未出现过，在世界范围内可能也只有苏联有过。第三，中国人在建立现代化这个目标下实行强制的工业化和人民公社化，这是乌托邦和现实主义的一种离奇的历史搅拌，它使五十年代成为中国历史上一个非常奇特的时期，中国似乎真的突然成为一个人民有归属感的、现代性的民族国家了。到了六七十年代的"文化大革命"，中国历史又完成了一次变异，以全民政治运动的方式建立一个纯正的社会主义的理想代替了现代化的经济目标，激进的世界主义代替了保守的民族主义。紧接着改革开放，国家设计的天平发生变化：经济上市场主义取代计划模式，文化上则是时尚主义、消费

主义、犬儒主义盛行。九十年代以后，随着全球化时代的到来，中国变得"强大"了，追求西方消费主义的思维价值和时尚主义的生活方式成为共识，中国人对"国家"这种概念的基本判断和意识弱化了（在对日问题上那种偏激的民族主义情绪不能算国家意识）。当然，到目前为止，中国人的整个精神世界并不特别西方化，很多学者力图以中国传统价值抵制西方化的趋势，但如果人们对自己的国家或视觉遗产没有真正理性的判断，这种精神建设只会多生产几个时尚学者。

2006年开始构思策划的"国家遗产：一项关于视觉政治史的研究"计划，正是基于对这些问题的思考。这个研究计划讨论的是中国近现代"国家"概念形成的思想史和视觉史意义，围绕中国由古代帝国向近代民族国家转换的思想史和视觉史逻辑，"现代化"与"反现代化"观念对中国作为民族国家形成的意识形态的影响，国家由文化实体向政治实体、精神实体转换中的视觉形式、图像元素（符号、产品、仪式、空间）及其与思想史的关系等课题展开。

在这个计划中，"遗产"是个中性词，

特指中国近现代国家观念形成过程中以物质产品、政治空间、文化仪式、审美活动等方式存在的视觉性元素，当我们将其放置于一种反思性位置时，我们与它的关系就进入一种解放和超越的状态，我们可以称其为"超意识形态"。这项研究的艺术史目标是为中国当代艺术提供一种从史学意义和反思立场出发而非犬儒化、图解化把握其政治发展方向的独特视野。在这种立场中，中国学术界"左派""右派"的争论变得没那么重要，因为了解我们国家历史和现状的复杂性显然比一个派别立场更为基础。

王广义、汪建伟、卢昊、曾力、隋建国五位艺术家和巫鸿、汪晖、赵汀阳三位学者以他们的作品和研究成果参与了这次研究计划。

王广义是一个对文化政治问题高度敏感的艺术家，他不是一个理论性的艺术家，也不是仅靠奇想和机灵做作品的艺术家，他的作品有很强的历史逻辑，也有很强的直觉性。他的早期艺术哲学建立在对西方现代艺术和文化认同的基础上，后来他逐步走向一种双重批判的道路，既不简单依靠西方逻辑，也不简单否定自己的文化。他总能在各

种复杂的图像分析中找到某种反思的逻辑，
是一个很严肃的政治批判者，也是一个很玩
世的艺术家，他总能把高度的严肃性和高度
的玩世性融合在一起，这样一种艺术家的个
人气质和工作逻辑催生了《东风·金龙》(图1)
这样的方案。他思考二十世纪五十年代中国
人的精神价值是怎样形成的。汽车在中国首
先是作为一种政治象征符号而不是工业产
品为中国人所接受的，"东风·金龙"是新
中国自己生产的第一辆汽车，包含了上述所
有的因素：它是工业现代化观念的产物，是
资本主义机械时代的象征，体现的是现代化
的目标——速度，但它是作为一个政治和权
力的象征物出现的。王广义常说："我的作
品全部来源于人民。"他的艺术是由很多复
杂的因素掺和而成的。他有自由主义思想，
这是他艺术的基础，但同时他对中华民族又
有很深的感情(包括对毛泽东这样的政治
领袖)，这样一个方案将对民族集体主义的
感情和批判性融合在一起，特别契合展览
主题。

汪建伟与王广义完全不同，他是一个思
辨性而不是直觉性的艺术家，他的作品有一
套很完整的创作方式和很严密的语言逻辑。

图1　王广义《东风·金龙》在英国曼彻斯特后盾画廊展出现场，
2009 年，图片由王俊艺拍摄

他一直关注中国现代建筑史的一个重要个
案——张开济在五十年代设计的天安门观礼
台。汪建伟在张开济生前就对他进行了多次
采访，收集了大量相关资料。观礼台是新中
国成立初期共产党设计的国家权力与人民
沟通的象征空间(它附属于象征国家的天安
门)，特别是它与"检阅"这种现代中国最
高级别的全民政治仪式相关，这使它具有非
常强烈的政治含义。观礼台本身的政治属性
也能够反映五十年代中国人在设计自己国家
的精神环境和政治空间时的基本思路。当时
整个设计过程非常复杂，据说周恩来把它交
给张开济后提出的要求是不能破坏天安门
的整体格局，同时要满足一些功能需求，还
分了区，等等。当然，汪建伟在他的方案中
融入了更为复杂的艺术逻辑，包括材料、环
境、文本、仪式的"不确定性"等(图2)。
去年张开济去世时，汪建伟发给我一条短信
说："这件作品现在是真正的'国家遗产'了。"

图2 汪建伟《观礼台》在深圳 OCAT 展出现场，2009 年，图片由蒋涛拍摄

王广义、汪建伟的作品都采用了阿尔都塞所谓的"征候阅读"的方法，即从那些视觉化的意识形态的物质生产中找到那些容易被我们忽略和遗漏的"沉默"部分。

卢昊是地道的北京人，八旗后代，作为当代艺术家，他具有对材料、空间等要素极高的智慧和敏感度。他的作品源于乌托邦式的想象，他曾有复原北京内城九座城门的想法。明朝在北京城内城共建了九座城门：北边的德胜门、安定门，西边的西直门、阜成门，东边的东直门、朝阳门，南边的宣武门、正阳门、崇文门。二十世纪初，这些城门已有不少自然损毁的情况，共产党 1949 年包围北平的时候，希望和平解放北平，就是怕破坏古迹——毛泽东是个有双重性格的人，一方面他反对那些传统，另一方面他对中国的文化又有很深的感情。当时谈判的结果是共产党和平进城。实际上当时共产党准备打北平的时候，专门联系了梁思成他们，要他们把古迹全部标出来，不想让炮轰到古迹，

所以实际上共产党对当时北平的完整保存是有贡献的。但是五十年代开始以"建设"的名义拆除古迹，包括阻碍现代交通的城门，现在除了正阳门（前门）处在北京城中轴线上没被拆除外，其他城门都在建设中被拆除（德胜门和崇文门还保留了部分箭楼）。最近为了旅游需要又不伦不类地恢复了外城的永定门，它们构成了一个异常吊诡的历史故事，但历史也许正是因为包含了这么多复杂的因素才显现出它的丰富性。卢昊的《复制的记忆》（图3）也许能带来这类思考，它也属于现代中国人精神遗产和物质遗产的重要内容。

曾力的《水城钢铁厂》（图4）记录了另一件吊诡的历史事件。五十年代初期，中国大部分的重工业都布局在东北三省，因为当时中国跟苏联友好，希望借助苏联的技术、能源和工业模式。重工业是当时中国的支柱产业。六十年代末，中苏交恶，意识形态伙伴变成了最大的敌人，中国把重工业转移到安全的地方，于是出现了三线工程。三线工程这种国家性的集体搬迁也只有在一个强国家体制内才能做到，其布局完全是一种兵营式的管理，体现了国家危机时的应急能力。

《水城钢铁厂》是一个非常典型的个案，说明中国人关于"国家"的精神取向是随着历史的发展不断变化的。

隋建国的《大提速》（图5）是对现代化的一个最基本的物理概念——"速度"的反思，所有西方的现代化都以追求"速度"为自己的"宗教"内容，譬如蒸汽机、飞行器的发明。中国铁路史实际上是西方对中国进行强制现代化的产物，早期英美等西方国家在中缅边境、上海等地都有过修铁路的企图，因为中国政府的抵制而未遂。中国第一条自己建造的铁路是1881年洋务运动中开始建造的唐胥铁路。中国制造的第一辆机车叫"龙号"。其中交织着民族反抗和民族振兴两个主题。民国后铁路成为中国国民经济的命脉，新中国建设的铁路，迄今为止已有六次大提速。隋的作品熔铸了典型的中国人追求工业化的梦想，这件作品混杂了中国人设计自己国家的很多因素。中国的铁路全部是国有的，这反映了国家的一种控制。

对于"国家"或"遗产"，每个人的理解可能都不一样，艺术家完成自己作品方案时的想法不一定与我相同，但是，他们通过这个展览[2]提供了一些有力和有智慧的答

图3　卢昊的《复制的记忆》和隋建国的《大提速》在深圳 OCAT 展览现场，2009年，图片由蒋涛拍摄

图4　曾力《水城钢铁厂》在深圳 OCAT 展览现场，2009年，图片由蒋涛拍摄

案，而"遗产"这个观念在某种程度上深化了他们的作品意义。

赵汀阳是一位哲学家，他的研究课题中有一个是关于中国由古代帝国向近代民族国家转变中的理论模式问题。在他的著作《天下体系》中，他提出了对当代世界模式的反思，又提出了以中国古代"天下"理想模式替代"联合国"这种体制模式的理论猜想。汪晖的《现代中国思想的兴起》从宏观的历史场景思考中国现代化发生过程中复杂的思想变异和冲突。巫鸿的《权威的面容：天

图 5　隋建国《大提速》在英国曼彻斯特角屋展览现场，2009 年，图片由王俊艺拍摄

安门毛主席像》从天安门领袖图像的演变史探讨政治、视觉空间之间复杂的互动关系。这三项现代化研究成果的参与使"国家遗产"这一课题有了更为丰富和坚实的理论基石。

曼彻斯特既是英国工业革命的发源地，也是马克思主义的诞生地。与曼彻斯特城市大学艺术与设计研究院的合作使这个项目有了一个多维和开放的角度，也使它具有了某种特殊的象征意味。

这个视觉研究计划体现了一种新型的立场和态度，既不是简单批判，也不是简单赞颂，更不是调侃，而是一种我称之为"批判性情感"的东西。罗蒂说"一个国家和民族的形象是由艺术家和知识分子塑造的"，我想加一句："这种塑造既是一种赞美，也应是一种反思和批判。"中国当代艺术怎样真正形成一种比较独立的思想和立场？"国家遗产"也许可以作为问题的支点。

2008 年

注释：

[1]此文是为"国家遗产：一项关于视觉政治史的研究"项目撰写的专文，原文载《国家遗产：一项关于视觉政治史的研究》（*State Legacy: Research in the Visualisation of Political History*），加州：瑞顿出版社（Righton Press），2009 年；黄专，《艺术世界中的思想与行动》，北京：北京大学出版社，2010 年，第 180—187 页。——编者注

[2]"国家遗产：一项关于视觉政治史的研究"展于 2009 年 4 月 2 日至 5 月 24 日在英国曼彻斯特角屋（Cornerhouse）和后盾画廊（The Holden Gallery）展出，2009 年 9 月 19 日至 11 月 19 日在中国深圳 OCAT 展出。——编者注

消费时代的"物"与"人"[1]

1992 年，中国消费时代的元年。

这一年，中国人走出轰轰烈烈的启蒙时代后的短暂迷茫期，突然发现自己已经来到一个完全陌生的时代：一个以"物"为中心的时代。这一年李邦耀创作了他的成名作《产品托拉斯》，并参加了同年举办的"广州·首届九十年代艺术双年展"。现在看来，这件作品完全可以作为那个历史开端的预言性图像。画面以广告性尺寸和构图，毫无章法地罗列了近乎满版的日用消费产品，硬边性的造型和灰色调性的着色，使对作品进行意义追问与审美观照的可能性接近于零，它也因此具备了学者对后现代文化的几乎所有美学定义：平面感（深度模式削平）、断裂感（历史意识消失）、零散化（主体的消失）、复制（距离感消失）。[2] 这件作品虽然也在展览上获奖，但与同时出现的那些具有强烈文化和政治参照图像的中国式波普作品（后来被称为"政治波普"）比较，它的视觉冲击力在当时的情境中显得薄弱很多，也许正是由于这种原因，李邦耀的艺术一直徘徊在中国当代艺术的主流视线之外。

但这一点没有改变他的方向，事实上，十几年来对消费文化的视觉考察几乎成为他作品的唯一主题，他很像一位"鲍德里亚式"的人物，一位试图以视觉方式不断揭开中国式消费文化秘密的人。

在鲍德里亚关于消费的经典定义中，消费并不是一个物质产品的流通过程，甚至也不是一个商品生活的消耗行为。作为一种"文化"，消费首先表现为一种新的"语言的同等物"，"消费，它的有意义的用法是指一种符号操控的系统行为"，它通过广告、市场对物品进行象征编码（如品牌化），从而非强制地重新定义人与人的关系，而这一切的起点首先是使消费品符号化，并使它成为人与人之间交流的普遍中介物。因而消费不仅是通常意义上对物品的购买、拥有和消耗，更是通过对物的符号性确证建立物与人的统治性关系。在这样的逻辑中，物的生产变成了物的符号的生产。

1992 年以后，消费文化生产开始改变中国的文化和生活场景，改变我们的生理、心理习性：首先，一方面，消费逻辑通过影像、电视、网络等新的视觉媒体消解和抹平了通俗文化与精英文化的历史鸿沟；另一方面，广告确定的品牌秩序又保证和维持着"炫耀型消费"所必需的象征性、等级感和仪式效果（现在，阿玛尼或古驰的某次质量失误报道丝毫不会影响它们维持这种商业等级秩序的象征功能，唯一能够威胁它们的也许是"第三世界"的仿冒品，但这种影响只限于商业利益而不会危及它们的象征身份，即使在中国的新贵中，使用仿冒名牌也已成为令人不齿的行为，它的象征功能也在这个阶级中得到了维护）。其次，现在"高雅文化必须镌刻在与日常文化消费相同的社会空间中"（费瑟斯通）才能有效完成，所以，电视上每天都会出现易中天或于丹这类"学术明星"，而艺术界中集策划和经纪为一体的小资产阶级性质的"新型文化媒介人"（布尔迪厄），媒体、设计、广告、时尚行业中的"准知识分子"都在以几何级数递增。最后，在消费逻辑的操控中，无度的生理宣泄和梦幻欲望成为生活的主轴，电视、影像和网络在为所有"粉丝"生产"超女""华姐"之类的文化仿真品竭尽全力。资本的生产逻辑就是使"一切坚固化为烟云"（马歇尔·伯

曼），而这种生产在深刻地重塑着中国文化的基本图景——旧时代的所有伦常、意义和价值在新时代冒险、纵欲、新奇和永无休止的时尚转换中黯然失色。

在1992年到1993年完成了几幅"无深度"的《产品托拉斯》后，李邦耀将这种对"物"的视觉描述转向对中国消费文化中"人"的形态考察。1993年至2006年，李邦耀先后创作了《How So？》《黄十字》《我说》《大家唱》《流行》《可能》《我们》和《模型》《闪烁》《词与物》《解毒药——你没有告诉我我的快感》（图1）等几个系列作品，这些作品没有在技术上简单采用挪用、复制等波普艺术常用的图像策略，相反采用了绘画性极强的表现手法和现成图像装置，着力以影像式构图营造一种近乎MTV式的视觉狂欢画面。光怪陆离的虚幻街景、纵情挥霍的时尚人群和杂乱无章的流行商品共同堆出一种全民性的视觉"奇观"，在这种图像模式中，真实世界被高度虚幻化和碎片化，这也印证了詹姆逊对后现代状态下两种文化体验的描述：真实的实在转化为各种影像，时间碎化为永恒的一系列当下片段。

在消费文化中，与纵欲性视觉狂欢和景

观堆积相对应的是人对
自己身体的消费。时尚服
装、化妆品、健身减肥成
为消费社会对我们身体
进行"再生产性"重塑
和"愉悦性"奴役的主导
方式,"身体消费"不仅
创造了美容医院、健身
中心、减肥食品等大量
新型产业,还建立了一
套社会化的身体监控体
制和话语权力,无休止
的各种选美竞赛为我们
提供了健康和美丽的社
会标准,身体不再与内
在意志、人格主体或类
似的精神性元素相关(虽
然选美的标准答案永远

图1 《解毒药——你没有告诉我我的快感》,李邦耀,2003 年,装置(印刷品、木、纸板、有机玻璃),
图片由艺术家提供

是内在修养胜于外貌,但那个"内在"只是
与时尚品位相关的举止),消费时代身体的
"去自然化"过程使它完全外化为一种时尚
修饰和符号。在《胎音》《健与美》《青春》
《Windows》《闪烁》《词与物》中,李邦耀
为我们提供的就是这种在消费文化中关于

身体演化的图谱。当然,所有变化最终都会
归结为人的主体性变化,以满足所有人的选
择自由和自然欲望为承诺的消费文化悖论性
地导致了人的主体功能的丧失,人成为物的
符号和标签,人与人的交流只有通过物与物
的交换才能实现,它表现为人的高度虚拟化

图2 《重新看图识字 2005 1 号》，李邦耀，2005 年，
布面丙烯，150cm×94cm，图片由艺术家提供

和模型化。在 1995 年至 1996 年创作的《模型》系列中，李邦耀为我们时代的"普遍人"重新造像: 在各种毫无选择的超现实空间中，人的悬浮状态暗示了人的无法自主。最后，人在与道具模型的游离关系中被抽象为一种高度空洞和支离破碎的符号。

2004 年以后，艺术家又野心勃勃地将研究重心重新转移到对"物"的视觉考察上来，这种考察涉及两个方面: 其一，在《重新看图识字》（图2）系列中，对"物"的世界的重新认知被赋予了符号学的含义。鲍德里亚曾经运用符号学揭开消费文化的一个潜在秘密，即消费是通过各种商业符码的体制化过程实现对人的操控，而这种操控又是通过各种形态的媒体和广告对符号的无节制的操纵完成的，它使作为商品的"物"和"人"的能指同时处于高度游离和分裂的状态（例如一个体育明星既可以是某一体育品牌的代言人，也可以成为某一卫生洁具的形象大使，作为"物"或符号，"明星"与"产品"间的能指和所指关系也可以随机转换）。而在《重新看图识字》中，李邦耀试图运用启蒙教育式的图像方式进行所指和能指的重新对位和还原，这种努力一望而知是徒劳无益的，而正是这种徒劳无益构成了一种对消费文化鲜明的图像反讽。其二，在《物种研究》和《物种起源》（图3）两个系列中，李邦耀似乎为自己设定了一个更为宏大的目标，即对消费时代的"生物学"和文化学的考察。他借用达尔文生物进化学说，将已成为我们文化"第二自然"的商品世界视为一种新的"物种"进化的世界。《物种研究》延续了《产品托拉斯》单色调硬边性的图像方式，但发散式构图被中心式构图代替，作为商品的"物"取得了主体的身份，它暗示着某种空洞的拜物教现实。《物种起源》把对物的考察延伸到政治历史的维度，它将中国政治时代的"物"与消费时代的"物"进

图 3-1 《物种起源 17—31 号》，李邦耀，2007 年，布面油彩，每张 110cm×110cm，图片由艺术家提供

行了相同的视觉处理，从而使两种不同时代、不同情境中的"物"构成了一种十分诡异的图像关系，"物种的进化"被艺术家赋予了某种不确定的、嘲讽性的含义。

图 3-2 《物种起源 50—60 号》，李邦耀，2009 年，布面油彩，每张 110cm×110cm，图片由艺术家提供

如果说，达尔文用"自然选择"代替"自然神学"为我们创造了一幅新的宇宙图景，那么，消费时代仿佛使我们陷入另一种"自然神学"的世界链条之中。在"自然选择"中起作用的那些偶然的进化因素——有机体的遗传变异、竞争中的优胜劣汰、精神状态与物理状态的互动作用，似乎已被一种新的编码程序代替，全球性的、日臻完备的消费市场成为一种新的"神的设计"，它导致了自然世界、物质世界与精神世界的分化和重组。当然，这种新的物种演化对人类来说到底是灾难还是福音，恐怕不是艺术家而是历史才能回答的问题。

2008 年

注释：

[1]原文载黄专，《艺术世界中的思想与行动》，北京：北京大学出版社，2010 年，第 153—156 页；《读书》，2008 年第 5 期；《艺术与投资》，2008 年第 7 期，标题改为《"物"与"人"：对消费时代的视觉考察》。——编者注

[2]王岳川，《后现代主义文化研究》，北京：北京大学出版社，1992 年。——编者注

艺术是一种工作[1]

如果需要寻找一个形容张培力的词，我觉得没有比"工作"更贴切的了。他是中国美术学院新媒体系的主任，是干"行政工作"的；他是中国美术学院的教授，是干"教学工作"的；当然，更重要的是，他是一个职业艺术家，是干"艺术工作"的。的确，他的作品、文稿和谈话都给我们留下一个印象：对他而言，艺术不是一种义务、理想或者事业，艺术就是他力所能及的一项工作，或者说"职业"。

人们已经习惯为某些职业赋予超越其职能范围的形容：教师是"人类灵魂的工程师"，护士是"白衣天使"，科学家是"掌握真理钥匙的人"。这种将普通工作神圣化的嗜好也许源自一种古老的造神习俗，即人们在无法超越自然力量时经常会在自己的同类中寻找这种力量的人格化身，这可以说明为什么所有文化的上古史都是由半人半神创造的。这种幻想性崇拜的心理习俗毫无例外地也存在于艺术这项古老的技能中，而现代艺术则被赋予更多的神性功能：自我表现、哲学象征、社会批判……这些赋予有时使人忘记了艺术家的本分首先是从事一种特殊的劳动和工作。

一

张培力的艺术似乎从一开始就在剔除附着在这项工作表面的那些神圣光环。

1983 年至 1987 年，他创作了《仲夏的泳者》（图 1）、《休止音符》（图 2）、《今晚没有爵士》（图 3）等一批绘画作品，并参加了由他和耿建翌等人组织的"八五新空间展"（1985 年 12 月）。这些作品被后来的艺术史家赋予了过多的表现性阐释，艺术家自己似乎更愿意将它们视为对那场以创造"大文化""大灵魂"为目的的哲学性现代艺术运动的一种谨慎怀疑。他事后谈道："绘画不应该承担那么多东西——像'巡回画派'那样，过多的'叙述性'内容与历史责任将削弱绘画的自身价值。我们认为应该结束这样的时代，一个多愁善感的时代。……这里面（指'八五新空间展'中的作品）显现出

图 1 《仲夏的泳者》，张培力，1985 年，布面油画，185cm×185cm，图片由艺术家提供

图 2 《休止音符》，张培力，1985 年，布面油画，185cm×135cm，图片由艺术家提供

图 3 《今晚没有爵士》，张培力，1987 年，布面油画，180cm×142cm，图片由艺术家提供

了与其他艺术团体的不同之处。我们更关注个人经验和一些具体的东西。"[2] 据他回忆，在展览的宣言中，他甚至提出要"抹杀艺术的神圣性"，因为"神圣的东西你是看不到的"[3]。次年他和他的艺术伙伴发表的"池社"（1986 年 5 月）宣言也再次表明"过多地诠释哲学表现人性也开始使我们感到难受"[4]。如果说这一时期的工作重点在于清理艺术的"自我表现"的神话，那么，正是这种经验主义的艺术态度使他寻找到一种与"自我表现""视觉革命"这类"宏大叙事"格格不入的工作方式——观念艺术。（他曾说，他一直对"重要的不是艺术"这句话"耿耿于怀"。[5]）

1987 年无论对张培力本人还是对中国现代艺术史——尤其是后来的中国观念艺术史来说，都是一个拐点。这一年北京的"新刻度小组"继续着他们无个性的文本分析工作；舟山的吴山专在与他的艺术伙伴完成

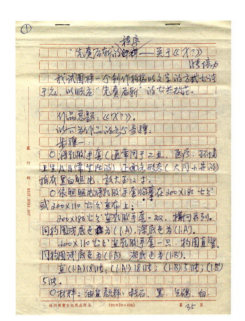

图4 《先斩后奏——关于〈X？〉系列的创作与展览程序》，张培力，1987年，文字，A4开本，图片由艺术家提供

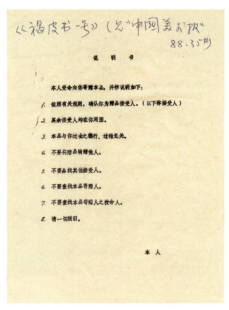

图6 《褐皮书1号》，张培力，1988年，医用乳胶手套、信件，尺寸不详，图片由艺术家提供

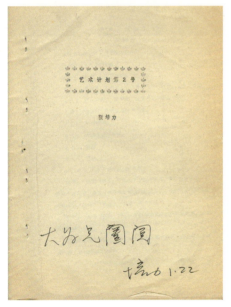

图5 《艺术计划第2号》，张培力，1987年，文字，A4开本，图片由艺术家提供

了"红色75%，黑色20%，白色5%"艺术活动后，开始了他的《红色》系列和《红色

幽默》的"文字绘画"；福州的黄永砯在组织完"厦门达达展"后将工作转移到个人研究的领域，创作了《走向小转盘》《"中国绘画史"与"现代绘画史"》等一批中国观念艺术史上的经典作品；上海的谷文达开始了汉字装置艺术的实验……这些都表明一种与启蒙性的"八五新潮美术"运动相逆动的观念主义艺术潜流正在浮出水面。也正是这一年，张培力创作了《先斩后奏——关于〈X？〉系列的创作与展览程序》（图4）和《艺术计划第2号》（图5）两件文本计划作品，它们和艺术家次年完成的《褐皮书1号》（图6）一起，成为他彻底摆脱视觉表现的概念主义作品，这些作品按艺术家的描述是为了摆脱和消灭那些"'有教养'的矫揉

造作的小资产阶级文化",希望用一种设定艺术程序的办法表达某种对"规范"和"制约性"的关注。[6]与同期的其他观念主义艺术比较,这几件作品的"概念性"似乎更为彻底和纯粹,他甚至没有借助任何文化载体(如汉字符号、大字报)、宗教哲学观念(禅宗或现代语言学)或经典文本,似乎只关注制造日常行为规则和完成规则的过程,这点很接近维特根斯坦日常语言分析中的一些工作方式,如对语言—游戏的对比分析、对"遵守规则"的悖论论证以及对夸大语言的精神性本质的反感。记得有次我问他,《褐皮书1号》这个标题与维特根斯坦的《蓝皮书和褐皮书》有关联吗?他坦率地答道,我不知道有那本书(惭愧的是,在这之前,我曾在一篇关于八十年代艺术史的思想性研究的文章中猜测过两者的联系)。虽然他完全有理由对这几件作品进行玄学阐释(事实上很多评论正是这样做的),但他似乎一直抑制着这种诱惑,在与别人谈论他的艺术时,他更愿意使用一些技术术语或描述性语言而避免对作品的"意义""价值"做大而无当的解释,这一点在他成为一位"录像艺术家"后更为突出(如张培力关于《(卫)字3号》的回答,张培力关于《短语》《最低像素》的技术说明)。

二

1988年,张培力创作了第一件录像作品《30×30》(图7),这件作品使他获得了"中国录像艺术之父"的称誉。谈起这件作品时他简单地说,他只是想运用家用录像机这种媒体制造出一些与电视趣味不同的东西:"我想制作一个让人感到腻味、心烦的东西,它没有概念中的可以引起愉悦情绪的技巧,它让人意识到时间的存在。录像所具有的时间性恰好符合这种需要。"在以后的一次访谈中,他一再提到他作品中的"时间"元素是如何抗拒传统电影的线性叙事和电视影像的娱乐功能的。[7]从这件作品以后,录像成了他艺术工作的主要媒介,他也因此成为中国最具权威的录像艺术家之一。延续《30×30》的图像制作模式,1991年至1999年,他先后创作了《(卫)字3号》(图8)、《水——辞海标准版》(图9)、《保险期——8/28/1994》、《相对的空间》、《1秒至1千分之1秒》、《不确切的快感》、《进食》、《祝

图7 《30×30》，张培力，1988年，单视频录像，有声／彩色／32分09秒／PAL制式，图片由艺术家提供

图8 《（卫）字3号》，张培力，1991年，单视频录像，无声／彩色／24分45秒／PAL制式，图片由艺术家提供

图9 《水——辞海标准版》，张培力，1991年，单视频录像，有声／彩色／9分35秒／PAL制式，图片由艺术家提供

你快乐》、《同时播出》、《快3、慢3、快4、慢4》等一大批足以进入中国录像史的作品，制作技术也由单频单画面发展为多频多画面同步录制和录像装置。但令人困惑的是，

他在不断丰富录像的工作方式时，常常提醒自己不要对录像艺术的制作技术尤其是后期数码编辑着迷。他曾这样谈到对"技术"和"艺术"的态度："有人很反感技术，认为技术会干预艺术，所以其中存在很多危险。技术对我来说还是很陌生的，我始终希望自己处在艺术和技术，或艺术和非艺术的中间地带，能进能退，这对于我来说是比较自由的空间。我不想让自己看起来既像艺术家，又像科学家。我比较反感空谈艺术。我不喜欢用一个既定的概念来说话、做作品。"[8]为此，他甚至经常告诉自己和他的学生不要过分迷恋"专业化标准"，因为那样有可能扼杀个性。他说："只有好或不好的作品，没有专业或非专业之分，以是否专业作为区分作品高下的标准是没有意义的。"[9]显然，这与他对"艺术语言"与"艺术语言的原则"的区分是一致的，他称它们之间的关系应该如同塞尚的结构实验与他画面中的水果和风景的关系："苹果只是个借口。"[10]在他看来，前者是从事某项艺术工作的基本技能，而后者是将艺术视为身份、道德、责任、人性、解放或哲学的一种表达工具，这是他无法接受和容忍的，这种态度与八十年代他

对艺术过度表现文化学和政治学内容的反感是一致的，他尤其对那些以传统和政治图像符号表达"身份"和"打牌"之类的肤浅做法深致鄙夷，他认为正是这些做法掩盖了艺术家的真正身份——艺术家首先应该是一个语言创造的工作者。他甚至认真地说，"语言本身也是一种道德""形式本身就是道德"[11]。

图10 《台词》，张培力，2002年，单视频录像，有声 / 彩色 / 6分21秒 / PAL 制式，图片由艺术家提供

图11 《喜悦》，张培力，2006年，双视频录像投影，有声 / 彩色 / 6分39秒 / PAL 制式，图片由艺术家提供

三

2000年后，张培力的工作方式发生了明显的变化，他先是创作了一批以具有政治记忆内容的老电影为现成材料的剪接作品，如《台词》（图10）、《遗言》、《向前、向前》、《喜悦》（图11）。这些作品似乎把我们带入某种更为复杂的语境，我们甚至可以怀疑张培力是否放弃了他的"纯艺术"的工作态度，而对意识形态这类政治话题和现实话题产生了兴趣。事实上很多评论者正是这样向他提问的，他对这类问题的回答也许可以帮助我们接近这些作品：

自2000年开始，我不再用摄像机

拍摄录像，更多的是采用"现成品"，其中一个做法是从市场上出售的影像制品中寻找素材。我关心那些符号性的、模式化的、有时间概念的因素，这些因素集中体现了五十至七十年代中国故事片中的革命英雄主义和浪漫主义情节，体现了一种健康的审美形态和语法习惯。我从这些老故事片中截取片段并做简单的处理，使其摆脱原有的线性结构和时间背景。我感兴趣的是由此带来的不同的阅读的可能性。[12]

记忆可以被看作一种材料，一种元素，一种影像。人是生活在记忆、现实和幻觉中的，或者说，经验的过程即是过去和现在时间不断混淆和搅拌的过程。老电影代表了记忆和时间，代表了特殊时期的特定意义和原则。我所感兴趣的是那些已经成为记忆的被定义了的原则和特殊性在时间中被解构，被消解为一般的可能性。[13]

这种解释可能有点令我们失望，因为那些有可能被我们视为历史批判和现实批判的内容，在张培力看来与他原来的录像作品中的"时间"元素一样，只是一种词汇、语法素材，它们也只有在"使用"时才能产生意义，而他关心的只是它们带来的"不同的阅读的可能性"。诚如维特根斯坦所言："一个词的意义就是它在语言中的用法。"[14] 离开语言，一切意义皆为虚无。换句话说，历史、政治和现实在他这里与在别的艺术家那里不同的是，它们仍然只是塞尚笔下的"苹果"，而不可能成为它背后的"结构"。批判常常被我们视为当代艺术的身份标志，张培力也许并不否认这一点，他否认的是以一种简单的政治立场和符号就能获取这种身份："我特别反对把符号作为一种策略，我特别反对利用一种文化心理，一种固定的观

看或认识模式。"[15] 也许在他看来，脱离艺术语言和方式的批判与它所批判的对象存在同样的危险，要么成为一种文化功利主义的策略，要么成为另外一种固定化的观看和认识模式，从方法论上讲，这等于重蹈了当代艺术批判对象的覆辙。

"现场"从 2006 年的《修旧如旧》（图12）开始成为张培力作品的一种新语法，也赋予他的作品更多社会性色彩，这种"场景性"实验一直延续到 2007 年的《窗外的风景》（图13）、2008 年的《阵风》（图14）和正在创作中的《静音》（图15）。在这些"制造的假现场"和"带有戏剧化的现场"中起支配作用的首先仍然是关于艺术语言的自律性思考。从《静音》这件作品的原始方案到完成方案的确定过程，我们可以体会这类作品的工作方式，这件作品的原始方案是：

展览空间为一个虚拟的"事件"现场，现场呈现着它是"事件"的残留物（或"物证"），如被烧毁的汽车等，并有若干影像（模拟的新闻媒体）在不断"报道"着"事件"，但影像是静音的，"事件"由于声音的缺失而缺失

图 12 《修旧如旧》，张培力，2006 年，旧车间的一半，油漆、灯具，图片由艺术家提供

图 13 《窗外的风景》，张培力，2007 年，单视频录像投影，有声 / 彩色 / 6 分 43 秒 / PAL 制式，图片由艺术家提供

图 14 《阵风》，张培力，2008 年，5 视频 5 画面录像投影装置，无声 / 彩色 / 13 分 14 秒 / PAL 制式，图片由艺术家提供

图 15 《静音》，张培力，2008 年，双视频录像投影和电视墙装置，投影：有声 / 彩色 / 12 分 59 秒 / PAL 制式，电视墙：有声 / 彩色 / 3 小时 / PAL 制式 4.02m×1.3m，缝纫车间：23m×115m 共 300 ㎡ 一400 ㎡，图片由亚牛拍摄

了某些东西，变得似是而非。[16]

显然，声音缺失造成对新闻事件现场的合理性的怀疑是这件作品的逻辑起点，在设计（或"虚拟"）事件现场时，他预设了三套方案：汽车撞击造成的事件现场、流水线鸡舍的消毒现场和制衣（或制鞋）车间的被捣毁现场。他首先否定了第一个方案，理由是它太易造成对某一具体交通事故的联想，而采访事件现场的人为性安排会使作品对"新闻"的预设流于表面和形式。接着，他否定了第二套方案，理由是它容易使人产生与"非典"这类具体的新闻性事件相关的联想，从而造成对作品社会意义的线性思维和解读。最后确定的第三套方案依然充满了意

义"剔除"过程:首先他选择了制衣车间而否定了制鞋车间,其次他否定了对车间的捣毁而选择了将一处真实车间原封不动地搬到展场,这些都是为了终止人们对不久前欧洲各地抵制中国制造的暴力事件的联想。接下来的问题就完全是技术性的了:"是完全的静音,还是瞬间的静音?是否可以加入整个车间运作时的背景声音?然后可以一下子停了,安静了,过一会儿又出现声音,就是瞬间的静音。"[17]最终的方案还增加了在原来的车间架设四十台监控录像设备记录原服装厂工人的行为,然后在展出现场以两个投影播放原服装车间全景环境的影像,这两个画面以间歇性"静音"的方式呈现。

既要借助社会新闻事件对作品的诱因作用,又要避免这些事件对作品语言个性的意义控制和干扰,显然这样做并没有限制和阻止观众对作品意义的社会性联想,反而扩大了这种联想的维度。张培力的工作几乎充满了这样的逻辑:艺术不需要借助任何"正确的"政治态度、立场和符号,它只需要运用独特的叙述方式、语言设计,去不断清洗人们对作品的思维惰性和任何先入为主的解读。这也许才是观念主义语言真正革命性的品质。

张培力一直在与艺术的"神圣性"进行本能的抗争,这不是出于某种职业谦逊,而是因为在他看来,正是对这些艺术幻象功能的过度追求使很多艺术家丧失了他们工作的真正本分、职责和乐趣,也掩盖了艺术的真实意义。为了表明对艺术过度负载意义的反感,他有时甚至不得已地称自己是"艺术的形式主义者",以表明自己与那些无视艺术基本语言逻辑和技能的图像符号制造者们的区别。当然,他依然相信艺术的精神力量和道德义务,而不是一个超然冷酷的形式主义者,只是他时常提醒自己不要被那些泛文化热情或世俗名利所操控,因为在他看来,那样是无法使自己成为一名真正合格的艺术工作者的。

记得二十世纪五十年代有一本书名叫《工作着是美丽的》,曾培养了我们这一代人对本职工作的理想和热情,虽然我们谁也不想再当某台机器上的螺丝钉,但把自己的职业视为一项美丽的工作毕竟不是一件太坏的事情。

2008 年 5 月 30 日

注释:

[1]原文载黄专主编，《张培力艺术工作手册》，广州：岭南美术出版社，2008 年，第 14—19 页；黄专，《艺术世界中的思想与行动》，北京：北京大学出版社，2010 年，第 146—152 页，有所修订。——编者注

[2]《与刘礼宾的访谈》，载黄专主编，《张培力艺术工作手册》，第 451—452 页。——编者注

[3]《与〈Hi 艺术〉的访谈》，载黄专主编，《张培力艺术工作手册》，第 428 页。——编者注

[4]张培力，《关于"新空间"与"池社"》，载《美术思潮》，1987 年第 1 期。——编者注

[5]《与王景的访谈》，载黄专主编，《张培力艺术工作手册》，第 418 页。——编者注

[6]《张培力艺术观》《〈艺术计划 2 号〉的出发点》，载高名潞编，《'85 美术运动：历史资料汇编》，桂林：广西师范大学出版社，2008 年，第 199—200 页、第 214—216 页。——编者注

[7]《与陆蕾平的访谈》，载黄专主编，《张培力艺术工作手册》；访谈原载《东方艺术》，2007 年第 19 期，标题为《联合国？它认识我，我还不认识它呢！——张培力·陆蕾平对谈》。——编者注

[8]同上。

[9]《与徐坦、王景的访谈》，载黄专主编，《张培力艺术工作手册》，第 379 页。——编者注

[10]《与王景的访谈》，载黄专主编，《张培力艺术工作手册》，第 417 页。——编者注

[11]同上，第 418 页。

[12]《创作观念与方式陈述说明》，载黄专主编，《张培力艺术工作手册》，第 380 页。——编者注

[13]《与付晓东的访谈》，载黄专主编，《张培力艺术工作手册》，第 422 页。——编者注

[14]维特根斯坦，《哲学研究》，汤潮、范光棣译，北京：生活·读书·新知三联书店，1992 年，第 31 页。——编者注

[15]《与陆蕾平的访谈》，载黄专主编，《张培力艺术工作手册》；访谈原载《东方艺术》，2007 年第 19 期，原标题为《联合国？它认识我，我还不认识它呢！——张培力·陆蕾平对谈》。——编者注

[16]张培力，《展览"静音"方案》，载黄专主编，《张培力艺术工作手册》，第 381 页。——编者注

[17]《与王景访谈》，载黄专主编，《张培力艺术工作手册》，第 421 页。——编者注

自序：只有思想是重要的[1]

这个标题如果不加说明，那就既是一句废话，也是一句傻话，谁没有思想呢。但我们在生活里又的确有"没有"思想的时候，譬如说"盲从"或过于自信地相信一种确然性的思想（为了强调它的正确性，我们常称它为"真理"）的时候。为了避免不假思索的信仰对个人和集体的伤害，我们想出不少办法与那些不证自明的"真理"抗争，比如说，用"实践"检验"真理"。但不要说用具体的"实践"去检验抽象的"真理"本来就有逻辑上的诸多不便，更何况真理大都是信不信由你的把戏，检验不检验只不过是为信不信增加一些心理砝码。另外一个办法是"独立思想"，把对人的信任转移到自己身上，但如果想靠自己独立的思想去发现真理也许结果更糟，人非圣贤，如果不能智思，过于自信和过于盲从的结果有时一样——只能得到一些胡思乱想。我平凡的一生经常会因上面的问题徒生烦恼，我的结论是只要不把思想放在一些大而无当的确然性目标上，而把它看成一种增加智识和乐趣、无所归依的生活方式，那么，无论现实多么艰难，思考

都会成为享受自由的一种低成本而高回报的投资，人生也因这种投资而变得既有意义又有意思。

但令人沮丧的是，在人的一生中，你也许永远无法分辨哪些是真正经过思考的选择而哪些是身不由己，这种诡谲的现实常常使思想之途变幻莫测。比如说，我不敢肯定有没有大写的"当代艺术"这种东西，但以我的经历我敢肯定，如果说十几年前在中国从事当代艺术还是某种思想探险，那么现在它已完全演变成一项博取功名利禄的时尚游戏。我不是一个道德主义者，恰恰相反，我一直对声称自己的工作与某种道德目标一致的人存有戒心，但对于一个大部分时间都生活在"当代艺术"中的人，面对这样的现实有时还是不免产生一丝无法排解的挫折感。

1980年，还在念大二的我去北京度假，偶然在中国美术馆看到了"星星画会"第三次"合法"的展览，它带给我的震撼是难以言状的，直到今天我还能依稀记得王克平、黄锐、李爽或马德升作品的摆放位置，记得

那份薄薄的、发黄了的油印展刊，也许是它第一次让我体会到独立思想所能产生的能量。二十六年后，在我策划的"创造历史：中国现代艺术纪念展"上，我执意将"星星画会"作为这场运动的起点，多多少少与这种个人情结有关。参观"星星画会"展的两年后，我从大学毕业被分配（或可称发配）到湖北偏远山区的　所师范大学任教，在一种无望的生活中认识了被分配到同一所学校的现代派诗人王家新，我无法欣赏他在诗歌上的才华，因为我是现代诗歌的门外汉，所以我一直羞于和他谈论诗歌，这无疑大大削弱了我们交往的精神含量，但这样的诗句仍能使我感觉到思想赋予文字的重量：

　　我就是

　　那个被你征服了

　　但还在反抗着的人！[2]

1984 年经皮道坚介绍，我认识了正在武汉筹备《美术思潮》的彭德，并很快参与了杂志的编辑工作。彭德是位有文学和史学修养的人，思想活跃、敏锐而激进，为人真挚不乏义气，也有些传统文人的名士风度，喜欢谈玄论道。同时参与编辑的还有严善錞，一位从浙江美术学院分配到湖北画院的高才生，他无论对杂志还是我本人都是至关重要的，通过他，杂志不仅与王广义、黄永砯、谷文达、张培力、吴山专、查立等浙美系的艺术家保持着直接的沟通，而且使我认识了对我一生都十分重要的范景中。严善錞才华过人，学画出身却有极高的理论素养和文字功夫，为人谦和大度，处事淡泊平静，直到今天仍是我在学术上的畏友。

当时的武汉有一种沉着老到的学术气氛，与浮躁的北京和奇崛的江浙风格迥然不同，在我的印象里，这无疑与张志扬、皮道坚有关。张志扬的哲学给人的印象是晦涩凝重、气度庄严，记得好像是祝斌曾认真说"第一次见张志扬就像对面坐的是黑格尔"，但其实他是一位感情丰富、极具感染力的人，说话凝练坚毅而不乏机锋，虽然我永远无法弄懂他在语言哲学和存在哲学间穿行时使用的那些沉重的逻辑，但至少我最早的一部分现代主义的思想训练是在对他的阅读中完成的，例如他用海德格尔的"大地"和"世界"概念解释科尔维尔绘画中的"焦虑"，他对海德格尔与伽达默尔解释学的诗化性质的读解，思想的穿透力直插人心，甚至不需要被读懂。和张志扬比较，皮道坚更像一位儒雅的学者，他在艺术史和现代艺术两个领域都是我的老师，他思想犀利从不故作高深，为人谦和绝不姑息苟且，《美术思潮》在当时能海纳百川，成为现代艺术在中原的一面理论旗帜与他和彭德的理论兴趣和宽宏大度是无法分开的。鲁萌是这个圈中唯一的女性，年龄介于我们和张志扬、皮道坚之间。她是公认的才女，也参与了《美术思潮》的编辑和写作，哲学和诗歌的双重修养使她有一种超凡脱俗的气质，直到今天我还能清晰记得她说"语言消逝啦"时那种认真而略带忧郁的动人神情，她的早逝只能用天妒英才这句俗话才能说通。对我而言，提起这段理论上的黄金时光，祝斌是不能忘记的。2000年他因意外去世时，我曾诅咒善恶相报这类善良而愚蠢的谎话，因为他在任何意义上都是一个真诚、善良和纯粹的人。他没受过科班训练，理论素养几乎都来自自学，但他理论悟性极高，逻辑思辨能力超群，当时我和严善錞在范景中指导下研读波普尔和贡布里希，他不仅很快就成为我们的同道，而且经常与我们进行一些严肃得近乎学究的讨论。他的文章严谨通达，常常有不同凡

俗的精辟论点，而在他去世前的一段时间里，也许是出于对当代艺术的失望，他的学术兴趣已经转移到古代画学研究上去了。

1989年下半年那个特殊的历史时段，舒群、任戬、王广义这些"北方艺术群体"的运动伙伴先后来到武汉，这使得那时的武汉在沉闷中透出几许活力。1985年，《美术思潮》最早报道了"北方艺术群体"成立的消息，同年，王广义写了篇批评第六届全国美展的文章投寄到《美术思潮》，我刚好编那期杂志，所以凑巧成为他的这篇理论处女作的编辑。和他见面是1989年中国现代艺术大展期间，我们同住在中央美术学院地下室。那时，因为此前提出了"清理人文热情"的口号、创作了《毛泽东 AO》，他已成为展览的核心人物，给我的印象是与那些忙着选择新鲜词汇和复杂逻辑表达思想的运动伙伴比较，他更喜欢用尽可能肯定的口吻陈述那些模棱两可的警句，在严肃讨论和轻蔑嘲讽间的游离使他不会轻易落入任何问题的陷阱，这种思想智慧使他具有一种既能把握情境又能超越情境的独特能力，与后来使他声名显赫的图像游戏和世俗神话比较，我更看重的还是他的这种思想智慧。直到今

天，在精神上，我们一直保持着某种无法言说的默契，而我们的友谊也通过种种思想智慧的竞技与日俱增，我们之间的话题很少涉及艺术而大多为性爱、政治、逻辑和语言，也许他和我一样，一直对艺术的"专业感"和道德态度保持着警惕。

大概是1986年夏天，我已无法记得具体时间和情景，严善錞带我去杭州"见老范"，那时范景中正忙于编辑《新美术》和《美术译丛》，致力于引进西方艺术史学和对黑格尔主义的批判著作，他身边已聚集了一群抱负远大、才智过人的学术伙伴，如洪再新、杨思梁、曹意强和广州的邵宏、杨小彦。记得他曾称贡布里希这样的艺术史家"敏赡睿哲，博识渊深"，而他本人也完全配得上这样的形容，不过在他的身上还有一些中国文人特有的内敛沉着、娴雅从容的气质，在我认识的学者中，他是不多见的能够将思想和学识完美统一的一位。整个八十年代，中国现代艺术界都弥漫着黑格尔神学性的历史决定论的气氛，"时代精神"和"民族精神"几乎成为每个运动领袖和参与者的口头禅，正是这种氛围使范景中和他的学术伙伴在艺术史学领域进行的学术清理有

了某种实践的意义。记得范景中在为《理想与偶像》一书的中译本所作的序言中，以辛辣的口吻嘲讽了那些"体系崇拜者"和鼓吹"进步论""国画衰落论"的理论家。这时我已入读阮璞先生的中国画学的研究生，而严善錞正对"清算"董其昌大下苦功，波普尔、贡布里希以"情境"代"精神"、以"趣味"代"时代"的史学观念深深地影响了我们的研究，以至于后来结集出版这一时期的研究论文时，我们为它取了个生硬的贡布里希式的书名：《文人画的图式、趣味与价值》。八十年代末期的那几年里，由于范景中的影响，我们几乎远离运动的现场，潜心研读经典，希望为我们憧憬的中国式的"瓦尔堡学派"做些学术准备，我们称它为"练童子功"。不过，在中国发生的那场政治变故和接下来范景中的突然患病改变了一切，记得那年我和严善錞去杭州郊区的一所医院里看望他，回来的路上都沉默不语，我一生中第一次体会到，一个人的生死是那样紧密地与一项学术事业息息相关。

1991年，我应邵宏、杨小彦之邀来到广州，这次南迁与其说是一次工作调动不如说是一次逃亡，当时武汉的气氛完全可以用

令人窒息形容。与他俩的结识起于他们在武汉参与《美术思潮》的编辑工作，而后在杭州的几次聚会使我们成为学术上的伙伴，他们俩理论素养和才智极高，而且都有很好的逻辑和语言功底，在清理哲学和艺术学领域里的黑格尔影响的学术运动中，他们写过几篇文风犀利、逻辑严密的文章，给人印象极深。刚来广州的一段时间似乎是沉闷和漫无目标的，直到1992年吕澎为筹划他的"广州双年展"来广州进行游说，情况才发生了变化。吕澎学政治学出身，八十年代就翻译过几部西方现代艺术理论著作，后来写过几部大部头的中国当代艺术史，是这个领域的开山人物。他是一位热情四溢、精力过人的学者，也是具有极强感召力和鼓动性的社会活动家。也许是敏感地察觉到经济的"政治学价值"，在中国由启蒙时代向消费时代转型的关头，这个以"市场"为名的展览不仅第一次大规模地调动了中国的民营资本，而且在某种程度上成为中国现代艺术转向当代艺术的社会标志。当然，这场在经济上以失败告终的展览真正开启了中国现代艺术的"名利场"时代，与奖金挂钩的"学术评审"、不成熟艺术市场的生硬操作都开始使人体

会到一种完全不同于八十年代理想主义的世俗世界的到来。现在想来，这个展览对我个人生活的改变是，我开始真正进入被称为"当代艺术"的名利场，从此与学问之途渐行渐远。

文艺复兴时期，人文主义者喜欢讨论的一个主题是：沉思默想的学者生活和活跃进取的功名生活孰优孰劣。我不知道这类讨论在我们这个时代还有无意义，我总觉得这两者也许存在某种程度的兼容，事实上，这两者间某种程度的张力也许才是智慧和思想生存的最适度的温床，所以我常用"行动的沉思"来解释自己的选择。在我看来，行动并不是思想的确证或反映，相反，思想只有在进入行动时才具有逻辑上的可能。当然，在这里，行动可以是社会行为，可以是艺术创作，也可以是一种自主性的写作。八十年代初对独立思想的渴求经过波普尔批判理性主义的洗礼变成了一种行动的欲望，在接下来的几年中，编辑杂志、筹划国内外展览占据了我生活的大部分时间，这些活动基本没有明确的目标，多凭兴致和条件，我把它们称为"社会测试"或"思想游戏"。

2002年的一场大病后，我一直在揣摩

上天的意图，在我的很多善意的朋友和敌意者看来，我选择了一种追求功名的世俗生活简直匪夷所思，而我自己希望把这种选择看成一种独特的沉思默想。在我看来，这种行动性的思考与其说是在探求真理，不如说是对各种确然性真理的怀疑和冒犯，它只是一种个人的生活方式，一种无法解释和无须解释的"雾中的自由"（昆德拉）。最近我为张晓刚的艺术写了点东西，这不是为了学术，也不是为了和他的友谊，而是为了自己，为了某种灵魂的救赎。在这篇文章中，我把他称为"自述性个人主义"，以区别于"道德性自由主义"，我一生都在讨厌和怀疑那些把自己打扮成道德主义者的人，在我看来，他们的毛病不仅在于伪善而且在于说谎。这篇东西旨在赞扬艺术中最基本和最高贵的一种品质——自由的思想，它想证明它们可以是伟才雄辩，也可以是喃喃低语。

收集在这里的文字，时间跨度有二十年之遥，它们不是严格意义上的艺术批评，而是一些个人思想史的记录（收入时都进行了删改）。不是每个平凡的人都有将自己的思想汇集成册的勇气和幸运，为此我要感谢我所有的朋友，尤其是吕澎，没有他的操持，这些思想会如大多数轻若浮云的平凡思想一样命运，还要感谢白榆、方立华，她们不辞辛苦地帮助我完成了繁杂的文字收集、整理和编辑工作。

2008 年 12 月 28 日

注释：

[1]原文载黄专，《艺术世界中的思想与行动》，北京：北京大学出版社，2010 年，第 7—12 页。——编者注
[2]王家新，《星空：献给一个人》。

当代何以成史 [1]

贡布里希在《艺术的故事》第十一次再版时增加了《没有结尾的故事——现代主义的胜利》一节，在文中，他相当不安地讨论了艺术史描述"当前故事"的危险：

> 越走近我们自己的时代，就越难以分辨什么是持久的成就，什么是短暂的时尚……正是由于这个原因，我对艺术的故事能够"一直写到当前"的想法感到不安。不错，人们能够记载并讨论最新的样式，那些在他写作时碰巧引起公众注意的人物。然而只有预言家才能猜出那些艺术家是不是确实要"创造历史"，而一般说来，批评家已经被证实是蹩脚的预言家。

当然，他也没有忘记提醒艺术史家理应具有描述"当前故事"的责任，当有人问他"你对现代艺术感兴趣吗"时，他反问道："一位艺术史家怎么可以对二十世纪艺术的变化不感兴趣？"只不过他认为他们在履行这种义务时，必须谨慎地与推动新奇趣味和时尚为己任的批评家保持距离。所以他说："把实际发生的事情讲得明白易懂是历史家的工作，评论发生的事情是批评家的工作。在试图写当前历史时，最严重的问题之一是两种职责纠缠在一起。"

的确，当代不能成史，几乎是学术纪律严明的当代史学和艺术史学共同遵循的某种潜规则，对书写当代史的这种普遍戒心来源于近代科学史学中的这类逻辑："当代"不仅因为离我们的价值世界太近而使人缺乏历史判断所必需的距离感，而且由于对它的史料运用缺少时间的甄别和筛选而显得过于随机和主观。与那些具有稳定的艺术目标和标准的时代相比，在我们这个崇尚进步、新奇和时髦的时代做到历史描述的客观性尤其困难，在当代艺术中，我们的确常常无法在伟大的艺术和各种时尚把戏间做出判断。不过，当代不能成史并不是人类史学尤其是艺术史学的传统，相反，"通古今之变"才是中外史学的最高理想。从司马迁的《史记》到郑樵的《通志》，历史都落笔于当下，"习六艺之文，考百王之典，综当代之务" [2] 更是清代实学的原始追求。被誉为中国"画史之祖"的《历代名画记》[3]

书史下限的武宗会昌元年 (841 年) 离张彦远去世的僖宗乾符三年 (876 年) 仅三十五年之距，而第一部真正意义上的西方艺术史——意大利人瓦萨里的《名人传》——也是一部真正意义上的"当前历史"，甚至是一部"哥儿们"的艺术史。

如果从 1979 年算起，中国艺术的"当前历史"已有了三十年的时间，虽然我们从来不缺乏书写当代历史的冲动，但在裹挟着各种新学思潮、各种新奇的国际艺术样式竞赛以及各种新闻、商业炒作的情境中，关于当代艺术的研究往往无可避免地堕入时尚旋涡和潮流之中，区别史学叙事和批评描述也变得越来越不可能。当代何以成史，不仅仅是一个写作方法的问题，更是一种学问态度和价值判断的问题。我们无法回到艺术单一标准的时代（譬如以"征服自然""美"或者政治教化作为目标的时代），而如果没有一些基本的艺术史的原则，当前历史的写作就无法进行。在我看来，这些原则首先应该体现在研究对象的选择上，譬如"当红"不应该是我们的选择标准，那些有持续的问题意识、创造逻辑和思维智慧的艺术家才应该是故事的主角。另外，我们应该回到以艺术家和他们的作品为中心的写作上来，意思是我们除了要耐心了解形成艺术家思维模式的环境和逻辑，还必须对构成艺术家成就的最主要方面——他的特殊的视觉方法和技术成分进行描述，而不能仅仅满足于对各种新奇观念的解释和标签式的定位。其次，如果你是对历史而不是对时尚感兴趣，你还应该去了解形成这个时代的艺术生态和情境逻辑的基本线索，在繁杂的资讯和信息（我们可以称它为史料）背后，机敏地发现哪些是会对我们的文化真正产生影响的问题，而哪些只是出名的把戏，要做到上面这一点，除了必备的史学修养和强烈的历史感觉外，还必须做一些编年、史料甄别一类的基础工作。最后，你还应当适当地克制对艺术进行过度的文化和诗学阐释的冲动。

《走自己的路》是艺术史学家巫鸿先生第二部以中文出版的当代艺术论文集，它与《作品与展场》一起构成了他观察中国当代艺术的特殊角度和全景视野。与后者比较，这部以艺术家为主体的批评著作，由于他的史学眼光、态度和方法，似乎具备了更多的"史传"色彩，譬如，在《展望的艺术实验》中，他有趣地提出了他的研究和研究对象应该共同遵守的"原则"：

> 有耐心的艺术批评家必须"跟随"艺术家一段时期，然后才可以发现其作品发展演变的脉络。反过来说，希望被当作个案讨论的艺术家也首先得有耐性，其作品的发展演变必须先有脉络可寻，而非纯由外界刺激所引起的躁动。

事实上，"理解艺术家持续性的艺术实验的内在逻辑"一直是巫鸿先生当代研究的主要特征，这一特征既源于他作为职业艺术史家的本能，也源于他进行这类研究的文化态度和责任，他曾在别的地方提到，任何对中国当代艺术的严肃解释"都必须面对历史研究和方法论的挑战，解释者不仅需要广为收集研究素材，还需要审视分析研究的标准和方法"，而长期以来，正是由于缺乏这种史学逻辑和解释，中国当代艺术的成就和意义在西方策划人、正统艺术评论家甚至实验艺术的支持者那里一直遭到普遍的歪曲。[4]

在巫鸿关于蔡国强的"火药画"的研究中，他针对当代艺术评论中将艺术家的哲学宣言与他的作品意义进行简单类比的批评方法，根据他在哈佛大学的同事伊万兰·布阿"作为模式的绘画"的理论，提出"应该恢复把绘画作为了解艺术家内心逻辑和创造性基本根据的地位"。为此他提出了这样一种历史分析方法：首先应该通过大量综合性的史料分析、情境还原和技术论证，结合对艺术家"推测性"思维和视觉形象逻辑的推断，提炼出潜藏在艺术观念和形态中的独特的策略、象征和技术"模式"，然后再通过这一模式对作品进行阐释。他认为，只有这种分析性的过程能为我们提供真正可靠的视觉阐释，而他正是依据这套方法，对蔡国强长达近三十年的"火药画"实验和徐冰的《天书》《烟草计划》进行了史学意义上的令人信服的个案阐释。

将当代研究课题与古代研究课题并举是巫鸿先生当代艺术研究的另一个学术特征。在对谷文达《碑林—唐诗后著》的研究中，他就运用了他在古代艺术史研究时使用的"纪念碑性"概念，分析了这件当代作品在"纪念碑性"和"反纪念碑性"上的意义落差和逻辑特征，这类研究还有运用"废墟"这一史学课题对展望、荣荣、宋冬和尹秀珍等作品进行的分析。这类研究超越了史学研究中古代与现代的学科界限和传统分野，从而具有某种独特的史学视野和穿透力，我们可以将它视为"通变"史观在当代的一种运用。

我们很容易在古典艺术世界和我们身处的当代艺术世界间找到它们的差异。前者依赖于宗教情怀、道德智慧以及那些公认的伟大的知识和技术传统，而后者崇尚的是源自康德的艺术自律的信仰和进步、革新这类时代观念，如果我们依然相信艺术是人类文明的创造，就必须学会分辨哪些是会给我们的文化带来光荣的艺术成就，哪些是瞬间即逝的时尚把戏，哪些是卓越的大师，哪些只是江湖骗子，而这项工作注定是那些严肃的艺术史家的本分和责任，我想，这也许是我们应该对巫鸿先生的当代艺术研究保持敬意的理由。

2009 年

注释:

[1]巫鸿，《走自己的路 —— 巫鸿论中国当代艺术家》序，广州: 岭南美术出版社，2008 年，第 7—10 页; 黄专，《艺术世界中的思想与行动》，北京: 北京大学出版社，2010 年，第 188—191 页，略做修订，本文据此版本收录。——编者注
[2]顾炎武，《日知录·夫子之言性与天道》。
[3]余绍宋，《书画书录解题》。
[4]巫鸿，《首届广州当代艺术三年展 —— 重新解读: 中国实验艺术十年 (1990—2000)》。

威尼斯的怀旧神话[1]

隐形的权力操作、混乱的美学和不断增生的嘈杂信息，使威尼斯双年展越来越像波德里亚笔下"超真实"的模型，就像真实的美国越来越接近虚幻的、符号化的迪士尼乐园，真实的艺术也越来越像威尼斯岛上这两年一度让人有点反胃的视觉游戏。[2] 瑞士人丹尼尔·伯恩鲍姆制造的世界延续着这个世界的平庸和惰性，即使有瑙曼、米开朗琪罗这样的大师撑台，情形也未见改变。法国馆的政治美学、丹麦馆的性表演、德国馆的空间哲学、意大利馆精致的形式主义、阿联酋馆的迪拜城市推销活动恰如其分地混合成我们这个仿真时代的视觉景观。主题展中意大利艺术家格拉齐亚·托代里 (Grazia Toderi) 的录像尤其像这一景观的点题之作：轰炸巴格达的真实场景被"艺术"的透视推移和虚化变成无穷美丽但毫无意义的飘浮幻象。今天，艺术早已越过了它的自治疆界而融入全球性的政治权谋、经济角逐、种族纷争和媒介网络的内爆游戏之中，双年展不过是这一场景循环性的视觉聚焦。

十六年前，意大利人奥利瓦的"东方之路"将中国艺术家带到了双年展这个国际当代艺术的游戏舞台，他也因此在中国爆得大名，但十六年来，"东方之路"并没有给双年展带来真正意义上的美学改观。中国策划人似乎有意要与今年双年展的虚无的"制造"景观相区别，吕澎在与威尼斯本岛一水之隔的圣塞尔沃洛岛与奥利瓦共同策划的特别展选择了一个历史性的主题"给马可·波罗的礼物"。这个主题与其说是对十六年前那个主题的回应，不如说是对它的反讽，向往融入国际当代舞台的中国现在需要在对古代世界的回望中找到它与西方世界的关系，吕澎巧妙地解释了这个有点难以解释的关系：

> 正如《游记》版本的丰富性以及书名的变化一样，中国人对一个意大利人的叙述会有更为有趣的解释以及想象。今天，新的思想与创造在回顾"马可·波罗"的历史神话的过程中再次涌现，十位中国艺术家通过"给马可·波罗的礼物"的方式，呈现了东西方交流过程中的问题与复杂性。在后殖民理

论泛滥的背景下，艺术家们各自采用了更为冷静与智慧的方式来对人类的政治、经济、文化乃至趣味进行陈述，他们试图将人类知识所具有的批判性与思想性通过一个具体的历史主题融入冷静而具有说服力的讨论，他们在开放而没有结论的方式下提供了涉及冲突与和谐的艺术案例。

在"给马可·波罗的礼物"这个怀旧神话和对岸嘈杂的"超真实"场景间能发现什么关联吗？要寻找这种联系也许并不容易，但在波德里亚"超真实"的语境中，这种联系变得可以理解，因为在仿真系统的生产逻辑中，真与假、因与果、概念与客体、现象与表征的表述性差异已经消失，在电子媒介网络的仿真术制造出的"超空间"幻象中，历史也成了一种虚拟符号，我们甚至可以在任何维度上解释现实和历史间的"意义"或"无意义"：

> 当现实不再是过去的样子的时候，怀旧就呈现了现实的所有意义。存在着大量的关于起源的神话和现实的符号；大量的二手真理、客观性和权威性。存在着真实的升级和实践过的经验的

升级；存在着客体和物质已消失之时象征事物的复活……这就是仿真是任何出现在我们相关的阶段中的——一种现实、非现实和超真实的策略。[3]

"给马可·波罗的礼物"就像是这样一种怀旧性的媒介符号，它提供了某种正确性的、想象性的策略逻辑，但也正是这种逻辑使得艺术品的风格、观念、身份和主题的意义变得模糊起来，现在，"马可·波罗"、当代艺术家和中国园林在这个语境中扮演着相同的角色，它们共同服从于当代艺术生产过程混杂性的组织原则，从一个角度验证着当代艺术作为超美学符号生产的这一过程。艺术家吴山专在讨论会上以他惯常的禅语方式消解了这个怀旧神话的意义："我们可以谈论历史上的马可·波罗，就像谈论马可·波罗冰激凌、马可·波罗内衣或马可·波罗瓷砖一样。"

正是在这样的生产流程和组织原则中，我们发现了"制造世界"和"给马可·波罗的礼物"两个主题间的逻辑关联：制造和怀旧都不过是同一符号生产的修辞法。今天，艺术在这种生产中正完成着波德里亚所预言的那种终结："艺术已经消失了……不存

在基本的规则，也不再有评判或愉悦的标准。""艺术就已经在日常生活的美学化中被分解了，并让位于一种形象的纯流通，一种平庸的超美学。"当代艺术已无可逆转地成为仿真时代政治符号和资本符号的生产工具，场景的抽空使它悖论性地变成"反场景"，也许，它们要重新获得吕澎期许的"批判性"和"思想性"的唯一办法反倒是应该远离现场，新一轮更为激进的解放的种子显然不可能在绿园城堡、军械库或圣塞尔沃洛岛上长出。[4]

2009 年 6 月 16 日

注释：

[1]本文受蒂莫里·W.卢克《美学生产与文化政治学：波德里亚与当代艺术》一文的启发，文中引文出自该文（见道格拉斯·凯尔纳编，《波德里亚：一个批判性读本》，陈维振、陈明达、王峰译，南京：江苏人民出版社，2008 年）。原文载《当代艺术与投资》，2009 年第 7 期；《读书》，2010 年第 5 期；朱青生主编，《中国当代艺术年鉴（2009）》，桂林：广西师范大学出版社，2010 年，第 1—5 页。

[2]波德里亚这样描述作为"超真实"存在的美国和迪士尼乐园的关系，当代艺术和双年展的关系也可作如是观："迪士尼乐园在那里存在，为的是掩盖一种事实，即它是'真实的'国家，所有'真实的'美国，就是迪士尼乐园（就好像监狱的存在为的是掩盖一种事实，即它就是一个社会整体，以其平庸的无处不在的方式存在，这就是监狱）。迪士尼乐园是作为想象来表现的，为的是让我们相信其余的都是真实的，而实际上围绕着它的洛杉矶和美国不再是真实的，而变成了超真实的和仿真的秩序。这已经不再是真实（意识形态）的错误表征问题了，而是一个掩盖了真实这一事实的问题，因此也就是拯救现实原则的问题。"

[3]转引自蒂莫里·W.卢克，《美学生产与文化政治学：波德里亚与当代艺术》。

[4]绿园城堡、军械库为威尼斯双年展展场，圣塞尔沃洛岛为"给马可·波罗的礼物"展展场。

关于 OCAT 的未来

——为 *Art and Living* 杂志（亚洲版）撰写的短文

OCAT 不是一个美术馆，它是位于中国深圳的中国国家美术馆何香凝美术馆下属的非营利当代艺术机构，目前共有八位工作人员，一条叫"巴顿"的狗和一只叫"博伊斯"的兔子。

OCAT 将在中国建立一种当代艺术的自我研究、自我评价和自我解释系统作为自己的工作目标，这几乎是一项没有参照的工作，我们为此已经完成了许多研究课题。我们将当代艺术研究视为开放的人文科学中的一个有机环节，所以我们把与思想界、哲学界、史学界的联系看成我们的工作能够产生思想能量和学术能量的基础。

我们将继续我们综合性的中国当代艺术史研究课题，它以具有当代艺术史意义的中国艺术家为对象，以档案文献编辑、展览、研究丛书出版、开放式讨论等综合方式进行，最终形成符合我们标准的中国当代艺术史。今年开发的"青年 OCAT 计划"是一项性质和目标完全不同的计划，它将视野扩展到更为前沿和活跃的当代艺术现场，关注中国课题与国际课题的同步性，它广泛约请国内外活跃的青年研究者、策划人和艺术家参加跨学科课题的设计，已完成的"从电影看"项目和正在进行的"艺术制度与机构研究"项目都体现了这种特征。我们的国际艺术工作室驻场计划已连续进行了五年，有来自全球十多个国家的艺术家参与了这个计划，它被称为中国真正意义上的驻场计划，我们是中国唯一的 Res Artis（全球艺术村组织）成员。我们还致力于中国当代艺术的公共化过程，已完成五届的"深圳当代雕塑艺术展"，"深圳地铁华侨城段壁画工程"和正在进行的"上海浦江华侨城十年公共艺术计划"都是这种努力的一部分。

我们的未来就是延续这样的方向并获得更多的合作者。

2010 年 8 月

一种历史化的波普主义[1]

—— 两个个案

……我们被迫从自己的流行影像或历史的类像（simulacra）中去寻找历史。

———弗雷德里克·詹姆逊（Fredric Jameson）

一

战后在美国兴起的"波普艺术"有文化史和艺术史两个背景：就前者言，它既受美国文化的大众化、实用主义的美学血统的滋养，又是战后碎片化、无深度和感官性的大众消费文化的反映；就后者言，它是对"抽象表现主义"这种精英式现代主义的逆反。它以风格上挪用、平面化、去意义、去价值这类语言策略解构和消除现代主义的启蒙神话，成为与后现代主义哲学同构的文化思潮。二十世纪八十年代初沃霍尔访华，1985年劳森伯格在北京和拉萨举办个展，开始了美国波普主义在中国的传播，而这时正值中国"八五现代主义运动"的高潮，启蒙和反叛是这一运动的主题，这种语境使传播产生了十分吊诡的意义落差：波普主义很轻易地被理解为一种达达式的破坏性艺术，而它的文化解构主义色彩反倒不易被体会。九十年代初，中国社会由于政治的原因急促地完成了由启蒙文化向消费文化的转型，艺术家们还沉迷在文化启蒙运动失败的悲壮气氛中，然后突然发现自己已深陷一个完全陌生的经济世界，理想的失落和批判身份的丧失使他们的思想开始混杂于现代主义的启蒙建设和后现代主义的解构观念之间，于是，波普主义成为这个时代的一种自然的风格选择。当然，这种选择是建立在对波普主义明确误读的基础上的，它既被视为一种批判的武器又被当作一种解构的工具。

本文以两个个案描述"波普"在中国当代艺术语境中的变异过程。

图1 《大批判——万宝路》，王广义，1992年，布面油画，175cm×175cm，图片由艺术家提供

图2 1992年 *Flash Art* 封面介绍《大批判》，图片由艺术家提供

二

一直以来，从艺术批评到大众传媒，从艺术史写作到艺术市场，王广义都被视为中国波普艺术的标志性人物，这种定位源于1992年在广州举办的"广州·首届九十年代艺术双年展（油画部分）"。在那次展览上，他以作品《大批判——万宝路》（图1）获得了中国批评家给予的最高学术奖项——文献奖。次年在香港举行的"后八九中国新艺术展"上，《大批判》被明确地冠以"政治波普"之名。"政治波普"按它的发明者栗宪庭的解释是："1989年以来，'八五新潮'的一些代表人物纷纷放弃形而上的姿态，不约而同走上波普的道路，而且大多数以幽默的方式去解构对中国最具影响力的对象和政治事件。"他认为"政治波普"与"玩世写实主义"是当时中国解构主义文化中的孪生兄弟，只不过前者的灵感来源是"大的社会和文化框架中的现实"，而后者"多来自对自身和自身周围现实的体验"[2]。王广义的《毛泽东》和《大批判》在这里被视为这种画风的代表性作品。从此，王广义在1988年创作的《毛泽东》和1990年开始创作的《大批判》一直是在这样的解释系统中生效的。1992年，权威的西方艺术传媒 *Flash Art* 和 *Art News* 以显著方式介绍了《大批判》（图2），王广义也因此参加了同年在意大利举行的"Cocart国际艺术邀请展"和次年的"第45届威尼斯双年展"。从此以后，不仅以《大批判》为代表的"政治波普"成为西方认识中国当代艺术的主要途径，《大批判》也几

图 3 《凝固的北方极地 25 号》，王广义，1985 年，布面油画，90cm×65cm，图片由艺术家提供

乎成为批评界对王广义艺术成败毁誉进行评断的主要依据。批评者认为"这种作品在艺术上是价值不大的双重照抄"，反映的是"在过了中国政治高峰而走向经济高峰时艺术家们的浮躁创作心态，是我们的历史发展到商业社会时的世纪病态"[3]；另一种批评则认为"政治波普"迎合了西方战后以冷战战略钳制中国的需要[4]。《大批判》因"政治波普"的归类而成名，它也必然承受这种成名所必须付出的代价——对它的旧式反映论方式的误读。

应该说对王广义《大批判》的定位和批评，大多是将其从作者的艺术史发展逻辑中抽离出来的结果，也是将其从中国现代艺术发展语境中抽离出来的结果。

显然，看不到中国波普艺术在文化品质上的双重性，简单地将它视为西方后现代主义的直接产物，很难对它与八十年代文化启蒙性和社会批判性的逻辑联系做出中肯的判断。

另外，对《大批判》的评价还应将其置于艺术家本人的艺术方法和历史逻辑中去进行解读，才能得到合理的结论。

二十世纪八十年代初，王广义曾经是一个标准的文化乌托邦主义者，他曾相信一种健康、理性和强有力的文明可以拯救丧失信仰的文化。他早期的艺术活动"北方艺术群体"和早期的作品《凝固的北方极地》系列（图3），都呈现出一种对泛文化追求的热情和幻觉，这种文明的风格表征是：富于秩序、冷峻和简练。然而，这种理想化的风格很快就被一种强烈的分析性图像代替。在 1987 年前后开始的《后古典》系列中，他开始放弃早期艺术中的泛人文热情而采用一种改写历史文本的方法去完成他的"文化分析"和"图式批判"工作。其在《黑色理性》（图4）、《红色理性》（图5）中，分析的对象主要限于古典艺术和经典文本。

在这一期间产生的这些图像理念和方法在 1989 年被他归纳为"清理人文热情"，我们可以将它理解为他希望在抽象空泛的人文热情和冷峻理性的现实批判态度之间保持某种张力的愿望。应该指出的是，这一时期无论是借用古典艺术、经典文本还是政治性图像，它主要针对的是"八五新潮美术"运动中泛人文热情所造成的意义"亏空"，并不是一种"政治性"立场，也与波普主义解构图像意义的策略无关，虽然它使用了现成图像。

"后古典"时期是王广义的艺术由现代主义走向当代主义的重要过渡阶段，在这期间，他已明确区分了"古典艺术"与"当代艺术"。他认为前者包括了"古典时期的艺术"和现代艺术，"它们是由古典知识的整体结构赋予其意义的，它们是由人文热情的投射而产生的准自然的艺术"，主要表现的是神话幻觉、宗教热情和个人的一般性世俗情感；而当代艺术是抛弃对"人文热情"的依赖和对艺术意义的追问，"进入到对艺术问题的解决关系之中，建立起以以往文化事实为经验材料的具有逻辑实证性质的语言背景"[5]。

当然，真正使王广义由一个现代艺术家转变为当代艺术家并获得艺术史声誉的是1990年的作品《大批判——胜利》（图6）。这时他似乎真正找到了一种既有"以往文化事实为经验"而又具有"逻辑实证性质"的

图4 《黑色理性——神圣比例》，王广义，1987年，布面油画，150cm×100cm，图片由艺术家提供

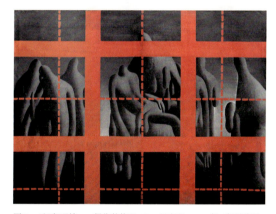

图5 《红色理性——偶像的修正A》，王广义，1987年，布面油画，150cm×200cm，图片由艺术家提供

图像方式。在《大批判》中，他放弃了一切完善艺术风格的努力，直接将两种完全异质的图像——"文革"式的政治招贴和西方消费广告并置在画面中，这种方式更像是一场风格的赌注，它以矛盾的态度叙述了在启蒙时代和消费时代相交替的诡谲场景中文化

图6 《大批判——胜利》，王广义，1990年，布面油画，
150cm×100cm，图片由艺术家提供

的方法。他自己经常为此得意：

> 我想，其实我的《大批判》让人们记住的原因——哪怕不喜欢它，但是记住它的原因，可能与"无立场"有关。现在我用这个词，当时并不知道这个词，它是由"中性"的立场决定的，所有人都以为我在"批判"什么，好像我有一个明确的立场，慢慢地，人们发现我并没有干什么，也许只是各种偶然的原因倒恰恰赋予了我"大批判"的意义。后来赶巧我和一个哲学家交流，他说这种态度在哲学中有个词叫"无立场"。[6]

所面临的真空状态。很显然，在《大批判》中，"政治"开始真正成为一种经验性的逻辑实证材料，但与"政治波普"原意中狭义的政治现实、政治事件和政治权力不同，将"文革"中"大批判"这种"图像"与消费文化的"符号"并置，也许并不是为了要对两者做出什么价值判断，而是为了构造某种可以进行多义解释的想象性关系。简单地说，如果说《大批判》"解构"或"批判"了什么，那么它解构、批判的也许只是我们在某种泛人文热情中的政治思维定式；如果说它创造了什么，那么它也许只是创造了一种"中性"的图像方法，一种可以不断引人注目和解释

"无立场"不是指"没有立场"，而是指反对某种固化的思维定式和偏好，通过构造某种"中性"的关系使事物呈现出多重和开放的"可能性"。王广义提到的那位哲学家朋友赵汀阳是这样表述"无立场"的："'无立场'说的是所有立场都各有各的用处，所以必须在不同的地方用不同的立场，而不是拒绝任何一种立场。也就是说，无立场仅仅是剥夺任何观点的绝对价值或者价值优先性。""'无立场'思维首先是反对自己偏好的思维，当把自己的偏好悬隔起来，使之

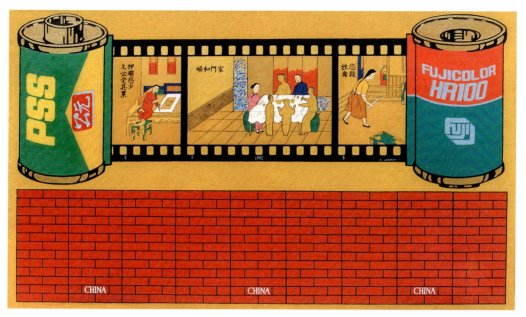

图7 《红墙——家门和顺》，魏光庆，1992年，布面油画，300cm×175cm，图片由艺术家提供

不成为证明的依据，然后才能看见别人、听见别人进而理解别人。"[7]也许我们还可以相信批评家严善錞对《大批判》所做的"心理分析"：

> 王广义的《大批判》巧妙地把握了沃霍尔的"浅显易懂"和博伊斯的"深奥晦涩"之间的张力。我想这种艺术趣味也最符合他的个性：像猴一样灵活应变——沃霍尔的"欣然接受"，像虎一样勇猛出击——博伊斯的"无情批判"。把两种相悖的艺术形象扭合在一起，也大概正是他在当代艺术中要创造的那种特殊的"幽默"。[8]

而另外的批评家从思想路径上指出这一时期王广义的作品体现了"将贡布里希的

图式修正主义同德里达的解构主义结合起来的思想"[9]。

这些都为我们观察王广义的"视觉政治学"提供了逻辑参考。

三

1992年的"广州·首届九十年代艺术双年展"上，魏光庆展出了他的第一幅波普风格的作品《红墙——家门和顺》（图7），这幅作品作为"湖北波普"的代表作，和王广义的《大批判》在展览上同时获奖，标志着九十年代中国当代艺术转型期的一个重要艺术时期的开端，即中国式波普艺术风格占主流时代的开始。后来的批评家根据使用图像的不同将王广义的绘画称为"政治波普"，将魏光庆的作品称为"文化波普"，其实，王广义使用的"文革"图像未尝不是一种"文化符号"，而魏光庆使用的传统图像也一定具有某种"政治意图"。这种极端表面的划分在一定意义上掩盖了我们对中国波普艺术的本土意义的真实追问：对波普艺术的"误读性挪用"为什么会成为九十年代初中国当代艺术的一种主流性绘画思潮？

在"广州·首届九十年代艺术双年展"上，魏光庆作品《红墙——家门和顺》的获奖评语这样写道：

> 这件明显带有象征与寓意的波普语言的作品，以中国传统木刻读本图式和强烈的色彩以及充分的尺寸，改变了波普语言原初的性质——对意义的消解。它为我们今后一段时期里对西方当代艺术语言在新的情境中的变异研究提供了一个有价值的范例。[10]

这是一段有预言性的评语，而"变异"是这一评价中十分准确的关键词。的确，除了现成图像挪用和异质图像叠用这类技术语言的袭用外，中国早期波普艺术中的确存在着与西方波普主义完全不同的"变异"。

首先，它对图像的现成挪用是"历史化"的，并不限于"当下"，这就不同于西方波普艺术"平面化""随机性"或"中性化"的图像选择方式；其次，由这种方式出发"去意义"的语言策略被重新组合意义的态度取代，这就形成了中国波普艺术最为矛盾的语义特质，它以重新构造图像意义的方式解构原有的图像，它以文化批判的态度消除文化的重负，或者说，以一种"平面化"的方法进行"深度化"的批判。王广义的《大批判》由于重组了中国政治史与西方消费史这两种异质的图像而使图像自身产生了某种新型的批判力量，而魏光庆的《红墙——家门和顺》对图像的选择显得尤为精心和富有"意义"，用"红墙"这一具有中国文化和政治含义的符号构成作品的结构性背景，"胶卷"也许是对影像虚拟或复制化时代的隐喻？左右两边由中美两种品牌组成的胶卷盒又或是某种文化冲突的暗示，当然，最重要的是主题图像，他采用了《朱子家训》这种民间道德寓言图像，使画面图像产生了更复杂的意义错位。这种异质、异时图像的重叠不仅加剧了图像的意义冲突，也使图像"意义"被高度泛化，它既包含艺术家对中国文化转型期

无法厘清的现实困惑，也残存着他八十年代
作品中那种愤世嫉俗的文化情结。他后来谈
到这种图像选择的文化原因："中国的文化
历史悠久，有一种内在的独特性，应该把它
们强调出来，所以我的'波普'与西方'波普'
的区别就应该在这个方面。"[11]

　　批判与消解的并置使中国波普艺术有
了"历史"这一在西方波普艺术语言中不存
在的文化维度，在这里，历史既是一种语言
要素，也是一种文化态度。魏光庆 1998 年
至 1999 年创作的《增广贤文》系列（图 8）
延续了《红墙》系列的基本历史结构，其"历
史化"的方式仍然是从中国明清以来的民间
版刻中寻找图像资源。明代以后雕版技术的
发达使中国传统精英文化得到了最大限度
的普及，官刻、私刻和坊刻三大刻印系统的
共存，使这个时代的图像生产上至礼教纲常、
中至格致博物、下至民俗春宫几乎无所不
包，这就使雕刻印刷品不仅成为全社会从官
府到文人、从市商到信众共同使用的公共媒
体，而且由此产生了中国历史上一个特殊的
大众文化的复制时代。魏光庆的波普绘画巧
妙地并置了古代和当代两个大众文化时代
来设置他的意义系统，换句话说，他不是借

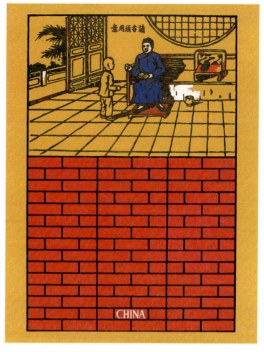

图 8　《增广贤文 No.1》，魏光庆，1998—1999 年，布面油画，
146cm×114cm，图片由艺术家提供

用某个单独的古代图像而是借用整个传统
文化语境来构造他画面的历史感。他借《增
广贤文》这种图像设计提出了"增广"这个
概念：

　　我觉得艺术家的作品给观众制造
的是一种视角，甚至是一个盲点，其过
程应该是互动的。比如，尽管图式和我
最早做的一套《朱子家训》几乎没有
什么大的变化，但是我觉得我展示了
一些观念上的变化。"增广"是"扩充"
的意思，于是我把一些元素赤裸裸地
并置于画面，告诉观众：我在"增广"，
你也可以"增广"，这就是互动。那么

图9 《中国制造 No.7》，魏光庆，2007 年，布面丙烯，120cm×300cm，图片由艺术家提供

回到"红墙"的感觉：你可以拆，也可以建，这也是互动。[12]

从更宽泛的意义看，魏光庆作品引起的这种"增广"，正来源于他对本土传统大众文化资源与当代大众文化资源图像的冲突性重组，这种重组既是一种有意识的文化误读，也是一种有意识的意义"扩充"。

但这种"增广"在他的近作《中国制造》（图9，或《金瓶梅》）中，更多是通过"并置"异质符号而不是"呈现"图像冲突来完成的。在这些作品中，"红墙"这种政治符号背景被琼斯或印第安纳的作品代替，画面色调和结构更富装饰性质和广告色彩，文字开始成为作品中新的形式和意义元素，春宫图像代替了教化性图像……所有这些图像变化使画面意义更为单一，反倒使作品看上去更像地道的波普风格的绘画，虽然还保留某些历史化的符号特征，但总的来看，它对图像意义有更为彻底的消解性，也与高度感官化、娱乐化和符号化的消费文化形态有了更多的对位性。这种转向也许是个人性的，但宏观地看，它与中国当代艺术完成了向消费文化的时代转型有关，这种转型不再表现为文化逻辑与消费逻辑的离奇混交，而表现为伊丽莎白·埃文在《欲望的通道》（1982年）中所说的"今天已没有风格，只有时尚"。在这样的背景中，中国波普艺术的那些"历史化"倾向会不会成为一种纯粹的图像游戏甚至一种文化累赘，或者一种空洞的"历史类像"，我想，这该是魏光庆面临的一个真正的硬问题。

四

萨义德把不同文化间的思想交流看成一种"理论旅行"，它们一般要经历四个旅程：

首先，存在着出发点，或者似乎类似于一组起始的环境，在那里思想得以降生或者进入话语。其次，存在着一个被穿越的距离，一个通过各种语境之压力的通道，而思想从较早一个点进入另一种时间和空间，从而获得了一种新的重要性。再次，存在着一组条件——称之为接受的条件好了，或者是抵抗（接受过程必不可少的一部分）的条件——而抵抗着被移植过来的理论或思想，也使得对理论与思想的引进和默认成为可能，无论它们显得多么疏远。最后，现在已经完全（或者部分）被接纳（或吸收）的思想，在某种程度上被其新的用法及其在新的时间与空间中的新位置改变。[13]

波普艺术在中国的移植和变异也大致遵循了这样的思想逻辑和路径，而王广义和魏光庆为我们理解这种理论旅行提供了合适的个案。

2010 年

注释:

[1]本文其中一个个案研究文章《魏光庆：一种历史化的波普主义》，载何浦林主编，《魏光庆》，北京：中国国际文化出版社，2007 年，第 1—3 页。——编者注

[2]栗宪庭，《"后八九"艺术中的无聊感和解构意识 ——"玩世写实主义"与"政治波普"潮流析》，载贾方舟主编，《批评的时代：20 世纪末中国美术批评文萃》卷一，南宁：广西美术出版社，2003 年，第 386 页。

[3]段炼，《世纪末的艺术反思》，上海：上海文艺出版社，1998 年，第 142 页。

[4]同上，第 12 页。

[5]王广义，《清理人文热情》，载《江苏画刊》，1990 年第 10 期。

[6]王广义、吴山专，《关于一些往事的访谈》，香港亚洲文献库（未刊稿）。

[7]赵汀阳，《论可能生活》，北京：中国人民大学出版社，2004 年，第 7 页；《没有世界观的世界》，北京：中国人民大学出版社，2003 年，第 3 页。

[8]严善錞，《当代艺术潮流中的王广义》，成都：四川美术出版社，1992 年，第 20 页。

[9]吕澎，《图式修正与文化批判》，载《当代艺术潮流中的王广义》，成都：四川美术出版社，1992 年，第 42 页。

[10]《中国广州·首届九十年代艺术双年展 (油画部分) 作品文献》，成都：四川美术出版社，1992 年。

[11]沈伟，《坚守图像 —— 与魏光庆谈"增广"》，载何浦林主编，《中国制造》，北京：中国国际文化出版社，2007 年。

[12]同上。

[13]萨义德，《世界，文本，批评家》，转引自刘禾，《跨语际实践》，宋伟杰等译，北京：生活·读书·新知三联书店，2002 年。

无所遁形[1]

一

世界无所遁形不是指世界的透明化，而是指世界的图像化，"从本质上看来，世界图像并非意指一幅关于世界的图像，而是指世界被把握为图像了"[2]。在科技和网络制造的世界中，世界被充分地视觉化，它表现为一种"表征危机"：传统意义上真实世界与表征世界的距离无可挽回地消失，在图像与它象征的真实世界之间不再存在任何意指性关联，虚拟的图像世界就是一个比真实还真实的自转体，世界即图像，图像即世界，让·鲍德里亚将这种"拟像"逻辑生产的世界称为"超真实"，"版图不再先于地图……这就是拟像的进程——是地图产生了版图"[3]，谷歌地图以一种我们能够直观感觉和理解的方式展现了这个哲学图景。在这种哲学图景中，一方面世界无所遁形，而另一方面，世界无迹可寻，世界由于真实与虚拟之间表征关系和认知关系的丧失变得无从把握。

世界无所遁形的第二层含义是，虚拟世界的生产是以一种整体的、结构性的方式进行的，它意味着观看是一种意识形态的互动行为，我们通过广告、影视、网络及各种制度化的图像产品理解和把握世界，同时，我们以同样的方式被世界掌握和监控，人类正完成着自然世界和上帝之后的第三次重造——图像的符号制造机制的自我重造，它不仅意味着真实世界与想象世界、象征世界距离的消失，还意味着现实世界与记忆世界距离的消失，意味着人的真正空洞化。美国恐吓世界，它将用真实的战争对付"网络入侵"，这是以一种典型的美国式的鲁莽和霸道描述我们这个世界图像化的事实，在这个意义上，世界既无所遁形，又无迹可寻。

二

从二十世纪九十年代开始，荷兰观念艺术家爱德文·斯瓦克曼（Edwin Zwakman）

就以他的符号制造术，一次次地向真实世界与虚拟世界的这种悖论关系发起挑战，他一开始就宣称自己扮演的角色是"一个场景建造者，一个摄影师，一个城市规划者和活动家"。他最为惊人的举动就是征用"UN"这个著名的世界符号干预真实世界的艺术行为。评论家称："斯瓦克曼对这样的事实非常着迷，即联合国所做的和他用自己的照片来做的完全一样：给现实世界嵌入一个舞台式的符号。"[4]战后在无数部影片、电视和互联网上出现的联合国标志常常是真实战争与和平幻象的混合体，它已成为一种"幻象真实"，一种"超真实"。他自己则说："通过我们从媒体上认出的图像，我们将这个标志同混乱与冲突联系在一起。一时间，冲突就被带到了你的家门口。"评论家这样评价他的符号仿真术："利用媒体形象的暗示力量，营造出引人注目的虚构现实场景。因为斯瓦克曼知道影像无所不在、不断地重塑着虚构现实，决定了我们对世界的感知，他分析了图像信息的基础结构，并且出于自己的目的采用了这些图像语言。"[5]

2000年，在亚琛当地艺术协会NAK以及亚琛工业大学组织的"模型/模型"展览期间，他把"UN"字样涂在亚琛路德维希会堂美术馆的大门前，还驾驶着一辆带有"UN"标志的推土机和公共汽车穿过街道，将"和平"带给居民认为已经和平的城市，从而模拟了一次虚构的"维和行动"。

2001年，在马赛的大型计划"阿拉伯世界流离失所的古迹"中，他在老城中心和市区高速公路路口以图像模拟麦加的黑石头天房、巴格达的哈桑二世大清真寺以及巨型拱门麦加天房和清真寺的方式，重组了这座西方城市的视觉景观，触及伊斯兰主义与西方世界这一高度敏感和严肃的主题。

2003年冬，由格拉茨这座奥地利城市组织的"观光"展览上，斯瓦克曼将涂有"UN"字母的白色雪铲变成了在城市不同旅游景点和历史地标建筑前游走的幽灵。它被人们视为有关奥地利与斯拉夫近邻的紧张关系和奥地利民族主义党地位焦虑的一种隐喻。

2004年在庆祝立陶宛加入欧共体的展览中，斯瓦克曼在维尔纽斯市实施了更为复杂的《UN线路》（图1）公共空间计划：市

图1 《UN 线路》，爱德文·斯瓦克曼，2004 年

政公交车涂成白色，车顶、侧面以及车尾装饰上"UN"标志。这一计划不仅挑战了人们的现实神经，还唤起了对几十年前苏军坦克进入这座城市的沉重记忆。

另一场更为冒险的符号干预行动于2008 年发生在伦敦摄政公园美国大使馆附近。"那天晚上我回到那里，翻过栅栏，把推土机涂成白色，上面有黑色的'UN'字样。我这么做的时候，预计到公园会发生冲突和变化，因为这是伦敦的标志之一：一个符号目标，就像世贸中心双塔。"这次未经宣布的、不合法的夜间行动"将一个平常之举转变为政治宣言"。

当然，过分夸大这些作品的政治寓意和将他简单描述为现实世界挑衅者的做法都可能有违这位虚拟世界制造者的初衷。事实上，斯瓦克曼的仿真世界一方面具有越来越强烈的颠覆性，另一方面也具有越来越清晰的创造性，也许真正令他感兴趣是制造仿真世界并将它置于与真实世界的冲突关系之中，这是比表明某种政治立场更为重要的艺术家的本分。"我发现我并不是只想创作自己的图片，我还想用图片来创作媒体对我发起攻击的作品。我也称自己是活动家，区别就在于我的作品并不服务于任何政治目的，我研究图片的象征意义"，正是这种兴趣形成了他的一个个"标志性的目标"。实际上，他的一项更为野心勃勃的制造仿真世界的计划，是以模拟图片形式营造自然世界和人造的建筑世界，在长达十几年的实验中，他以室内纸质装置模型搭建起一座座"真实"的荷兰城市场景，这就像一个好莱坞的道具师所做的工作，然后他对这些仿真世界进行"反纪实"方式的拍摄。评论家认为："他的主题并非空间规划，他的目的也不是对社会进行批判。他的主题是图像的效果：我们如何观看，我们如何感受图像，以及我们如何看待我们所认知到的图像。"[6]

这一对真实世界的图像仿真营造的视觉悖论，就像鲍德里亚所称的"迪士尼乐园想象"：

迪士尼乐园之所以存在，就是为

了掩盖它就是一个"真实"的国家，"真实的"美国本身就是迪士尼乐园的事实。……迪士尼乐园的想象，既说不上是真实，也说不上是虚假。它是为了在对立的阵营复原虚构的事实而设立的一架视觉障碍机器。[7]

与那些干预性和攻击性的符号游戏不同，斯瓦克曼的图像仿真世界既含有对仿真世界的资本生产权力的戏仿，也蕴含着一种怀旧性的诗意美学，它涉及仿真世界的意识形态形式，而在这种美学营造下的"新荷兰"，或者说"荷兰想象"，既承载着对荷兰历史的图像记忆（如著名的十七世纪荷兰风景画和静物画创造过的仿真世界），又有"二战"后"重建"时期荷兰的现代风景（标准化的高速公路网、毫无人性的巨型城市建筑和人造的运河、堤坝），在他再造的"新荷兰"中，这两种风景构成了一种混搭着乌托邦意象和现代祛魅文化的奇幻场景。

三

几乎在斯瓦克曼完成他的一系列仿真世界的同时，在地球的另一端，中国艺术家刘建华以一种东方方式进行着几乎同样的工作，象征性地诠释了全球化时代艺术家面临问题的一些共通性。

刘建华惯常使用白色陶瓷来制造他的仿真世界。2003 年，他以《日常·易碎》这样的标题为他参加威尼斯双年展中国馆的一千件以日常生活用具为模型的陶瓷作品命名，他利用陶瓷的易碎性和它营造的宏大场景间的心理和视觉落差，使这种看似平淡的材料语言产生了某种巨大的昆虫效应，他的仿真世界直接对应了居伊·德波描绘的消费时代的"景观积聚"：

在现代生产条件蔓延的社会中，其整个的生活都表现为一种巨大的景观积聚，曾经直接地存在的一切，现在都变成了纯粹的表征。[8]

在以后的各种艺术场景中，刘建华巧妙地运用他的"陶瓷碎片奇观"，持续不断地挑战着各种视觉惰性和想象底线。2005 年到 2006 年，他以这种奇观模拟和还原了美国"哥伦比亚"号航天飞机 2003 年返回地球时的失事事件，展览现场还用影像"再现"

图 2 《日常·易碎》，刘建华，2001—2003 年，青白瓷，尺寸可变，图片由艺术家提供

图 3 《义乌调查》，刘建华，2006 年，装置，尺寸可变，图片由艺术家提供

了这一事件，所有这些视觉设计不仅没有让我们进入真实现场，相反，信息的刻意断裂化、碎片化的处理加剧了我们对"真实"的怀疑，在这种视觉奇观中，我们仿佛坠入某种虚拟图像的悖论之中，正像鲍德里亚在1996年美国巡回导弹空袭伊拉克防空设施后的惊人之语：我们无法通过电视影像相信真的爆发过海湾战争。这就是我们这个图像化世界的基本现实，在由电视、广告、影像、网络构成的庞大视觉世界中，一切无可遁形，

一切又无迹可寻。

和斯瓦克曼的仿真世界一样，刘建华利用陶瓷这种弱符号制造的仿真世界无可逃避地触及各种现实世界问题，不过由于文化身份不同，两位艺术家的问题境遇也不尽相同。2007年，在英国奥克斯堡庄园（Oxburgh Hall）的展览上，刘建华的"陶瓷奇观"被主办方赋予了某种挑衅性的意义，这甚至演化成一起公众事件，它隐喻了中国文化在仍由西方主宰的现代文明中微妙的难堪境遇。展览策划人这样描述这场争议的内在原因："奥克斯堡庄园现有的赝品收藏，如来自中国的陶瓷雕像以及其他异域风景作品，都是质疑英国风格（Englishness）和他性（otherness）的直接灵感。英国殖民统治的历史负担似乎已经随着美化了的记忆消解了，其他的文化遗产似乎也不加区分地归结为新奇事物。《日常·易碎》（图 2）是对历史建构的故意干预，因为历史本身可以被看成一种理性化的主题，既拥有有意识地改写记忆，又拥有无意识地改写记忆。其他文化的非环境的任意的表现也可看成一种轻视文化和种族差异的征候。"[9] 也许正是这种

图4 《出口——货物转运》，刘建华，2007年，装置，尺寸可变，图片由艺术家提供

中国艺术家经常能够直观感受到的文化遭遇，给他的另外两件更具挑战性的作品带来了灵感。

2006年上海双年展上，刘建华将一整个红色集装箱的玩具和电子垃圾倾倒在展场中间，这件有点泄愤的作品是对中国作为全球化消费生产最低端环节这一现实的景观复原。这件被称为《义乌调查》（图3）的作品立场清晰而作者意犹未尽，以至于一年后，他又在上海完成了第二件同一主题的作品《出口——货物转运》（图4）。他将一幢旧殖民时代的建筑的中庭改造成西方进口垃圾的仓库，同样是对资本主义世界消费系统中中国承受经济殖民主义压迫的一种视觉反映，和斯瓦克曼对他的那些挑衅性的仿真世界的解释一样，刘建华也为这些作品中的政治立场赋予了一些有点幽默的艺术逻辑：他在每件洋垃圾的箱体上都打上"艺术品出口"的标志，以讽喻这些垃圾有可能作为中国艺术品"再次出口"的吊诡命运。

四

2011年，这两位虚拟世界的制造者和真实世界的挑战者将以一种有点戏剧化的方式共同完成一项公共艺术计划："2011年·上海浦江华侨城十年公共艺术计划"。

"上海浦江华侨城十年公共艺术计划"是由OCAT和上海浦江华侨城共同主办的开放公共艺术项目，自2007年在上海启动以来已连续举办了四年。上海浦江华侨城是由意大利著名城市规划设计师按照西方城市的规划和建筑理念设计建造的新兴城区，也是上海浦东开发中具有代表性的城市项目。"上海浦江华侨城十年公共艺术计划"以城区中心"中意文化广场"和周边环境为依托。由于这个由消费社会"幸福生活"的奇观想象构筑的公共景观本身就有某种"超

图 5 《洞》，爱德文·斯瓦克曼，2005 年

图 6 爱德文·斯瓦克曼《抱树》手稿

真实"的特征，它也就天然地为来自荷兰和中国的两位制造仿真世界的艺术家提供了展开问题的有机空间。

斯瓦克曼不仅在自己的国家，在中国也有过从事公共艺术实验的经验，2005 年，他应邀为荷兰北部海伦芬市一家新改造并且部分重建的医院入口处创作艺术作品《洞》（图 5）。它保留了医院原址的部分地下遗迹，用玻璃将它与真实世界相隔或相连——这取决于你的想象——使它看起来像是某种考古发掘现场，而完工后的现场像是古代与现代的奇异遭遇，评论家曾对这件作品进行富有诗意的解读：

> 站在玻璃板上，就像片刻悬浮在天国与死亡、生与死之间，虽然周围是医院建筑的现代钢材和玻璃。对进入

医院的人来说，《洞》就像是人类身体脆弱性的纪念品。所以说，《洞》是斯瓦克曼宇宙观迄今为止最全面的表达，一种探索恐惧的空间、悲伤的仪式以及现代社会否认的宣泄的宇宙观。[10]

与这件哲学化的作品比较，2009 年上海世博会期间，斯瓦克曼在上海完成的公共艺术计划《抱树》（图 6）则更像是他与真实世界玩的一场魔术。他幽默地为马路旁的一棵大树修筑了一座高架天桥，一座真实存在而又高度虚拟化的模型符号："它与无论什么样的真实都毫无关联，它是自身的纯粹拟像。"[11]

斯瓦克曼为"2011 年·上海浦江华侨城十年公共艺术计划"提供的方案《虚假但却真实》，是他的"新荷兰"图片计划的延续，

图 8 《街道》，爱德文·斯瓦克曼，1997 年，彩色照片，183cm×4000cm

图 7 《俯瞰图 2》，爱德文·斯瓦克曼，1996 年，彩色照片，300cm×120cm

图 9 《海》，爱德文·斯瓦克曼，1996 年，彩色照片，100cm×400cm

他将全景式地展出 1996 年以来自己制造的虚拟世界，如《俯瞰》(Fly-over II, 图 7)、《街道》(Stree, 图 8)、《海》(Sea, 图 9)、《郊区》(Suburb, 图 10)、《镜像，镜像》(Mirror, Mirror, 图 11)。这些乌托邦式的人造奇观将以一种我们既陌生又熟悉的方式影响我们的观看，在上海这个日渐模型化和标本化的城市，斯瓦克曼的"新荷兰"模型将给我们一些别有意味的启示，因为它展示的景观既是我们这个碎片化世界的修复与组装，又与这个世界根本无关："奇观本质上是重复的赘述。原因很简单，它的手段和目的是同一的。它是现代被动性的帝国永远不落的太阳。它覆盖着地球，以其永远温暖的光辉沐浴着万物。"[12]

刘建华的方案《遗弃》制造的是另一种视觉奇观——怀旧的奇观，这次他再一次使用他的"陶瓷碎片"作为奇观的素材。在展览现场，他选择了一块草坪和一湾水池营造了两个考古发掘现场，并将他的家乡——瓷都景德镇保留的一种古代仪式带到现场，这个仪式至少在宋代——或许更早，在景德镇成为官窑时就已存在，人们习惯将烧制失败的瓷器砸碎埋葬，仿佛是对物的一种牺牲祭拜，以至于今天我们仍能在当地发现很多"瓷冢"。这种巫术确切的表征含义已无从稽考，

图 10 《郊区》，爱德文·斯瓦克曼，1996 年，彩色照片，
183cm×225cm

图 11 《镜像，镜像》，爱德文·斯瓦克曼，2007 年，彩色照片，
130cm×170cm

但作为一种图像符号，它的现场被复制和拟仿，这赋予它一种现代视觉逻辑，它的暧昧之处在于：意义空洞的两座瓷冢和古代瓷器残片与现代工业陶瓷器物的杂糅堆积，混淆了所有对这一景观进行合理判断的可能，它既像是一场考古又像是一场考今，或者辩

证地说，它打开了对这一景观进行无穷想象的可能，这也许就是"超真实"的美学含义，它像一个魔咒，一端与真实的现场相连，一端与莫名的虚像交织。

<h1 style="text-align:center">五</h1>

我们生存在一个图像化时代，它改变着我们的观看、思维和艺术创造的含义。和我们经历过的世界相比，它未必更好，当然也未必更坏。艺术的生产并不是要在这个过度化的符号生产循环中添砖加瓦，它验证着这一生产（以艺术市场的形式），同时作为一种分裂的力量不断审问和否定着这一生产秩序的合法性。对世界既无所遁形又无迹可寻的这一悖论景观，我们或许还可以在一种更加古老的智慧中加以体会：

　　无名天地之始，有名万物之母。
　　故常无，欲以观其妙；常有，欲以观其徼。

2011 年 6 月 21 日

注释：

[1]原文载黄专、李或莎编，《无所遁形：爱德文·斯瓦克曼—刘建华的对话》，非正式出版，2011年，第15—18页；《荣宝斋》，2011年12期，刊发时标题为《无所遁形——爱德文·斯瓦克曼—刘建华的对话展》。——编者注

[2]《世界图像的时代》系海德格尔1938年在弗莱堡做的演讲，演讲标题为《形而上学对现代世界图像的奠基》。1950年收入《林中路》，由维多里奥·克劳斯特曼出版社出版。海德格尔，《林中路》，孙周兴译，上海：上海译文出版社，2004年，第91页。

[3]让·鲍德里亚，《拟像的进程》，载雅克·拉康、让·鲍德里亚等，《视觉文化的奇观——视觉文化总论》，吴琼译，北京：中国人民大学出版社，2005年，第80页。

[4]玛丽安娜·布劳娃，《取景现实》（Framing Reality），载黄专、李或莎编，《无所遁形：爱德文·斯瓦克曼—刘建华的对话》，第48页。

[5]哈兰·孔德，《标志性的目标》（Iconic Target），载黄专、李或莎编，《无所遁形：爱德文·斯瓦克曼—刘建华的对话》，第27页。

[6]特雷西·梅斯，《我也让天空成为镜头前的纸板，用圣诞灯制成的公寓大楼》（Cardboard in Front of a Lens, A Flat Block Made of Christmas Lights）。

[7]让·鲍德里亚，《拟像的进程》，载雅克·拉康、让·鲍德里亚等，《视觉文化的奇观——视觉文化总论》，第92—93页。——编者注

[8]居伊·德波，《奇观社会》，载雅克·拉康、让·鲍德里亚等，《视觉文化的奇观——视觉文化总论》，第58页。——编者注

[9]李素琼（Sook-Kyung Lee），《从片段到新的整体》（From Fragments to a New Whole）。

[10]玛丽安娜·布劳娃，《取景现实》，载黄专、李或莎编，《无所遁形：爱德文·斯瓦克曼—刘建华的对话》，第48页。

[11]让·鲍德里亚，《拟像的进程》，载雅克·拉康、让·鲍德里亚等，《视觉文化的奇观——视觉文化总论》，第85页。——编者注

[12]居伊·德波，《奇观社会》，载雅克·拉康、让·鲍德里亚等，《视觉文化的奇观——视觉文化总论》，第62页。——编者注

《小运动：当代艺术中的自我实践》序 [1]

我大概是在 2009 年 OCAT 一次关于机构研究的工作坊上，第一次听到卢迎华提到"小运动"这个概念，不久她就与刘鼎完成了他们的"小运动"研究方案，这个方案是如此接近 OCAT 的学术品位，以至于我们不假思索地将它列入了刚刚开始的"青年 OCAT 计划"之中，并确定在 2011 年由 OCAT 帮助他们完成这项既雄心勃勃又兢兢业业的研究计划。后来青年学者苏伟和其他很多青年人的参与，使这项计划更符合"青年 OCAT 计划" [2] 的性格和方向。

"小运动"是一个反思性的主题，它的问题起点是日益景观化、权力化和资本化（在我看来，它们是三首一身的当代怪兽）的全球性当代艺术的主流经验，它的目标是为"认识自我"这一源于苏格拉底的古训提供一个当代思考版本。我不将这项计划的性质界定为社会学或政治学研究，虽然它具有明显的社会学方法的特征（他们在世界各地举行了多场群论和大量的社会调查）和不确定的政治想象；同样，我也很难将它理解成一项单纯的艺术运动与艺术史的研究，虽然

它针对的问题和试图解答的问题都与当代艺术的历史与现实有关，我更倾向于将这项研究计划视为一种具有极大冒险性的思想史实践，一种对全球化艺术景观生产的危机洞见与警示。

如果我们将"运动"定义为人类具有明确目标和图景的群体活动，那么，"小运动"毋宁说是一种"反运动"，因为它提倡的是一种与进步、急促、潮流、时新完全不同的价值，一种非群体、独立、潜流、随机性和反决定论性质的"慢价值"，它将艺术活动理解为一种类似生物有机体预期修复的自然运动，这一理智的小发现伴随着"自我定义""流动性""慢影响""潜效应""自治运动""微弱信号"，这些概念促使这项研究具有与我们时代的艺术潮流格格不入的深刻性。

"小运动"的理论性格是摇摆不定、变幻莫测和非预设性的，在计划选定的二十多个来自全球的艺术项目中，个体创作、小组实践、策划概念、艺术空间与机构、出版、艺术史研究和艺术教育之间几乎没有任何

可供比较的方向与特质，它们的共通之处在于它们的自治性和非功利性，以及它们对及时性效应与反馈的冷漠态度，这种传播学意义上的滞后意识反倒为它们提供了影响艺术史进程的更多开放性的可能。

贡布里希讲过一个有关波普尔的逸事，我不恰当地把它引用于此，以表达我对"小运动"这类理论实践的赞赏态度。据说LSE——伦敦政治经济学院打算为它的学生开一门速读课程（rapid reading course），然而波普尔去问院长，他可否开一门慢速阅读课程。

2011 年 7 月 21 日

注释：

[1]本文收入刘鼎、卢迎华、苏伟编著，《小运动：当代艺术中的自我实践》，桂林：广西师范大学出版社，2011 年，第 2—3 页。——编者注
[2]"青年 OCAT 计划"在之后更名为"OCAT 青年计划"。——编者注

关于一张旧照片的注释[1]

这张照片（图1）拍摄于 1992 年夏天的广州，感谢严善錞惊人的记忆力，我们可以精确地知道它摄于广州江南大酒店（现在的珀丽酒店）523 房，这家酒店距广州美术学院仅一街之隔。

对胸怀"创造历史"的策划人和"进入历史"的艺术家来说，1992 年广州的盛夏注定是严酷的，吕澎导演的"广州·首届九十年代艺术双年展"（以下简称"广州双年展"）像一场不期而至的大戏，使广州首次——也许也是最后一次——成为中国现代艺术的焦点。在经历近三年的沉寂后，现代艺术像打了鸡血一样，重新雄起。广州美术学院内的唇枪舌剑，南湖华南植物园里的悲情剧，中央酒店开幕式背后的刀光剑影……这场不同的人怀着不同心机策划出来的大戏像是今后十年、二十年中国现代艺术各种悲喜剧的预演。

523 房是吕澎的"广州双年展"的战地指挥中心兼寝室，这符合他将工作融入生活的一贯作风。参与双年展日常具体工作的，除投资方委派的一位财务经理，其余都是就地临时招聘的工作人员，他们主要负责双年展的学术组织、新闻宣传、联络通信、住宿接待及各种杂务。如果说，双年展主要是由吕澎的大脑和无数功能各异的零件组成的高速运行的机器操作出来的话，那么，与门外那个被操作出来的大历史比较，523 房的这张旧照片记录的是微不足道的小历史，甚至都说不上是历史，至多是一些零乱的记忆、一些和所有办公室相似的琐碎程序、一些无关宏旨的闲言碎语组成的小故事，如果不是有主人公吕澎，这张照片也许压根不会存在，即使存在，它记录的内容也会像大多数普通人的旧照片一样灰飞烟灭。就像米兰·昆德拉说的，我们的记忆是一个抽象的过程，重建记忆时，我们往往会略去那些最宝贵的情境和场景：一场面红耳赤的争吵，一个启人心智的玩笑，一顿让人销魂的晚宴。我们经过筛选的记忆告诉我们，重要的是那些改变历史的事件或人物，而那些改变我们心境、情怀和思维的小事件往往被我们随意丢弃，"不仅仅它们丢失了，而且人们对丢失本身也不以为然。人们忍受了具体的现在时间的失去。人们立即把现在时间改变成它的抽象概念。……我们认识现实只是认识它在过去时间里的样子。我们并不认识它在现在时刻中的样子，不认识它正处在的那一时刻中的样子，不认识它现在是什么样子。然而，现在时刻与人的记忆是不相像的。记忆并不是对遗忘的否定。记忆是遗忘的一种形式"[2]。由于工作原因，我们这些被称为双年展工作委员的人常常光顾 523 室，谈工作或借谈工作之名与在这里工作的漂亮小姐搭讪。感谢这张旧照片，它使我对"广州双年展"的记忆由那些严酷的大记忆滑向另外一些更温情、更真实的小记忆，沿着这个轨道，我们走向一些并非不值得记忆的记忆，寻找广州双年展这个大记忆背后鲜为人知的小记忆，克服将记忆变成遗忘的形式，从中寻找人之为人的存在理据。从这个意义上说，对我而言，照片中的小人物和照片中的大人物吕澎至少同样重要。照片中的人物除恰好在场的我和吕澎，其他工作人员的名字都鲜为人知，除了周玉冰作为"编辑"出现在双年展的文献中，其余都不入史册。但我

图 1　参与"广州·首届九十年代艺术双年展"的工作人员合影，肖全拍摄，图片由黄专提供

愿意在这篇同样注定不会进入历史的短文中记录下另外两位的姓名，她们是陈晓怡和施崖松，另外一位实在记不得了。施崖松不知下落，周玉冰现在生活在新西兰，陈晓怡现在日本任武术教练并嫁给了一位日本帅哥，据说是为了让日本人知道中国人的厉害。她们不久前都给我写过信，由于懒惰，我至今没有给她们回信，如果她们能够看到这篇短文，这就算是我给她们的回信吧。

　　照片是由全程跟随吕澎拍摄的著名肖像摄影师肖全拍摄的，顺便说一句，我认为，这是他的非英雄人物题材中最杰出的作品之一。

2012 年 7 月 13 日
广州

注释：

[1]原文载吕澎主编，《"广州双年展"中国广州·首届九十年代艺术双年展（油画部分）二十周年文献集》，成都：四川美术出版社，2013 年，第 6—7 页。此为修订稿。——编者注

[2]米兰·昆德拉，《被背叛的遗嘱》，余中先译，上海：上海译文出版社，2003 年，第 132—133 页。——编者注

《全面对话：OCAT 关于当代艺术的十一个讨论》序[1]

在 OCAT 的研究和出版计划中，我们充分考虑了交流与对话在构造主体性中的塑形作用，主体性不是一种"独白"，主体性只有建立在交流和对话的基础上才有可能实现，所以它从根本上讲是一种"互主性"的主体，一种根植于不同言谈和言谈语境中才能被呈现和理解的主体，一种米哈伊尔·巴赫金（Mikhail M. Bakhtin）所谓的"生动介入"（living into）时的主体。对话不仅是一种语言形式，更是一种本质性的存在方式，人们正是通过永无休止的交流、倾听、提问、答复（甚至沉默也是一种对话方式，譬如选择对什么沉默）开放自我，靠近真理，"对话不是作为一种手段，而是作为目的本身。……存在就意味着进行对话的交际。对话结束之时，也是一切终结之日"。所以巴赫金称陀思妥耶夫斯基作品中的人是一种真正的主体："交流的主体"[2]。因此，与所有决定论思维不同，他认为有了开放的交谈和对话，哲学、历史、艺术和我们的生活才会显现出未完成性（unfinalizability），永无终结。

主体性问题是中国当代艺术的一个急促而持续性的问题，我们有时把它简化为话语权问题（如这几年中国当代艺术中出现的无视西方评价的消极情绪，它与前些年盲目倾慕西方形成一个有趣的对比），有时又一厢情愿地把它理解成如何描述自己的问题（如最近两年出现的以传统语汇重新界定中国当代艺术的"学术"嗜好），这两种独白性的思维都不是主体性的，恰恰相反，它们呈现的是中国当代艺术中一种非主体性和非反思性的孤僻性格，一种拒绝积极性交谈的思维惯性。当代艺术不是某种恒定的主体，不是某种有序的制度，不是某种无法逾越的疆界，当代艺术瞬息万变、朝秦暮楚、肮脏浑浊而又灵光乍现，它是一种复调的生活，一种充满遭遇的语言环境，以及由大大小小的问题构成的纷繁世界，所有主体只有在这种弹性环境中通过对话才能成为真正的主体。我们正是以这样的思维安排我们的展览、研究、出版活动的，在每个艺术家个案和综合性研究课题中，我们都会想方设法设计一些对话环节，它们通常的形式有对话性讲演、访谈、群访、讨论等。当然这些形式程序和布局并不能保证我们期待的主体性呈现，就像中国艺术界的大多数"研讨"和对话都流于各自表述的集体独白、权力描述的话语形式，甚至成为谈话者在艺术家或画商那里获取利益的筹码一样。

对话作为一种知识形式和真理形式，必须具备以下三个条件：其一，有价值的问题设置。问题是对话的起点，也是决定其走向和深度的直接因素，问题有时来源于"现成的真理"，有时来源于现实的遭遇，有时甚至就是一种智力游戏的设置，无论形式如何，问题必须具备自主性（有自己的历史）、互文性（可以被谈论和反驳）和价值性（可以提高我们对世界的认知）。其二，对话既反对独白，也反对各自表述，对话是一种双声语的超主观活动，双声对话中微妙的心理意识、语调表情甚至残缺的意义表述构成了人性中最生动、隐蔽、多重和本质的部分。这决定了对话的最后一个条件——非理解性，

交谈不以完整理解和达成共识为目的，恰恰相反，交谈极力回避共时性理解而保持"歧义"。交谈是一种意义落差的游戏和乐子，任何意见一致或共同举手都会扼杀这个游戏的乐趣，它接纳一切语言的不对称性和不可重复性。当然，所有这些都应该服从于基本的语言规则、讨论的问题和呈现主体这个目的，否则，它会滑向无果而终的禅语游戏，对话作为一种存在游戏，只有在高度严肃性中才能完成。

"捕捉——以 OCAT 出版为主体的思考"策划团队希望将 OCAT 七年来的一些讨论整理、汇集成册，希望以文字形式保存这些以交谈形式发生的活动，以呈现 OCAT 促进中国当代艺术主体性实践的努力，同时希望这些讨论进入另一种对话，即与阅读者的对话之中，建立起一种伽达默尔所谓的"阐释的循环"。

是为序。

2012 年 11 月 28 日

注释：

[1] 本文为文集《全面对话：OCAT 关于当代艺术的十一个讨论》撰写，未刊稿。——编者注

[2] 米哈伊尔·巴赫金，《陀思妥耶夫斯基诗学问题》，刘虎译，北京：中央编译出版社，2010 年。——编者注

丹托走了

阿瑟·丹托走了，除了朋友间几则通报消息的短信外，这个事件几乎没有引起艺术界的任何反应，在上周，那个理论层级很低的"大战"都比这个事件吸引人。前晚，我刚好与丹托的朋友、美国明尼苏达大学教授托马斯·罗斯（Thomas Rose）在北京见面，唏嘘感叹之余，他谈起了丹托的为人、他的家庭、他富有人性的日常生活，一下子就把那个枯燥的"艺术终结论"者变成了一个活生生的人。

自从马克思发愿哲学家不应满足于解释世界而应致力于改变世界以后，哲学家就开始积极扮演起改变世界的角色，他们也的确改变了世界。从绵延一个世纪的共产主义运动到我们正身处其中的解构了的极乐狂欢世界。丹托也是改变了世界的哲学家，至少是改变了当代艺术世界的哲学家，他的"终结论"与其说是某种黑格尔式的历史判断，不如说是加持在我们这个活生生的艺术世界（甚至"艺术世界"这个词也是他发明的）身上的魔咒，它改变了我们积累了数世纪才建立起来的评断艺术的标准，改变了由文艺复兴开始的艺术鉴赏的好眼光，改变和重新制定了从博物馆到画廊、从双年展到策划人的现代艺术的游戏规则。而在我看来，所有改变中最大的改变莫过于艺术与哲学的原始关系，哲学由艺术的同道人、启迪者变成了艺术的授权者和法定裁决人，用丹托的一部著作的名字来说，就是他完成了"哲学对艺术的剥夺"（*The Philosophical Disenfranchisement of Art*）。在那些颐指气使的哲学家和策划人背后，我们时常能够发现丹托这位慈祥、睿智的老人的身影，就像在那些激进的革命者身后，我们时常能够发现慈祥、睿智的马克思的身影一样。

丹托走了，留下一个改变了的"艺术世界"，震撼和改变成为我们这个时代长久的艺术主题，如果我们和他一样聪明，我们也许应该像他那样真正思考一下这些终结和改变对我们来说意味着什么，以及我们从这种改变中得到了什么、失去了什么。

2013 年 10 月 28 日

挥之不去的主体 [1]

如何看待中国当代艺术的价值完全取决于你使用的知识地图。十九世纪初，欧洲出现了两张完全不同的知识地图：一张是黑格尔绘制的以欧洲精神运动为中心的世界地图，在这张地图上，中国只是一个没有历史主体的异邦，在这里发生的一切都与那个精神运动无关，这张地图的现代绘制者——各种后殖民主义者将这个精神异邦描绘成服从中心运动的"他者"，它与欧洲就像中国古代观念地图上的夷夏关系。另一张是歌德绘制的世界地图，一张以人类大同理想为坐标的知识地图，在这张地图上，中国和世界在古代和当代处于同样一种复合性的网状关系中，它标识着一种不同文化主体间不断交往的运动，就像晚年的歌德在《西东诗集》和《中德四季晨昏杂咏》中营造的意境。

我想使用歌德的地图来描绘在中国发生的现代艺术运动，把它既看成对十九世纪以来欧洲现代艺术运动的一种积极反应，也看成中国在现代化历史中重新发现自我的那种主体性运动的产物。中国的现代艺术运动开始于二十世纪初，在时间上与西方产生现代艺术的时代相去并不遥远，二十世纪二三十年代，一批在欧洲留学的艺术家回国，将他们学习到的现代主义绘画风格带到了中国，并以组织画派的方式移植和传播着这种新的艺术观念和形式。在上海，先有江小鹣、丁悚、汪亚尘、刘雅农、张辰伯、杨清磬、陈晓江发起的"天马会"，后有庞薰琹、倪贻德、梁白波、杨秋人、王济远组织的"决澜社"，在广州则有赵兽、梁锡鸿、方人定、李仲生等创立的"中华独立美术协会"，现代主义绘画在中国渐成风尚，但好景不长，接下来爆发的民族战争决定了这些早期现代主义艺术的短暂寿命，而这个实验运动的重新开始差不多要等到半个世纪之后。1976年中国结束了"文化大革命"，这场运动完全排斥和阻断了西方现代主义艺术的传播，直到七十年代末八十年代初，中国的现代艺术运动才在"思想解放"的政治口号下重新开始，不过这场运动有着与西方完全不同的历史语境和内容。

欧洲现代史通过文艺复兴打开了"人的发现"和"艺术再生"这两扇现代大门，经过十八世纪的启蒙运动和十九世纪科学主义的发展，在笛卡尔、莱布尼茨、维柯、康德和黑格尔的努力下，以人而非以神为中心的理性主义体系渐趋完善，并开始在现代性的实践中显现出它高度的极权性（严密的现代机构和制度的建立）和保守性（拒绝批评的决定论思维），现代主义艺术运动既产生于这种现代性的文化价值之中，又是对这种制度化的世俗文明的叛逆性反应，它是建构人的主体性和拆解这种主体性合而为一的背反运动，它的实验主义态度和无政府主义的思维方式使这一运动一直让人充满危机感，并趋使它走向理性主义起点的反面，而各种形式的后现代主义和"艺术终结"论就是这种危机的理论反映。

与欧洲发生的现代主义艺术语境不同，八十年代在中国重新开始的现代主义艺术实验主要针对的不是已经充分理性化和主体化的启蒙价值，而是反理性的现代专制文化制度，所以它要完成的是建立以人为主体的启蒙时代的政治任务，而不是单纯的形式实验，虽然它使用的武器是五花八门的现代主义艺术形式，这种意义与形式的落差使得这场运动充满悖谬性。1979年底，北京一次偶然的展览成为这场运动的起点。"星星美展"是一群青年业余画家自发组织的街头展览，他们提出了一个现在看起来匪夷所思的口号："珂勒惠支是我们的旗帜，毕加索是我们的先驱。"这个街头展览最终没能实现（不过一年后它又在中国美术馆展出），但这个混合了政治诉求和形式主义的口号一直是这场现代主义艺术运动的心理基础。"八五新潮美术"是指八十年代中期出现的一场更加具有组织性和规模性的群体性艺术运动，这个群体运动具有极强的哲学思辨色彩，但它并不是一个具有统一思想内容和艺术目标的运动，恰恰相反，这场运动充满矛盾性，以至于在建立什么样的人文主义这样的基础问题上，方案也千差万别。没有主体性（反思性）的主体如何批判性地建构一种具有主体内容的主体，是八十年代艺术运动无法论证的循环问题。"北方艺术群体"给出的文化方案是半神学、半哲学性质的，他们力图构造一种超越地域和具有极强意志品质的"北方寒带文明"，以取代他们认为已"进入尾声"的西方文明。这种观念是黑格尔的历史哲学与尼采超人哲学的离奇组合，它反对他们称为"视网膜游戏"的任何纯语言性质的现代艺术实验,提倡以古典象征主义的方式构造他们理想的视觉世界。"西南艺术群体"则从生命哲学和存在哲学中寻找自己的思想资源,个体身体与生命的超越、启示和流动性常常是他们作品的主题。他们对各种理性力量的规训一直保持戒心,原始主义、表现主义和超现实主义是他们愿意选择的画风。中部地区的"部落·部落"(武汉)、"0艺术集团"(长沙)和"红色·旅"(南京)也都崇尚神秘主义画风和各种奇异的宗教体验,但他们一般倾向于将其与本土经验结合。和上述地区的现代主义艺术流派不同,东南地区出现的各种艺术实验更多接受了维特根斯坦的语言哲学、波普尔的科学哲学、海德格尔的诗性哲学甚至各种后现代主义的影响,他们的艺术取向也更接近观念艺术。杭州的"池社"对制造哲学和社会意义的艺术提出质疑,他们宁愿在个体内观的体验中去把握那些偶然和无法定义的意义,而谷文达、吴山专等艺术家更热衷于把艺术实验视为一种无法规范的语言文字游戏。更为激进的实验出现在偏远的海边,由黄永砅组织的"厦门达达"直接将马塞尔·杜尚开启的观念艺术作为他们

工作的起点,他们对几乎所有现代主义的艺术传统——从体制制度到风格阵营、从表现主义的美学理论到各种创新与进步的思维观念——进行了彻底的怀疑与捣毁,这使他们的"反艺术的艺术"自然地返回到一种极端相对主义的东方神学:禅宗。

二十世纪八十年代,中国现代艺术运动是在启蒙主义和理想主义的封闭语境中开始和结束的,九十年代,这个建立主体性的启蒙工程面临两个方向上的挑战,这两种挑战力量使中国现代艺术戏剧性地改变了它固有的问题轴心,也使它与外部世界的问题有了开放性对话的机会。这些挑战带来的压力与我们通常称为"全球化"的过程有关,它是西方艺术制度扩张的结果。从1989年在法国由马尔丹策划的"大地魔术师"展开始,西方展览制度开始全面接纳来自中国的现代艺术;另一方面,中国进一步的改革开放使在西方存在了近百年的艺术市场制度迅速被引进中国,成为另一个举足轻重的变化力量,这两种力量基础性地改变了这个运动的生态环境与主体内容。八十年代启蒙方式的主体建构运动被各种策略化的身份问题代替,宏大的文化命题也被肢解为各种

精致的语言方案的讨论，九十年代中国当代艺术（一般将九十年代后发生的"现代艺术"称为"当代艺术"）中出现的两大讨论主题——关于观念艺术与语言学关系的讨论以及如何获取国际身份的讨论，就是这种压迫性现实的理论反应。

八十年代末，随着一批中国艺术家的去国，中国当代艺术的空间形态发生了开放性的变化，谷文达、黄永砯、徐冰、蔡国强、陈箴、吴山专、朱金石、王功新、林天苗、关伟这些名字代表了中国当代艺术的一种新的域外经验，一种文化冲突与融合中的混合经验，而国内虽然群体性、运动式的艺术活动已经消停，但王广义、舒群、张培力、耿建翌、顾德新、王鲁炎、李山、余友涵、周铁海、丁乙、毛旭辉、张晓刚、叶永青、方力钧、岳敏君仍然延续着不同方向上的艺术创作。而隋建国、汪建伟、展望、王友身、尹秀珍、宋冬、颜磊、林一林、徐坦、朱加、孙原、彭禹、杨福东、邱志杰、徐震、刘韡和一批更年轻的艺术家则代表着艺术发展的新问题和新景观，这种新景观带来了与旧景观迥然不同的新问题：新旧叙事与隐喻系统的价值转换，制度化与反制度化的力量博

弈。现代审美经验与观念主义反审美实验的语言冲突使中国当代艺术游离在一种没有坐标的运动之中。不过，对于主体性的思考依然是这个运动潜在和核心的问题之一，虽然它不再根基于八十年代那种宏大而虚玄的文化目标，而是寄生于拆解主体性的"后现代"思想运动中，这使它充满"否定的辩证法"。从问题维度看，这种建构主体性的努力常常着眼于在西方当代艺术的殖民性强权中如何自立，和在艺术市场制度中如何维护个体精神独立这类具体和微观的问题，这种反思既是一种情境反应也具备一定理论品质。从九十年代初期"文化理想主义"的口号到中后期对后殖民主义、市场机能主义和策划人制度的反思性批评；从建立本土独立的公共体制与艺术机构的实践，到"无边现实主义"这类反后学的理论批判方案（沈语冰），这种探讨主体性的努力一直与各类犬儒主义、玩世主义和冷战性的政治解读处于一种紧张的共存关系之中；在艺术实践中，对主体性的探讨则在一些极度个人主义的原则和方案中开展，它们常常摇摆于对主体性偶然品质的发掘和对其本质主义的本能抗拒形成一种充满矛盾张力的两极运

动，这里既有被批评家归纳为"小运动"的各类潜在、深刻的理性实践，也有以行为艺术为名的各种否定身体的激进实验（它们常常被简单地解释为某种政治反抗态度），它们凸现了个体实验与理性主体建设间的悖论性逻辑。

建立和拆解理性的主体性构成了现代西方思想和哲学轴心运动的两极，从黑格尔、马克思、韦伯到尼采、本雅明、弗洛伊德、胡塞尔、海德格尔、拉康、福柯、德里达、阿尔都塞、哈贝马斯、波普尔，他们展示了这个轴心运动复杂多变的历史景观，现代性就是对人这个意识主体反复论证和反思的巨大的知识生产运动。艺术又是这场知识运动的中心内容，几乎有多少关于现代性的思想方案，就有多少关于现代艺术的思想方案，从这个角度看，艺术从来不曾也不可能"自律"。黑格尔绝对精神的历史运动赋予艺术阶段性的意义，也成为所有"艺术终结论"的理论源头，在后来的思想史中，这种决定论的思维逻辑始终遭到来自理性与非理性两个阵营的挑战。尼采用虚无主义的艺术家替代理性主义化身的上帝，但被抽空了主体性的艺术史并不能为艺术带来真正

意义上的解放，相反，它只能使艺术陷入漫无边际的虚浮状态，具有超人力量的艺术家也只能像那个离开大地的巨人安泰。尼采"去主体化"的理论方案为所有形式的反本质主义者提供了理论资源，也加剧了理性世界的分崩离析，观念艺术正是在后现代的理论语境中，由一种批判性的实验力量逐渐沦落为一种空洞的哲学游戏和语言游戏的。

现代，尤其是后现代通常被描绘成一场祛魅（messianic disenchantment）运动，这种描述大大简化了这场运动的复杂性，它甚至构成了某种关于现代性的陈词滥调，仿佛一句"世俗化"就可以完整定义我们所处的世界，问题是无论从历史还是现实角度看，这个世界的谜底似乎永远无法由理性与启示、此岸与彼岸或科学与信仰这类两分法穷尽，政治与神学的关系也是这样，柏拉图以降，西方传统政治与神学的关系就密不可分，政治模式不过是上帝建立的神学模式的人间翻版，基督教神义论大大强化了这种模仿说，并将它构造成超历史的必然王国。启蒙主义终结了这种单一的神义论关系，却没有终结神学与政治的关系史，相反，这个历史剧以一种更为复杂、诡异和辩证的方式不

断上演，它的特征就是绝对的神义论被相对的神义论代替，神学与政治的超历史关系被它们的历史关系代替。康德对现代人类认知领域的划分既是一种起源说也是一种危机论，它既分裂了神学的和谐世界又为它的存在留下了最后的净土和理据，也为超验的神学世界与经验的世俗世界之间的紧张关系种下了一粒永恒的种子，从此以后，对政治与神学关系的思考一直是关于"现代性"思考的核心线索。在尼采那里，替代基督教上帝的是异教神狄俄尼索斯，一种超人的政治学似乎可以弥合神与人之间巨大的历史鸿沟；本雅明的"弥赛亚"救赎方案来源于他对工业文明的政治思考，他的语言哲学、政治哲学与神学几乎是密不可分的三位一体；就是列奥·施特劳斯从"超保守"立场对神学—政治关系的解读也并不是犹太教原教旨主义的简单复兴，而是传统神学对当下神学—政治关系新景观的一种危机反应。后结构主义的解构运动似乎颠覆了政治与神学的历史天平，一切探讨神学或超验世界的历史都被解读为某种语言策略或政治阴谋，但它的理论言说仍然离不开神义论，所以晚年的德里达才会重新读解海德格尔的"存在"，

"解构之后，毕竟还有生命"[2]。

近代以来，艺术世界扮演着神学世界与政治世界之间紧张关系的永恒见证者和调节器 (mediator)，它在超验、经验世界之间构造了一个属于自己的想象乐土 (这个领地的合法性是由康德的判断力划定的) ——审美世界，不过这个乐土的疆域飘忽不定，像一块随时准备遭遇殖民的飞地，神学家、哲学家、科学家、政治家甚至那些粗俗不堪的商人都是这块飞地的窥探者，而艺术家在与入侵者的协商和战争中进退有据，不断收获。现代艺术正是现代政治与神学问题角力的场所，它也是使这两个问题领域产生文化性关联的枢纽。也许真像尼采所说："拥有艺术，可使我们避免死于真理。"[3]

在建立主体性的历史语境中，艺术中的政治问题与神学问题也一直是困扰中国当代艺术家的核心问题，它甚至决定了中国当代艺术与西方当代艺术完全不同的价值走向，如果说西方艺术中，政治问题主要体现为艺术与资本主义现行制度与价值观的紧张关系，那么对中国艺术家而言，这种紧张关系的维度要复杂得多，艺术不仅需要面对内部旧有官僚制度的体制性管制和收编，也

要抵制新兴资本市场关系的诱惑和腐蚀，更要反抗来自外部的西方当代主流意识形态中强烈的冷战思维的压迫，正是这种思维一直鼓励着西方艺术制度、西方传媒和策划人将中国当代艺术塑造为简单的政治对抗工具，从而抽空了它丰富和无可替代的艺术史价值。而另一方面，艺术中的神学问题，即在艺术中对超验世界的探寻，由于中国缺乏受制于宗教的传统和西方解构主义思潮的迅速影响，在中国当代艺术中始终没有成为一个核心问题。历史上中国没有产生基督教式的标准宗教，但不缺乏根深蒂固的神学传统——如果我们将神学定义为宽泛意义上对所有无限的超验世界的探索。但近代科学主义和唯物主义深深阻隔了中国人与自己神学传统的沟通，而对各种形态的后现代思潮的追捧又使中国艺术在八十年代现代启蒙运动中建立起来的一点微弱的文化自信和人文价值消耗殆尽。现在的中国当代艺术正处在思想、价值和制度上空前的无所傍依的时期，如果不对政治问题和神学问题进行真正历史意义上的反思，这个历史的"终结"就将不仅仅是一种理论判断。

一种非确然性、非本质主义的主体（"临时主体"或"策略性主体"）只有在批判性的历史维度和理性反思中才能真正形成和被理解，这点最容易在波普尔的"世界3"理论中得到验证。人通过语言及其物理形状（书籍、工具、各种理论方案和艺术品）生产的心灵、观念的世界被称为"世界3"，它一旦被生产出来，就具有独立于主观的"世界2"和客观的"世界1"的自主品质，人们只有通过对"世界3"批判性的理论论证和重构才能建立起新的理论世界和观念世界，这个理论将去主体性的非理性方案与过度理性化的主体性方案同时置于批判理性主义的方法论天平上加以度量，这就提供了一种既建立在理性基础上又具有非本质主义品质的主体性的可能。"世界3"的历史既不是笛卡尔"我思故我在"的历史，也不是激进后学谱系中"人的终结"的历史，而是一个无穷的理性探险与反馈的历史，一个通过对"世界3"进行反思而不断开放的历史。中国当代艺术近三十年的历史已制造出了一个特殊意义上的客观世界，一个开放的"世界3"，如何批判和反思性地描述这段图像故事，是构造中国当代艺术自我主体的前提，在这个前提下，建构主体性这个理论命题自然地演变为如何对它进行艺术史书写这样一个具体的史学命题。

一些西方学者朋友曾善意地提醒我，研究中国当代艺术时我主要采用的还是西方哲学、思想和艺术史的方法，没有尝试运用中国传统思想和理论方法建立一个以中国自己的思想传统解释自己艺术的理论模式。对此我的回答是：其一，现代和现代艺术毕竟是西方文化事件，中国当代艺术是西方当代艺术直接影响下的产物，只有真正了解它的思想和艺术来源，我们才能对它的特异性质和可能性发展进行学理判断。其二，中国古代思想的确有可能转换成现代甚至当代思想方案，但这是一个艰难的历史过程，近现代中国知识分子已经为此付出了很多，但这种转换无论在深度还是广度上都远远没有达到可以替代西方现代思想和方法的程度，事实上，除了"新儒学"这类守成主义的思想方案，至少在目前，我们还没有发现能够真正解决中国现代化问题的本土思想资源。如果我们用一些简单的中国古代思想观念和方法解释中国当代艺术现象，虽然可以获得某种政治上的正确性，但它的实际效果可能是削足适履、适得其反的，这与中国或西方艺术家运用东方古代思想观念进行当代创作是完全不同的两件事。从佛教传入中国到它变成中国本土思想的一部分有三百年时间，而我们真正开始接触西方的现代思想才一百年，我希望把西方现代思想与中国传统思想融合成真正的当代中国思想系统所需的时间不那么长。其三，我并不认同"西方冲击—中国反应"这类的历史模式，中国艺术的现代化和中国社会的现代化都基于中国文化的内在问题和逻辑，即使某些看起来极为统一或相似的艺术风格和运动，也具有完全不同的问题语境和思想逻辑。在分析中国现代艺术如何接受西方古典主义、现代主义和当代主义的艺术传统时，我更愿意以微观的历史学方法考察它们的不同语境、不同修正方案和历史效果，比如，研究王广义的艺术时，他对西方"古典绘画"和"波普主义"基于不同问题的修正和征用是我最感兴趣的问题。总之，对具体艺术问题和方案的史学探究，比建立某种本土理论解释体系对我具有更大的吸引力。王广义的个案研究就是这种理论与实践语境中的产物。作为艺术家，王广义是中国最早的现代艺术团体"北方艺术群体"的领导者之一，他使用的艺术风格和语汇包括了现实主义、古典象征主义、波普主义和各种类型的观念主义；作为思想者，他为自己设置的问题始终游离于经验世界与超验世界、政治与神学之间，而作为一个经历和影响中国当代艺术近三十年全部历史的人物，他自然应该成为我们描述当下艺术故事的主角。我为自己确定的研究目标不仅是展现他面临的复杂的艺术问题，还原他在不同阶段给出的各种解题方案，更重要的是将这个个案置于中国当代艺术建立自我主体性这样一个全景性的历史运动中去考察，以凸现这一过程的开放性与复杂性。

需要说明的是，虽然这部书是以艺术家个案的体例完成的，但它并不是一部严格意义上的艺术家传记，也算不上是一部艺术史著作，它更像是一种对艺术史中某些特定问题的解答，事实上，它也的确是由我在两个不同时段的两篇论文为主干构成的。对当代艺术史中神学与政治关系的考察，在我看来，至少在中国还没有形成严肃的研究课题，而在国际范围内，这类研究也并不多见。这部书没有尝试给这个课题提供任何意义上的结论，它只是试图在艺术史与思想史的关系

中为这个课题的开展提供一个中国案例，以期改变西方谈论中国当代艺术问题时的那种"政治正确"的单向度倾向。

这本书的出版完全来自我与德沐（Demetrio Paparoni）先生相识的机缘。去年9月，通过他与王广义的友谊，我们也成了很好的朋友，他渊博的学识和坦诚热情使我们在对中国当代艺术的理解上有了很多共识，他在很短时间内撰写的关于王广义艺术的研究论文尤其让我感到吃惊，因为他的文章对王广义作品的神学元素具有启示意义的分析不仅大大推进了这一课题的进展，而且给西方读者提供了一个更易理解中国当代艺术的机会。更让我吃惊的是，他还全力促成了这部著作意大利文版和英文版在意大利的出版，我不仅将它视为我们友谊的见证，也将它视为不同学术传统相互交流的结果。我还要真诚感谢我在英国泰特现代美术馆工作的朋友马可·丹尼尔（Marko Daniel），他不仅详细了解了我的研究课题，还就这些课题与我进行了严肃而开放的讨论，在我结识的西方人中，他是一位少有的对中国当代艺术抱有真诚同情和理解观察态度的美术馆策划人和学者，他在百忙中

抽空为这本书作的序不仅见证了我们的友谊，也提供了西方学者对这一课题的宝贵意见。我还要感谢这部著作的意大利文译者莎拉·波吉奥（Sara Boggio）女士和英文译者谢飞（Jeff Crosby）先生、贺潇女士，他们的专业精神保证了这次"跨语际"交流的成功，我还要感谢王俊艺先生、方立华女士，他们为我的王广义研究提供了大量、长期和多方面的无私帮助，其中也包括这部著作的出版。

2013 年

注释：

[1]这是意大利文和英文版新著《当代艺术中的政治与神学》的自序。原文载黄专，《当代艺术中的政治与神学：论王广义》，北京：中国青年出版社，2013 年，第 17—30 页。——编者注

[2]霍华德·菲尔帕林（Howard Felperin），*Beyond Deconstruction: The Uses and Abuses of Literary Theory*，牛津：牛津大学出版社，1985 年。

[3]尼采，《权力意志》（*The Will to Power*），Kaufmann 英译本，纽约：兰登书屋，1967 年，第 822 节。

《世界 3》总序[1]

我们决心创办一套以探讨艺术史理论、观念和方法为宗旨的丛书，我们的选择是一种双重冒险，一是因为这门学科的知识状况，二是因为我们的学识和能力，后者无须解释，我们只谈谈前者。现代学科意义上的艺术史发端于十八世纪的德国，如果需要给出一个准确的坐标，那就是温克尔曼 1764 年出版的《古代艺术史》。这门以解释艺术图像为己任的历史科学诞生在启蒙主义和科学主义在西方刚刚兴起的时代，真正形成自己独立的学派和研究方法要等到差不多一个世纪之后，通过布克哈特、沃尔夫林、李格尔、德沃夏克、瓦尔堡、潘诺夫斯基、贡布里希这些巨匠的努力，艺术史才达到了它自有史以来的一个高峰，也为人文学科带来了巨大的荣耀和光辉。今天，艺术史正处于历史发展的十字路口，这一方面根源于现代艺术中的各种创新运动，当艺术史将它的对象从古典世界转向当代世界时，它会发现无论从历史观念、知识形式还是研究方法、研究边界上，艺术史都开始面临来自研究对象自身的

挑战，那些维系古典艺术史研究的内在形式、作品风格和图像意义不断外化为社会、政治、意识形态等外在范畴，现在，甚至连"艺术"这个概念本身也变得越来越似是而非。另一方面，战后各种解构主义的知识运动和新媒体（信息技术、控制论，尤其是数码媒体）以及与之密切相关的"视觉文化"研究在挑战西方人文主义学术传统的同时，也直接形成了对艺术史发展的外来冲击，这些冲击和挑战使艺术史学面临自它诞生以来的最深刻的知识危机，各种形式的"新艺术史"和艺术史"终结论"既是对这种危机的回应，也是它的主要表征。"终结论"针对的不仅仅是艺术史已有的范式和准则，更是作为人类理性记忆形式的"艺术史"本身。因此它带来的危机也不仅仅是学科制度和学科形式的危机，还是艺术史作为一门人文科学存在的合法性危机。

和其他门类的历史学一样，艺术史是人类理性记忆的需要，也是这种记忆机制的主要形式，"学而不思则罔，思而不学则殆"，

如果我们用这句古训来比喻我们的艺术史学，那我们可以说它既是一门关于记忆知识的科学，也是一门关于观念、思想和方法的科学。更重要的，它是一门交叉性的人文科学，自诞生之日起，艺术史的命运就与人类其他学科的发展息息相关：宗教、哲学、政治学、语言学、心理学、人类学、考古学几乎都或多或少地与艺术史这门学科的起源和发展保持着某种亲缘关系，艺术史的研究具有瓦尔堡睿智地发现的那种"文明的整体性"。所以，跨界不是这门学科的需要而是它的一个显著特征。我们相信，和所有科学形式一样，批判性的反思和开放性的讨论是艺术史继续生存和发展的最直接的动力，《世界3》力图展示和推动的就是这种理性力量。我们希望它作为一套理论丛书，在一种开放的理论气氛中讨论与艺术史的当代危机和发展相关的所有问题：艺术史研究中的古典遗产，艺术史的文献学范围及采集方法，古典艺术史与当代艺术史研究的不同特质和关系，艺术史研究的各种历史观念、理论方案和具体方法，与艺术史研究相关的制度、出版和展览，艺术史的学科边界以及它

与其他人文学科复杂而有机的关系，它也将包容经典艺术史和新艺术史所能涉及的所有课题。简言之，这套丛书是关于艺术史自己历史的反思性丛书，或者说是一本艺术史学史丛书。

当然，我们更关心艺术史在中国的命运和现实。二十世纪初，艺术史学就成为最早进入中国的现代学术的一种，它的命运与大多数其他现代学术在中国近现代的命运一样，一直随着民族战争、政治运动和启蒙思潮沉浮。在王国维、梁启超、顾颉刚这样一些现代学术先驱的倡导下，在姜丹书、吕澂、陈师曾、滕固、余绍宋、俞剑华这样一些艺术史学者的艰苦实践中，艺术史在中国现代学术史上有过卓越的开端，以后的一个多世纪中，中国出现了几代具有卓尔不群的思想品质和学术素养的艺术史家，他们是这门人文科学在中国生存和发展的直接动力。但坦诚而言，无论是古代研究还是当代研究，作为一门历史科学，中国艺术史在文献整理、问题意识、研究方法，尤其是对中国艺术"独特性"的理解上还处于初级阶段。中国艺术有其独立的品质和历史，也自当有其独立的

研究方法和路径，即使作为一门现代科学，我们也无法忽略这种独特性，中国艺术史研究者应该在现代学术环境和研究中去发现这种独特性而不是削足适履。海外从"汉学"（Sinology）到"中国研究"（Chinese studies）的学术史环境也成就了一批批卓越的中国艺术史家，他们不仅是沟通西方艺术史传统与中国艺术史的桥梁，也是中国艺术史研究的部分。但可惜的是，直到今大，中国艺术史研究领域本土和海外两股学术力量沟通和合作的成果还乏善可陈。更重要的是，在面对艺术史的共同危机时，这两种力量还没有展现出对探讨学科问题、学科方法和学科前景的共同兴趣。学术乃天下之公器，希望我们的丛书在推动艺术史领域的中外交流进而推动中国艺术史学的学术进步上略尽绵力。

这套丛书是为那些相信知识和理性的批判力量可以改变我们世界的读者准备的，尤其是为那些希望从艺术史的研究和思考中获得这种力量的人准备的。

"世界3"是德国哲学家卡尔·波普尔四十年前在他的哲学名著《客观知识》中提出来的概念，它指由人在历史中创造出来又作用于人的再创造的知识世界，它是以物质形态编制和保存于我们的大脑、书籍、机器、图像之中的观念、语言、艺术、哲学、宗教、制度、法律的世界。波普尔认为，人类的进步是一个复杂的生物和社会反馈过程，这一过程的支配性机制是人的主观精神世界（世界2）通过"世界3"作用于自然世界（世界1），作为中介的"世界3"具有主观性和客观性的双重品质。简言之，它是人造的而又独立于人的客观知识世界。这个理论不仅把我们从上帝和"自在之物"这类神性世界的范畴中解放出米，也解释了人自己创造自己并且不断进步的历史机制，即一种通过"世界3"寻找问题和试错性解决问题的机制。

《世界3》是以艺术史理论与观念为内容的学术丛书，丛书名援引"世界3"这个概念表明了它的学术态度和志趣，即希望在与其他"世界3"成员的开放性关系中研究艺术史的起源、现状、发展和方法。

《世界3》不仅致力于艺术史内部各领域的研究，如美术史、建筑史、影像史、设计史及它们之间关系的理论研究，还致力于艺术史与文化史、哲学史、宗教史、语言史、思想史、观念史之间关系的理论研究。《世界3》对各种观念形态和方法保持开放的接纳态度，它相信理论研究领域和人类生活的其他领域一样，只有持续保持理性的批判姿态才能真正解决问题、获取知识和进步。

"研究"（research）即"探寻"（search），我们希望和所有艺术史的研究者一起走上这条探寻之路。

2014 年 10 月

注释：

[1]原文载黄专主编，《世界3：作为观念的艺术史》，广州：岭南美术出版社，2014 年，第 1—5 页；《世界 3：开放的图像学》，北京：中国民族摄影艺术出版社，2017 年，第 1—5 页。——编者注